한국학술진흥재단 학술명저번역총서

● 서양편 ●

한국학술진흥재단 학술명저번역총서
서양편 ● 39 ●

러시아 신분사

바실리 오시포비치 클류쳅스키 지음 | 조호연 · 오두영 옮김

한길사

История сословий в России

by Василий Осипович Ключевский

이 도서의 국립중앙도서관 출판시도서목록(CIP)은
e-CIP 홈페이지(http://www.nl.go.kr/cip.php)에서 이용하실 수 있습니다.
(CIP제어번호: CIP2007000794)

강의 중인 클류쳅스키(1909)

클류쳅스키가 모스크바 회화 · 조각 · 건축학교에서 강의하는 모습.
수강생 중 맨 앞에 앉은 남학생이 뒷날 『의사 지바고』의
저자가 되는 보리스 파스테르나크다.
이 그림은 파스테르나크의 아버지(L. O. Pasternak)가 그렸다.

클류쳅스키의 아내 아니시야 미하일로브나 클류쳅스카야

클류쳅스키는 자신보다 4세 연상인 아니시야 미하일로브나와 1869년에 결혼했다. 아니시야 미하일로브나는 당대의 많은 여성들이 그러하듯이 고등교육을 받지는 않았으나 지적인 면모를 갖추고 있었다. 클류쳅스키는 아내인 아니시야와 대학 문제에 대해 곧잘 견해를 나누곤 했다. 그가 남긴 각종 서신이나 친구들의 일기 등을 통해서 판단해보자면, 클류쳅스키의 결혼생활은 행복했다.

대학생 시절의 클류쳅스키

클류쳅스키는 1861년에 모스크바 대학 역사철학부에 입학했다.
이 시기는 농노해방이 단행된 러시아 역사의 대격변기였으므로,
그도 사회문제에 관심을 기울이지 않을 수 없었다.
그러나 그는 당대의 많은 러시아 지식인들처럼 러시아가 변혁되고
인민의 생활이 개선되기를 희망했지만, 과격 학생들의 폭력적인
혁명운동에 동참하지는 않았다.

Введение.

클류쳅스키의 자필원고

클류쳅스키의 박사학위 논문인 「고대 루시의 보야린 두마」(1881)의 서론 앞부분 가운데 출판되지 않은 필사본이다. 클류쳅스키는 이 논문을 통해 러시아의 지배계급이었던 보야린 신분과 드보랴닌 신분의 역사를 조명했는데, 이를 통해 사회사에 대한 그의 평생의 관심이 체계적으로 정리되었다.

러시아 신분사

클류쳅스키 역사학과 『러시아 신분사』

조호연 경남대학교 인문학부 교수

오두영 강남대학교 교양학부 연구교수

머리말

1991년 말에 소련이 해체되면서 러시아인들은 자신들의 과거에 대한 인식이 크게 변했다. 그중에서도 가장 중요한 일 가운데 하나는 러시아인들이 소련 시대의 교조적인 마르크스주의에서 벗어났다는 사실을 들 수 있을 것이다. 따라서 그들은 고대부터 현대에 이르기까지 자신들의 역사를 새롭게 이해해야 하는 중대한 과제를 떠안게 되었다. 이런 관점에서 보면, 제정 러시아 말기의 대역사가인 클류쳅스키(B. O. Ключевский, 1841~1911)와 그의 역사학이 지닌 의미는 아주 크다고 말할 수 있다. 그는 러시아의 사회경제사 분야에서 중요한 저술 활동을 했을 뿐만 아니라 이른바 '모스크바 역사학파'가 성립되는 데 중심적인 역할을 담당함으로써 이미 러시아 혁명 이전부터 널리 명성을 얻은 대학자였다. 또한 소련 시기에도 그의 전집이 발간되는 등 그는 꾸준히 소련 역사학계에서 주목받는 대상이었다. 그렇지만 소련 시기에 그는 언제나 '부르주아 역사학자'로서만 규정되었을 뿐,[1] 폭넓은 의미에서 그의 역사학이 조명될 기회는 별로 없었다.

따라서 소련 해체 후 학문적인 자유가 확대된 지금이야말로 클류쳅스키에 대한 편견 없는 연구가 가능해지게 되었다. 우리는 이 글에서 클류쳅스키의 생애와 그의 역사학의 성립 과정과 특징을 간략하게나마 살펴본 다음, 여기 번역된 『러시아 신분사』의 내용을 정리해보고자 한다.

클류쳅스키의 생애

클류쳅스키는 1841년 1월 16일(구력)에 볼가 강의 지류인 수라 강을 끼고 있는 펜자 지방의 보스크레센스키 마을에서 성직자의 아들로 태어났다.[2] 그의 집안은 대대로 하급 성직자로 생활해오고 있었는데, 그의 성(姓)은 그의 조부가 부제(副祭)로 있던 클류취라는 마을 이름에서 따온 것이다. 그의 부친은 1838년에 신학교를 졸업하고 8년이 지난 1846년에야 펜자 주의 시골 마을에서 교구를 맡게 되었다. 당시 하급 성직자들의 생활은 일반 농민들과 별로 다를 것이 없었기 때문에, 클류쳅스키는 어린 시절부터 부친의 일을 도와주면서 직접 농사일도 했다. 이러한 생활을 통해 그는 하층민들의 생활을 잘 이해할 수 있었는데, 이러한 경험은 그의 학문 세계에도 지속적으로 반영되었다. 클류쳅스키가 9세 되던 1850년에 부친이 갑자기 요절함으로써 그의 가정에 커다란 위기가 닥쳐왔다. 그의 모친은 세 명의 자녀를 데리고 펜자로 이사한 다음에 친척들의 도움으로 작은 집을 구입해서 그중 좋은

---

1) *Историография Истории СССР*(Москва: Издательство социально экономической литературы, 1961), С. 316.

2) 클류쳅스키의 생애에 대해서는 각각 영어와 러시아어로 저술된 다음 연구서들을 참조. R. F. Byrnes, *V. O. Kliuchevskii, Historian of Russia,* Bloomington and Indianapolis: Indiana Univ. Press, 1995; М. В. Нечкина, *Василий осипович Ключевский*, Москва, 1974.

방을 임대하여 어렵게 생활했다. 10세가 된 클류쳅스키는 교구의 신학 초등학교에 입학했다가 1년 후에 군(郡)의 신학 소학교로 옮겼으며, 1856년 9월부터는 지방의 신학중등학교에서 공부했다. 이때 클류쳅스키는 신학중등학교에서 매월 1루블의 장학금을 받았는데, 임대 수입으로 겨우 살아가던 그의 가족으로서는 이 장학금이 생계에 적지 않은 보탬이 되었다. 클류쳅스키는 가정 형편이 어려운데도 탁월한 재능과 근면으로 온갖 어려움을 극복하고 학업에서 커다란 발전을 이루어냈다. 그는 이미 신학중등학교 2학년 때 수업을 직접 진행할 정도로 동료들 가운데 성적이 우수했다. 그는 약 10년 동안 신학 계통의 학교에서 신학, 철학, 역사, 지리학 등 기본적인 소양을 쌓았고, 특히 라틴어와 고대 그리스어, 프랑스어, 독일어 등 나중에 역사학자로서의 학문 생활에 도움을 준 어학 능력을 키울 수 있었다.

또한 클류쳅스키는 이 시기에 카람진(H. M. Карамзин), 타티쉐프(B. H. Татищев), 그라노프스키(T. H. Грановский), 코스토마로프(H. И. Костомаров), 솔로비요프(C. M. Соловьев) 등 당대의 탁월한 학자들의 저술을 탐독함으로써 지적인 자극을 많이 받았다. 그리하여 그는 자신을 신학대학에 보내 성직자로 만들려던 신학중등학교 지도부의 적지 않은 반대를 무릅쓰고, 1861년에 모스크바 대학 역사철학부에 입학하기 위해 그해 7월 말에 모스크바로 갔다. 클류쳅스키는 16과목에 달하는 입학시험을 치른 다음에, 원하던 대로 모스크바 대학의 역사철학부에 입학할 수 있었다.

클류쳅스키가 청소년 시절을 보내던 1850년대의 러시아는 그야말로 격동기였다. 러시아는 크림전쟁(1853~56년)에서 패배한 충격으로 체제 개혁을 위한 필요성을 점점 더 크게 느끼고 있었다. 마침 클류쳅스키가 대학에 입학하던 1861년은 농노해방이 공포된 해로 농노 문제에 대한 관심이 어느 때보다도 높았던 해였다. 누구보다 왕성한 지적 호기심을 갖고 있던 클류쳅스키도 이 당시의 시대적 상황에 깊은 관심을 가지고 있었다. 그가 그보제프(П. П. Гводзев)라는 친구와 교환한 서신을 보면, 그는 『현대인』에 기고된 체르니셰프스키의 논문에 대해 논평을 가할 정도로 시대 상황에 대해 진지한 고민을 하고 있었다. 잘 알려져 있는 바와 마찬가지로, 당대의 러시아 지식인들 사이에서는 알렉산드르 2세의 개혁조치에 불만을 품고 체제의 근본적인 변혁을 지향하는 흐름이 있었다. 그 결과 비밀 조직이 생겨나기도 했는데, 급기야 1866년에는 클류쳅스키의 동향인이자 지인(知人)인 카라코조프(Д. В. Каракозов)가 알렉산드르 2세를 암살하려다 미수에 그친 사건이 발생했다. 20대의 청년이었던 클류쳅스키는 당대의 많은 러시아 지식인들처럼 러시아가 변혁되고 인민의 생활이 개선되기를 바랐다. 그렇지만 그는 카라코조프와 같은 과격 학생들에게 동조하지 않고 비참여파로 남아 있었다. 그는 비록 인민의 복리를 달성하려는 목적이라고 할지라도 폭력적인 방법을 사용해서는 안 된다고 생각했다.

클류쳅스키가 모스크바 대학의 역사철학부에 재학하던 당시에는 탁월한 학자들이 그곳에서 학문을 가르치고 있었다. 그중에서도 저학년 시절에 그는 세계사를 전공한 예세프스키(С. В. Ешевский)와 고대 러시아 문학을 강의하던 부슬라예프(Ф. И. Буслаев)[3)]를 존경하고 따랐다. 특히 그는 부슬라예프의 집에서 신성종무원 도서관에 소장되어 있던 필사본을 집중적으로 연구할 수 있는 기회를 가졌다. 그러나 역사학자로서의 클류쳅스키가 있도록 영향을 미친 사람들은 당시에 학문적으로 원숙한 경지에 도달해 있던 솔로비요프와 치체린(Б. Н.

3) R. F. Byrnes, *V. O. Kliuchevskii, Historian of Russia*, pp. 31~32.

Чичерин)이었다. 이 두 학자에게서 클류쳅스키는 국가학파(государственная школа)의 역사 해석 방법론을 접하게 되고, 이를 비판적으로 수용하면서 평생의 학문적 자산으로 삼게 되었다.

대학을 졸업한 클류쳅스키는 석사 과정 중에 있던 1867년에 스승인 솔로비요프의 도움을 받아 알렉산드로프 군사학교에서 처음 강의를 시작했다. 이후 그는 여러 곳의 강의를 맡으면서 바쁜 학문 인생을 살아가게 되었다. 그는 강의를 시작한 지 4년 후에 솔로비요프의 뒤를 이어 이곳에서 근대 세계사 강좌를 맡게 되었고, 1871년에는 모스크바 신학대학에서도 강의를 시작했다.

1872년부터는 모스크바 고등여성강좌에서 강의를 시작했고, 1879년에 스승인 솔로비요프가 사망하자 스승의 후임으로 모스크바 대학의 러시아사학과에 임명되었다. 나중에 모스크바 회화-조각-건축학교에서 강의한 것까지 보태면 그는 아주 많은 강의를 했다. 이 모든 강의를 동시에 맡고 있었기 때문에 그는 그야말로 눈코 뜰 사이 없이 바쁜 생활을 했다.

가령 그는 월요일과 화요일은 모스크바 근교의 세르게예프 포사드에 있는 신학대학에서, 수요일과 금요일은 고등여성강좌에서, 그리고 목요일과 토요일은 모스크바 대학에서 강의를 하는 식이었다. 이런 강의안을 원고로 정리하는 일에도 그는 많은 시간을 투자했다. 그는 1880년대 초와 1890년대에는 7개의 고급 강좌와 대학원 세미나 수업에 대한 원고를 완성했는데, 이것은 대부분 그가 죽은 뒤에 출간되었다. 그는 1899년부터는 자신의 개론 강의에 대한 교재를 출판했는데, 이 작업을 위해 매년 강의안에다 새로운 자료를 첨부했다. 그는 또한 표트르 1세 이후의 러시아에 미친 서구의 영향에 대해 행한 10번의 강의를 출간하기도 했다.

클류쳅스키의 강의 능력은 아주 탁월한 것으로 명성이 나 있었다. 언제나 많은 학생들이 그의 강의를 수강했고, 또 흥미롭게 강의를 들었다. 화가인 폴레노프(Е. Д. Поленов)는 자신의 일기에 클류쳅스키의 강의를 듣고 난 소감을 다음과 같이 기록했다.

> 방금 나는 클류쳅스키의 강의를 듣고 돌아왔다. 그는 얼마나 재능있는 분인가! 그는 고대의 노브고로드에 대한 강의를 하면서 불과 얼마 전에 13세기에서 14세기의 노브고로드를 다녀온 듯한 느낌을 불러일으킨다. 그는 생생한 인상을 받고 도착한 여행객처럼 그곳 사람들이 어떻게 살고 있고, 무엇에 관심이 있으며, 무엇을 얻기 위해 애쓰는지 말해주고 있다.[4)]

이처럼 교수로서 클류쳅스키는 학생들에게 강의 내용을 정확하게 이해시켰다. 이는 역사적 사건들을 생생하게 눈으로 본 것처럼 묘사한 그의 탁월한 어휘 능력과 예술적인 감각에 힘입은 바 컸다. 또 그는 미리 강의안을 써놓았으면서도 강의안을 보지 않고 강의할 수 있을 정도로 기억력이 탁월했다. 또 그의 강의는 천천히 진행되었기 때문에 학생들이 그의 말을 받아 적을 수 있을 정도였다. 이 점은 나중에 그의 『러시아사 강좌』가 출판되는 데 유리하게 작용했다. 클류쳅스키는 19세기 후반부터 20세기 초에는 점차로 강의를 적게 맡고 책을 저술하는 데 온 힘을 쏟았다.

클류쳅스키는 평생 동안 매우 신중한 정치적 태도를 취하고 있었지만 19세기 후반과 20세기 초에 잠깐씩 정치적 사건에 연루된 적이 있

---

4) М. В. Нечкина, *Василий Осипович Ключевский*, С. 309.

었다. 이런 일과 관련하여 그가 곤경에 처한 대표적인 예는 1894년에 알렉산드르 3세가 서거했을 때 발표한 추모사 사건이었다. 당시에 클류쳅스키는 모스크바 대학에 부설된 고대 러시아 역사유적학회의 회장직을 맡고 있었는데, 사망한 알렉산드르 3세는 마침 이 학회의 후원자였다. 어쩔 수 없이 추모사를 하게 된 클류쳅스키는 추모사이니만큼 고인이 된 알렉산드르 3세에 대한 평가를 균형 있는 관점에서 내리려고 했는데, 알렉산드르 3세의 반동정책에 극력 반대하던 학생들은 이에 대해 흥분해서 굉장한 야유를 퍼부었다. 전제 정부는 클류쳅스키에게 알렉산드르 3세에 관한 책을 쓰도록 압력을 넣었지만, 그는 이 일만은 가까스로 모면할 수 있었다.

평생에 걸친 그의 신념은 정치적 자유주의에 가까웠다. 그와 가까운 지인들은 대부분 서구적 성향을 지닌 자유주의자들이었다. 그는 비록 황태자인 게오르기 알렉산드로비치와 대공인 세르게이 알렉산드로비치에게 역사를 가르치기는 했지만, 러시아의 전제권력과 관료들에 대한 비판적인 태도를 견지했다는 점에서 자유주의자들과 의견을 같이했다. 그렇다고 해서 클류쳅스키가 자유주의자들의 신념에 전적으로 동의했던 것도 아니다. 그는 보수주의자들을 비판했던 것만큼 자유주의자들에게도 신랄한 비판을 퍼부었다. 그는 1906년 3월에 초대 국가두마의 선거가 실시될 때 자유주의 계열의 입헌민주당 간판을 달고 자신이 오랫동안 강의했던 신학대학이 있는 세르게예프 포사드에서 출마하기도 했다. 그러나 유권자들이 이 노학자를 선택하지 않음으로써 그는 정치인으로 입문하는 데 성공을 거두지 못했다. 그 이후에 클류쳅스키는 더 이상 정치에 미련을 두지 않고 1911년 5월 12일에 사망할 때까지 자신의 『러시아사 강좌』를 다듬는 데 여생을 바쳤다. 간단한 경구를 재치 있게 말하기로 유명했던 클류쳅스키는 자신의 인생을

"주요한 전기(傳記)적인 사실은 저작(著作)이고, 가장 중요한 사건은 사상이다"라는 짧은 말로 표현했다.

클류쳅스키 역사학의 성립

클류쳅스키는 이미 학부 시절부터 자신이 평생 탐구한 학문적 주제들을 연구하기 시작했다. 그가 솔로비요프의 지도 아래 준비한 학부 졸업 논문은 「모스크바국에 관한 외국인들의 이야기」(Сказания иностранцев о Московском государстве)였다. 여기서 그는 15세기부터 17세기까지 러시아에 관해 쓴 외국 저술가들의 글을 비판적인 시각에서 분석해놓았다. 이 논문에서는 별로 알려지지 않던 새로운 사료들이 유려한 필체로 분석되어 있었던 까닭에, 이 학부 졸업 논문은 여러 차례 출간되기까지 했다. 이후에 클류쳅스키는 6년 동안 석사논문을 쓰는 데 힘을 쏟았다. 그가 석사학위 논문을 위해 선택한 주제는 「사료(史料)로서의 고대 루시의 성자전(聖者傳)」(Жития святых как исторический источник)이었다. 이 논문을 준비하는 과정에서 클류쳅스키는 학부 저학년 시절에 부슬라예프 밑에서 공부했던 사료 읽기 실력을 유감 없이 발휘했다. 그는 여기서 수도원 건립자들의 생애에 대해서가 아니라, 수도원의 역사와 연관된 토지의 경제적 이용의 역사에 관심을 집중시켰다. 그는 이 논문을 통해 동유럽 평원에서의 식민지 확대 과정을 연구하면서 러시아 역사에 대한 전반적인 개념적 접근을 시도하게 되었다. 석사학위 논문이 교회사 분야와 연관되었듯이 클류쳅스키는 평생에 교회 관련 연구 논문을 많이 저술했다. 가령 그의 연구 주제 속에는 벨로모르스키 지역의 솔로베츠스키 수도원의 경제 활동, 고대 루시의 수도원 역사, 고대 루시의 지적 발전과 교회의 관계, 그리고 블라지미르 성모 이콘의 기적 등이 있었다.

클류쳅스키의 학문적인 능력은 박사학위 논문인 「고대 루시의 보야린 두마」(Боярская дума древней Руси)에서 유감 없이 발휘되었다.[5] 오늘날의 러시아에서도 마찬가지지만, 당시의 학위 논문 발표장에는 학자들만이 아니라 학문과 직접 관련 없는 청중이 모이기도 했고 심지어 언론 관계자와 관료도 나와서 논문 발표를 지켜보는 경우가 많았다. 그만큼 학위 논문, 특히 박사학위 논문 발표는 사회적인 관심사이기도 했다. 1882년 9월 29일에 모스크바 대학교의 강당에서 개최된 클류쳅스키의 학위 논문 발표는 아주 성공적이었다. 그 자리에서 논문 발표를 지켜보았던 어떤 기자는 그에 대해, "러시아 학계의 떠오르는 거성(巨星)이 아니라, 이미 떠오른 거성"이라고 말했다. 이 학위 논문은 사람들의 커다란 관심을 불러일으켰을 뿐만 아니라 클류쳅스키 개인으로 보면 러시아사에 대한 전반적인 개념을 정립하는 계기로 작용했다. 그 이전부터 클류쳅스키는 인민의 경제생활에 관심을 기울이고 있었는데, 이런 관심은 필연적으로 사회사적인 주제들을 폭넓게 다루어야 한다는 과제를 안겨주었다. 따라서 그는 박사학위 논문인 「고대 루시의 보야린 두마」에서 계급들의 역사를 다루었고, 보야린 두마를 폭넓은 정치적 영향력을 지닌 법적 기구로서 연구했다. 말하자면 이 논문에서는 보야린(боярин) 계급과 드보랴닌(дворянин) 계급이라는 지배 계급의 역사를 조명했던 것이다.

서문, 26장, 부록으로 발간된 그의 학위 논문에서는 각 장의 제목에

---

5) Robert F. Byrnes, "Kliuchevckii's View of the Flow of Russian History," ed. Thomas Sanders, in *Historiography of Imperial Russia : The Profession and Writing of History in a Multinational State*, New York & London, M. E. Sharpe, 1999, p. 243.

저자의 기본적인 결론이 표현되어 있다. 여기서 클류첸스키는 대외 교역의 중심지로 기능했던 도시가 10세기와 11세기에 키예프 루시의 경제 발전의 주요 요인이라는 생각을 제시했다. 또한 그는 도시에서 전근대적인 산업 계급이 생겨났으며, 이들과 함께 봉직 계급으로서 공후의 친위대가 생겨났다고 주장했다. 잘 알려진 대로 12세기부터 역사 발전의 중심이 남부의 키예프 루시에서 북동부의 블라디미르-수즈달 루시로 이동했다. 클류첸스키에 따르면, 이때부터 국가 경제에서 농업 경제가 주된 역할을 담당하기 시작했다. 따라서 산업 계급은 사라지게 되었고, 공후들은 세습영지의 지주가 되었다. 13세기부터 15세기까지 북동 루시의 공국들에 존재했던 통치 체제는 보야린의 세습영지의 행정 조직으로 대변되었다. 그리하여 모스크바 공후 주변에 아주 촘촘한 보야린 계층이 성립되었다. 클류첸스키는 15세기에 단일한 루시 국가가 성립되면서 모스크바에는 통치 귀족이 생겼다고 주장했다. 이제 보야린 두마는 귀족의 정치적 주장의 보루가 되었다. 그렇지만 클류첸스키는 17세기에 통치 계급이 몰락했다고 보았다. 두마는 최고 권력의 참여자가 되지 못하고 오직 그 도구가 되었으며, 18세기 무렵에 보야린 두마는 더 이상 존속되지 않았다는 것이다.

이상의 연구를 통해 클류첸스키는 모스크바 보야린 두마의 사회정치적 의미 속에서 모스크바국의 역사의 기본적인 사실이 반영되었다고 보았다. 대러시아인은 정치적으로 분열된 채 각 방면에서 파멸의 위협을 받으면서 광활한 영토에서 건설하기 시작했다. 모스크바국은 동부, 남부, 서부라는 세 전선에서 싸워야 했던 민족적인 진영이 되었다. 따라서 이 나라는 기원 면에서 군사적이므로 군대식으로 건설되었다. 모스크바 공후는 크레믈린이라는 본부에서 민족방어군을 지휘하면서 총사령관처럼 행동했고, 15세기와 16세기의 보야린 두마는 특히 군사협의회라는 의미를 지니고 있었다는 것이다. 클류쳅스키에 따르면, 지배 계급의 몰락이 시작될 때까지 군주와 보야린의 활동은 민족 사령관과 군사 보좌관들의 활동과도 같았다.[6)]

이외에도 사회사에 대한 클류쳅스키의 연구는 1880년대와 1890년대 초까지 계속되었다. 그는 1885년에 『러시아 농노제의 기원』과 『러시아에서의 인두세와 노예 신분의 폐지』라는 두 편의 대연구서를 출간해내는가 하면, 여기 번역된 러시아 신분사에 관한 강의를 시작했다. 약간 뒤인 1890년과 1892년에 클류쳅스키는 또 하나의 사회사적 주제를 다룬 『고대 루시의 젬스키 소보르에서 대표들의 구성 문제』라는 방대한 분량의 연구서를 펴내기도 했다. 이처럼 그가 사회사적 주제에 관심을 기울인 이유는 물론 당시의 러시아의 시대상을 반영한다. 농노제가 폐지된 이후에 본격적으로 자본주의의 발전의 길에 들어선 러시아에서는 사회사적 주제에 대한 논의가 활발하게 제기되고 있었던 것이다.

이렇듯이 클류쳅스키는 보야린 두마 이외에도 러시아의 사회사, 특히 지배 계급의 역사와 농민의 역사에 관심을 기울였다. 이런 관심은 앞서 언급한 저술들 이외에도 『고대 루시의 젬스키 소보르에서의 대표 구성』 『농노제의 폐지』 등의 여러 저술에서 표명되었다. 클류쳅스키는 유명한 『러시아사 강좌』를 펴낼 때 러시아의 사회사를 앞부분에 배치했다. 그가 계급에 관심을 보였다고 해서 사회주의와 어떤 관련이 있는 것은 아니었다. 클류쳅스키는 국가 통치의 본질에 대해 순수하게 법적인 접근만 했던 국가학파의 대표자들이 지닌 개념과는 달리, 역사 과정을 사회 계급들의 발전 과정으로 제시하려는 노력을 기울였다. 이

---

6) А. Н. Сахаров(ред.), *Историки России XVIII–начало XX века*, москва: Скрипторий, 1996, С. 413~414.

들 계급들의 상호관계와 역할은 국가의 경제적 · 정치적 발전과 관련하여 변화되었다는 것이다. 클류쳅스키는 이들 사회 계급들의 성격과 그들의 상호관계가 다소 우호적이었다고 생각했다. 그는 국가란 인민 경제와 정치 생활에서 중재적인 기초라고 불렀는데, 국가는 전 민족적인 이해를 대변했다.

클류쳅스키가 활약하던 당시 러시아의 학계에서는 절대권력을 가진 국가가 필요에 따라 농민을 예속시켰고, 해방시켰다는 이론이 존재했다. 클류쳅스키는 러시아의 농노제가 국가에 의해서 생겨난 것이 아니라, 오직 국가가 참여했을 따름이라고 생각했다. 국가는 이 제도의 토대가 아니라 한계를 정했다는 것이다. 그의 견해에 따르면, 농노제 발생의 원인은 경제적인 것, 즉 농민이 지주에게 진 채무였다. 이런 식으로 이 문제에서 클류쳅스키는 국가학파의 틀을 벗어났다. 따라서 클류쳅스키는 러시아의 농노제가 비합법적이라고 생각했다. 특히 귀족의 자유에 관한 법이 도입된 이후에 농노제가 비합법적인 이유는 그들의 봉직 의무가 폐지되었기 때문이다. 따라서 그는 1861년의 농노제 폐지는 아주 늦은 조치라고 평가하고, 농민에게 자유를 되돌려준 것은 정상적인 국가 구성원을 회복시킨 것이라고 판단했다.[7)]

19세기 중반에 러시아에서 슬라브주의자들과 서구주의자들 사이에 벌어진 논쟁에 대해 클류쳅스키는 독특한 견해를 개진했다. 그에 따르면, 이 논쟁의 양편에 든 두 부류의 사람들 모두 오류를 범하고 있었다. 그는 모든 러시아의 지성인들이 한편으로는 자기 조국과 문화를 사랑하는 애국자며, 다른 한편으로는 유럽의 기술을 계속해서 도입하는 서구주의자라고 생각했다. 이런 이해는 유럽 민족주의의 대두와 밀

7) 앞의 책, 427쪽.

접한 관련이 있다.

모든 민족은 성격과 문화가 각각 다르며, 이로써 다른 민족과 구분되었다는 점에서는 러시아의 슬라브주의자들이 옳았다. 그렇지만 클류쳅스키가 보기에, 러시아도 유럽의 일부분이었고, 러시아는 단지 변방이었을 따름이었다. 그러므로 클류쳅스키는 슬라브주의자들이나 서구주의자들과는 다른 방식으로 러시아와 서유럽의 관계를 설명했다. 이런 관점에서 보면, 러시아와 서유럽 사이에 존재하는 차이의 근본적인 원인은 종교가 아니라 장소와 지리였다.

이미 1890년대 중반부터 클류쳅스키의 주변에서는 그의 러시아사 강의를 출간하라고 요구했다. 자신의 저서가 가져올 사회적 파장을 염려한 클류쳅스키는 선뜻 이 일에 동의할 수 없었으나, 마침내 1899년에 수강생들을 위한 『간략한 러시아사 참고서』를 출간하는 데 동의했다. 이 책은 수요가 매우 많았기 때문에 10년 동안 5번이나 재판되었을 정도였다. 또한 1902년과 1903년에는 당대의 실권자였던 재무대신 비테(С. Ю. Витте)가 저자에게는 알리지도 않은 채 관리들이 읽을 수 있도록 상트페테르부르크에서 클류쳅스키의 강의록을 출판하는 일이 발생했다. 그리하여 결국 클류쳅스키도 자신의 강좌를 출간하는 일을 서두르지 않을 수 없었다. 이후에 그는 자신의 강의 원본을 다시 정리하고, 새롭게 편집하고, 내용을 확인하는 일에 매달렸다. 그리하여 마침내 1904년에 『러시아사 강좌』의 첫 번째 권이 출간되어 나왔고, 두 번째 권은 1906년에, 세 번째 권은 1908년에, 그리고 1910년에는 네 번째 권이 출간되었다. 이 책들은 출간되자마자 엄청나게 팔려나갔기 때문에 출판업자는 재판을 찍어내기에 바빴다. 클류쳅스키는 『러시아사 강좌』의 다섯 번째이자 마지막 권의 내용을 알렉산드르의 대개혁기인 19세기 중반까지로 잡아놓았으나, 이 책의 정리와 편집을 마치지 못하고 1911년 5월에 사망하고 말았다.

클류쳅스키 역사학의 특징

클류쳅스키가 러시아 역사학에서 차지하고 있는 비중은 아무리 강조해도 지나치다고 할 수 없다. 러시아 사학사에서 그가 차지하고 있는 중요성은 무엇보다도 러시아사에 대한 이해를 폭넓게 만들어놓았다는 점이다. 그가 청년기에 큰 영향을 받았던 '국가학파'는 명칭 그대로 러시아사의 전개 과정에서 국가의 역할을 크게 강조했다.[8] 치체린, 솔로비요프, 카벨린(К. Д. Кавелин) 등 국가학파에 속한 학자들은 러시아 신분 구조를 설명할 때도 신분이 국가에 의해 예속되었고 또 해방되었다는 이론을 주장했다. 클류쳅스키 역시 국가학파의 학자들에게서 학문을 배운 만큼 그 영향에서 완전히 벗어날 수는 없었다. 사실 국가 기구나 신분 대표 기구의 역사에 관한 클류쳅스키의 저술이 국가학파와 전혀 무관하다고 말할 수는 없다. 이런 종류의 문제 제기 자체가 치체린 같은 국가학파 학자들의 영향을 받은 결과였다. 그러므로 클류쳅스키가 『고대 루시의 젬스키 소보르에서 대표들의 구성 문제』를 치체린에게 헌정한 것도 결코 우연이라고 말할 수 없다. 클류쳅스키도 국가학파처럼 신분 구조의 중심점이 다양한 신분들 사이에 국가에 대한 의무가 할당된 데 있다고 보았다. 국가는 국가의 이해, 군사적 직무의 이해를 위해 농민들과 드보랴닌을 예속 상태로 만들어놓았다는 것이다. 그런데 시간이 지남에 따라 객관적인 조건이 성숙하자 점차로 해방 과

8) Gary M Hamburg, "Inventing the 'State School' of Historians, 1840~1995," ed. Thomas Sanders, in *Historiography of Imperial Russia: The Profession and Writing of History in a Multinational State*, pp. 98~117.

정이 시작되었고 그 절정이 바로 1861년의 농노 개혁이라는 것이다.

그렇지만 앞에서 언급했듯이, 클류쳅스키가 국가학파의 주장을 그대로 수용했던 것은 아니다. 그는 솔로비요프, 치체린, 카벨린, 그라노프스키 같은 국가학파 학자들과는 달리 법 개념과 제도 속에 담겨 있는 진정한 사회적 내용을 밝혀내려고 노력했다.[9] 그는 치체린과 카벨린 등 법제사가들이 이루어놓은 업적을 부인하지는 않았지만, 그들이 그려놓은 고대 루시의 통치 구도에 대한 설명이 기계적이라고 비판했다. 그에 따르면, 그러한 접근법이 지닌 결점은 통치 형태와 개혁이 지닌 의미를 과장하기 쉽다는 것이었다. 클류쳅스키는 통치 기구망을 통해 사회에 대한 정당한 평가를 부여하려고 노력하면서, 사회와 국가의 관계를 이해하려 했다. 그 결과 앞서 말한 바와 마찬가지로, 그는 계급 개념에 커다란 관심을 기울이게 되었다. 그는 당대의 학자로서는 선구자적으로 어떠한 사회 계급이 통치에 적극적으로 참여했는지, 그리고 통치 도구로서 어떤 계급이 생겨났는지 등에 대한 질문을 제기했다. 그러므로 그는 지배 계급의 구성에서 생긴 변화와 지배 계급 내의 중요한 이해관계의 변화를 정치 제도의 변화와 연관해서 설명하려 했다.[10] 보고슬로프스키(M. M. Богословский)는 클류쳅스키가 이미 젊은 시절부터 사회 계급들의 역사를 연구하는 데 관심이 많았다고 말했다. 그는 "만약 역사가로서의 클류쳅스키의 중심적이고 지배적인 경향을 규정지을 필요가 있다면, 나는 그를 사회계급사가(社會階級史家)라고 부르고 싶다"[11]고 말했다. 클류쳅스키는 마르크스의 저술을 알고 있었으며, 다른 마르크스주의자 저술가들의 저작도 접한 것 같다.

---

9) А. Н. Медушевский, *История русской социологии*, Москва, 1993, С. 175.

10) 같은 책, 176~177쪽.

이처럼 클류쳅스키가 사회 계급이나 인민 경제에 관심을 가지고 있었다고 하여 그를 마르크스주의자로 볼 수는 없다. 무엇보다도 그는 역사적 동력(動力)에 대한 생각에서 마르크스주의와는 현격한 차이를 보여주었다. 그는 역사적인 현상의 원인을 한 가지로 보지 않았다는 점에서 다원주의자였다. 역사적 동력에 대한 그의 말을 직접 인용해보면, "인간 개인, 인간 사회, 그리고 나라의 자연, 이 세 가지는 인간의 공동 생활을 만들어나가는 세 가지 기본적인 역사적 동력이다."[12] 그렇기 때문에 클류쳅스키는 역사 과정에 대한 사회경제적 이해에서 마르크스주의에 동의할 수 없었다. 그는 역사 과정에서 경제적 동력, 사회적 동력, 정치적 동력의 역할을 각각 인정하면서, 러시아사에서는 지리적인 조건의 중요성도 강조했다. 러시아에서는 지리적 환경 덕분에 인간의 노동 활동과 자연 사이의 투쟁이 발생했고, 그에 따라 사회 구성원들의 다양한 결합이 생겨났다는 것이다. 이런 의미에서 클류쳅스키는 "러시아의 역사는 식민 과정이 진행되고 있는 나라의 역사다"[13]라는 유명한 말을 남겼다.

또한 클류쳅스키 역사학의 특징은 러시아의 문학 작품을 역사 연구와 연결시켰다는 점에서도 드러났다. 그는 푸슈킨(А. С. Пушкин), 레르몬토프(М. Ю. Лермонтов), 고골리(Н. В. Гоголь), 악사코프(С. Т. Аксаков), 곤차로프(И. А. Гончаров), 오스트로프스키(А. Н. островский), 도스토예프스키(Ф. М. Достоевский), 체호프(А. П. Чехов), 고리키(А. М. Горький) 등에 대한 글을 저술했다. 클류쳅스키는 러시아 문화에 종사한 인물들에 대해 묘사했을 뿐만 아니라 이런

11) 같은 책, 177쪽.

12) В. О. Ключевский, *Сочинения в девяти томах*, Москва, 1987, Т. 1. С. 40.

13) 같은 책, С. 50.

인물들과 그들이 창작한 인물 유형이 생겨난 사회적인 배경에 대해서도 기술했다.[14] 문학 작품은 그에게는 가치 있는 사료 역할을 한 셈이었다. 그는 문학 명작을 통해 인간의 정신적인 깊이를 이해했고, 사회의 도덕사를 이해했다. 특히 푸슈킨의 소설인 『예브게니 오네긴』을 통해 러시아의 역사적 상황의 변화를 설명하려 했던 클류쳅스키의 설명은 아주 독창적이었다. 클류쳅스키는 「예브게니 오네긴과 그의 선조들」이라는 논문에서 소설 속의 가공인물인 오네긴의 가계를 더듬어보면서 17세기부터 19세기 전반부에 이르기까지 러시아의 귀족 가문이 겪어야 했던 역사적인 경험을 서술했다. 그리하여 러시아사에서 이른바 '잉여인간'이 등장하는 역사적인 연원을 추적했던 것이다.[15]

클류쳅스키는 역사의 중요성에 대해 늘 생각했다. 그래서 그는 "역사가 없으면 구원도 없다"고 말할 정도였다. 1892년에 그는 "오직 잠을 잘 때만 의식이 역사 바깥에 있다"라고 쓰기까지 했다. 그는 사람들이 역사에 관심을 가지는 이유에 대해 경구식으로 설명했다. 그 예를 들어보면 다음과 같다.

> 사람들은 왜 자신의 과거와 역사를 공부하는 것을 좋아하는가? 아마도 뜀뛰기하다가 넘어진 사람이 일어서서 스스로 넘어진 자기를 돌아보고 싶어하는 이유와 같을 것이다.[16]

그리고 그는 다른 곳에서 다음과 같이 쓰기도 했다.

---

14) 이런 관점에서 저술된 클류쳅스키의 글을 보려면 다음 자료를 참조하라. В. О. Ключевский, *Исторические портреты деятели исторической мысли*, Москва: Издательство 'Правда', 1990.

15) 이인호, 『지식인과 역사의식』, 문학과지성사, 1980, 163~176쪽.

16) А. Н. Сахаров(ред.), *Историки России XVIII-начало XX века*, С. 440.

역사, 이것은 권력이다. 사람들은 좋을 때는 역사에 대해 잊어버리고 자신의 행복이 자기 때문이라고 생각한다. 그렇지만 상황이 나빠지면 역사의 필요성을 느끼기 시작하며 역사의 은혜를 높이 평가한다.[17)]

클류쳅스키가 정립한 역사학 방법론, 그리고 그가 제시한 러시아 역사에 대한 전반적인 구도는 그가 학문 활동을 한 이래로 학자들의 커다란 관심을 끌어왔다. 그는 특히 자신의 제자였던 밀류코프(П. Н. Милюков), 보고슬로프스키, 키제베테르(А. А. Кизеветтер) 등의 역사관에 적지 않은 영향을 미쳤다. 또한 소련 시절에도 학문 활동을 지속했던 고치예(Ю. В. Готье)와 바흐루쉰(С. В. Бахрушин) 같은 학자들은 물론이고, 심지어 모스크바 대학 시절에 그의 제자였지만 스승의 학문적인 경향에 대해 신랄한 비판을 퍼부었던 포크로프스키(М. Н. Покровский)마저도 클류쳅스키에게 진 학문적인 빚을 부인할 수 없다. 물론 소련 정권이 들어선 초기에 포크로프스키의 영향력이 절정에 도달했을 때에는 다른 구시대 역사가들과 마찬가지로 그의 역사학도 전면적으로 부정되었다. 그러나 1930년대 중반에 포크로프스키 학파가 숙청되면서 "클류쳅스키로 돌아가자!"라는 구호가 터져 나왔다. 그 후에 클류쳅스키 역사학이 소련 역사학계에서 지속적인 비중을 차지하고는 있지만, 소련 시대에 클류쳅스키는 부르주아 역사학의 대표자였을 따름이었다. 이 시기에 부각되었던 그의 죄과는 역사의 사회경제적인 측면에 관심을 기울이긴 했지만 역사적 유물론의 단계에 이르지 않았다는 것이다. 달리 말해 역사적 동인으로서 경제에 대해 유일

17) 앞의 책, 같은 곳.

한 중요성을 부인하지 못하고 다원론이라는 오류를 범하고 말았다는 것이다.[18] 소련이 해체된 오늘날에도 클류쳅스키 역사학을 다원론으로 파악하는 이해 자체는 동일하지만, 그에 대해 내린 평가는 정반대가 되었다. 즉 소련 시대에는 다원론적 이해가 죄과였지만, 오늘날에는 오히려 역사 현상에 대한 이해를 풍성하게 만드는 데 필수적인 요소로 인식하고 있는 것이다.

『러시아 신분사』의 출간 배경과 구성

출간 배경

『러시아 신분사』는 클류쳅스키의 『러시아사 강좌』 시리즈 가운데서도 상당히 널리 알려진 저술이다. 클류쳅스키는 1886년 9월부터 12월까지 이 강의를 진행했다. 이 기간에 클류쳅스키는 제20강의를 넘기지 못하고 강의를 끝마쳐야 했다. 왜냐하면 1887년 1월부터 도입된 새로운 대학 규정(1884년)에 따라 '러시아사' 강좌를 새로이 시작하고, 이전의 2년 강좌(4학기)를 1년 만에 끝마쳐야 했기 때문이다. 이런 조건으로는 당연히 '러시아 신분사' 강의를 끝까지 마칠 수가 없었다. 그러나 그는 타협적인 결론을 찾아냈는데, 특별히 석판 인쇄를 위해 유쉬코프(А. И. ющков)의 집에서 제20강의 후반부부터 제21강의와 제22강의, 그리고 '강의 요약과 주요 결론'을 받아쓰게 했다. 그리하여 이 석판 인쇄본이 1887년 2월 중순에 햇빛을 보게 되었다. 당시에 이것을

18) 클류쳅스키 역사학에 대한 소련 시기의 평가를 이해하기 위해서는 다음 자료를 참조하라. Н. Л. Рубинштеин, *Русская ИсториограФия*, Москва, 1941; А. М. Сахаров, *ИсториограФия истории СССР*, Москва, 1978; *ИсториограФия Истории СССР*, Москва, 1961.

준비한 사람은 3학년 학생 세 명이었다. 총괄적인 작업을 지휘하고 출판하는 작업은 유쉬코프가 맡았고, 나중에 유명한 역사가가 된 키제베테르와 스토로줴프(B. H. Сторожев)가 작업을 도와주었다. 유쉬코프는 클류쳅스키가 죽은 다음에 자기 스승의 주해를 전집에 포함했는데 이 강좌를 1913년, 1914년, 1918년에 걸쳐 세 번이나 석판 인쇄로 출간했다.

클류쳅스키는 언제나 러시아 사회사, 즉 지배 계급인 보야린과 드보랴닌, 그리고 농민의 역사에 깊은 관심을 기울였다. 『러시아 신분사』는 그의 이전 작업들, 즉 1882년의 『고대 루시의 보야린 두마』, 1885년의 『러시아 농노제의 기원』 『러시아의 인두세와 노예 신분의 폐지』 등의 연장선상에서 이해될 수 있다. 이 가운데 마지막 작업은 잡지인 『러시아 사상』(1886년 5, 7, 9, 10호에 게재)에 발표되었다. 그리고 이 강의들은 『러시아사 용어집』이라는 강좌와 밀접하게 연관되어 있다. 클류쳅스키가 용어에 관한 강좌를 마친 직후에 『러시아 신분사』를 강의했음은 결코 우연이라고 볼 수 없다.

클류쳅스키는 러시아 신분사를 강의하면서 본질적으로 기존 사회관계에서의 부당성을 보여주었다. 그는 사회의 신분적 구분의 임시적인 성격에 관한 생각을 전개했으며, 그것이 지닌 잠정적인 의미를 강조했고, "신분이 아직 존재하지 않았던 때가 있었으며 그것이 이미 없어지게 될 때가 온다"는 점에 주의를 기울였다. 그는 그러한 역사적인 예로 서구 유럽의 역사를 지적했다. 이런 문제를 명확하게 하기 위해 그는 제2강의의 "신분적 차이의 점진적 소멸——유럽 역사의 공통적인 사실"을 단락의 제목으로 선택했다. 그는 신분적 불평등이 역사적인 현상이라고 주장했다. 달리 말해 그는 신분의 역사는 두 가지, 즉 아주 숨겨져 있지만 서로 밀접한 관련이 있는 두 역사 현상을 드러내준다고 결론지었다. 한편으로는 공통된 이해관계가 창출되는 움직임이 있으면서도, 다른 한편으로는 그러한 공통 이익을 위해 신분적 억압 아래 있던 개인을 해방시키려는 움직임도 있다는 것이다. 클류쳅스키는 러시아의 긍정적인 역사 발전을 위해 이런 문제가 평화스럽고 점진적으로 해결되기를 희망했다.

클류쳅스키가 신분사 강좌를 진행하고 있던 1886년은 사회적으로 알렉산드르 3세 치하에서 반동정치(反動政治)가 강화되고 있던 상황이었다. 이러한 반(反)개혁 움직임이 가시화되고 있던 당시의 분위기에서 이 강좌는 시의적절함에서 벗어나 있었고, 오히려 이 강좌가 당국자의 적절한 관심을 끌지 못해서 금지조치를 받지 않았다는 사실이 오히려 뜻밖이었다.

특히 신분사 강좌에서 클류쳅스키가 미래의 러시아에 대해 내린 해석은 주목할 만한 것이었다. 클류쳅스키는 법제사가들과는 달리 자신이 살고 있던 당시의 국가 구조가 항구적인 것이 아니라고 판단했고, 자유주의적 법치국가의 형태야말로 궁극적인 국가 형태라고 생각했다. 그는 이 신분사 강좌에서 이러한 자신의 생각을 반복해서 드러냈다. 나아가 그는 『러시아 신분사』의 서론 부분에서 그가 공감하는 미래의 유토피아적 청사진을 다음과 같이 제시해 보이고 있다.

> 아마도 앞으로는 자본의 힘이 정치적인 의미를 상실하고 다른 힘들, 예컨대 학문이나 지식에게 자신의 자리를 내주게 될지 모른다. 많은 사람들은 적어도 오래전부터 이런 힘을 가지고 사회를 지배할 수 있다는 가능성을 꿈꾸어왔으며, 오늘날도 여전히 그런 꿈을 꾸고 있다. 이러한 힘을 가동하게 될 국가 조직 속에는 평등도 없게 될 것이며, 신분도 없을 것이다. 신분의 자리를 차지하게 될 사람들은 '학

위'를 가진 인물들로서, 재산에 의한 특권 덕분에 입법 기관에 선출된 의원들이 물러나고 학위를 가진 학자 출신 의원들이 들어올 것이다.

클류쳅스키는 더 나아가 현대 사회는 개인의 정치적 비중이 투표의 양에 달려 있고, 또 투표의 양은 '주식의 보유량'에 의해 정해지는 주식회사 형태로 자신의 국가지배를 성립시키게 된다고 보았다. 미래의 국가는 교사와 학생으로 구분되고, 학생은 상급학생과 하급학생으로 다시 나뉘는 학교의 형태로 건설될 것이다. 따라서 자본은 더 이상 사회의 유동력이 될 수 없게 되고, 지식의 권위로 대체될 것이라는 것이다.

구성

우리는 러시아 신분사에 관한 이 강좌에서 규정되고 있는 신분사의 시대 구분을 자세히 검토해보면, 그것이 클류쳅스키가 좀더 이전 시기, 즉 1883~84년에 모스크바 대학의 일반 강좌에서 행한 러시아 역사발전 과정에 나타난 시대 구분과 차이를 보여주고 있음을 알 수 있다. 일반 강좌와 러시아 신분사 강좌에서 각각 시도된 시대 구분을 비교해보면 다음과 같다.

클류쳅스키는 각 시기의 초기에다가 조건부적인 성격을 배제하고, 대신에 '대략'이라는 말과 '17세기 전반기 또는 말기까지'라는 식으로 다소 유동적인 형식을 취하고 있다. 연대는 끝이 불분명하고 고정적이었으나 좀더 명확해진 면도 있었다. 물론 일반 강좌에서의 시대 구분은 일반적인 러시아 역사발전 과정을 구분한 것이고, 『러시아 신분사』에서의 시대 구분은 신분의 역사에만 국한된 것이었다. 그러나 『러시아 신분사』에서의 시대 구분에는 다음과 같은 내용이 덧붙여졌다. 즉 "사회는 여러 번 나뉘고 또 세분되며, 반복해서 자신의 법률적 특성과 그 성원을 변화시킨다." 이에 따라 위와 같은 양 시대 구분의 대조가 가능하고 일반적인 특성이 그대로 유지되며 계속해서 관심을 집중시키는 것이다.

클류쳅스키는 러시아 신분사의 시대 구분을 정한 후에, 이에 맞추어 각각의 시대에 신분적 구분이 형성되는 근거를 다음과 같이 요약하고 있다. 첫 번째 시기는 '정복 활동 또는 무장 압력'의 시기, 두 번째 시기는 '공후와의 경제적 계약'의 시기, 세 번째는 '국가 납세 의무의 차등' 시기, 그리고 마지막으로 네 번째 시기는 '국가적 · 시민적 권리의 차별화' 시기다. 그런데 우리는 실제로 이러한 시대 구분을 형식적이며 법률적인 것과는 다른 차원에서 시대의 본질을 규정하는 것으로 보아서는 안 된다. 또한 첫 번째 시기의 특성이 마지막 부분의 것과 책 전체를 통해 명확히 일치되지는 않고 있다. 세 시기를 대조해보면 여기에도 다소 차이가 있다.

각 시기의 특성들을 대조해보면, 우리는 그것들이 동일한 의미를 지닌 것이 아니라는 것을 쉽게 알 수 있다. 클류쳅스키는 '계급'이라는 용어를 적용하는 데서 나타나는 명백한 불확실성을 인식하고 있었으며, 이를 보강하는 새로운 규범을 탐색하면서 심적인 동요를 경험하고 있었던 것으로 보인다.

클류쳅스키는 단지 '정복'의 개념만을 적용한 첫 번째 시기에 대한 설명이 불충분하다고 생각해서, 두 번째 시기에는 좀더 초기의 경제적 현상들에 주목하여, 이전에는 확신했던 정복에 기초한 성격을 배제시킨 전제 조건을 찾게 되었다. 그는 세 번째 시기에는 이전의 경제적 현상들을 설명하는 틀을 재고한 동인들을 주목의 대상으로 삼았다. 그는 두 번째 시기에 대한 설명을 좀더 구체화시켜 결정적인 힘으로써 정복자의 강제와 위에서의 권력의 압력을 '생산 수단'과 결합시키려고 했다.

두 번째 시기에 제시된 키예프 공국의 이중적 근거와 그에 내재한 신분들은 일반적으로 시대 구분에서는 그 근거가 명확히 제시되지 않았고, 경제적인 동인도 완전히 생략되어 있다. 이러한 이유 가운데 하나는 클류쳅스키가 강좌를 완전히 끝내지 못하고 보충해야 할 필요성을 가지고 있었다는 것이다. 그렇기 때문에 그는 어느 정도의 주저함을 보인 것이다. 그는 경제적 동인을 설명의 틀로 설정하면서도 또 다른 타협점을 찾기 시작했다.

클류쳅스키는 첫 번째 시기와 두 번째 시기에 열 강좌 이상을 할애하고, 세 번째 시기에는 16세기와 17세기를 다루고 있으며, 17세기와 18세기를 다루는 네 번째 시기는 단지 세 강좌만 할애하고 있다. 그렇기 때문에 예카테리나 2세가 하사한 헌장이 나온 1785년까지 강좌가 이어지지 못한 것이다.

13세기부터 15세기까지를 다룬 두 번째 시기는, 즉 공후령 시대는 다른 신분적 구분의 원칙에 근거한 것이었는데, 여기에는 자유민과 공후의 경제적 계약 관계가 매개체로 기능했다. 모스크바국이 창출된 15~17세기의 세 번째 시기에서는 사회 각 계층 간에 경제적 상태에 따라 할당된 국가납세 의무의 차이가 신분적 구분의 근거가 되었다. 18세기를 다루는 네 번째 시기는 새로운 신분적 구분의 근거가 제시되었는데, 그것은 각 계층들 사이에 그들의 정치적 의미에 따라 누리게 되는 권리들의 차이였다. 그런데 이러한 신분적 구분의 근거가 되는 규범이 변한 사실에 대해서는 설명을 거의 하지 않았다. 단지 신분적 권리의 증가로 인해 각 신분이 부담하는 납세 의무에서 차이가 났다는 것이다.

그렇지만 클류쳅스키는 왜 이러한 변화가 일어났는지에 대한 설명을 제시하지 않았다. 단순히 외부 세력의 끊임없는 침략의 위협이 사라진 후에 형성된 경제적 토양 위에서 그러한 기반이 형성되었다는 것이다. 그러면 이러한 경제적 기반은 왜 두 번째 시기에만 주어지고 다른 시기에는 없었는지 의문이 생긴다. '시민적 권리'의 발전을 성취하기 위해서는 점진적인 준비 과정이 필요했는데, 이러한 과정 내지 움직임의 원인들이 밝혀져 있지 않은 것이다.

클류쳅스키는 키예프 루시의 상급 친위대, 평민, 노예 등의 신분의 성격을 설명하고 이어 보야린, 채무농, 집사 그리고 자유농의 성격을 규정하고 있으며, 나아가 이는 초기 성직 계층의 지위를 설명하는 것으로 이어졌다. 그에 따르면, 두 번째 시기에서는 키예프 루시 시대에 성취한 발전의 성과 내지 수준이 어느 정도 축소되었다. 즉 정치적 복속에 대한 개념이 사라지고 대신 개인에 대한 복속으로 이어진 것이다.

또 클류쳅스키는 일반 평민과 분령의 공후와의 관계를 규정하고, 개인적 복속의 관계에서 경제적 계약 관계가 지닌 의미를 강조하고 있다. 나아가 노예의 역할과 경제적 분류에 따른 그들의 성격에 대해 설명하고 있다. 자유민과 노예 사이에는 '중간 계층'으로서 납세민이 있었는데, 여기서 '중간 계층'의 개념이 도입되고 있다.

특히 16~17세기 모스크바국의 관리에 대한 풍부한 서술적 특징 묘사는 출신에 따른 봉직 관등, 군장 봉직 관등, 납세 관등, 도시상공인 그리고 군 관등 등으로 나타났다. 또한 모스크바의 도시상공거주민, 특대상인, 대상인, 중상인 그리고 평민 백인대, 평민 면세구역 거주민 등도 특별히 상술되었다. 특히 농민에 대해서는 자세히 구분해서 설명했는데 흑민과 궁정 농민, 예속 농민, 노예 등으로 설명되었다. 모스크바국의 복잡한 관등표는 사회적 구분의 구조를 일목요연하게 보여주고 있다. 모스크바국의 사회는 크게 세 부류, 즉 봉직자, 납세민, 비납세민으로 나뉘어 있고, 거의 삼십 여 부류에 달하는 모스크바 루시의 신분 질서의 다양한 사회적 범주가 포함되어 있다. 클류쳅스키에 따르면, 이러한 루시는 이미 분립영지 시대에는 적용될 수 없는 '국가'였다. 루시는 민족의식의 발생과 정부가 갖는 민중 복리의 목적과 같은 새로운 현상에 의해서 국가라 불릴 만한 권리를 획득하고 있다. 클류쳅스키의 개념으로 볼 때 국가란 일반적인 민중의 복리에 이해를 집중시키는 비계층적 힘의 성격을 지니고 있는 것이다.

그는 두마 관등, 도시 봉직 관등, 군장 봉직자 등에 대해서 실제적인 풍부한 자료를 사용해 구체적으로 그 성격을 설명하고, 납세 의무의 할당에 대해서도 강좌에서 자세히 다루고 있다. 종신 노예의 지위, 농민의 대부 기록에 대한 그들의 영향, 이러한 관계 속에서 대부 기록에 의해 농민의 예속 상태 발생, 농민이 봉직영지 소유자에게 저당 잡힘으로써 초래된 농노 소유권 등에 대한 설명은 『러시아사 강좌』에 앞서 1885년에 나온 『러시아에서의 농노제의 기원』에서 이미 상당 부분 다루어진 것이었다. 그런데 여기서 새로운 것은 신분의 역사 가운데 세 시기에서는 각 신분이 지어야 하는 의무에 대해서만 설명하고 있으나 네 번째 시기에서는 '신분적 권리'의 개념을 도입하고 있는 것이다. 특히 각 계층이 부담하는 의무의 범위 내에 그들을 묶어두는 수단으로서 신분적 권리를 제한하는 계층을 초월한 막강한 국가 권력이 다시 한번 강조되고 있다.

사실상 사회 계층으로 편입되어야 할 이른바 '의무'를 설정하는 작업은 결코 쉽지 않다. 아마도 클류쳅스키는 기본적인 사회발전 과정과 그가 제시한 사회적 신분의 개념에 명확한 재고가 필요하다는 것을 인식하지 못했던 듯하다. 그러므로 그의 논리에 따르면 모든 토지 소유자는 봉직 계층의 성원으로 들어가야 하고, 상업과 도시수공업에 종사하는 모든 사람들은 도시상공인 계층에 묶여야만 했기 때문에 이전의 관리들은 국가에 의해 몇몇 대규모 계층 또는 신분으로 편입되었던 것이다.

이러한 강제적인 신분 편입을 수단으로 그들은 자신에게 좀더 유리한 계층의 성원으로 들어가고, 각기 개별적 위상을 지닌다. 신분적 권리의 발생과 발전의 특징은 18~19세기에도 엿볼 수 있기 때문에 클류첿스키도 이러한 여러 권리를 정확히 설명해야 할 필요성을 느꼈을 것으로 보인다. 개인적인 토지 소유권은 봉직자들의 독특한 권리가 되었고, 도시에서 상공업에 종사할 수 있는 권리는 도시상공인들에게만 허용되었다. 그러면 농민들은 어떤 예외적인 신분적 권리를 부여받았던 것일까? 토지를 경작할 권리는 그 당시 다양한 법률적 지위로 구분되어 있던 농촌 거주민을 하나로 일치시키는 역할을 하게 되었다. 초기 시기의 농민들은 토지 경작이나 농사일에 대한 어떤 독자적인 권리도 갖고 있지 않았다. 클류첿스키는 역사 현상에 법률적 의미를 철저히 적용해서 러시아 신분사를 해석하고 있는 것이다.

다음으로 클류첿스키는 신분적 권리의 원천으로써 관리의 명예를 설명하고 있는데, 이는 국가가 다양한 사회적 관등에 그 가치를 인정하고 있는 것이다. 새로운 사회적 계층을 그룹화시킴에 따라 과거의 관등적인 서열은 파괴되고 만다. 이러한 현상이 나타나는 시기는 표트르 1세 시기이며, 그의 지방행정 개혁에서 두드러지게 나타난다. 좀더 많은 계층들이 군사적 봉사의 의무를 지도록 한 표트르 1세는 점차 국가적 의무를 국가의 모든 신분에게 확대 적용하도록 했다.

그러면 『러시아 신분사』에 나타난 클류첿스키의 논리는 어떠한 것인가? 계층의 형성 과정과 신분의 발생 과정 사이의 상호관계가 러시아 역사발전 과정에서는 어떻게 나타났는지에 대해 그는 일반적인 역사적 법칙과 점진적인 신분의 균등화를 지적하고 있다. 모든 신분적 구분의 기원은 이전의 구분에서 초래된 결과였다는 것이다.

우리가 보기에, 이러한 결론은 충분한 것으로 보이지는 않는다. 왜냐하면 강좌 처음에 전개된 복잡한 논리가 지나치게 단순화된 것으로 보이기 때문이다. 클류쳅스키는 '계층' 또는 '사회 계층', '신분'이 지닌 본질적인 성격을 설명하면서 지배 계층뿐만 아니라 하위 계층(농민)에게도 적용하고 있는데, 이는 그가 정치사가 아닌 '민중 생활사'를 역사 무대의 가운데로 이끌어낸 결과다. 그는 각 계층을 차별화시킨 주된 도구로서 각자가 소유하는 생산 수단의 형태와 사회에서 담당한 기능을 지적하고 있다. 여기 번역된 클류쳅스키의 『러시아 신분사』는 몇 가지 한계가 있기는 하지만, 러시아 역사에 대한 그의 시각을 단적으로 보여주며, 오늘날에도 그 가치를 잃지 않은 고전적인 저술이라고 평가할 수 있다.

맺음말

이상에서 살펴본 바와 마찬가지로, 클류쳅스키의 역사학은 농노 해방과 자본주의의 발전이라는 당대 러시아의 역사적 상황을 배경으로 성립되었다. 따라서 그는 제정 러시아 후반기의 사회경제사 연구를 통해 러시아 역사의 기본적인 구조를 파악하려고 노력했고, 그 결과 정리된 연구 업적은 오늘날의 러시아 역사학계에도 적지 않은 영향을 미치고 있다. 과거 소련 시기에는 그가 부르주아의 이익만을 대변한 대표적인 부르주아 역사학자로 평가받음으로써 그의 역사학에 대한 진정한 이해에 제약이 되었지만, 이제는 오히려 그가 제기한 다원적인 역사 이해가 포괄적인 러시아사 이해의 중심축으로 자리 잡아가고 있다고도 말할 수 있을 것이다. 여기 번역된 『러시아 신분사』는 클류쳅스키의 방대한 저술 가운데서도 사회사에 대한 그의 학문적 시각의 기본 골격을 형성한 중요한 저서라는 의미에서 그의 역사학 전체가 지닌 특징을 잘 보여준다고 할 수 있다. 하지만 본격적인 의미에서 클류쳅스키 역사학에 대한 연구는 이제 시작 단계에 머물러 있다고 말할 수 있다. 폭넓은 주제를 다룬 방대한 그의 저서는 결코 쉽게 읽을 수 없으므로, 그의 연구서에 대한 다양한 분석을 통해서만 그의 역사학의 진면목이 드러날 수 있을 것으로 생각한다.

일러두기

- 이 책은 클류쳅스키의 『*История сословий в России*』(Istoriia soslovii v Rossii: 1887)를 번역한 것이다.
- 원문에서 이탤릭체로 강조한 부분은 고딕으로 표시했다.
- 해제인 「클류쳅스키 역사학과 『러시아 신분사』」는 조호연의 다음 글을 공동 옮긴이인 오두영과 함께 일부 수정 · 보완한 것임을 밝혀둔다. 조호연, 「클류쳅스키와 그의 역사학」, 『인문논총』, 경남대학교 인문과학연구소, 제15집, 2002, 133~145쪽.

러시아 신분사

제4강

제5강

제6강

제7강

제11강

제12강

제13강

제14강

제15강

제20강

제21강

제22강

제1강

강좌의 대상

내가 여기서 맡은 강좌의 대상은 예카테리나 2세(재위: 1762~96년)가 1785년에 신분에 관한 두 윤허장(允許章, жалованная грамота)[1)]을 공포할 때까지의 러시아 신분사에 관해 간략하게 개관하는 것이다. 내가 예카테리나 2세의 윤허장 공포를 이 강좌의 마지막 하한선으로 삼으려는 이유는 이 윤허장에 의해 과거 루시의 모스크바국(московское государство)이 생겨나면서 시작된 러시아의 신분 구조가 완성되었기 때문이다. 러시아 사회의 신분구조는 윤허장이 공포

---

1) 예카테리나 2세는 1785년에 이른바 '귀족윤허장'(жалованная грамота дворянству)을, 그리고 도시민들에게는 '도시윤허장'(жалованная грамота городам)을 공포했다. 귀족윤허장은 귀족을 대상으로 그 지위와 특권을 보장하는 문서였는데, 이것으로 귀족은 표트르 1세 이래로 빼앗겼던 특권을 되찾게 되었고, 나아가 자기들이 보유했던 여러 가지 권리를 인정받게 되었다. 이제 귀족은 개인적인 봉사와 징세의 의무에서 해방되었고, 체형도 면제되었다. 또한 이 윤허장을 통해 귀족의 재산권도 확고히 보장되었는데, 이제 귀족은 토지, 산림 또는 광산자원의 개발과 매각에서 아무런 제약도 받지 않게 되었다. 그리고 도시윤허장을 통해 도시 거주민을 재산소유 정도에 따라 여섯 부류로 나누었는데, 이를 기반으로 새로운 도시자치체가 구성되었다.

된 시점부터 이 윤허장으로 강화되기도 했고, 다른 경우에는 단지 새로운 모습을 띠기도 했고, 또 다른 경우에는 심지어 붕괴되기도 했다. 이 강좌의 순서와 목표를 설명하기 위해 우리가 앞으로 고찰하게 될 역사적 현상들의 범위와 특성에 관한 전반적인 소견을 몇 가지 피력할 터인데, 이런 역사적인 현상들에 대해서는 나중에 연구하게 될 것이다.[2)]

신분 개념

'신분'(ordo 또는 status, 프랑스어로는 état, 독일어로는 Stand)이란 국법상의 용어로서 정치 제도 가운데 하나를 뜻한다. 권리와 의무에 따라 사회를 여러 계급으로 나누는데, 우리는 그러한 계급들을 신분이라고 부른다. 법을 통해 자신의 의지를 표현하는 국가의 최고 권력은 권리를 부여하거나 승인하기도 하지만, 반면에 의무를 부과하기도 한다. 따라서 신체적인 조건은 말할 것도 없고, 경제적 · 지적 · 도덕적 조건들에 의해 확정되는 다른 사회적인 구분과는 달리 신분적 구분, 즉 본질적으로 '법적' 구분은 법률에 의해 규정된다.

---

2) 『러시아 신분사』는 원래 1886년에 강의한 것을 바탕으로 해서 저술된 것인데, 출판된 내용과 원래의 강의 사이에 차이가 있는 경우도 있다. 독자들의 이해를 돕기 위해 차이가 나는 부분에 대해서는 구술 강의에서 언급된 내용을 계속해서 각주를 통해 소개하려 한다.
"이 강좌의 순서와 목적을 설명하기 위해 나는 예비적으로 몇 가지 일반적인 사항에 대해 언급하려 한다. 그 사항이란 현재와 과거 역사의 여러 사실들에 대한 일반화 작업이다. 나는 여러분 가운데 많은 사람들에게 이러한 설명이 비록 기본적이라고 할지라도 여러분이 그로 인해 지루해하지 않기를 부탁한다. 그 목적은 여러분의 역사 지식을 보충하기 위함이 아니라, 우리의 연구 대상이 될 역사 현상들의 범위와 성격을 좀더 명확하게 제시하기 위함이다."

신분적 구분의 본질적이며 가장 명백한 징표는 '의무의 차이'가 아니라 '권리의 차이'에서 잘 드러난다. 단지 두 개념을 분석해보기만 한다면, 신분별로 의무의 차이가 있다는 점에 대해 이야기할 때에도 실제로는 권리의 차이에 대해 말하고 있다는 사실을 쉽게 알 수 있다. 사회의 각 계급은 상이한 권리를 보유하고 있으면서도 동일한 국가적 의무를 질 수 있다. 그렇지만 만약 그들에게 불균등한 의무가 부여된다고 하면, 그들은 동일한 권리를 부여받을 수 없다. 어떤 계급의 사람들이 다른 계급의 사람들에게 부여된 권리를 가지고 있지 못하다고 해서 그들이 져야 하는 의무가 증대되는 것은 아니다. 반면에, 어떤 계급에 속한 사람들이 다른 계급의 사람들이 지고 있는 의무에서 자유롭다고 한다면 다른 계층 사람들과 비교해 여분의——비록 소극적이기는 할지라도——권리를 보유하고 있는 셈이 된다.

그뿐만 아니라 국가에 대한 의무는 과중함에서도 차이가 난다. 만약 국가에 대한 의무를 계급들에게 나누어서 부과하지만 모든 계급에게 똑같은 정도로 부과되는 것은 아니라고 한다면, 법적 관계라는 측면에서 부담을 덜 진 계급이 다른 계급보다 더 높은 위치를 차지하므로 의무의 비중에서 특권을 부여받은 셈이 된다. 간단히 말하면, 신분별로 권리가 불평등하기 때문에 의무가 불균등하게 부여되는 것은 아니지만, 의무의 불균등은 언제나 권리의 불평등을 초래하는 셈이 되는 것이다. 즉 의무는 신분 구분의 부차적인 징표인데, 이 점은 국가에 대한 의무에 담긴 법적인 본질로 설명된다. 결합체로서의 국가가 존재하는 목적은 합법적으로 획득된 권리를 보호하는 것이고, 국가에 대한 의무는 이런 보호를 받기 위한 수단에 불과한 것이다.

신분적 권리

'신분적 권리'란 무엇인가? 이것은 법에 의해 사회의 어떤 계급에 속한 사람들 전체에게 항구적으로 부여된 온갖 특권을 말한다. 이러한 계급은 일정한 조건들을 충족시키는 일군의 사람들로 구성되는데, 법은 이런 조건들에 따라서 어떠한 특권을 부여하기도 하고 유지시켜주기도 한다. 특권은 공통의 법에 의해 어떤 계급에 속한 사람들 전체에게 부여된다는 특징이 있다. 따라서 신분적 권리는 특정 개인이나 가문에 각별하게 하사되는 특권과는 구분되는 것이다.

신분적 권리와 특전(特典)의 차이

특정 개인이나 가문에게 하사하는 특권을 '특전'(привилегия)이라고 부른다. 『1649년의 젬스키 소보르 법전』(*Уложение*)[3]에 따라 모

3) 이것은 1648년 6월 이후에 농촌과 도시에서 일어난 격심한 봉기와 무질서 사태에 대처하기 위해 제정된 모스크바국의 법으로서 17~18세기 러시아의 기본 법전이 되었다. 25개 장, 967개 조로 구성된 이 법은 "농민에 관한 재판" "성채주변 도시주민들에 관해" "봉직영지에 관해" "재판에 관해" "강탈이나 절도 행위에 관해" 등으로 구분되었다. 이 법의 시안은 오도예프스키(Н. И. одоевский)의 주도로 운영된 위원회에서 마련되었고, 젬스키 소보르가 승인해서 '소보르노에 울로줴니예'(Соборное Уложение)라는 명칭을 얻었다. 이 법은 당대의 중요한 사회경제적 발전을 반영했다. 이것은 전제정의 중요한 버팀목이던 드보랴닌 신분과 도시 상층의 요구를 충족시켜주었다. 또한 이 법에 의해 '우로츠니예 레타'(урочные лета), 즉 도망친 농민들에 대한 추적기간이 폐지됨으로써 농민의 예속화 과정이 법적으로 완성되었다. 또 도망친 농민들을 받아들인 행위에는 벌금이 정해졌고, 지주는 농민의 인격과 재산에 대해서는 무제한적인 처리권한 또는 농노에 대한 재판권을 부여받았다. 그리고 이 법은 드보랴닌의 봉직과 연관된 토지 보유를 강화할 목적으로 봉직영지와 세습영지 사이의 구분을 폐지했다. 이 번역서에서는 1649년에 제정된 '울로줴니예'를 『1649년의 젬

스크바국의 대상인(大商人) 집단 가운데 제염업을 하는 스트로가노프 가문[4]이 선정되어 '명예로운 사람들'이라는 특별한 칭호를 얻게 되었다. 또한 1785년에 도시민을 대상으로 한 윤허장에 따라, 그중에서도 모든 도매상인들과 5만 루블 이상의 자본을 가지고 있다고 선언한 자산가들에게 '명예시민'(именитый гражданин)이라는 칭호를 부여했다.

신분적 권리와 직무에 따른 권한의 차이

스트로가노프 가문이 부여받은 특권은 가문적인 '특전'이었고, '명예시민'으로서 부여된 특권은 신분적 권리였다. 어떤 신분에게 항구적으로 보장된 신분적 특권이 지닌 특징은 '직무에 따른 권한'과 구분된다. 국가의 모든 집단의 구성 면에서 국가의 행정과 사법의 실행 도구 역할을 맡은 이들 가운데 아주 많은 사람들은 지위에 의해 명확하게 구분된다. 이런 인물들 개개인은 자신의 직책에 따라 일정한 정도의

스키 소보르 법전』으로 칭하기로 한다.

4) 스트로가노프 가문은 16세기부터 19세기까지 특권을 소유했던 상인기업가 일족이다. 이들은 14세기 후반에는 농민이었으나, 15세기에는 러시아 북부의 드비나 지방을 거점으로 해서 상업에 종사한 결과 거대한 부를 축적할 수 있었다. 이들 가문은 16세기에는 페름 지방의 제염업과 모피산업, 그리고 농업, 어업 등 여러 산업에 뛰어들었고, 전성기에는 수만 명의 노동자와 농노를 보유하고 있었다고 알려져 있다. 이 가문은 모스크바 대공에게 막대한 금전을 기부해 중앙집권화 정책을 돕는 한편, 정부에서 우랄 지방의 광대한 영지, 요새 건설권, 사병 보유 특권 등을 부여받아 16세기와 17세기에 모스크바국이 시베리아 식민정책을 펼칠 때 첨병 역할을 담당했다. 예르마크(Ермак Тимофеевич, ?~1585)의 시베리아 정복은 바로 이 일족의 군사적 · 경제적 원조를 받아 이루어질 수 있었다. 스트로가노프 가문은 처음에는 대상인, 17세기에는 명예시민, 18세기에는 남작에 이어 백작의 칭호를 부여받아 귀족이 되었다. 이 가문은 제정기를 통해 수많은 정치가와 예술 그리고 문화후원자를 배출했다.

권력, 즉 권리들을 보유하고 있지만, 공직에 있지 않은 사람들은 이런 권리들을 가지고 있지 않은 것이다. 그러나 이처럼 직무에 따라 가지게 된 권리들은 신분적 권리와 근본적인 차이점이 있다. 첫째로, 직무에 따른 권한은 아주 천차만별이다. 신분적 권리가 그 신분에 속한 모든 사람들에게 동일한 반면에, 직무에 따라 부여된 권력은 개별 직책과 밀접한 관련을 가지고 있다. 두 번째로, 신분적 권리는 해당 신분을 유지하고 있으면서도 행사되지 않을 수 있는 반면에, 직무에 따른 권한은 당사자가 직책을 가지고 있는 한 행사할 수밖에 없는 의무이기도 하다. 세 번째로, 직무에 따른 권한은 해당자에게 특별히 부여되며 상속될 수 없다. 반면에 신분적 권리는 본질적으로 세습적인 특권으로서 처음 신분을 획득한 자와 그 이후의 상속자 사이에 아무런 차별이 없이 신분 구성원 전체에게 부여된다. 봉건 사회에서 몇몇 대귀족 가문은 정부의 어떤 직책들을 세습적으로 소유하기도 했다. 그런 경우에 그런 직책은 가문적 특전이라는 의미가 있었지만, 신분적 권리로서의 성격을 지니지는 않았다. 신분제 국가의 경우에 직무를 맡은 인물들은 대개 직무와 연관된 권한 이상으로 또 다른 권리들을 가지고 있는데, 이런 권리들은 퇴임 때에도 박탈당하지 않을 뿐만 아니라 후손에게 전수되기도 한다. 이러한 권리들은 다른 신분이 가진 권리와 동일할 수도 있고, 각별한 의미를 지닌 특권일 수도 있다. 전자의 경우에 관직은 여러 신분들 사이에 분배되며, 후자의 경우에 그것은 특별한 신분을 구성하게 된다. 이렇듯 러시아의 법에 따르면, 4등 문관인 관리나 대령직에 오른 군인은 세습 귀족이 되지만, 문무관직에서 9등급 또는 위관(位官)장교가 된 인물들은 비세습 귀족 칭호를 받게 된다.

그리하여 신분적 권리는 근원 면에서는 일반법에 따라 특전과 구분되지만, 스스로의 본질적인 특성인 세습성이라는 점에서는 직무에 따른 권한과 구분된다. 러시아 사회를 구성하는 하나의 계층, 즉 『대법전』(*свод законов*)[5]에서 방금 언급한 비세습 귀족 칭호를 받은 계층은 일견 '세습성'이라는 원칙과 모순되는 것처럼 보인다. 왜냐하면 러시아의 법에 따르면, 비세습 귀족의 지위는 상속되는 것이 아니기 때문이다. 그렇지만 이러한 모순 관계는 신분적인 법 체계 자체가 아니라, 단지 신분과 연관된 용어에 원인이 있을 따름이다.

비세습 귀족은 별다른 귀족적인 권리를 가지고 있지 않기 때문에 실제로는 하나의 신분, 즉 특별한 종류의 귀족은 아니라고 말할 수 있다. 비세습 귀족은 지방의 귀족 단체에 가입할 수 없으며, 농노해방 이전에도 농노를 소유할 수 없었다. 비세습 귀족은 단지 종신적인 명예 칭호일 뿐이었는데, 이는 그들이 가진 권리가 귀족과 유사해서가 아니라 이런저런 칭호를 획득하는 방법의 공통성 때문에 귀족 칭호가 부여되었던 것이다. 세습 귀족이나 비세습 귀족의 지위는 차르가 하사(下賜)하거나, 직무와 연관된 관등을 획득하거나, 훈장을 수여받음으로써 부여된다. 비세습 귀족이 가지고 있는 실질적인 권리는 '세습 명예시민'(потомственный почетный гражданин)이 가지고 있는 것과 똑같다. 이들이 가진 권리란 개인별 조세, 병역 그리고 체형 등을 면제받는 것이다(나는 오늘날에는 부분적으로 폐지된 구법舊法에 근거해서 말하고 있다). 이렇듯 비세습 귀족의 자녀들은 태어날 때부터 세습 명예시민에 속하게 된다. 그러므로 비세습 귀족은 오직 자기들의 칭호와 연관된 권리를 획득하는 방법에서만 여타의 세습 명예시민과 구분될 뿐 사실상 세습 명예시민이라고 볼 수 있는 것이다.

---

5) 이것은 1831~32년 사이에 스페란스키(М. М. Сперанский, 1772~1839)의 주도로 편찬된 러시아 제국의 법전인데, 1833년 1월 31일에 니콜라이 1세에 의해 공포되었다.

신분적 권리가 정치적 권리와 민사(民事)적 권리로 구분된 일

신분적 권리에는 어떤 것들이 있는가? 그런 권리는 두 부류, 즉 '정치적 권리'와 '민사적 권리'로 나눌 수 있다. 정치적 권리란 특정 신분에 속한 전 구성원이 국가적인 업무에 참여할 수 있는 경우를 말한다. 반면에 민사적 권리는 일정한 신분에 속한 개별 구성원이 자신의 사적인 일에서 권리를 가질 수 있는 능력의 정도를 말한다.

정치적 권리로서 우리는 다음과 같은 경우들을 열거할 수 있다.

국가의 통치 전반에 참여할 수 있는 권리

이런 권리는 통상적으로 신분별 회의에서 이루어지는 입법 활동에서 표현된다. 우리는 이런 권리가 하나의 신분 또는 여러 신분에게 부여되지만 전부에게는 부여되지 않는 국가를 일반적으로 귀족정(貴族政) 국가라고 부른다. 반면에 그런 권리가 모든 신분에게, 그것도 균등하게 확산된 국가 체제는 민주적 신분제 국가라고 부를 수 있다. 후자의 경우에는 국가의 전반적인 통치행위에 참여하는 일이 특정한 신분의 권리가 아니고, 사회 전체의 자산(資産)이 된다. 국가의 통치 행위에 대해 각 신분들이 미치는 영향력에 차이가 있는 경우도 종종 있다. 그런 경우에는 비록 모든 신분이 국가의 통치행위에 참여한다고 할지라도 귀족정 성격이 없어졌다고 말할 수 없다. 일부 신분의 경우에 전 구성원이 입법 회의에 참석함으로써 통치행위에 직접 참여하고, 다른 신분은 단지 선출된 대표자들만을 파견한다고 할 때, 이런 차이는 법에 기반을 둔 통치 기술의 문제이지 국가의 법적인 성격과 관계되는 것은 아니다. 다시 말해 이것은 편의나 필요성의 문제이지 신분적인 불평등의 문제라고 볼 수는 없는 것이다.

지방 통치에 참여할 수 있는 권리

이 권리는 앞에 말한 국가 통치에 대한 참여와 보통 연결되며 그러한 참여의 기반으로 기능하기도 하지만, 그 자체로는 국가 통치에 참여하는 것과 무관하게 이루어질 수도 있다. 또한 이 권리는 상당히 다양한 형태를 취하기도 한다. 사회의 전 구성원이 이런 권리를 가지지 않는 경우에는 지배 신분이 지방에서의 업무를 주도하며 여타의 주민들을 지도하게 된다. 모든 신분에게 지방 통치에 대한 참여가 허락된 경우에, 이러한 권리는 이중적인 형태를 띠게 된다. 즉 모든 신분이 독자적으로 활동하며 오로지 지방 차원에서 자신의 신분과 관계된 업무만을 수행할 수도 있고, 또는 이런 개별 신분들의 활동이 결합되어 모든 신분과 관련된 업무를 총괄적으로 담당할 수도 있다. 오늘날 러시아의 지방자치는 뒤에 말한 이중적인 기반 위에서 수행되고 있다. 그리하여 지방 차원에서 귀족, 성직자, 도시민, 농민 등의 신분별 회의가 있는 반면에, 전 신분을 포괄하는 젬스트보(земство)[6]가 있어서 지방 차원에서 모든 신분과 연관된 몇몇 업무를 관할하는 임무를 부여받고 있다.

세습영지를 통치할 수 있는 권리

이 권리는 지주가 자신의 세습영지의 거주자들에 대해 행사할 수 있는 사법권이나 경찰권을 말한다. 그러한 권력은 통상적으로 토지 소유 자체가 정치적인 의미를 지니고 있고, 특별한 통치상의 권리가 토지

6) 젬스트보는 지방의 교육, 경제 그리고 행정 등을 처리하기 위해 설치된 지방자치기구로서 1864년부터 1918년까지 존재했다. 젬스트보는 지방의 문제들을 자체적으로 해결하려는 중앙정부의 의도에 따라 설치되었는데, 중앙정부는 이후에 젬스트보의 징세권을 제한하는 등 감독을 강화했다.

소유와 결합됨으로써 하나의 신분 또는 몇몇 신분의 특권이 되는 곳에서 지주들에게 부여된다. 농노제 아래서 지주들이 가진 권리는 보통 그러한 권력과 결합되어 있었으나, 사법권이나 경찰권은 농노제와는 별도로 국가가 위임한 것일 수도 있다. 가령 15, 16세기에 러시아의 교회 지주들, 그리고 봉직 지주들은 자기들의 토지를 임차한 자유농민들에게 그러한 권력을 행사했다. 발트 해 연안의 농민들이 1810년대에 농노적 예속에서 해방되었을 때에도 그 지역의 귀족이 가지고 있던 사법권과 경찰권은 박탈당하지 않았다. 세습영지에서의 통치행위는 지방 통치에 대한 참여 행위와 구분할 필요가 있다. 지방의 통치행위는 하나의 신분에 의해 장악될 수도 있는데, 이 신분은 나아가 독점적인 토지소유권을 가지고 있다. 그렇지만 주민이 거주하는 세습영지를 전혀 가지지 못한 지배 신분 사람들 역시 지방의 통치에 대한 참여권을 상실하지는 않는다. 지방 통치에 대한 이러한 참여권은 정치적 권리인데, 이 권리는 그 신분에 속한 개별 인물들이 여타의 신분적 권리를 행사하느냐 하지 않느냐에 관계없이 신분 구성원들 전체에 속해 있는 것이다. 반면에 세습영지에서의 통치행위는 신분적 권리 가운데 정치적 권리가 아니라 민사상 권리의 일부를 실제로 행사한 결과로서, 오직 지배 신분의 몇몇 인물들만이 가진 정치적 권리이다. 그러므로 세습영지에서의 통치는 부분적으로는 정치적이고 부분적으로는 민사적인, 복합적 성격을 지닌 권리라고 말할 수 있는 것이다.

'민사적인 신분적 권리'는 또다시 '인신(人身)적 권리'와 '물질적 권리'로 세분된다. 이렇게 세분되는 것은 민사상의 신분적 권리가 가진 그 자체의 의미 때문이다. 우리는 어떤 신분에 속한 개인의 법적인 능력의 범위가 개인의 사적인 관계에서는 민사적인 신분적 권리에 의해 결정된다고 말한 적이 있다. 민사적인 사회생활의 법률적인 측면은 두 가지 관계로 구성되어 있다. 즉 어떤 개인이 다른 사람의 행위에 대해 가진 권리인 '계약'과 사람들에게 필요한 '물질에 대한 권리'로 구성되어 있는 것이다.

① 따라서 다양한 신분에 속한 개인들이 법에 의해 어느 정도로 계약관계를 체결할 수 있는 능력을 가지는지의 문제는 개인들의 신분적 권리에 의해 결정된다는 결론이 나오게 된다. 이러한 능력의 신분적 차이는 사회의 다양한 계급에 대해 법이 차등을 두어 평가하거나 도덕적으로 다른 정도의 신뢰감을 부여한다는 데 기인한다. 이처럼 신분적인 평가가 차이 난다는 사실은 이런저런 범죄행위를 저질렀을 때 법적으로 신분에 따라 차등 있는 처벌이 뒤따르며, 또한 이러저러한 신분의 사람들에게 가해진 모욕행위에 대한 징벌이 신분에 따라 다르며, 법정에서 제시되는 증거의 신뢰성도 신분에 따라 차등 있게 부여된다는 점에서 잘 드러난다. 이처럼 법에 의해 신분별로 동일하지 않은 평가가 내려지기 때문에 계약 체결시에 계약이 지닌 법적인 능력도 다르게 된다. 따라서 자유민과 부자유민으로 구분되어 있는 사회에서 부자유민들은 보통 결혼의 자유와 거주 이전의 자유를 가지지 못하며, 인신(人身)이나 노동문제와 고용문제에서도 전반적으로 자유를 제약당하고, 자유롭게 채무 관계 등을 맺을 수도 없는 것이다.

② 위에서 언급한 민사적인 규정에 따르면, 재산에 관한 법적 능력의 신분적인 수준은 신분별로 다른 물질적인 권리에 의해 결정된다는 결론이 나온다. 법에 따르면, 모든 신분이 재산 획득권을 보유한 것도 아니고, 획득된 재산에 대해서 똑같은 정도의 권리를 부여하는 것도 아니다. 간단히 말하면, 모든 신분이 온갖 종류의 재산을 소유할 수도 없고, 획득된 재산에 대해서 동일한 권리를 가지지도 못하는 것이다. 그리하여 상층에 속한 사람들만 농촌의 부동산을 소유할 수 있는 권리

를 부여받으며, 농노제 아래서 농노를 소유할 수 있는 권리를 가지고 있었다. 농노들은 동산(動産)을, 그것도 오직 불완전하며, 제약을 당하는 가운데서만 소유할 수 있었다. 마지막으로 노예들은 어떠한 소유권도 부여받지 못했다. 재산을 획득하는 자유가 신분별로 불균등하다는 사실은 통상적으로 소유재산을 처리하는 자유에서 차이가 있다는 점과 결부되었다. 어떤 신분은 모든 형태의 재산 소유권을 양도할 수 있었으며, 아내나 직계 친척, 방계 친척, 심지어 아무 관계도 없는 사람에게마저 유언으로 소유권을 이전할 수 있었다. 그러나 다른 어떤 신분은 제한된 만큼만 소유권 양도나 유언의 권리를 보유했다. 예를 들어 그런 신분은 동산은 당연히 소유권을 양도할 수 있었지만, 부동산에 대한 소유권 이전은 불가능했거나 어떤 제약을 받았다. 그런 경우에는 딸을 제외하고 아들에게만, 또는 방계 친척을 제외하고 직계 친척에게만 유언으로 소유권을 넘겨줄 수 있었다.

신분들이 보유한 정치적 신분 권리와 민사적 신분 권리가 지닌 의미의 비교

언급된 신분적 권리들, 즉 '정치적 권리'와 '민사적 권리'의 성격을 살펴볼 때 우리는 이런 권리들이 신분별로 상이하게 적용되고 있으며, 다른 값을 가지고 있다는 점을 주목할 수 있다. 정치적 권리는 총체적으로, 또는 그것을 가지고 있는 신분의 집단적인 행동을 통해 실현된다. 반면에 민사적 권리는 개인들의 의지와 노력을 통해 효력을 가진다. 이와 연관해 신분들마다 두 신분적 권리가 지니는 비교적인 의미를 설명할 수 있다. 신분적인 민사 권리는 그 신분에 속한 모든 구성원들에게 직접적이고 피부에 와 닿는 이익을 안겨주며, 그의 인신적 자유와 물질적 보장 수단을 확대시키고 강화시켜준다. 신분 구성원 모두에게 권력이나 통치에 대한 영향력을 행사하게 해주는 정치적 권리는 권리 자체로서라기보다는, 통상적으로 민사적 권리를 확대시키고 보장해주기 위한 수단이기 때문에 개별 구성원들의 관심을 끈다. 달리 말해, 각 신분에게는 민사적 권리가 정치적 권리보다 중요한 것이다. 민사적 권리는 신분적인 불평등을 낳게 된 아주 강력한 동인으로서, 고위 신분들이 얻으려고 추구하는 진정한 목표다. 그러므로 이들 고위 신분은 이러한 불평등 상태를 이미 획득했거나 또는 얻으려고 집요하게 노력하는 것이다. 바로 그런 이유 때문에 민사적 신분 권리는 심지어 정치적 권리와 결합되지 않고도 효력을 발휘한다. 따라서 민사적으로 평등한 상황에 있는 정치적인 신분적 특권은 그 의미를 상실하게 되고, 신분적인 의무 사항으로 전락하거나 변질되고 만다. 그런 경우에 해당 신분이 통치에 참여하는 행위는 보상도 받지 못한 채 의무적으로 정부를 위해 협력해야 하는 것을 의미한다.

신분적 의무가 인신적 의무와 물질적 의무, 그리고 직접적 의무와 간접적 의무로 구분된 일

'신분적 의무'에 대해 말하면, 그것은——물론 모두가 국가에 대한 것이지만——둘로 구분할 수 있다. 첫째로는 인신적인 것과 물질적인 것, 그리고 둘째로는 직접적인 것과 간접적인 것이 바로 그것이다. 국가에 대한 인신적 의무란 국가를 위해 반드시 수행해야 하는 개인적인 노력을 말한다. 국가에 대한 개인적 의무를 통상적으로 '포빈노스치'(повинность)[7]라고 부르는데, 그중 가장 중요한 것이 '군사적 의무'이다. 물질적 의무란 재산 부분으로서 반드시 국가를 위해 의무적으로 할당해주어야 하는 재산을 말한다.[8] 이러한 물질적 의무로는 현물세(налог)[9]와 화폐세(подать)[10]가 있다. 이 두 가지 의무는 또다시 직접적인 것과 간접적인 것으로 나눌 수 있다. 직접적 의무는 국가에 대해 반드시 직접 바쳐야 하는 희생이다. 반면에 간접적 의무란 일정 계급의 구성원들이 국가에 직접 바치지 않고 국가의 위임에 따라 다른 계급의 구성원들이 반드시 바쳐야 하는 희생이다. 농노제 시기의 농노 소유자들은 러시아의 법에 따라 이러한 간접적인 상호 의무로 농노와 연결되어 있었다. 농노에게 부여된 의무란 주인을 위해 의무적인 노동과 지대를 바쳐야 했던 것이다. 그리고 농노 소유자에게 부여된 의무란 다음과 같다.

① 농민들을 부양하고 보살펴야 하는 의무,

② 농민들이 국가에 공물을 바치고 화폐나 생산물을 송달하게끔 하는 책임,

③ 민사사건이나 형사사건에서 농민들을 위해 청원을 해주는 의무,

④ 벌금이나 상품세 등 농민들이 국가에 대한 갖가지 징수금을 내도록 책임을 지는 일 등이다.

---

7) 이 말은 국가 전체 또는 지방의 필요를 위해 맡아야 했던 강제적인 노동이나 부역이었다. 이런 의무적인 노동을 '자연 노역의무'(натуральная повинность)라고 부르기도 했다.

8) 구술 강의는 다음과 같았다.
"물질적인 의무는 '직접세'라고 불리고 있다. 재산이 아니라 유동 자산이나 소비에 대해 매겨지는 간접세는 아마도 신분적인 성격을 가질 수 없을 것이다."

9) 여기서 현물세로 번역된 '날로그'(налог)는 모스크바국 시절에는 의무나 부담 등을 의미하다가, 19세기에는 직접세와 간접세를 포괄한 세금 일반을 의미했다.

10) 여기서 화폐세로 번역된 '포다치'(подать)는 제정 러시아 시기에는 세금을 일컫는 일반적인 의미를 지니게 되었다.

제2강

신분적 차이의 점진적 소멸—유럽 역사의 공통적인 사실

'신분적 불평등'은 유럽 도처에서는 거의 소멸되어가고 있는 역사적인 현상이다. '신분적인 차이'는 법적으로는 점점 사라져가고 있지만 오히려 민중의 구비(口碑)문학 속에서, 관습과 도덕 속에서 그리고 재산의 분배 관행 속에서 다양한 모습으로 깊은 흔적을 남기고 있다. 그러나 이러한 불평등은 새로운 유럽 국가들의 출범 당시부터 수세기 동안 계속해서 정치 질서의 기반이 되어왔다. 심지어 나중에는 완전히 민주주의적인 구조를 지니게 된 사회에서도, 정치 생활의 초기에는 귀족주의적인 불평등의 방향으로 강하게 움직였던 흔적을 발견할 수 있다.[1] 그러나 서구에서는 15세기부터, 그리고 동유럽에서는 훨씬 늦은 시기에 사상 분야와 법률 분야에서 신분의 평등을 향한 점진적인 노력

---

1) 구술 강의에서는 다음과 같은 부분이 첨가되었다.
"그렇지만 이러한 불평등 구조는 근대의 유럽 국가들이 성립될 당시부터 근대가 지속되는 동안 초기 정치 생활의 기본적인 정치 질서였다. 이 점은 심지어 나중에 완전한 민주주의적 구조를 채택하게 된 사회에서도 마찬가지였다. 가령 우리는 스위스에서 귀족주의적인 불평등 구조의 방향으로 강하게 기울었던 흔적을 인식할 수 있다."

이 나타나게 되었다. 그러한 과정은 고대 유럽 국가들에서도 발견할 수 있으므로 유럽 역사에서 일반적이며 보편적인 사실이라고 말할 수 있다. 이 점이 정치 조직과 사회 각 부문들에서 반복되어 나타난다는 것을 입증할 수 있다면, 이 공통점은 다음과 같은 말로써 표현될 수 있는 역사 법칙적인 의미를 부여받게 될 것이다. 즉 **정치적인 공동생활의 초기에는 사회의 신분 분화가 일어나고, 그다음에는 점차로 신분의 균등화 과정이 지속된다.**

오늘날의 유럽 국가들이 지향하고 있는 사회 구조

비록 이러한 과정이 유럽 전역에서 완성된 것은 결코 아니지만, 서유럽 국가들이 채택하려고 노력하는 이러한 새로운 사회 구조의 기본적인 특징들은 충분할 정도로 명백한 모습을 드러내고 있다. 이전의 신분제 사회에서 개인들은 국가와 직접적인 관계를 가지지 못했다. 국가를 상대한 것은 신분 단체들이었고, 국가에 대해 각 개인이 지닌 의미는 그가 속해 있는 신분의 비중에 의해 규정되었다. 이러한 대규모의 밀도 높은 사회적 결합 관계는 법에 의해 원래의 구성 단위로 분해되기 시작했다. 그 결과 독립된 개인들은 개별적으로 국가와 직접적인 관계를 갖게 되고, 그들은 모두 균등하게 자유민으로 인정받았다. 그러나 개인은 법에 의해 동등하게 자유로운 존재로 인정받았지만, 지금까지 그들에게 균등한 권리를 부여할 수 있는 법적 수단은 발견되지 못했다. 왜냐하면 법에 따르면 지금까지 의무를 개인들 사이에 균등하게 할당할 수 없는 상황이었기 때문이다.

이처럼 신분적 불평등이 존재하는 상황에서 의무는 계급 구성원 전체 가운데 정치적인 비중에 따라 할당되었다. 따라서 가장 적은 물질적 수단, 또는 기타의 수단들을 소유한 하위 계층들이 가장 무거운 부담을 지게 되었다. 이제 신분 구조를 벗어난 평등 원칙이 국가 질서의 기반에 놓이게 되자, 의무는 필연적으로 새로운 원리 위에서 부과되었다. 그러한 원리는 다음과 같이 표현되었다. 국가는 각 개인에게 준 만큼만 요구한다.

개인적인 안전의 필요는 누구에게나 동일하므로 가장 힘겨운 개인적 의무인 군사적 의무는 그것을 질 수 있는 모든 사람들에게 부과된다. 하지만 경제적인 의무는 그렇게 취급할 수 없다. 재산의 안전에 대한 사람들의 필요는 동일하지 않다. 전국 곳곳에 영지를 소유하고 있으며 대규모 사업을 운영하는 백만장자는 일용 잡급직으로 생활하는 노동자들보다는 재산의 안전을 보장하는 국가 기구를 훨씬 더 선호한다. 그러나 이 때문에 백만장자는 국가의 업무, 그중에서도 국가의 치안 기구의 정확한 업무이행 여부에 대해 일당을 받는 노동자보다 훨씬 큰 관심을 갖는다. 따라서 물질적인 부담은 재산의 안전에 대한 각자의 필요에 상응해서 개인들에게 부여해야 하지만, 이러한 필요의 정도는 그들의 재력에 비례한다.

유럽의 재정 체계에서 지배적 현상인 소득세 개념이 바로 그러한 예이다. 말하자면 한 계층이 다른 계층을 위해 치르는 의무적인 희생 가운데 국가적인 의무는 전자의 계층이 후자의 계층에게서 향유하는 봉사에 대한 대가로서 개인들이 국가에 대해 납부하는 지불금으로 변모되고 있다. 그렇지만 다른 한편으로는, 국가적 업무에 참여한다는 것은 각 개인에게 부과되는 국가적 의무의 부담 정도에 비례하는 것이고, 따라서 이러한 일에 대한 그의 관심의 정도에 비례한다. 국가 업무에 대한 참여는 국민들의 대표 기구로 표현된다. 병역 의무는 그것을 이행할 능력이 있는 모든 성년 시민들에게 부과된다. 그러므로 모든 시민은 국민 대표들을 선출하는 과정에 참여한다. 그러나 시민들이 이러한 과정에 동등한 자격으로 참여하는 것은 아니다. 소득세와 선거체계를 일정하게 연계시키는 수단에 의해서 세금을 좀더 많이 내는 사람들은 많은 선거권을 보유한다. 따라서 오늘날 서구 국가들이 지향하고 있는 정치 질서는 국가적 권리와 의무의 복잡한 결합에 그 기반을 두고 있다. 권리와 의무 사이의 중재 수단은 신분적인 관심이 아니라 개인들의 정치적 관심이다. 이러한 질서는 다음과 같이 표현할 수 있다.

즉 정치 질서의 일차적인 구성 요소는 독립적이고 자유로운 개인들인데, 이들은 국가가 제공하는 인신적 안전과 재산의 안전의 필요성에 따라 국가에 대한 부담을 지고 있다. 그리고 이들은 자기들이 국가를 위해 제공하는 의무에 따라 국가의 통치 업무에 참여하고 있다. 이런 정치 질서는 두 가지의 병렬적인 요소들, 즉 의무와 의무에 상응한 권리로 구성된다. 이 두 요소는 다음과 같이 정리할 수 있다. 즉 '공동의 군사적 의무'와 '공동의 선거권', 그리고 '소득에 따른 세금'과 '법적 자격을 갖춘 개인들의 수와 그들이 지불하는 세금의 양에 따라 할당되는 개인적인 대표권'이 두 요소인 것이다. 오늘날[2]의 유럽 국가들은 의무와 권리의 이러한 결합 덕분에 법적 · 경제적 관계에 기초한 복잡한 기계적인 도구를 갖추고 있다. 이러한 도구는 적극적인 기능으로 독립적이고 분열된 개인들을 하나의 전체로 결합시켰고, 서유럽에서의 용어로는 '정치적 자유'라는 명칭을 지닌 복리(福利)를 개인들에게 제공해주고 있는 것이다.

2) 물론 여기서 '오늘날'이란 이 강의가 행해진 19세기 후반을 말한다.

법 앞에서의 세습적인 불평등—신분적인 분화의 근거

그리하여 신분제를 타파한 오늘날의 유럽 국가들은 정치적 자유를 획득했지만, 정치적인 평등에는 이르지 못하고 있다. 그렇지만 이러한 불평등 상태는 두 가지 점에서 신분적인 불평등 상태와 구분된다. 첫째로, 신분제 사회에서는 권리와 의무가 아주 뚜렷하게 구분된다. 전형적인 신분제 사회는 모든 권리를 하나의 계급에게, 또한 모든 의무를 다른 하나의 계급에게 집중시키려고 노력했다. 오늘날의 유럽 국가들에서는 모든 사람들이 '시민적' 권리와 '개인적' 의무라는 면에서는 평등하지만 '정치적' 권리와 '재산상의' 의무라는 면에서는 구분된다. 둘째로, 오늘날 국가들에서는 불평등이 계급적 차원이 아니라 개인적 차원의 것이다. 신분제 국가에서는 어떤 신분 구성원 전체가 법 앞에서 구분되었지만, 어떤 신분에 속한 개인들은 그 신분 내에서는 권리와 의무 면에서 평등하다고 인정받아왔다. 오늘날의 유럽 국가들에서 개인들은 각자가 신분인 셈이다. 오늘날의 유럽 사회는 미세한 먼지처럼 분화되어 있으므로 그 크기를 육안으로는 포착하기 어렵고, 오직 세금을 부과하는 재무부서의 상세한 통계자료를 봄으로써만 알 수 있다. 사회의 이러한 분무(噴霧) 현상은 신분 구분의 근거였던 권리와 의무의 세습제가 폐지된 결과이다. 이 덕분에 오늘날의 유럽 국가들에서는 재산 형편에 따라 정치적인 분류가 이루어지고 있다. 즉 정치적인 분류는 운명의 장난이나 개인들의 투쟁 능력에 맡겨져 있는 형편인 것이다. 오늘날의 유럽 국가들에서 개인들의 정치적인 형편은 개별 정치 집단의 경제적 성공 또는 실패에 따라 끊임없이 유동적일 수 있으며, 그로 인해 개인들의 재산 형편도 변화할 수 있다. 반면에 신분제 국가에서 개인들의 정치적인 형편은 가변적인 재산 상황이 아니라 신분적 기원에 의해 결정된다. 즉 자산 여부가 아니라 출신에 의해 결정되는 것이다. 이처럼 신분제가 폐지된 국가들의 상황을 신분제가 사라져가고 있는 국가들의 상황과 비교해보면, 다음과 같은 결론에 도달할 수 있다. 신분 분화의 근거는 '권리와 의무 면에서 계급 구성원 전체의 세습적인 불평등'이지, 신분제가 폐지된 오늘날의 유럽 국가들에서처럼 개인들의 가변적인 자산 상황에 따른 권리와 의무의 할당이 아니다.

신분의 두 기원——정치적 기원과 경제적 기원

만약 신분이 존재하지 않았던 시기가 언젠가 존재했고, 또한 신분이 사라지는 시기가 도래하고 있다고 말할 수 있을 정도로 신분적 불평등이 임시적인 상태라고 한다면[3] 다음과 같은 질문이 제기된다. 신분적

---

3) 여기서부터 상당 부분은 강의실에서 아주 다르게 언급되었다. 게다가 이 강의 전체는 클류쳅스키가 구술 강의에서 언급한 부분 대신에 다음과 같이 수강생들에게 받아쓰게 했다.
"오늘날의 국가에서 개인이 지닌 정치적인 지위는 다양한 정치 집단들 사이에서 전개되는 경제적인 투쟁이 성공하느냐 못하느냐에 따라 점진적이지만 끊임없이 유동적일 수 있다. 반면에 신분제 국가에서는 기사계급에 속한 돈키호테 같은 사람이 한 마리의 빈약한 말을 가지고 비록 아메리카 대륙 전체를 정복했다고 할지라도, 그는 자신이 속한 계급에서 떠날 수 없었다. 오늘날의 유럽 국가, 정확히 말해 신분이 소멸됨으로써 이제 막 자라난 미래의 유럽 국가를 살펴보면, 계급들 사이에 존재하던 권리와 의무의 불평등 상태가 세습되었다는 데 신분 구분의 근거가 있었음을 알 수 있다. 그러므로 오늘날 유럽 질서의 근거는 신분의 가변성이라고 말할 수 있다.
이러한 신분적 불평등은 어떻게 발생되었는가? 이 질문에 답하면서 우리는 제대로 연구되지 않은 과정이고 잘 알려지지 않은 현상, 즉 인간의 공동생활이 성립된 과정을 살펴보아야만 한다. 이런 과정을 살펴봄으로써 우리는 신분적 불평등 상태가 두 가지 길에서 생겨났음을 알 수 있다. 사회는 통상적으로 자연적 결합에서 정치적 공동생활로 이행될 때 분화되었다. 인민의 노동이 분화됨에 따라 구성원의 구분이 생겨났다. 사회는 노동의 종류에 따라, 그리고 각 계급이 종사

불평등은 어떠한 조건들 속에서 생겨나는가? 사회는 어떤 이유로 권리와 의무가 불평등하게 할당되는 계급들로 나뉘는가?

신분적 불평등은 두 가지 방식에 의해 생겨났다. 경우에 따라 그 근원은 국가의 성립 시기에 존재하던 경제적인 구분이었다. 그 당시에 사회는 노동의 할당 방식에 따라 여러 계급들로 분화되었다. 노동의 종류나 각 계급이 노동에 종사하게 된 생산 수단의 종류에 따라 계급들의 구분이 생겨났다. 그리고 사회의 각 계급의 상대적인 중요성은 이런저런 종류의 노동, 또한 일정한 시기와 장소에서, 사람들의 실생활에서 이런저런 종류의 생산 수단이 가지고 있던 가치에 의해 결정되었다. 하지만 다른 종류의 질서도 존재했다. 사회는 외부에서 침입했거나 내부에서 자생적으로 생겨난 무장 세력의 지배를 받았는데, 이들 세력은 인민의 노동을 통제하는 권리를 무력으로 획득했다. 다른 지역에서 온 종족이 이런 세력이 된 경우도 있었고, 사회를 외부의 적에게서 보호하는 역할을 맡았다가 나중에 보호대상인 사회를 장악한 세력도 있었다. 이 두 경우에서 그 이후의 사회는 전혀 다른 방법으로 발전했다.

우선 두 번째 경우에 사회가 걸어갔던 길을 설명해보자. 토착 세력이건 외부 세력이건 인민의 노동을 통제하게 된 무장 세력은 쟁취의 열매를 평화적으로 이용하기 위해 서둘러 권력자의 자리에 오른다. 이

하던 생산 수단의 종류에 따라 계급으로 나뉘었고, 계급들의 상대적인 가치는 특정 시기 또는 장소에서 일정한 생산 수단이 차지하던 가치에 의해 규정되었다. 그렇지만 다른 질서를 지닌 현상도 있었다. 해당 지역으로 외부인들이 침입하거나 내부적으로 무장 세력이 형성됨으로써, 이들 세력이 사회를 정복하고 인민의 노동을 자신의 통제 아래 두기도 했다. 그러한 세력으로는 도래한 다른 부족이나, 외부 세력을 방어하기 위해 사회 내부에서 성립되었다가 군사력을 이용하여 자신들이 보호해주던 사회를 정복한 특정 계급이 있다. 이런저런 근원을 가진 사실에서 출발한 사회는 계속해서 발전해나가게 되었다."

들 세력은 자기들이 쟁취한 경제적인 이득을 항구적으로 안전하게 이용하기 위해 인민 경제를 새롭게 구성하는 일에 신경을 쓸 필요가 없었다. 이들은 이미 제 모습을 갖춘 경제 질서 속으로 강제적으로 침입했으며, 손에 무기를 잡고 이미 준비된 경제 조직 위에 군림하게 되었다. 이들 세력은 자신들이 장악한 나라에서 실생활 경제를 다시 시작할 필요성을 느끼지 못했다. 이들 세력은 주요 생산 수단을 장악한 이후에, 준비된 경제 조직에 적합한 노동력이 순종적인 태도를 갖도록 노력하기만 하면 되었다. 그렇지만 권력의 자리에 오른 세력은 자기들이 쟁취한 이익을 안전하게 소유하기 위해 서둘러 일정한 국가 질서를 창출하게 되었다. 이들 세력은 이러한 질서의 도움을 받아, 최초에 자신들이 사용한 무력에 계속 의존하지 않고도 인민 경제를 통제할 수 있게 되었다. 바로 이러한 이유 때문에 이런 세력의 관심은 온통 국가 기구, 법 체계의 정립, 목표 수행에 적합한 신분 조직, 적절한 통치 기구의 조직 등에 쏠려 있었다. 그러한 사회에서는 국가법이건 민사법이건 법에 관한 문제들, 최고 권력에 대한 관계, 지배 세력이 다른 계급에 대해 맺은 관계 등이 일상생활에서 중시되었다.[4] 이런 덕분에 사회

4) 강의실에서는 이 부분부터 상당 부분까지 다음과 같이 설명했다.
"정복, 즉 '정치적인 사실'에 의해 성립된 사회의 구성은 이와 같았다.
계급들 사이의 경제적 차이에서 출발한 사회는 다른 길을 걷는다. 동산이든 부동산이든 국가의 생산 수단은 국내의 경제적인 조건에 따라 권력의 원천이 된다. 생산 업무는 정치적인 권리나 민사적인 권리와 결합된다. 정부를 구성하는 세력은 생산 수단을 소유한 사람들이었다. 그렇지만 이러한 권력은 무력이 아니라 생산 수단을 통한 억압으로 획득하는 것이다. 무기의 영향력은 쇠퇴하며 중단되지만, 생산 수단은 항구적으로 작용한다. 왜냐하면 생존 조건인 자연적 필요성이 항구적으로 유효하기 때문이다. 그러므로 생산 수단을 소유한 계급으로서는 자신의 지배권을 보장해줄 새로운 국가 질서를 창출하기 위해 서두를 필요가 없게 된다. 그들의 지배권은 정치적인 수단이 아니라 또한 헌장이나 기구에 의해서가 아니라, 경제적인 관계에 의해 보장받고 있다. 그래서 그 계급의

관심은 온통 인민 경제를 안정시키고, 생산 업무 영역을 개척하며, 시장의 판로를 확대하고 유지하는 데 쏠리게 된다. 그러한 사회에서는 노동자들을 강탈할 필요가 없다. 사람들은 빵, 즉 노동 수단을 제공하는 생산 수단의 소유자들에게 스스로 몸을 내맡긴다. 그렇지만 이런 지배권력은 법적 보장을 받지 못한 상태에서는 계속해서 존속할 수 없다. 이제 두 개의 주요 세력이 사회 속에서 기반을 잡아간다. 한편으로는 생산 수단 소유자-채권자가 있고, 다른 한편으로는 노동자-채무자가 있다. 그렇지만 경제 관계로 인해 이들 두 세력 사이의 권리와 의무의 배정과정에서는 무수히 다양한 형태가 생겨나게 된다. 사회는 몇몇 소규모 등급으로 분화되고, 그들 사이에서 특히 미약한 법률적인 차등이 발생한다. 법 자체에서는 오직 몇몇 부분, 특히 주로 의무적인 권리가 만들어지게 된다.

출발점이 경제인 경우, 즉 직업의 종류와 생산 수단의 종류에 따라 사회가 분화되는 경우의 차이는 이와 같다. 여러분은 두 사회의 발전 과정이 출발부터 다르다는 사실을 알고 있을 것이다. 앞서 기술한 전자의 경우에는 모든 후속 생활현상들은 정치적인 사실, 즉 사회의 수장이 된 새로운 지배 세력에게서 유래된다. 후자의 경우, 즉 경제적인 사실의 경우에는 국가의 생산 수단을 소유한 계급이 사회의 수장이 된다. 그러므로 첫 번째 사회 분화 과정은 정치적인 것이라고 할 수 있고, 두 번째 분화 과정은 경제적인 것이라고 말할 수 있다. 첫 번째의 결과는 정치적인 차등이고, 두 번째의 결과는 경제적인 차등이다.

이러한 두 과정을 비교함으로써 우리는 정치 발전의 또 다른 법칙을 추출해낼 수 있다. 즉 '신분적 불평등 상태가 느슨하면 할수록, 신분 분화는 더 복잡하고 세세하다.'

우리는 러시아의 신분을 연구하면서 무엇보다도 다음과 같은 질문을 던져야 한다. 우리 사회는 어떤 발전의 길을 따랐는가? 정치적인가? 경제적인가? 우리 사회는 어떤 출발점에서 시작했는가? 무장 세력에 의한 사회 정복인가? 아니면 국가의 생산 수단에 대한 사회의 경제적 복속인가? 러시아 신분사는 이 질문에 대한 대답이어야 한다. 그렇지만 우리는 이 질문을 연구하면서 미리 알아야 할 것이 있다. 우리는 무엇을 위해 이 질문에 답해야 하는가? 우리는 인민 속에서 정치적인 공동생활이 어떻게 형성되었으며 그 안에서 사회가 어떤 방식으로 분화되었는지 보면서, 즉 정치적인지 경제적인지 보면서 인민의 역사에서 무엇을 배워야 하는가? 이제 우리는 러시아 신분사 연구의 학문적인 관심에 관한 이러한 예비적인 질문에 대한 답을 얻어보도록 하자."

(사실 제2강의는 여기서 끝났다. 더 이상의 설명은 제3강의 부분에 나온다. 그렇지만 클류쳅스키는 제3강의에서 나온 제목과 연관시키면서 이 부분을 제2강의에다 덧붙였다.)

"나는 정치 제도로서의 신분에 대한 규정을 시도하면서 중요한 신분적 권리와 생활은 말하자면 전투적인 성격을 지니게 되었다. 무장 투쟁이 정치 투쟁으로 바뀌었을 따름이었다. 무기는 그 역할을 다하게 되었고, 자신의 기능을 법에 넘겨주었다. 무기와 법이라는 두 가지 도구는 권력의 획득이라는 동일한 목적을 향하고 있었다. 사람들이 권력을 높이 평가한 이유는 권력을 통해 인민의 노동을 장악할 수 있었기 때문이었다. 권력을 향한 투쟁이 진행되고 있었기 때문에 온갖 인간관계는 첨예한 양상을 띠게 되었고, 계급들과 기구들은 명확한 특징을 지니게 되었다. 그에 따라 사회는 독특한 모습을 갖추게 되었다. 사회 전체는 두 종류의 기본적인 집단으로 구성되었다. 한편으로는 승리자인 주인(господин)이 있었고, 다른 한편으로는 포로인 노예(холоп, 홀로프)[5]가 있었다. 사회 전체를 뚜렷이 구분되는 두 계급으로 분화하려고

의무, 즉 정치 제도로서 조건이 성립되는 다양한 결합을 이루는 요소들을 열거했다. 그다음에 나는 신분 구분이 항구적인 근거가 아니라 임시적인 정치적 공동생활 상태라는 점을 지적했다. 그러면서 나는 유럽에서 신분적 질서가 사라지면서 성립된 신분 없는 국가 상태와 러시아의 경우를 비교했다. 이러한 비교를 통해 우리는 개인들이 아니라 계급들의 전체 구성원이 법 앞에서 세습적으로 불평등한 것이 신분 구분의 근거가 되었음을 알 수 있다. 개인들은 신분 없는 국가에서도 완전한 정치적 평등 상태에 있지는 않다. 만약 신분적 불평등 상태가 임시적인 상태로서, 신분이 없었던 때가 있었으며 앞으로 없어질 때가 온다고 한다면, 다음과 같은 질문이 제기된다. 신분적 불평등은 어떻게, 그리고 어떤 조건에서 발생하는가? 계급들 사이에서 권리와 의무가 불균등하게 배당됨으로써 사회가 여러 계급들로 분화된 이유는 무엇인가? 나는 신분이 어떻게 성립되었는지에 대해 말하면서, 그 이중적인 기원을 지적했다. 정치적인 것과 경제적인 것 말이다."

5) 노예의 원어에 해당하는 '홀로프'(холоп)에 대한 의미를 정확히 규정하는 작업은 매우 어려운 일이다. 문법적으로 보면, 이 신분에 속한 인물들 가운데 남성을 홀로프라고 했고, 여성은 라바(раба)라고 했다. 법률 관계 고문헌에서 남성을 라브(раб)라고 하고, 여성을 홀로프카(холопка)라고 하는 경우는 없거나 극히 드물었다. 남성을 지칭하는 라브라는 용어는 오직 교회 관계 고문헌에서만 찾아볼 수 있다. 고대 러시아어에서는 '라브'의 동사형인 '라보타치'

노력했는데, 그중 한 계급은 온갖 권리를 독점함으로써 다른 계급에게 모든 의무를 강제하려고 했다. 이런 가운데 많이 노력함으로써 상층 신분이 지닌 권리의 일부분을 얻게 된 중간 계급들이 가까스로 생겨나게 되었는데, 이들 중간 계급은 하층 계급의 의무 중 일부분을 가지고 자기들이 얻은 권리에 대한 대가를 지불했다. 정복에 의해 성립된 사회의 구조는 이와 같았다.

비무장 세력이 국내의 지배적인 생산 수단을 장악한 다음에 권력자의 자리에 올라 인민 노동을 통제하게 된 지역에서는, 앞서의 경우와는 다른 길을 통해 사회가 성립되었다. 이런 곳에서는 반대로 인민의 노동을 차지한 국내의 지배적인 생산 수단의 소유자들 가운데서 권력자가 배출되었다. 동산이든 부동산이든 국내의 실생활 경제의 조건에 근거를 둔 지배적인 생산 수단이 권력의 원천이 되었다. 생산 업무는 정치적 권리 또는 민사적 권리와 결합되었다. 그리하여 경제적인 의미

(работать)라는 단어가 '일하다'라는 의미가 아니었다. 노동, 특히 농촌의 힘든 농사일을 표현하기 위한 개념은 '스트라다치'(страдать)라는 단어로 표현되었다. 오늘날의 의미로 '스트라다'는 노동, 특히 농사일을 뜻하며, '농번기'를 뜻하는 '스트라드나야 포라'(страдная пора)라는 표현도 여기서 나왔다. '라보타치'는 주인에 대한 노예의 관계, 또는 고용 관계로 일하는 노예 상태에 있다는 것을 의미했다. 따라서 키예프 루시의 올레그 공후가 그리스인들과 체결한 조약 가운데 한 조항의 제목인 "О работающих в Грецех Руси у христианского царя"는 이런 의미로 설명되는데, 이 제목은 「그리스에서 기독교인 황제에게 고용되어 근무하는 루시인들에 관해」라고 번역할 수 있을 것이다. 특히 어려운 농사일을 하는 것을 의미하는 '스트라다치'라는 단어에서 고대 루시의 '스트라달니크'(страдальник) 또는 '스트라드니크'(страдник)라는 단어가 생겨났다. 이 단어는 단순 노동자, 특히 농사일을 하는 노동자를 의미했다. 고문헌에서는 홀로프가 완전한 예속 지위에 있음을 강조하기 위해 홀로피 아벨니예(холопий обельный) 또는 홀로피 아데르노바티예(холопий одерноватый)라는 용어를 사용했다. 이 역서 나중에 설명되듯이, 노예는 '완전 노예' '신고 노예' '채무 노예' '생활 노예' 등으로 분화되었다.

의 계급들이 정치적인 신분으로 변화되었던 것이다. 이런 상황에서는 무력에서가 아니라 생산 수단의 강제적 힘에서 사회에 대한 영향력이 생겨나게 되었다. 생산 수단은 무력과는 달리 시간이 경과해도 그 기능이 소멸하지 않으며, 그 자신의 보호와 성장을 위해 계속적으로 활동할 필요성을 가지고 있다. 그러므로 생산 수단을 소유한 계급은 자신의 지배권을 보장받기 위해 새로운 국가 질서를 수립하는 작업을 서두를 필요성을 느끼지 못했다. 이들 세력의 지배권은 특허장이나 기구 같은 정치적인 수단에 의해서가 아니라 경제 관계에 의해 보장되었다. 이런 사회에서는 노동자들을 강제적으로 굴복시킬 필요가 없었으며, 사람들 스스로 생산 수단을 소유한 세력에게 굴복했다.

왜냐하면 이들 세력은 자기들에게 빵, 즉 노동을 위한 수단을 제공해주고 있었기 때문이다. 이런 사회의 지배 계급의 관심은 인민 경제의 건설, 생산 수단을 사용하기 위한 공간의 확대, 국내 천연자원의 이용 수단의 획득, 판매 시장의 개방과 유지 등에 온통 쏠려 있었다. 따라서 법적 문제들과 국가 조직 문제는 부차적인 관심 사항이 되었고, 법률적인 관계는 충분할 정도로 정비되지도, 규정되지도 않았다. 이러한 사회를 구성하는 부류는 크게 보아 둘이었다. 한편으로는 생산 수단의 소유자인 채권자가 있었고, 다른 한편으로는 노동자인 채무자가 있었다. 그렇지만 극히 다양하며 가변적인 경제 형편에 따라 정치적인 비중이 결정되었으므로 이런 사회의 신분은 아주 세분되었다. 이들 사회가 세분되면 세분될수록, 계급들을 구분시켜준 권리와 의무의 불평등 상태는 점점 더 그 의미를 상실하게 되었다.

그러므로 신분의 기원은 두 가지, 즉 정치적인 기원과 경제적인 기원이 있었다. 사회의 신분적 분화 현상은 무력에 의한 강제적인 예속을 통해 시작되었든지, 국내의 경제적 지배권을 장악한 계급에게 사람들이 자발적으로 정치적인 복종을 함으로써 시작되었다. 이러한 예속화 또는 복종 때문에 특정 계급에게 사회 전체의 권력을 집중시켜준 국가 질서가 성립되었다. 따라서 이 두 경우에 신분적 분화는 동일하게 정치적인 행위에서 유래되었으나, 신분적 불평등이 생겨난 근원은 양자 간에 상이했다. 전자의 경우에는 지배자들과 피지배자들 사이에 존재하던 힘의 권리에 따라, 후자의 경우에는 생산 수단 소유자들과 노동자들 사이에 존재하던 경제적인 비중에 따라, 권리와 의무가 불균등하게 할당되었다.

말하자면 신분적 불평등이 생겨난 근원은 전자의 경우에는 어떤 계급이 사회를 예속화시킴으로써 성립된 '정치적 지위'의 차이였고, 후자의 경우에는 어떤 계급에게 사회가 정치적으로 복종하기 이전에 이미 성립된 '경제적 지위'의 차이였다. 두 가지 신분 발생의 기원은 신분 분화의 성격에도 상이한 작용을 했다. 신분의 정치적 기원에 따르면, 사회는 권리와 의무 면에서 극히 불평등한 상태에 놓인 몇몇 대규모 부류로 분화되었다. 반면에 경제적 형편의 불평등 상태에 근거한 신분 구분은 각 신분이 극히 세분되고 신분적 차이도 별로 없는 특징을 지니게 되었다. 신분 분화의 이러한 상이한 과정을 통해 우리는 다음과 같은 일반적인 명제를 추출할 수 있다. **신분적 불평등 상태가 크면 클수록 신분 구분은 더욱더 단순해진다. 반대로 신분적 불평등 상태가 작으면 작을수록 신분은 더욱 복잡하게 세분된다.**

제3강

신분 평등 과정을 표현하는 공식

신분적 불평등과 신분 분화 과정의 관련성에 대해 설명하고 있는 이 명제는 사회의 신분적 구성에 대한 연구와 연관해 앞서 언급했던 다른 공통된 사실과 반드시 비교해야 한다. 공통된 사실이란 신분의 분리 현상이 사회의 필수 요건은 아니었으며, 대체로 정치 생활의 초기에 존재했던 특징이라는 점이다. 그렇지만 어느 정도 긴장이 조성되었을 때, 신분의 분리 현상은 신분적 차등을 없애고 평등을 이루려는 방향으로 반전되었다. 이러한 방향전환 노력이 일찍부터 있었다는 점, 그리고 신분이 생겨난 초기부터 신분들 사이의 관계가 가까워진 지역이나 신분적인 분화가 아주 세부적으로 이루어진 곳에서 신분을 해체하기 위한 노력이 빠른 속도로 진행되었다는 점은 쉽게 이해할 만하다. 신분들 사이의 관계가 어느 정도로 소원(疎遠)하며 그 분화가 어느 정도인지의 문제는 신분이 생기게 된 유래와 밀접한 관련을 맺고 있기 때문에, 신분이 생기게 된 이런저런 기원은 사회가 지닌 신분 구조의 성격뿐만 아니라, 신분 구조의 지속 여부에도 영향을 미칠 수밖에 없다. 피정복 국가에서는 평등 이념에 반대해서만이 아니라 특권 계급에 대한 하층 계급의 공개적인 공격에 대한 반대로서 신분적 구분이 얼마나 완강하게 유지되어 왔는지 잘 알려져 있다. 앞서 언급한 두 가지 명제를 비교한 결과, 우리는 다음과 같은 세 번째 명제를 도출할 수 있다. 신분 분화 과정이 간단하면 간단할수록 그리고 신분적 불평등 정도가 심하면 심할수록, 신분적 평등을 이루기가 어려워진다. 이를 다른 말로 표현하면, 신분적 평등이 얼마나 빨리 이루어지느냐는 문제는 신분적 분화의 복잡성과 직접적인 관련이 있으며, 신분적인 불평등 정도와는 반비례 관계에 있다.

어떤 사회가 지닌 신분 구조의 형성 과정은 이러한 세 가지 명제에 의해 설명된다. 반복해서 말하면, 정치 생활은 신분적인 불평등이 생겨남으로써 시작되었으며, 신분의 평등이 이루어지는 동안에도 지속되었다. 신분 평등이 성공적으로 이루어지느냐의 여부는 신분 분화가 어느 정도로 세부적인지, 그리고 신분적인 불평등이 어느 정도인지에 달려 있었다. 이제 우리는 신분 구조가 지닌 내적인 조건을 살펴봄으로써 신분 구조의 형성 과정에 어떤 힘들이 작용했는지 알 수 있을 것이다. 그리하여 우리는 신분 구성이 국가 질서에 미친 영향력을 규정짓는 데 도움을 받게 될 것이다.

연속적으로 교체되는 일련의 사회적 결합체 속에서 신분제 국가가 차지하고 있는 위치

우리가 이러한 조건들과 힘들을 제대로 이해하기 위해서는 연속적인 변화를 겪고 있는 사회 공동체 내에서 신분제 국가가 어떤 위치를 차지하고 있는지 상기할 필요가 있다. 잘 알려져 있다시피, 공공의 복리를 목적으로 하는 정치 생활이 있기 이전에는 혈연관계로 묶인 자연 공동체가 있었다. 이런 공동체에는 평등이 없었지만, 그렇다고 신분이 있었던 것도 아니었다. 신분의 역할을 맡은 것은 '연령'이었다. 연장자가 지배 계급을 구성했고, 연소자는 피지배자의 위치에 있었다. 마찬가지로 오늘날의 사회에도 평등이 없으며, 신분도 없다. 오늘날 신분의 자리를 차지한 것은 급격히 변화되는 경제적 '지위'다. 국가에 좀더 많은 세금을 바치는 사람들, 즉 좀더 부유한 사람들이 직간접적으로 국사(國事)를 주도하며, 경제력이 약한 사람들은 자의든 타의든 이런 지도층에 복종하고 있는 형국이다. 아마도 앞으로는 자본의 힘이 정치적인 의미를 상실하고 다른 힘들, 예컨대 학문이나 지식에게 자리를 내주게 될지 모른다. 많은 사람들은 오래전부터 이런 힘을 가지고 사회를 지배할 수 있다는 가능성을 꿈꾸어왔으며, 오늘날도 여전히 그런 꿈을 꾸고 있다. 이러한 힘을 가동하게 될 국가 조직 속에는 평등도 없게 될 것이며, 신분도 없을 것이다. 신분의 자리를 차지하게 될 사람들은 '학위'를 가진 인물들로서, 재산에 의한 특권 덕분에 입법 기관에 선출된 의원들이 물러나고 학위를 가진 학자 출신 의원들이 들어올 것이다. 이런 세 가지의 정치 질서는 각각 소규모의 개별적인 결합 형태에 따라 구축되어왔는데, 이 소규모 결합은 그에 상응하는 질서가 성립되는 순간에 아주 중요한 의미를 가지고 있었고, 또 앞으로 중요한 의미를 가지게 될 것이다. 혈연 공동체에서 연령에 따른 계급 관계는 분명히 부친, 아들, 손자로 이루어지는 가족 내의 세대 관계를 벗어나게 된다. 재산 자격으로 권리에 차등을 주는 현대 국가의 원형은 분명히 주식회사일 것이다. 이런 국가에서 개인이 지닌 정치적인 비중은 득표수에 달려 있는데, 주식회사에서처럼 득표수는 주식의 보유량에 의해 규정되는 법이다. 지식과 학문이 지배하게 될 미래의 국가는 학교 모습을 본떠서 건설될 것인데, 여기서는 교사와 학생, 그리고 학생들은 또다시 선배와 후배로 나뉘는 식이 될 것이다. 각각의 결합체에서는 독특한 힘에 의해 질서가 수립된다. 첫 번째 결합체에서는 부모 또는 연장자가 지닌 권력이 그러한 힘의 역할을 맡고 있으며, 두 번째 결합체에서는 자본의 힘이, 그리고 세 번째 결합체에서는 지식에서 나오는 권위가 힘을 갖고 있다.

신분제 국가는 어떤 형태를 따라 건설되었으며, 그 속에서는 어떠한 힘이 인간관계를 규정하고 있는가? 거기서는 두 가지 특징을 쉽게 발견할 수 있다. 첫 번째 특징은 신분적 권리의 세습성이고, 두 번째 특징은 세습되는 권리의 차등으로 인해 생겨나는 직책의 차이다. 권리의 세습성은 혈연 공동체에서 만들어진 법적 원칙이다. 이러한 공동체의 일반 원칙에 따르면 모든 인간관계는 그의 출신에 따라 규정된다. 즉 한번 획득된 권리는 그것을 취득한 사람의 후손에게 전수되는 것이다. 이런 개념은 장자(長子)로 이어지는 특권적인 계보를 따라 분명하게 드러나는데, 우리는 이런 예를 켈트족에게서 찾아볼 수 있다. 즉 신분제 국가는 혈연적인 결합체의 가까운 후손인 셈이다.

바로 이 점에서 신분제 국가는 역사적인 기원이 오래되었으며, 인간들의 공동체 생활이 발전되는 과정 속에서 생겨났다고 말할 수 있는 것이다. 직업에 따른 신분적인 차이가 생겨난 때는 경제가 발전한 시기였는데, 이 시점은 신분제 국가가 발생된 때와 일치했다. 혈연적인 자연적 결합체는 인위적인 국가 사회로 발전되었는데, 이때 노동 분화가 일어났다. 혈연적인 결합체는 자신에게 필요한 온갖 일들을 직접 하기를 멈추었고, 직업의 전문화가 시작되었던 것이다. 혈연적인 결합체들 사이에서는 생산물의 교환이 반드시 필요하게 되고, 이런 결합체들이 인위적으로 결속해서 국가가 탄생되었음을 쉽게 이해할 수 있다. 그리하여 신분적 권리가 세습되는 현상은 신분제 국가가 혈연적인 결합체와 태생적으로 연결되어 있음을 가르쳐준다. 그렇지만 신분에 따라 직업이 분화된 것은 새로운 원칙이라고 할 수 있는데, 이것은 혈연적인 결합체가 연결되어 국가로 발전한 원인으로 작용했다.

신분적 구분이 정치 질서에 미치는 영향

이러한 원칙에 따라 국가 내에서 사람들은 이전에 알지 못했던 여러 관계들에 적응해야만 했다. 혈연적인 결합체에서는 친족을 곧 동족으로 간주했다. 어떤 결합체에 귀속되었다는 사실은 변치 않는 운명의 결정으로 간주되었고, 다른 결합체에 귀속된다는 것은 성전환처럼 물리적으로 불가능한 것이나 생각조차 할 수 없는 일이었다. 국가가 형성됨에 따라, 친족 집단은 직업과 사회적 지위에 따라 자신의 공동의 조상은 잊은 채 거주지별로 분산되었다. 그래서 사람들은 새로운 방식으로 결집하기 시작했다. 즉 가문적인 원인에 따라서가 아니라 직업과 지위의 유사성에 따라서 자기 사람과 타인으로 구별했고, 권리와 의무도 공통의 선조와의 관계가 아니라 공동의 국가와의 관계에 따라 차이를 드러내게 되었다. 목적과 인식, 도덕, 그리고 다양한 세상 관계에 따른 권리와 의무의 유사성은 사람들 사이에 새로운 지배관계, 즉 혈연 관계에 의한 감정을 대체한 신분적 이해관계를 탄생시켰다.

이러한 사회의 새로운 성립 과정은 법률에 강한 영향력을 행사했다. 법이 지닌 과제는 개인들의 이해관계가 공동체의 이해관계와 조화를 이루도록 하는 것이었다. 국가적 결합체는 이 점에 기반을 두고 있었다. 거래를 통해 일반화되거나 상호 투쟁으로 분화된 소소한 사적 이해관계에 의해 개인들은 대규모 집단 속으로 통합되거나, 이미 성립된 사회적 결합관계는 소규모로 분화되었다. 이러한 결집 과정에 상응해서 법은 동질적인 소규모 계급에서 대규모 신분을 성립시켰거나 또는 대규모 신분들은 소규모 계급으로 나뉘었는데, 이때 그들 사이에 할당된 권리와 의무가 통합되거나 분화되었다. 국가의 권력이 어떠한 형편에 처해지느냐의 문제는 이러한 법적인 재배열에 달려 있었다. 만약 사회가 대규모의 밀도 높은 신분들 속에서는 결코 성립되지 못할 정도로 소규모의 집단으로 분화되었다면, 권력은 공동의 이해라는 이름으로 이들 소규모 집단들을 전체적인 활동 속에서 강제적으로 통합했다. 만약 사회 내에서 이들의 이해관계가 강제적으로 조정된다면, 사회의 구성 집단은 자기들을 통합시킨 권력에 마지못해 복종하게 된다. 그렇게 된다면 상호간의 적대감 때문에 모든 사람들은 권력에 대항해 사이좋게 힘을 합할 수 없고, 그들 각각의 연약함 때문에 각 부분의 한 집단에 복속될 수도 없다. 그런 식으로 사회 집단 사이에 반목과 분화가 존재한다면 국가 권력은 강화되고, 정치적인 중앙 집중화가 진전된다.

사회가 대규모 계급들로 분화된다면 다른 종류의 관계가 성립된다. 대규모 계급들이 조화롭게 활동하면 국가 권력은 이들 모두의 협력을 얻었다. 그리고 계급들이 서로 적대적이라면, 국가 권력은 이들 계급 가운데 어느 하나에 의지해서 다른 계급들을 복종시켰다. 두 경우 모두에서 국가 권력은 어쩔 수 없이 자신의 전권(全權)을 신분들과 공유해야 했지만, 국가 질서가 두 경우에 동일하게 수립된 것은 아니었다. 첫 번째 경우에는 신분들 사이의 화합을 통해 신분적 이해관계가 국가의 공통된 이해관계가 되었고, 두 번째의 경우에는 특정 신분의 이해관계가 국가의 공통된 이해관계보다 우위를 점했고 국가 권력을 자기 신분의 도구로 삼았다.

중세 유럽에서는 국가 통치에 참여한 세 신분, 즉 성직자, 귀족, 부르주아는 그들 나름의 통치 집단을 대변했는데, 그들 사이에 국가의 영토와 거기서 노동을 제공하던 하층민들이 기묘한 형태로 혼합되어 분배되었다. 그러므로 중세 서유럽 국가는 이들 세 신분적 통치 집단의 연방이라고 부를 수 있었는데, 세 신분은 오직 왕조적인 연결고리인 국왕을 통해서만 연합되었다. 신분 구분이 정치 질서에 대해 보여주었던 이러한 관계는 다음과 같은 명제로 표현할 수 있다. **신분들의 수가 적으면 적을수록, 그리고 신분들이 명확하게 구분되면 구분될수록 신분제 국가의 최고 권력은 신분들에게 굴복하게 된다.** 달리 말하면, 신분적 이해관계가 공통의 이해관계에 부과하는 압력은 신분 구분의 세분화 정도와 반비례 관계에 있는 것이다.

역사에 등장하는 역사적 과정들

이러한 사실에서 우리는 신분의 역사가 우리에게 무엇을 주는지, 즉 신분의 역사가 어떠한 역사적 과정을 우리에게 보여주는지 알 수 있다. 우리는 신분 성립의 역사를 통해 개인들의 이해관계가 어떻게 대립되며, 이러한 개인들의 이해관계의 대립 속에서 통합이나 중재로 공통의 이해관계가 어떻게 성립되는지, 또는 공통의 이해관계가 어떻게 좌절되어 사적인 이해관계로 분해되는지 알 수 있다. 이와 다른 과정은 신분 해체의 역사에서 밝혀질 수 있다. 신분이 밀도가 높고 폐쇄적일수록 신분은 자신의 요구사항과 개념과 도덕을 통해 개인들을 옥죄고 개인적인 자유를 억압한다. 신분 집단이 대규모일수록, 그리고 그 구성원 사이에 권리와 의무가 불균등하게 할당될수록 한 신분에서 다른 신분으로 옮기는 것이 어려워지고, 개인들은 생활 방식을 선택할 때 더 소극적이 되고, 신분적인 이해관계에 더욱더 함몰되고 개인의 위치에서 공통의 이해관계를 창출하기가 어려워진다. 따라서 만약 신분적 평등이 이루어진다면 이것은 국가적인 공동 이해관계와 개인적 자유가 동시에 승리하는 일이다. 말하자면 우리는 신분사를 통해 깊게 숨겨져 있고 서로 밀접한 연관성을 지닌 역사적 과정을 파악할 수 있는 것이다. 그 과정들 가운데 하나는 공동의 이해관계가 창출되는 흐름이고, 다른 하나는 공동의 이해관계를 위해 신분적 억압에서 개인을 해방시키는 일이다.

신분사에 관해 유일하게 신뢰할 만한 사료로서의 법에 관한 고문헌들

이러한 두 가지의 위대하고 깊이 숨겨진 역사적 과정들은 오직 신분법에 관한 고문헌들 속에서만 찾아볼 수 있다. 우리가 문학이나 예술작품에서 이런 과정들을 진실하게 반영한 예를 찾아보려 한다면 그것은 헛수고가 될 것이다. 개인들의 창작물이지만 사회생활에 대한 개인들의 인식이기도 한 이런 작품들은 이런 과정들을 반영하면서도 일정한 정도로 왜곡하고 있다. 그런데 역사학자들은 이러한 왜곡의 정도를 정확하게 측정할 수 있는 믿을 만한 방법을 오늘날까지 찾지 못했다. 사회생활에 관한 사실들은 관찰자의 인식 속에서 이념이 되므로 사실이 사실 그 자체로 남아 있을 수 없다. 그러나 사실이 법적 결정으로 구현될 때에 그것은 일련의 사실로 환원된다. 생동력 있고 사고력을 지닌 실체인 사회는 개인들의 지성에서 표현되는 것과는 다른 독특한 자신만의 언어로써 말을 한다. 개인들의 지성은 논리적인 개념이나 예술적인 형상으로써 자신의 이념을 표현하지만, 사회는 법적인 규범으로써 말을 한다. 그러므로 여러분은 내가 신분사 연구의 목표와 방법에 관한 앞의 언급에서 법에 부여한 방법론적인 원칙에 대해 놀랄 필요가 없다. 여러분들은 이러한 방법론적인 원칙을 통해 왜 내가 러시아의 신분사를 연구할 때 오직 제한된 양만의 사료에 의존하는지 이해하게 될 것이다. 신분 사회건 아니건 간에 사회는 문학 연구실이나 예술가의 작업실이 아니라 법률적인 조언과 법정에서 연구할 필요가 있다. 내가 아는 한, 개인적인 지성의 작업과 사회적 인식의 흐름이라는 이 두 가지 과정들——모든 역사는 사실상 이 과정들에서 이루어졌다——이 만나고 통합되는 유일한 장소는 대학의 강의실이다.

러시아의 신분사를 연구할 때 지침으로 삼게 될 이러한 일반적인 생각을 피력했기 때문에, 이제 연구 대상을 살펴보자.

제4강

러시아에서 신분사에 관한 문헌의 희소성

나는 러시아의 신분사에 관한 연구를 시작하기에 앞서 러시아에서 이 분야에 관한 문헌이 어떤 형편인지 간략하게 설명하려 한다. 길지 않은 러시아 사학사(史學史)에서 신분사는 거의 신생 주제라고 말할 수 있다. 이처럼 러시아 사회의 역사가 뒤처진 주된 이유는 러시아사 연구가 처한 상황과 밀접한 관련이 있다. 러시아사 연구 분야에서는 카람진[1] 이후 두 가지 경향이 나타났다. 이 두 경향을 지지하던 학자

1) 카람진(Н. М. Карамзин, 1766~1826)은 제정 러시아의 저명한 역사가이자 작가이다. 그는 『유럽 기행문』과 주요 역사적 인물들의 전기(이반 4세, 보리스 고두노프 등)로 이름을 떨쳤는데, 특히 알렉산드르 1세에게서 '역사편찬관'이라는 칭호를 부여받고 집필한 『러시아 국가사』는 고대로부터 17세기까지의 러시아 역사를 포괄적으로 다루었다. 그가 만년에 20년을 바쳐 집필한 이 저서는 보수적인 군주주의자의 시각에서 씌어진 것으로 총 12권으로 되어 있다. 그는 후대에 자유주의자들에게서 비난을 받기도 했으나, 풍부한 사료를 이용한 그의 실증주의적 역사관은 러시아 역사학의 기반을 정립하는 데 중요한 기여를 했다. 그는 일찍이 자유석공회의 일원들에게서 영향을 받았고, 서유럽 문학에 대해 깊은 관심이 있었다. 그는 1789년부터 1790년 사이에 서유럽의 여러 나라를 여행하다가 프랑스 혁명기의 공포정치를 목격한 다음, 혁명사상과 계몽주의에 반대하고 군주 체제를 지지하게 되었다. 또한 그는 교회 슬라브어에 바탕을 둔

들이 진지하게든지 부당하게든지 고민했듯이, 두 경향은 서로 아주 달랐고, 심지어 서로를 배척하기까지 했다.[2] 이 경향들 가운데 한 가지는 국가의 역사에, 다른 하나는 사회의 역사에 지나칠 정도의 관심을 기울였다. 그렇기는 하지만 두 번째 경향이 있는 연구자들은 러시아 사회의 신분적인 분화가 일어나는 과정보다는 인민(народ)의 생활 자체에 대해 연구했다. 인민은 지혜롭고 재능 있는 일련의 연구자들이 탐구했던 역사학적인 주제였고, 또 연구자들은 인민이야말로 역사적으로 연구할 만한 가치를 가진 유일한 대상이라고 생각했던 것이다.

문헌이 빈약한 원인으로서 1830~40년대에 러시아 역사 연구가 처한 상황

'인민'이라는 용어는 사회 전체를 포괄적으로 의미하기도 했지만, 오직 서민만을 의미하기도 했다. 1830년대와 1840년대의 문헌에서는 러시아의 전 역사를 실질적인 과정이라는 측면에서보다는 인민에 관한 개념의 변증법적인 발전의 토대 위에서 아주 조리 있게 정립한 총체적인 역사이론마저 생겨났다. 물론 이런 이론을 지지한 사람들은 러시아의 역사에서 인민이라는 용어로 결코 포괄할 수 없는 사회 세력들이 활동했음을 알지 못했던 것은 아니다. 또한 그들은 그러한 상층 계

답답한 문체를 거부하고 구어요소를 받아들인 새로운 문어를 만들어낸 것으로도 유명하다. 그중에는 서유럽의 여러 언어에서 유래된 차용어와 그가 만들어낸 신조어들이 있다.

2) 원래의 강의 내용은 다음과 같았다.
"카람진 이후에 우리의 역사 문헌에는 두 가지 경향이 성립되었다. 이 두 경향은 정확한 견해든지 부당한 견해든지 간에 상당히 다르다고 생각되었고, 심지어 서로에 대해 적대적이라고 여겨지기도 했다."

급들이 이른바 대중과 구분되었으며, 대중을 대변하면서 활동했음을 몰랐던 것도 아니다.

연구자들은 이러한 모순에서 생겨나는 어려움에서 벗어나기 위해 두 가지 방법을 사용하려고 했다. 한편으로 그들은 고대 루시에서 그러했던 것처럼 상층 계급 사람들이 정치 · 경제적으로 인민과 구분되었지만, 도덕적으로는 인민과 분리되지 않고 동일한 삶을 살았으며 똑같은 영혼을 소유했다고 주장했다. 그리고 다른 연구자들은 표트르 시대부터 상층 신분 사람들이 인민과 유리되어 인민을 적대시하게 되었다고 주장했다. 그리하여 이들 상층 사람들은 인민의 대의를 저버린 배신자가 되었고, 더 이상 인민에게 속해 있기를 거부했으며, 스스로의 역사에 대해 이질적인 존재가 되었다는 것이다. 이렇게 사회가 분열되었다고 보는 시각에 따르면, 상층 계급들은 인민의 몸 위에 돋아난 혹(영류癭瘤)과도 같은 존재가 되었으며, 실생활에서 해로운 존재이고 학문적으로 무익하다는 것이다. 그리하여 사회 계급들의 역사는 상층 사람들과 하층 사람들 사이의 관계에 관해, 또는 두 부류의 사회 구성원 사이의 구원을 향한 화합에 관해, 또는 그들 사이의 파멸적인 적대감에 관한 교훈적이거나 폭로적인 이야기로 변질되어버렸다. 이때 화합을 지향했다는 영예는 온통 인민에게만 부여되었고, 적대 행위에 대한 책임은 상층 사람들에게 돌려졌다.

그러한 관점에 따라 중요한 법전은 별다른 관심을 끌지 못하고, 대중적이고 집단적인 인민의 운동에 관한 전설, 또는 인민에게 상층 사람들이 저지른 부당한 행위를 기록한 고대 루시 시대 저술가들의 탄원들이 사회의 역사 연구의 주된 사료(史料)가 되었다. 그런 관점은 만약 연구에 불필요한 장소와 상황을 배제시킨다면 많은 오류가 있으며, 무엇보다도 노골적인 오류가 있다. 혹은 비록 혹에 불과하다고 할지라도 생명체의 유기적인 부분으로서 생명체의 활동에 참여하며, 심지어 정상적인 기관보다 더 강력한 영향을 미치는 경우도 흔하다. 혹(영류)은 유기체에서 체액을 빨아내며, 유기체의 상태를 보아가며 유기체를 쇠약하게 만들거나 해로운 체액으로부터 보호해주기도 한다. 더구나 이런 견지에서 보면 터무니없는 내용들이 아주 많았다. 상층 계급 사람들은 인민의 대의(大義)를 저버린 배신자, 또는 인민의 적으로 표현되었다. 또한 이들 상층 계급은 혈육 관계에 있는 인민과 분리되어 표트르 1세로부터 시작되는 러시아 역사에서 유래가 없는 시대를 건설하기도 했다. 이 시대의 의미는 상층 계급 사람들이 혈육 관계에 있는 대중에게서 도덕적으로 유리되었다는 데 있다. 스스로 깨닫지도 못한 사이에 이런 방향으로 나아간 선량한 사람들은 자신들의 연구물에다가 심지어 무정부주의적인 경향을 도입하기도 했다. 그들은 이반 4세[3]처럼 무조건 모든 상층 계급 사람들을 불신했지만, 일반 서민들에게는 분노조의 말이나 불신하는 투의 말을 전혀 하지 않았다. 이렇게 표현해도 좋다면, 이런 현상은 인민에 대한 광증(狂症), 또는 귀족에 대한

3) 이반 4세(1530~84)는 '뇌제'(그로즈니, Грозный)라는 칭호를 갖고 있다. 그는 1565년 초에 전 국토를 '오프리츠니나'라 불린 차르 직영지와 주로 보야린들의 영지인 젬쉬나(земщина)로 구분하고, 각기 궁정과 행정 기구들을 독자적으로 갖도록 했다. 이로써 모스크바국은 둘로 나뉘게 되었는데, 차르 직영지에 편입된 토지는 그에게 충성하는 사람들로 구성된 오프리츠니크들에게 분배되었다. 이들은 곧 전국을 누비며 차르 반대자들에 대한 무차별적인 살해와 약탈, 그리고 방화를 자행했다. 따라서 이반 4세의 치세에 대한 평가는 아주 대조적이다. 한편으로는 절대권력을 강화하는 수단으로 사용한 차르 직영지의 비이성적이며 혹독한 행적과 공포 정치를 근거로 해서 그가 비정상적인 정신적 결함을 지녔다고 보는 견해가 있고, 다른 한편으로는 그가 현명하고 좀더 진보적인 정치를 실행한 인물이었다고 평가하는 견해가 있다. 후자의 견해에 따르면, 그는 차르 직영지를 통해서 낙후된 국가 체제의 변화를 위한 길을 닦았고, 차르 직영지는 옛 분립영지 시대의 복구를 꿈꾸던 보수적인 보야린 계급을 제거하기 위한 필연적인 수순이었다는 것이다.

혐오주의라고도 말할 수 있는데, 심지어 충성심을 약화시키기도 했으며 상층 계급에 대한 정치적인 적대감에 이르기도 했다. 사실 상층 계급은 공공연하게 우리 사회 속에서 성립되었으며, 최고 법률 권력의 허락을 받아 존재했다. 그리고 국가 내에서 그들이 차지하는 법적 권한과 지위는 특히 『대법전』 제9권에서 정확하게 규정되어 있다.

러시아 신분사에 관한 중요한 문헌 목록

러시아의 신분사 연구에 대해 진지한 관심이 일게 된 때는 1850년대, 또는 그 직전이었다. 누구보다도 이 주제에 관심을 가진 사람은 솔로비요프[4]였다. 그의 제자들은 그가 제시한 방향을 따라 연구했으며, 일련의 중요하며 근면한 연구물 속에서 그의 사상을 발전시켰다. 새롭게 제기된 이러한 관심은 솔로비요프의 일반 역사 서술, 그리고 전문적인 주제에 대한 연구 논문에서 반영되었다. 솔로비요프는 『러시아 역사』에서 러시아 사회의 신분 분화 과정을 세밀하게 연구하기도 했고, 파악 가능한 모든 곳에서 그 특징들을 지적하기도 했다.[5] 더더욱 중요한 것은 그가 본 신분 분화 과정이 인민의 정치 생활뿐만 아니라,

4) 솔로비요프(С. М. Соловьев, 1820~79)는 모스크바 대학의 저명한 역사학 교수로서 29권에 달하는 그의 저서인 『고대로부터의 러시아사』는 러시아 역사학계에서 가장 저명한 저술 가운데 하나다. 그는 서구역사와의 비교를 통해 러시아 역사를 해석하면서 러시아 국가의 내적 발전과 그것의 조직적인 발전을 규명하는 데 관심을 집중해 서구 지향적인 당대의 역사학계를 비판했다. 또한 그는 동시대의 러시아 위기를 극복하기 위한 대안으로 러시아 역사를 전체적으로 설명하며 미래의 발전 가능성을 확신시켜주려 했다. 그의 실증주의적 역사주의는 제자인 클류쳅스키에게 커다란 영향을 미쳤다.

5) 강의에서는 다음과 같이 설명되었다.
"여러분은 러시아의 역사 연구에서 이렇게 새로운 관심이 표명된 예를 솔로비요프의 방대한 역사에서 찾아볼 수 있을 것이다."

경우에 따라서는 경제 생활에도 영향을 미치는 조건들과 연관되기도 했다는 것이다. 여러분은 가령 솔로비요프의 비교적 최근 연구 중의 하나인 『역사 서한들』——1858년에 나옴——을 읽어봄으로써 그가 이 주제에 대해 얼마나 생생한 관심을 가지고 있는지 느낄 수 있다. 이 『서한들』이 나왔을 때 사람들은 커다란 관심을 가지고 읽어보았으며, 이 책은 오늘날까지 그 의미를 잃지 않고 있다.

이처럼 러시아 사회의 역사에 대한 학문적인 작업은 일천한 역사를 가지고 있다. 그렇기 때문에 이 주제에 관한 문헌이 적다고 해서 결코 놀랄 일이 아니다. 우리는 이런 문헌들, 적어도 읽을 만한 가치를 가진 모든 문헌들을 아주 단기간에 독파할 수 있다. 이어서 1850년대 이후에 당대 사람들을 위해 상당히 많은 일련의 연구물들이 나왔다. 1852년에는 플로쉰스키(Плошинский)의 『러시아 도시민 또는 중간 계층』이 나왔고, 치체린의 논문들, 특히 『16세기 러시아의 농노와 농민』이란 제목의 연구서가 나왔다. 그리고 그다음으로 벨랴예프(И. Д. Беляев)의 독자적인 저작인 『루시 시대의 농민』이 있는데, 이 저작은 농민 신분의 역사적 경험을 전반적으로 다루고 있으며, 특히 지금까지 발간되지 않은 많은 자료들을 사용했기 때문에 커다란 가치를 지니고 있다. 다음으로 『1649년의 젬스키 소보르 법전』이 발간된 시대부터 러시아 농노제의 역사에 관한 포베도노스체프[6]의 개괄서들이 있다.

---

6) 포베도노스체프(К. П. Победоносчев, 1827~1907)는 제정 러시아의 정치가이자 보수적인 사상가이다. 그는 모스크바 대학 교수의 아들로 태어나, 1860년부터 1865년 사이에 모스크바 대학 교수를 역임했다. 그후에 그는 1868년부터 원로원 의원, 1872년부터 국무협의회 의원, 그리고 1880년부터 1905년까지는 러시아 정교회의 수반 자리인 신성종무원장을 맡았다. 그는 러시아가 국토가 넓고 국민의 구성이 복잡하며 민도가 뒤떨어졌기 때문에 무엇보다도 국가와 교회의 일체가 필요하다고 주장했고, 부르주아적 개혁이나 서구 문화의 유입에

1860년대 말에는 『표트르 1세 시대 러시아의 도시 상황에 대해』라는 프리가르(Пригар)의 저작이 출간되었는데, 이 저작은 표트르 1세 시대뿐만 아니라 오늘날 도시 모습의 역사를 다룬 것이다. 그리하여 결국 1875년에는 디탸친(И. И. Дитятин)의 저작인 『러시아 도시의 건설과 통치』가 나왔다. 이것은 18세기까지의 러시아 도시 역사와 1785년의 도시윤허장에 이르기까지의 도시의 건설 역사를 포함시켜 잘 구성한 개괄서이다.

지금까지 러시아의 두 상위 신분, 즉 귀족과 성직자 계층에 대한 진지하고도 포괄적인 역사를 접하지 못했다는 것은 매우 흥미로운 현상이다. 사실 러시아 귀족의 역사에 관한 저작이 두 권 있기는 하다. 그중 하나는 야블로치코프(м. Яблочков)의 것이고, 다른 하나는 포라이-코쉬츠(И. А. Порай-Кошиц)의 것이다. 그러나 이 저작들은 그다지 관심을 끌 만하지는 못하다.[7] 표트르 1세 시대부터의 귀족 역사를 진지하고 성실히, 그러나 독특하게 서술한 저작은 로마노비취-슬라바친스키(Романович-Славатинский)의 『러시아의 귀족』이다. 성직자 계층의 역사에 관한 폭넓고 중요한 저술로는 즈나멘스키(Знаменский)의 『표트르 개혁 시대부터의 러시아의 교구 성직자』가 있다. 그러나

강력하게 반대했다. 그는 황태자 시절의 알렉산드르 3세와 니콜라이 2세의 교육을 맡아 이들 두 군주에게 사상적으로 많은 영향을 주기도 했다. 그는 1881년 4월 29일에 공포된 전제정치의 강화에 관한 포고문을 기초했으며, 신성종무원장으로서 분리파 교도에 대한 탄압 정책을 추진했다.

7) 구술 강의에서는 다음 내용이 첨가되었다.
"그렇지만 이 저술들은 그다지 관심을 끌 만하지 못하다. 그리고 내가 비록 이 저술들에 대해 언급하기는 하지만, 그것은 여러분 가운데 여가가 충분하지 못한 분들에게 주의를 주려는 목적을 가지고 있다. 부주의하게 그러한 책들을 읽지 않기 위해서 그 제목을 아는 것은 필요하다. 교회사 부분은 너무 개괄적이다"(로마노비취-슬라바친스키의 저술에 대한 언급은 석판 인쇄를 위해서는 저자가 구술한 바 있으나, 이 강의에서는 생략되었다).

아쉽게도 이 저작은 고대 러시아에서의 이 계층의 상태에 관해 매우 적은 부분만을 다루고 있다. 우리의 역사 문헌이 지니고 있는 그러한 한계성은 두 상위 계층의 역사가 매우 복잡하고 어렵다는 점으로 설명할 필요가 있다.

마지막으로 러시아 신분사를 신분 상호간에 작용하는 관계 속에서 서술하려는 노력은 전혀 없는 실정이다. 나는 그러한 종류의 시도를 한 저작, 즉 그라도프스키의 『러시아 지방통치사』(1868년 출간)를 알고 있다. 저자는 16~17세기 모스크바국에서의 지방 구조를 기술하면서, 러시아 사회의 기본적인 세 계층(관리들, 도시민, 농민)의 상태와 상호관계를 밝히려고 했다. 그러나 아쉽게도 이러한 시도는 단 한 권에 그치고 말았다.

이외에도 다양한 소논문들이 있기는 하지만, 여기 언급된 문헌들이 러시아 사회 계층의 역사에서 중요하고 가치가 있는 것들이라고 말할 수 있다.[8] 나는 이 강좌를 통해서 러시아의 각 신분들이 자신의 궁극적인 성격을 지니게 되는 시기까지 러시아의 신분사를 그들 사이의 상호관계 속에서 짧게 압축시켜 개괄함으로써 이러한 문헌 부족 상태를 다소나마 해소하길 바라고 있다.

8) 두세 줄 위에 나오는 "그러나……"부터 이곳까지는 출판을 위한 편집에서 삽입되었다.

러시아 사회의 역사에 대한 관심이 1850년대에 일게 된 현상 또는 그 현상이 알렉산드르 2세 시대의 여러 가지 개혁 조치와 맺고 있는 관련성

러시아의 신분의 역사에 대한 관심이 1850년대부터 일기 시작했다는 것은 이해할 수 있다. 지난 차르 시대(알렉산드르 2세)의 신분적 개혁은 지식욕이 풍부한 사람들의 관심을 이 주제로 돌리게 하는 자극제가 되었다. 이러한 개혁, 특히 농노해방 개혁은 러시아 사회 각 계층의 상황과 상호관계에 깊은 변화를 가져다주었고, 이러한 개혁을 접한 사회가 과거에 어떻게 성립되었는지에 대한 연구를 통해 사람들이 개혁의 성공적인 수행을 위한 수단의 지침을 찾도록 만들었다.[9] 역사학자들은 통상적으로 사회 속에서 드러나는 강력한 움직임을 예의 주시하며, 짧은 기간에 이루어지는 긴요한 이해관계로 일어나는 상황을 설명하고, 당대의 '해악'(害惡)을 구성하는 문제에 답변을 주려고 노력한다. 지난 차르 시대의 개혁, 특히 1861년 2월 19일의 농노 개혁으로 인해, 그 이전에는 의심의 여지가 없었고 러시아 사회에 상존하고 있던 복잡한 과정들을 가리키고 있던 온갖 뜻밖의 현상들이 표출되었다. 서구 사회의 역사를 전공하는 사람들은 옛날부터 다소 오만한 태도로 러시아 사회의 역사를 설명하는 데 익숙해왔다. 그들이 보기에, 러시아 사회는 구성 면에서 너무나 단순하고, 형태는 소박하며 사회관계가 제대로 규정되어 있지 않으므로 학술적인 접근이 용이하지 않았다. 이

9) 구술 강의에서는 다음과 같이 설명되었다.
"이러한 개혁들 때문에 처음에는 러시아 사회의 과거 속에서 그런 개혁들을 성공적으로 적용시킬 수 있는 조건들을 찾아야 한다는 필요성이 강하게 제기되었다."

것이 바로 지배적인 경향이었다.[10] 러시아의 사회 발전에 대한 피상적인 견해에서는 이러한 관례를 어느 정도 정당화시키는 예를 찾을 수 있다. 예를 들어 대개혁자인 표트르 1세가 눈을 감았을 그 순간에 러시아 사회의 구조를 어떻게 더 단순하게 표현할 수 있을까? 이러한 사회의 상층부에서는 한 개인에게 막강한 최고 권력이 집중되어 있었고, 그 아래에는 최고 권력의 위임에 따라 지주 계층에게 지배받는 거대한 무리의 평민 대중이 자리 잡고 있었다. 그리고 두 신분 사이에 그리 많지 않은 중간 계층, 즉 성직자, 관리, 도시민 계층이 있었는데, 이 계층은 자신들의 억압받고 무시당하는 처지를 입증해줄 사람이 나타나지나 않을까 숨을 죽이며 기다리고 있는 듯했다. 1861년 2월 19일의 농노해방령은 견고한 제도들, 즉 여러 계층들 사이의 대단히 복잡하고 흐트러진 관계들을 드러냈고, 오늘날에 이르기까지 전혀 예상하거나 우선적으로 수립되리라 생각할 수 없었던 그러한 형태의 공동체를 세상에 나오게 했다. 이 모든 것으로 미루어보면 러시아 사회가 매우 옹색하게 다루어졌고, 단지 표면적으로 단순하고 소박한 형태로만 연구되어왔을 뿐이라고 생각할 수밖에 없다.[11]

---

10) 구술 강의에서는 다음과 같이 언급했다.
"지배적인 견해는 이와 같았다. 이러한 단순한 형태와 미확정적인 관계는 연구자들에게 충분히 유익하지 못했다. 러시아의 사회 발전에 관한 피상적인 견해에 따르면……."

11) 애초의 구술 강의의 설명은 다음과 같다.
"2월 19일의 개혁으로 여러 사회적 관점들, 그리고 다양한 계급들 사이에 확고하게 정착되었던 복잡하고 혼란스런 관계들이 폭로되었다. 그리고 이전에는 과감하게 사고하는 사람들조차도 생각하지 못했고, 선험적으로 성립할 수 없었던 공동생활 형태들이 드러나게 되었다. 이 모든 것으로 인해 우리 사회가 엄청나게 긴장된 작업을 경험했다고 생각하지 않을 수 없었는데, 이런 작업은 외견상 단순하고 지혜롭지 못한 형태로 표현되었을 따름이다.
러시아 신분사는 우리 역사에 대한 커다란 학문적 관심을 불러일으킬 것이다.

러시아 신분사 연구에 대한 학문적인 관심

이렇듯 러시아 사회의 역사에 대한 학문적인 관심은 얼마 전의 사회 개혁으로 촉발되었다. 우리가 러시아 사회의 역사에 대해 그렇게 많이 알고 있지 못한 까닭은 바로 여기에 있다. 그런데도 러시아 사회의 역사적인 구조는 러시아 역사에 대한 광범위한 학문적 관심을 불러일으키고 있다. 그 구조는 매우 독특한 것이며, 그것의 진행 과정에 대한 관찰 결과는 역사학의 모든 부분에 대한 연구에서 유용하게 쓰일 수 있다. 신분을 연구하다보면 우리는 비교역사 연구를 위한 많은 자료들을 제공하는 여러 사회관계나 형태들과 마주치게 된다. 이러한 방법이 지닌 진정한 의미는 여러 다양한 현상들 중에서 유사성을 찾는 데 있는 것이 아니라, 유사한 듯 보이는 현상들 중에서 차이점을 발견하는 데 있다.

서구와 비교해볼 때 러시아의 신분제적 과정이 지닌 일반적 특징

그러나 러시아와 서구 사회가 많은 현상들에서 유사성을 보이면서도, 러시아와 서구를 구별하고 모든 것을 다음의 한 문장으로 정리할 수 있는 큰 특성을 인식하기란 그리 어렵지 않다. 즉 서구에서 보이는 상대적으로 첨예한 신분적 구도와 복잡한 사회발전 형태들은 신속하고 단순한 과정을 거쳐 이루어졌으나, 러시아에서는 연속적이며 복잡한 과정을 거쳐 단순한 사회발전 형태가 만들어졌다. 러시아의 사회발전 과정은 늘 복잡했지만, 사회 형태는 오히려 단순했고, 신분적인 외

러시아 신분사에서 드러났던 현상들은 너무나 독특하기 때문에 어떤 분야의 역사학을 연구할 경우에라도 유용할 수 있다."

형도 덜 뚜렷했다. 러시아의 사회발전이 지닌 이러한 특성은 부득이 하게 비교 대상을 떠올리게 한다. 러시아 사회는 우리의 시골길을 연상케 하는 노선을 따라간 것처럼 보인다. 즉 시골에서 두 지점 사이의 얼마 안 되는 거리를 통과하기 위해 똑바로 난 길이 아니라 구부러진 길을 통해서 가려면 두 배나 먼 거리를 걸어가야 하는 것과 같은 이치이다.

러시아 사회의 신분 구분 근거의 가변성과 다양성

러시아의 사회생활이 발전된 여러 측면에서 눈에 띄는 이러한 특성은 무엇보다도 러시아 신분사에서 뚜렷하게 드러났다. 러시아의 신분적 분화는 특이할 정도의 유동성과 가변성이라는 특징이 있다. 러시아 사회는 여러 번 분화되고 재분화되었으며, 스스로의 법적인 외형과 구성을 끊임없이 변모시켰다. 우리는 이러한 변화를 추적하면서 러시아 신분사를 '네 시기'로 구분할 수 있다. 이 시기 각각에는 그 나름대로의 신분 구분의 근거가 있었는데, 그것은 그 이전이나 그 이후의 신분 구분의 근거와는 동일하지 않았다. 우리에게 알려진 러시아 사회의 첫 번째 형태는 11~12세기에 나온 법에 관한 고문헌에서 찾아볼 수 있다. 이 문헌에 따라 우리는 고대 루시[12] 사회가 두 개로 뚜렷이 구분되

12) 이 번역서에 자주 등장하는 '루시'(Русь)라는 말은 아주 다양한 의미를 담고 있다. 첫째로, '루시'는 원래 어떠한 종족을 나타냈다. 하지만 루시가 어떤 종족인지에 대해서는 학자들 사이에 논란이 끊이지 않고 있다. 어떤 사람들은 루시가 비슬라브 계통의 외국 종족이라고 생각하고 있으며, 또 어떤 사람들은 슬라브 계통의 토착 종족이라고 생각하고 있다. 초기 연대기에 따르면, 루시는 바다 건너편에 살았던 바랴그 계통의 종족인데, 노브고로드인들이나 그들과 연맹을 체결한 핀족이 초청한 공후들은 이들 출신이었다. 초기의 키예프

고 불평등한 부류로 나뉘어 있었으며, 신분 구분을 초래한 최초의 근거가 정복 활동 또는 무력에 의한 압박이었다는 사실을 알 수 있다. 9세기부터 12세기 말까지의 사회는 이러한 근거 위에서 성립되었고 유지되었다. 분립영지 시대(удельный век: 13, 14, 15세기)[13)]의 사회

공후들이 노르만 계통이었다고 주장하는 '노르만주의자들'은 이러한 견해를 지지하고 있다. 반면에 타티쉐프는 루시가 핀란드에서 왔다고 하고, 로모노소프(M. B. Ломоносов)는 프러시아 영토에서 왔다고 주장함으로써 루시가 이민족이지만 노르만이 아니라고 보았다. 또 다른 저술가들은 루시가 토착 슬라브 종족이라고 보기도 했다. 둘째로, 루시의 또 다른 의미는 신분이었다. 이런 의미는 10세기 중반에 비잔틴 황제로 있던 콘스탄틴 바그랴노로드니(Константин Багрянородный)의 말에서 찾아볼 수 있다. 그는 키예프 공후들이 매년 지배지역을 돌아다니는 공물 순행에 관해 설명하면서 키예프 공후가 모든 '루시'와 함께 11월에 키예프에서 나온다고 적고 있다. 여기서 '루시'라는 말은 공후의 원정을 수행하는 친위대원들을 뜻하고 있음이 분명하다. 882년에 키예프에 정착하게 된 올레그에 관한 이야기에서도 '루시'는 올레그를 수행한 바랴그인들과 슬라브인들(노브고로드인들)을 의미했다. 또한 올레그가 912년에 그리스인들과 조약을 체결할 때의 어떤 조항을 보면 '루시'라는 말로 공후의 친위대원에 속한 상업담당 관리를 의미하고 있다. 그러므로 10세기에는 외국 문헌이건 러시아 문헌이건 루시는 고위 봉직 계급을 의미하고 있었다. 셋째로, 루시의 또 다른 의미는 지역이다. 고문헌에 따르면 루시는 지리적인 영역, 즉 키예프 영토 또는 폴랴네 영토를 의미했다. 11세기에 '루시'라는 말은 단지 키예프의 영토에 속했던 지역만이 아니라 키예프 남쪽의 드네프르 강 우측 전 지역을 일컬었다. 12세기 후반에 키예프 공후의 아들인 류리크 로스티슬라프에게 어떤 공후가 "왜 너는 자기 땅을 떠났는가? 루시로 돌아가서 그곳을 지켜라"라고 말했다. 류리크는 이 말을 듣고 키예프 쪽을 향해 루시로 갔다. 이처럼 11세기와 12세기에는 '루시' 또는 '루시 영토'라는 말로써 키예프부터 남쪽 방향의 드네프르 강 동쪽 지역을 가리켰다. 넷째로, 루시는 국가 영토를 가리키기도 했다. 아마도 '루시 영토'라는 용어는 이미 11세기와 12세기에 정치적인 의미를 획득했고, 키예프 공후를 수장으로 해서 루시가 지배했던 모든 영토를 의미하게 되었다. 국가 영토의 의미를 획득한 루시 영토는 13세기까지는 '볼로스치'(волость) 또는 오블라스치(область), 그리고 13세기부터는 우젤(удел), 우예즈드(уезд), 볼로스치(волость)라고 불린 부분으로 나뉘었다.

13) 1054년에 야로슬라프 현공이 사망한 이후에 키예프의 구심력이 약화되면서

구성을 살펴보면, 우리는 신분 분화의 다른 근거를 발견하게 된다. 이때에는 자유민들과 공후[14]들 사이의 경제적인 계약관계가 그러한 근거로 작용했다. 모스크바국이 건국되었던 시기(16, 17세기)에 신분 구분의 근거는 경제적인 지위에 따라 사회의 계급들 사이에 할당된 국가적 조세 부담이었다. 마지막으로 18세기에는 새로운 근거에 의해 신분이 분화되었는데, 이때에는 정치적인 비중에 따라 할당된 권리의 차이가 신분 구분의 근거로 작용했다.

야로슬라프의 아들들 사이에 극심한 권력 투쟁이 벌어졌다. 분립영지(分立領地)란 이들 사이에 세분된 영토를 일컫는 용어인데, 러시아어 원어로는 '우젤'(удел)이다. 분립영지는 특히 볼가 강 상류의 북동부 루시 지역에서 성립되었는데, 소련 시대의 역사가들은 이런 현상을 '봉건적 분할'(Феодальная раздробленность)이라고 불렀다. 그렇지만 '우젤'이란 용어가 처음 등장한 것은 14세기의 문헌에서였다. 이 단어는 원래 사적인 민사법 용어에서 유래되었다. 말하자면 상속자인 자녀들이 유산으로 남긴 선조의 동산이나 부동산을 분할하는 행위를 '우젤'이라고 불렀던 것이다. 나중에는 분할 결정에 따라 상속자에게 제공되는 유산의 몫에 대해서도 '우젤'이라고 부르게 되었다. 영토적인 의미를 지닌 '우젤'은 또다시 우예즈드로 세분되었다.

14) 공후(князь)는 9세기부터 11세기까지 루시 사회의 최고 통치자에 대한 명칭이었다. 이 용어를 언제 어디서 차용했는지에 대해서는 여러 가지 설명이 있다. 일부의 학자들은 이 단어가 남부 루시 지역과 카르파티아 산맥 너머 지역에 살고 있던 고트족의 언어에서 기원후 3~4세기에 슬라브인들이 차용했다고 생각하고 있다. 또한 이 단어와 함께 페냐지(пенязь), 거울(стькло), 빵(хлеб) 등의 단어도 그 당시에 차용했다고 본다. 다른 학자들은 이 단어가 바랴그 출신의 공후들이 친위대를 이끌고 온 시기에 러시아어로 들어왔다고 생각하고 있다. 공후의 원어인 '크냐지'(князь)는 독일어인 '코눙'(Konung) '쿠닝'(Kuning)에 대응되는 동슬라브어라는 것이다.

러시아 신분사의 시대 구분

러시아 신분사의 네 시기는 이와 같았는데, 각각의 시기에서 신분적 분화가 일어난 근거는 다음과 같다. 즉 첫 번째 시기에 이러한 근거는 '정복 활동' 또는 '군사적 압박'이었다. 두 번째 시기에는 그 근거가 '공후와의 경제적 계약관계', 세 번째 시기에는 '국가적 조세 부담의 차이', 그리고 네 번째 시기에는 '국가적 권리나 민사적 권리의 차이' 였던 것이다.[15)]

---

15) 구술 강의에서는 다음과 같이 언급했다.
"네 번째 시기에는 대조적인 정치적 의미에 따라 계급들 사이에 신분적인 권리가 차등 있게 할당되었다. 이제 첫 번째 시기로 넘어가보자."

제5강

러시아 신분사의 첫 번째 시기의 연대적인 범위

나는 러시아 신분사의 첫 번째 시기의 연대기적 범위가 9세기 말부터 12세기까지라고 기술했다. 이 시기에 루시 사회의 정치적인 구분은 정복 활동에 근거를 두고 있었다. 그렇지만 나는 이런 설명에 대해 유보 조건을 달려고 한다. 정복 활동이 신분 구분의 근거를 이루기는 했지만, 첫 번째 시기에 최초의 근거는 새로운 사건들에서 영향을 받아 아주 복잡해졌다. 그리하여 12세기 말이 되면 루시 영토의 사회 구조의 깊은 부분에서 그러한 근거를 판별해내기가 아주 어렵게 되었다. 이러한 근거가 어떻게 놓여졌으며, 나중에 그런 근거 위에 성립된 신분 관계가 어떤 영향을 받아 변모되었는지 알기 위해서는, 다양한 종족으로 이루어진 루시 영토가 최초로 정치적 통일을 달성하게 된 정치 형태의 기원에 대해 대략적인 개괄을 해보는 작업이 반드시 필요하다. 이런 정치 형태는 바로 9세기 말에 생겨난 키예프 공국이었다.

나는 이런 정치 형태의 기원에 대해 다음과 같이 생각하고 있다. 즉 기원후 7세기와 8세기에 동러시아 대평원의 서쪽 절반 지역에는 동슬라브인들이 거주하고 있었다. 이 지역에 사는 주민들의 생활 상태는 큰 강의 흐름, 즉 드네프르 강의 흐름을 따라 방향을 잡고 있었다. 이 강의 수로를 따라 유서 깊고 활기찬 교역이 이루어졌는데, 이런 교역 활동은 이미 기원전에 흑해 북부 연안을 따라 건설된 수많은 그리스인들의 식민시에 의해 시작되어 지속된 바 있었다. 드네프르 강 유역으로 이주한 슬라브인들은 이러한 교역 활동에 적극 참여하게 되었는데, 하나의 외부적 조건이 이들 슬라브인들의 교역 활동이 성공하도록 도와주었다. 8세기에 하자르인들[1)]이 남부 러시아의 스텝 지역과 더불어 드네프르 강 유역을 정복했다. 하자르인들의 지배는 드네프르 강 유역의 슬라브인들이 상공업 활동에서 성공을 거두는 데 유리한 영향을 미쳤다. 볼가 강과 드네프르 강 사이의 스텝 지역에 정착한 하자르인들은 곧 평화로운 상공업 활동을 하게 되었고, 드네프르 강 유역에서 조

1) 하자르인들은 6세기부터 9세기까지 남부 러시아 초원 지대에서 활동한 유목 민족으로서, 알타이계에 속한 것으로 추정된다. 이들은 늦어도 6세기 중엽 이후에는 서돌궐족이 종주권을 행사하는 가운데 남러시아 초원에 모습을 나타낸 흔적이 역력하다. 7세기 전반에는 비잔틴 제국과 동맹하여 페르시아의 사산왕조와 세력을 다투었고, 7세기 중반 서돌궐의 세력이 쇠퇴하자 독립해 하자르 칸국을 세웠다. 그들은 불가르족과 오노구르족의 부족 연합을 격파해 남러시아 초원의 패권을 장악했고, 641~642년 이후에는 카프카즈 지대의 영유권을 둘러싸고 신흥 아랍과 대립하면서 7세기 후반까지 남서쪽 크림반도의 대부분을 장악했다. 8세기에 들어서도 아랍군과 싸움을 계속하다가 737년, 나중에 옴미아드 왕조의 칼리프가 된 마르완 2세가 이끄는 아랍군이 하자르 지역으로 깊숙이 쳐들어오자 하자르 칸은 일시적으로 이슬람교를 받아들이고, 움미아드 왕조 칼리프의 종주권을 인정했다. 그러나 하자르국은 얼마 후에 칼리프의 종주권을 벗어나 다시 아랍과 싸웠다. 9세기에 들어와 아랍 세력과의 싸움을 그친 뒤 볼가 강 하류 지역에 있는 하자르의 수도인 아틸은 국제 무역의 중심지로 번창했다. 이슬람교도 상인들도 이곳으로 많이 이주했으며, 하자르인 중에도 이슬람교로 개종하는 사람이 늘어났다. 그러나 칸을 비롯한 지배층은 9세기 초에 유대교로 개종했다. 하자르국은 9세기 후반 들어 국력이 쇠퇴하기 시작해서 신흥 루시를 비롯해 페체네그족과 오구스족 등의 압박을 받았다. 965년에는 키예프 루시의 스뱌토슬라프 군대가 침입하여 수도가 함락되고 나라는 사실상 무너졌으며, 이후에 서서히 역사에서 자취를 감추었다.

공을 바치는 사람들이 스텝 지역의 수많은 하상 교통로를 따라 자유롭게 통행할 수 있도록 만들어주었다. 이런 식으로 드네프르 유역의 시장과 흑해 그리고 카스피 해 유역의 시장이 긴밀한 관계를 맺을 수 있었다. 이런 교역 활동 때문에 드네프르 강 유역으로 이주한 슬라브인들 사이에서는 루시 지역의 삼림에서 산출되는 자원, 특히 동물의 모피를 획득하려는 시도가 활발하게 일어나게 되었다. 이런 성공적인 교역 덕분에 루시인들의 항해술이 발전했고, 이미 10세기 전반부에는 루시인 선원들이 흑해에서 우위를 점했다. 이 당시에 저술 활동을 하던 아랍인 지리학자 마수디[2]는 루시인들이 흑해 지역에서 항해했으며, 루시인들 외에 어느 누구도 그곳에서 항해할 수 없었다고 말하고 있다. 이런 성공적인 교역 활동의 결과, 동러시아 대평원의 서쪽 지역의 주요 하상 교통로를 따라 노브고로드, 폴로츠크, 스몰렌스크, 체르니고프, 키예프 등 루시의 고대 상업 도시들이 등장했다. 그런 도시들 인근에는 상공업자들의 거주지에서 상업 구역이 생겨나게 되었고, 이런 상업 구역을 위해서 물품 집적 장소로 기능한 곳은 도시였다. 9세기까지 동슬라브인들은 바로 이런 일들을 경험했다.

9세기 초부터 드네프르 지역에서는 일련의 새로운 변화가 일어나게 되었는데, 그 변화의 근원은 드네프르 강 유역에서 하자르인들의 지배권이 약화되었다는 것이었다. 하자르 세력이 약화된 원인은 남부 루시의 스텝 지역에서 새로운 유목 민족인 페체네그인들[3]이 등장했기 때

2) 마수디(Абу-ль-Хасан Али ибн аль-Хусейн, ?~956 또는 957)는 아랍의 역사가이자 여행가다. 그는 915년으로부터 945년까지 이란, 인도, 북아프리카, 카프카즈 지역을 여행했으며, 이집트와 시리아에서 생활하기도 했다. 역사, 철학, 이슬람교 등 다양한 주제에 관한 많은 책을 저술했지만, 현재 남아 있는 것은 두 권뿐이다. 그중에서 『금의 세광(洗鑛)과 천연보석 광산』에서는 슬라브 민족을 포함하여 다양한 민족들에 대한 정보가 기록되어 있다.

문이었다. 페체네그인들은 이미 9세기 전반부에 볼가 강에서부터 하자르인들의 거주지를 관통해 드네프르 강 유역으로까지 세력을 확대했다. 이들 페체네그인들은 루시인들의 교역 활동에 커다란 위협을 안겨주었다. 하자르인들은 동쪽 지방에서 더 이상 루시 상인들을 보호해 줄 수 없었다. 이제 루시의 상업 도시들은 자신의 교역로나 교역 물품을 스스로 방어해야 했다. 교역 도시들이 요새화되고 군사 · 정치 기구가 생겨난 것은 이 시기였으며, 이런 추세는 10세기와 11세기에도 계속되었다. 이처럼 새로운 위협이 닥치자 루시의 도시들은 무장 세력에 대한 필요성을 느끼게 되었다. 이런 무장 세력은 점차로 도시에 집결하게 되었는데, 토착인들뿐만 아니라 도래인(到來人)들 등 다양한 사람들로 구성되어 있었다.

첫 번째 시기에 사회가 정치적으로 구분된 최초의 근거로서의 정복 활동

이런 군대로 편입된 도래인들은 바다 건너에서 온 바랴그인들, 특히 스칸디나비아인들이었다. 무장 계급이 상업 도시에 등장함에 따라 상업 도시는 상업 지역을 자신의 지배 아래 두게 되었다. 도시가 자신들의 거래 대상이었던 인근 지역민들을 복속시키는 일은 다양한 방법으로 달성되었다. 어떤 곳에서는 방어 능력이 없던 인근 거주자들이 신변의 위험을 느낄 때 대도시를 피난처로 삼아 자발적으로 거기에 복속

3) 페체네그인들은 키예프 루시의 역사가 시작되던 무렵에 남부 러시아 지역에서 세력을 형성했던 투르크 계통의 유목 민족이다. 972년에는 키예프 공후인 스뱌토슬라프를 살해하는 등 위세를 떨쳤으나, 12~13세기 무렵에는 러시아와 몽골 등 여러 민족에게 흡수 · 동화되어 사라지고 말았다.

했다. 또 어떤 곳에서는 이전에 상업 중심지 역할을 했던 도시 자체가 스스로의 무장 세력을 이용해서 인근 주민들을 강제적으로 복속시켰다. 그리하여 약 9세기 전반 무렵에 루시에는 정치적으로 주요 상업 도시에 복속된 상업 지역, 즉 도시 지역으로 구성된 일련의 상업 · 정치 연맹체가 등장했다.

키예프 공국의 군사 · 상공업적 기원

상업 구역을 가진 모든 도시들 가운데 키예프 시는 교역 활동에 종사한 동러시아 대평원 전체에 대해 특별한 의미를 지니고 있었다. 키예프 시는 상업 구역과 함께 바로 스텝 지역의 경계선에서 생겨났다. 이런 식으로 키예프는 북부와 북서부에서 남부와 남동부로 향하는 루시인들의 교역의 주요 관문으로 기능했다. 스텝 지역의 유목민들이 키예프를 장악하면, 곧장 루시 지역의 교역 활동이 단절되고 중단되었다. 이런 사실에서 루시의 모든 상업 도시들을 키예프에 강하게 연결시킨 공통된 경제적 관심이 생겨났다. 이러한 공통된 관심은 키예프가 루시의 교역 활동을 위해 언제나 개방되어 있어야 한다는 것, 그리고 스텝 지역의 강들을 따라 카스피 해와 흑해의 시장에 이르는[4] 자유로운 통행로가 키예프 옆으로 보장되어야 한다는 것, 그 결과 외부의 적에게서 이러한 경계 지역을 방어할 수 있는 무장 세력이 키예프에 있어야 한다는 것 등이었다. 이런 공통된 관심 때문에 그 당시까지 루시의 여러 도시에 흩어져 있던 무장 세력이 키예프로 집중되었다. 상업로를 방어하는 무장 친위대원들(дружинники)[5]의 수장인 키예프 공

4) "그리고 스텝 지역의 강들을……"부터 여기까지는 클류쳅스키의 강의 원고에서 삽입되었다.

후 옆에는 각지에서 모여든 우수한 군인들이 집결했다. 이런 군사력의 도움을 받아 키예프 공후는 나머지 도시들과 동슬라브인 부족들을 복속시켰다.[6] 경제적인 흐름에 의해 생겨난 이러한 공통된 관심은 키예프의 공후가 루시 영토를 자신의 지배 아래 두는 과정에서 명확하게 효력을 미치게 되었는데, 이 과정은 9세기와 10세기에 완성되었다.

그러나 부족들이 키예프의 지배를 일률적으로 순순히 받아들인 것은 아니었다. 어떤 부족들은 자발적으로 복속했지만, 다른 부족들은 격렬한 전투를 통해 정복되기도 했다. 이런 차이가 생겨난 원인을 살펴볼 때 우리는 키예프의 통치를 기꺼이 인정한 부족들과 도시들, 즉 크리비취, 세베랴네, 폴랴네 등이 드네프르 강을 따라 키예프 북부를 통해 일멘 호수로 이어지는 주요 하상 교역로에 있었음을 알 수 있다. 반면에 키예프와 격렬히 싸웠던 부족들은 이런 하상 교통로에서 멀리 떨어져 살고 있었다. 즉 교역 활동에 적극 참여함으로써 키예프 세력을 필요로 했던 부족들은 복속을 기꺼이 인정했던 것이다. 반면에 이런 하상 교통로에서 멀리 떨어져 있고, 물질적 관심사를 공유하지 않

5) 고대 루시 시절에 공후의 지휘 아래 있던 무장 세력인 친위대(дружина)의 구성원이었다. 친위대의 원어인 드루쥐나(дружина)는 친구를 의미하는 '드루크'(друг)에서 파생된 집합명사다. 고대 루시에서는 공후의 수행원 또는 호위병으로서 공후의 저택이나 그 부근에서 공후와 함께 생활했다. 이들은 공후의 군사력의 핵심 요원이었고, 필요하다면 공무를 담당하기도 했다. 친위대는 보통 두 집단으로 구성되었다. 그중에서 '보야린'(боярин) 또는 '크냐쥐 무쥐'(княжи мужи)라고 불린 상급 친위대는 군사 업무와 민사 행정에서 지도적인 지위를 차지했으며, 공후에게 조언했다. '데트스키'(детский), '오트로크'(отрок) 또는 '그리디'(гридь)라고 불린 하급 친위대는 공후를 직접 호위하고, 하위 민사 행정과 사법 업무를 담당했다.

6) 강의에서는 다음과 같이 언급했다.
"바랴그인들에게서 유래된 키예프의 코눈그(конунг) 주위에는 아주 강력한 친위대원들이 집결해 있었다. 키예프 공후는 이 친위대원들의 도움을 받아 동슬라브족의 나머지 도시들과 부족들을 복속시켰다."

았던 주민들, 즉 드레블랸, 라디미치, 뱌치치 부족 등은 키예프 공후의 권력을 인정할 마음이 없었고, 키예프 공후의 권력에 집요하게 저항했다. 이런 식으로 키예프 공국은 군사적 기원과 상공업적 기원이라는 이중적 기원을 가지고 있었다. 키예프 공국은 교역 활동으로 생겨난 공통 관심사 덕분에 생겨났으나, 루시의 모든 지역이 이런 관심사를 공유한 것은 결코 아니었다. 이런 관심사를 갖지 않았던 지역은 무력으로 복속시키고, 정복할 필요가 있었다.

9세기와 10세기에 키예프 공후들에 의해 통합된 사회의 인종적 · 경제적 구성

키예프 공후의 권력에 통합된 사회는 인종적 · 경제적으로 구성원이 매우 잡다하며 기계적으로 결합되어 있었다. 모든 구성원들 사이에 결코 똑같은 정도로 영향을 미치지는 않았던 유일한 공통 관심사는 교역로나 교역 활동을 보호해야 한다는 물질적인 것이었다. 이러한 공통 관심사가 아주 약하게 인식되던 곳에서조차 연맹 상태를 지지하던 유일한 무력 집단은 키예프 공후 아래 모여 있던 무사 계급뿐이었다. 이들 무사 계급은 루시의 상업 도시로 모여든 각종 떠돌이 무장 상인들로 구성되어 있었다. 이런 사람들 중에는 토착인들도 있었고, 도래인인 바랴그인들도 있었다. 나아가 도시와 농촌의 토착민은 슬라브 계통과 핀 계통의 몇몇 부족으로 나뉘었다. 그렇지만 동러시아 대평원의 서부 지역에 살던 거의 모든 부족들이 이미 키예프 공후에게 조공을 바치게 된 10세기 말부터 부족 사이의 적대감은 현저하게 약화되었다. 바다에서 루시 지역으로 끊임없이 밀려오던 바랴그인 무리는 토착민들 사이에 평화롭게 눌러앉았다. 이곳저곳의 도시 지역에 흩어져 살고 있던 슬라브 부족은 자신의 부족적인 기원을 잊어버린 듯했다. 부족 사이의 차이나 관심사보다는 지방, 또는 지역의 차이나 관심사를 중시했다.

사회의 경제적 특징은 그다지 명확하지 못했다. 11세기 이전까지 상업 자본이 계속해서 독보적인 우위를 점하고 있었고, 토지 보유는 그에 비견되지 못했다. 10세기 전반부에 활동하던 아랍 저술가인 이븐-다스타(Ибн-Даста)[7]는 루시-슬라브인 사회의 상류층을 '루시인들'(руссы)이라고 불렀다. 그의 말에 따르면, '루시인들'은 부동산이나 촌락이나 경작지를 소유하지 않았다. 그들의 유일한 생업은 모피 교역이었다. 키예프 공후를 우두머리로 하는 무사 계급은 국내의 교역 흐름을 주도하면서 거기에 적극적으로 참여했다. 그들은 상품을 실은 배를 차리그라드나 흑해와 카스피 해의 여러 시장으로 매년 파견했다. 그런 이유 때문에 루시의 교역 도시들은 9세기 초부터 갖게 되었던 군사 조직을 유지했다. 교역 도시들은 '천인대'(千人隊, тысячи) 또는 도시 직속 부대를 조직하여, 도시의 대상인 중에서 선발한 도시군사 부대장들, 즉 '천부장'이나 '백부장'의 지휘 아래 공후가 주도하는 원정에 참여하기도 했다.

---

7) 이븐-다스타는 9세기 후반부터 10세기 초반에 생존했던 아랍의 학자로서 이븐-루스타(Ибн-Руста)라고도 불렸다. 그는 『값비싼 목걸이에 관한 책들』이라는 책을 저술한 바 있는데, 근동이나 중동, 그리고 동유럽의 여러 민족들에 관한 중요한 정보를 담은 제7권이 오늘날까지 전해져 내려오고 있다.

10세기와 11세기 사회의 신분 구분의 흔적

그렇지만 10세기와 11세기에 인종적으로나 경제적으로 이처럼 무질서한 흐름이 있었던 가운데 사회가 정치적으로 분할되는 경향은 점점 더 현저해지기 시작했다. 키예프가 복종하지 않는 토착 부족들을 정복하기 위해 원정을 감행하고, 또 스텝 지역의 적들에게 방어적인 투쟁을 하는 동안 키예프 공후가 지휘하는 무사 계급의 수는 점점 더 늘어갔다. 그렇지만 피정복 부족들을 통치하기 위한 업무 때문에 무사 계급과 피지배 사회는 통치자와 조공 납부자로서 점점 더 분리되었다. 그때까지는 무사 계급이 상업 도시의 무장 상인 집단과 혼합되어 있었지만, 이제 상업 도시의 무장 상인들에서 무사 계급이 나오는 경우는 점점 드물어지게 되었다. 상업 도시의 선출된 군인 통치자들이었던 '도시 원로'(都市元老, старцы градские)는 성 블라디미르 공후(통치 기간: 980~1015)[8]의 치세 때만 해도 키예프 공후가 주재하는 회의에 공후의 친위대원들이나 보야린들과 함께 참석했다. 그러나 그들은 야로슬라프(재위: 1019~54) 치세 때 이미 보야린 회의에 나타나지 않았고, 도시의 행정직에서도 사라지게 되었다. 왜냐하면 그들 중에서 선출된 군사 · 행정직이 공후에게서 임명받는 상급 친위대(княжи бояре)로 대체되었기 때문이다. 그리하여 바다의 용사였던 '비챠지'(витязь)[9]는 이전에 손을 맞잡고 일했던 무장 상인인 '특대

8) 이 사람은 스뱌토슬라프의 셋째 아들로서 980년경에 키예프 영토 전체의 지배자가 되었다. 그는 1015년까지의 치세 기간에 북서부 쪽으로 세를 확대시켜 잠재적인 적들을 제압하고 내란기의 혼란을 수습했다. 그의 치세 기간에 중요했던 것은 비잔틴 제국과의 관계를 돈독히 하고 그리스 정교를 수용한 것이다. 키예프 공국이 기독교로 개종한 사실은 이후의 러시아가 가톨릭 세계가 아닌 비잔틴 문화권으로 편입되게 만든 중요한 계기가 되었다.

상인'(гость)과 점점 더 멀어지게 되었다. 계급적인 출신으로 보아 친척 관계에 있던 이들 두 계급은 정치적으로 멀어지게 되자 경제적인 관습에서도 차이를 보이기 시작했다. 반항적인 부족을 정복했을 때는 포로 전체를 노예로 삼아 정복자들에게 분배했다.

이븐-다스타는 몇 마디 말로써 이런 현상을 생생하게 묘사했다. 그가 말하는 바에 따르면, 루시인들은 슬라브인들(동슬라브인들)을 급습했다. 그들은 배를 타고 슬라브인들에게 몰래 다가가서 하선한 다음, 그들을 포로로 잡아 팔아넘겼다. 이 말은 분명히 초기의 키예프 공후들이 드네프르 강 유역의 슬라브 부족들, 즉 드레블랸, 세베랴네, 라디미취 등에게 감행한 정복 원정을 설명한 내용이다. 올가[10]가 906년에 이스코로스첸을 장악한 이야기가 나오는 러시아의 『원초 연대기』는 이븐-다스타의 말이 옳음을 확인해주고 있다. 올가는 일부의 도시민 포로들을 죽이라고 명령했고, 다른 일부를 "우리의 무쥐에게 노예로 넘겨주도록", 즉 자신의 친위대원들에게 노예로 팔도록 명령했고, 나머지 포로들은 조공을 바치도록 남겨 두라고 명령했다. 이런 식으로 군인 지배 계급은 경제적으로 노예 소유주의 성격을 더욱 강하게 띠게 되었다. 공후를 섬기는 자들은 자신의 도시 저택을 노예(холоп)들로 가득 채우고 나머지 노예들을 해외 시장에다 내다 팔고 난 다음에, 10세기 말이나 11세기 초부터는 노예 노동에 대한 새로운 경제적 용도를 발견했다. 즉 그들은 자신들이 획득한 토지에다가 자신의 노예를 정착시키고는, 노예의 손으로 토지를 경작하기 시작했던 것이다. 그리하여 루시의 사유지 보유 현상이 발생했는데, 문헌상으로는 사유지에 관한 최

9) 고대 루시의 용맹스런 무사를 일컫는 말이다.

10) 올가(олга, ?~969)는 이고리 공후의 아내로서 남편이 드레블랸인들에게 살해당한 이후 권력을 장악하고 남편의 복수를 단행한 일로 유명하다.

초의 희미한 흔적이 11세기에 나타난다. 토지 보유로 말미암아 봉직 계급과 도시의 상층 상인 계급은 한층 더 명확하게 구분되었다.

군인 지배 계급은 이 모든 일로 자신들이 여타의 사람들보다 정치적으로 우위에 있다고 느끼게 되었다. 군인 지배 계급을 구성했던 여러 부족 출신의 사람들은 이런 감정에 동화되었다. 키예프 공후들이 치러야 했던 대외 투쟁이 더욱 격한 모습을 띠게 됨에 따라 키예프 공후의 지배를 받던 다양한 부족 중에서 군인들이 배출되었다. 블라디미르 대공(통치 기간: 980~1015)은 기독교를 수용한 후에 일련의 요새 도시들을 가지고 스텝 방면에서부터 키예프를 둘러싸기 시작했는데, 이때 그는 신병들 가운데 우수한 자들, 즉 노브고로드 부족, 크리비취 부족, 추지 부족, 뱌치치 부족 등의 다른 부족 사람들을 자신의 수비대로 징집했다. 정치적으로 우위에 있다는 이러한 감정으로 결속된 군인 지배 계급은 '루시'라는 신분적 명칭을 가지게 되었다. 10세기에 '루시'는 인종적인 용어나 지리적인 용어가 아니라 지배 신분을 뜻하는 사회적인 용어였다. 오늘날까지도 이 단어의 어원적인 기원이 무엇인지 설명되지 않고 있다. 10세기의 비잔틴 저술가들과 아랍 저술가들은 그런 명칭이 루시의 지배 계급을 뜻한다는 점을 알고 있었다. 러시아의 오래된 이야기로서 초기 연대기의 앞부분을 구성하고 있는 『지나간 세월의 이야기』도 지배 계급을 이 명칭으로 부르고 있다. 『지나간 세월의 이야기』는 882년에 올레그가 키예프에서 어떻게 확고하게 자리 잡았는지에 대해 말하면서, 올레그의 친위대원들의 특징을 다음과 같이 말하고 있다. "그에게 있는 바랴지, 슬로베니 등등은 루시라고 불린다."

그리하여 『지나간 세월의 이야기』[11]의 전설에 따르면, 키예프를 장

11) 『지나간 세월의 이야기』는 『원초연대기』 또는 작자의 이름을 따서 『네스토르

악한 여러 부족 출신의 무장 전우들은 올레그와 함께 루시라고 불리게 되었다.

10세기와 11세기에 루시 사회가 정치적으로 분화되는 모습은 이러한 특징이 있었다. 여러분은 정복 활동이 이런 분화를 초래했음을 보았다. 그렇지만 정복 활동이 신분 구분의 촉진제로 기능하기는 했으나, 최초의 근원은 아니었다. 군인 지배 계급이 맡은 정복자로서의 역할은 그보다 시기적으로 앞서 조성되었던 경제적인 비중에 의해 준비되었다. 이 계급은 손에 무기를 들고 피정복민들을 지배하기 이전에, 이미 자신의 손안에 일련의 경제적인 유통망을 장악하고 있었다. 바로 이처럼 복잡한 경제적 · 정치적 과정을 통해 신분이 상당히 명확하게 구분되었다. 이런 신분 구분은 12세기의 문헌들, 특히 내가 그 최종본이 12세기에 편찬되었다고 생각하는 『루스카야 프라브다』[12)]에서 그

의 연대기』라고 불리기도 한다. 베껴 쓴 사람의 이름을 따서 라브렌티 본, 소장한 수도원의 이름을 따서 이파티 본 등 이름이 서로 다른 두 종류의 사본이 있다. 이것은 현재까지 전해지고 있는 러시아 최고(最古)의 연대기로서 슬라브 민족의 성립과 러시아 건국에서 기독교로 개종, 이민족과 벌인 전쟁, 공국 사이의 내분 등 12세기 초까지의 러시아 역사를 흥미롭게 전해주고 있다. 이것은 11세기 전반부터 키예프 수도원에서 몇몇 수도사들이 써내려온 것인데, 구약성서와 신약성서, 비잔틴의 연대기, 외교문서, 전쟁기록, 수도원 건립 유래 등을 사료로 이용했고, 이외에도 구전전설이나 서사시, 여러 사건에 직접 참가한 사람이나 목격자에게서 들은 이야기와 작자 자신의 체험이 들어 있다. 예로부터 전해 내려오는 슬라브인들의 구전설화, 북유럽의 사가의 영향을 말해주는 서사적인 문체, 동시대 사건에 관한 형상성이 풍부한 묘사 등으로 예술성도 뛰어나다. 후반부에서는 작자의 기독교적 세계관이 전면에 드러나 교훈적인 문체가 두드러지기는 하지만, 여러 공국 사이의 내분과 외적의 침입에서 야기되는 민중의 괴로움 등이 동정적으로 생생하게 묘사되어 있다.

12) 『루스카야 프라브다』는 러시아에서 가장 오래된 법전으로서, 여기에는 세 개의 문헌이 포함되어 있다. 그중 가장 오래된 것으로는 『간소편집본』(*Краткая Правда*)이 있고, 그후에 편집되어 좀더 많은 내용을 담은 것은 『확대편집본』(*Пространная Правда*)이라고 불리고 있다. 그리고 마지막으로 『확대편집

모습을 드러내고 있다. 키예프 공국이 군사적 기원과 상공업적 기원이라는 이중적인 기원을 가졌던 것처럼 신분 구분도 이중적인 근거를 가지고 있었다.[13)]

본』에 근거해 있으면서도 오늘날 우리에게 전해지지 않지만 좀더 이른 시기에 제정되었던 몇몇 법률 조항을 담고 있는 『축약편집본』(*Сокращенная*)이 있다. 『간소편집본』은 다시 야로슬라프 현공 시대에 제정된 『야로슬라프의 법』(약 1016년)과 그 아들들 시대에 나온 『야로슬라프 아들들의 법』(11세기 후반부)으로 구분된다. 일부 연구자들은 『확대편집본』이 『간소편집본』에다가 새로운 조항을 덧보태어 12세기 후반부에 편집되었다고 주장하고 있지만 정확한 편집 연도는 알 수 없다.

13) 구술 강의의 마지막 부분은 다음과 같다.
"이러한 신분 구분은 이중적인 근거를 가지고 있었다. 우리는 여기서 『루스카야 프라브다』에 따라 루시 사회에 존재하던 계급들을 검토함으로써 이러한 근거를 살펴보려 한다."

제6강[1)]

『루스카야 프라브다』에 나타난 신분들

『루스카야 프라브다』에는 당대의 루시 사회를 구성했던 세 계급이 아주 명확하게 제시되어 있다. 상급 친위대(княжи мужи), 평민

1) 제6강의 전체는 구술 강의된 것이 아니라, 석판 인쇄를 위해 클류쳅스키가 새로이 구술한 내용이다. 그는 강의록에 따라 강의 내용을 다시 구성하라고 지시하지 않았다. 그렇지만 다음과 같은 본 강의 첫 부분이 남아 있었다.
"살인배상금을 『루스카야 프라브다』에서는 비라(вира)라고 불렀다. [……] 노예를 살해한 경우에는 비라가 없었고, 소유주인 주인에게 적은 액수의 벌금만을 지불했다. 상급 친위대란 누구인가? 이들은 공후 옆에서 봉사하던 사람들이었다. 그들이 '평민'과 다른 점은 평민이 개인적으로 공후를 섬기지 않고 오직 그에게 공물만 지불했다는 사실이었다. 평민은 이러한 공물 지불 관계에 의해 공통된 연합인 '공동체', 즉 도시 또는 농촌 사회로 결속되어 있었다. 상급 친위대가 부담한 의무는 개인적인 성질의 것이었고, '평민'이 담당한 의무는 공동체적인 것으로서 전체 공동체를 대상으로 했다. 이런 식으로 이 두 계급은 공후에 대한 관계에서 차이를 보였다. 공후에 대한 이러한 관계 때문에 두 계급에 속한 사람들에 대한 공후법의 관계가 다양했다. 법에 따르면 이 두 계급의 구성원들은 상이하게 평가되었다. 왜냐하면 그들이 담당하는 의무에 대한 가격이 상이했기 때문이다. 『루스카야 프라브다』에 따르면 노예 신분은 엄격하게 규정되었으며 가혹한 제도이다. 『루스카야 프라브다』의 편자들은 노예에 여러 종류가 있다는 사실을 몰랐다. 『루스카야 프라브다』에 따르면 노예 신분은 면세의 대상, 요즈음 식으로 말하면 연대책임을 지는 오직 완전한 신분이었다.

(люди), 그리고 노예(холоп)가 바로 그것이다. 이들 계급들은 법 앞에서 그들의 비중을 동일하게 평가되지 않음으로써 구분되었는데, 이 점은 이들 계급 구성원의 인신상의 안전을 보장해주는 배려에서 법적인 차이가 있었다는 것으로 알 수 있었다. 가령 상급 친위대원을 살해하면 보통보다 두 배나 무거운 형법상의 살인배상금(вира)을 물어야 했다. 하지만 '류지'(люди)라고 불린 평민 또는 노예를 살해하면, 형법에 따른 벌을 받지는 않았고, 다만 다른 사람의 재산에 가한 손해 때문에 주인에게 배상을 해줌과 아울러 민사상의 벌금만 징수했다. 법에 따르면, 이들 계급들은 각각 공후, 즉 최고 권력과의 관계의 특성에 따라 다르게 평가되었다.

상급 친위대

상급 친위대는 공후를 직접 섬겼고, 평민은 공후에게 공물을 바쳤다. 마지막으로 노예는 어떠한 국가적인 의무도 지지 않았으며, 사적인 인물들을 섬겼지만 공후와는 직접적인 관련이 없었다. 그렇지만 『루스카야 프라브다』에는 루시인들의 생활에 대한 이러한 평가를 제외한다면, 민사적이든지 정치적이든지 간에 상급 친위대와 평민이라는 두 자유 신분을 구분지었던 어떠한 다른 신분적 권리에 대해서는 아무런 언급이 없다. 그렇기 때문에 기본적인 신분들이 명확하게 구분되는데도 그 신분들 속에 포함되어 있는 몇몇 세부적인 계급들이 어떠한 법적인 특징이 있는지의 문제는 여전히 불명료한 상태로 남아 있다. 공후를 섬기는 모든 자유민 공복들(свободные слуги)[2)]은 상급

---

2) 공복(公僕)으로 번역된 '슬루가'(слуга)란 말은 일반적으로 '종'(servitor)을 의미한다. 13세기부터 15세기에 블라디미르 공국이나 모스크바 공국의 대공후

친위대원으로 간주되지도 않았다. 단지 군사적으로나 정치적으로 높은 지위에 있는 사람들만 상급 친위대에 속했고, 공후에게 속한 일반 군인들과 궁정의 하위 종복, 마부, 요리사, 영지관리인 등은 등급에 따르면 평민과 동일시되었고, 공후를 직접 섬긴다는 점에서만 상급 친위대원과 공통점을 가지고 있었다. 이런 사람들은 상급 친위대원과 마찬가지로 신분적으로 친위대원이라는 명칭을 가지고 있었으나, 별도로 '하급 친위대원'(молодой дружинник), '오트로크'(отрок) 또는 '데트스키'(детский)라고 불림으로써 구분되었다.

평민

반면에 '류지', 즉 납세 의무를 지닌 평민들은 공후에 대한 관계에서 하급 친위대원과 구분되었다. 납세자였던 그들은 봉직자들처럼 독립적인 개인으로서 공후와 관계를 맺었던 것이 아니라, 도시 공동체든지 농촌 공동체든지 간에 공물 납부에서 연대책임을 졌으며 공공질서의 유지에 대한 책임도 공유하고 있었던 공동체 전체 단위로서 공후와 관계를 맺고 있었다.

들의 슬루가들은 두 집단으로 구성되었다. 자유민 공복이 그중 하나요, 다른 하나는 봉사 의무를 진 궁정 소속 공복이었다. 후자는 대공 궁정의 청지기의 지휘를 받으면서 나중에는 드보랴닌(дворянин)이라고 불리게 되었다. 사회적 지위 면에서 보야린 다음을 차지했던 자유민 공복은 모스크바국의 보야린과 마찬가지로 16세기에 자신들이 가지고 있던 봉직의 자유를 상실했다. 궁정 공복은 자유민이었는데, 이들 가운데 일부는 원래 대공의 노예인 경우도 있었다. 14~15세기에 이들 두 집단의 슬루가들은 모스크바국의 군사력의 주력을 구성했다. 이들 두 집단은 그들의 완전한 소유지인 세습영지든지 군사적인 봉토(封土)인 봉직영지든지 영지를 소유했다. 16세기의 모스크바국에서 두 집단은 드보랴닌과 보야린 후보가 되었다. 그리하여 18세기에 두 집단과 이전의 보야린은 결국 드보랴닌이라는 하나의 법적 계급(신분)으로 통합되었다.

노예

『루스카야 프라브다』에서 노예 신분은 아주 명확히 구분될 정도로 열악한 지위였다. 이미 야로슬라프 현공(약 978~1054) 시절에 노예가 자유민을 구타했을 경우에 얻어맞은 자유민은 해당 노예를 죽여도 아무런 처벌을 받지 않았다. 『루스카야 프라브다』는 노예를 형태상 여럿으로 분류하고 있지는 않다. 거기에는 오직 하나의 노예 신분, 즉 완전하며, 항구적이며, 세습적이고, 상속되는 노예 신분만 있을 따름이었다. 노예의 예속적인 지위가 후손에게 이양되는 것과 마찬가지로, 노예에 대한 권한 역시 주인이 자신의 상속인에게 전수했다. 과거에 존재했던 노예 제도는 노예 신분이 생성되는 데 아주 다양한 영향을 미쳤다고 볼 수 있다.

노예 신분의 여러 기원

노예가 되는 데는 두 가지 기원이 있었다. 노예는 법에 의해서 되기도 했고, 계약에 의해서 되기도 했다. 법에 의해 강제로 노예가 되는 경우는 다시 네 가지로 분류할 수 있었다.

1) 포로로 잡혔을 때,

2) 범죄 행위를 저질렀을 때: 강도, 방화, 말 도둑 등 범죄가 저질러졌을 때, 법에 따르면 언제나 범죄자에게서 자유를 박탈했다.

3) 상인인 채무자가 자기 잘못으로 지불불능상태에 빠지고, 채권자가 빚의 청산을 기다려준다고 합의해주지 않았을 때,

4) 노예 혈통인 경우.

계약에 의해 자발적으로 노예가 되는 경우는 세 가지가 있었다.

1) 노예로 자신을 팔았을 때,

2) 노예 신분의 여성과 결혼하면서도 남자 측의 자유를 보호해주어야 한다는 내용으로 주인과 아무런 약정을 맺지 않았을 때,

3) 종복(從僕)이 자유를 보호해준다는 약정을 주인과 맺지 않은 채 영지 관리인 또는 창고지기의 직무 같은 사적인 집안일을 하게 될 때.

『루스카야 프라브다』에 등장하는 노예 신분은 이처럼 명확한 부자유민으로서의 특징을 지닌 사람들이었는데, 그들은 법률적인 의미에서 인격을 상실했으며 물건이나 가축에 가까웠다. 그렇지만 노예의 지위, 주인에 대한 그의 관계, 그리고 노예의 기원이나 한계가 법에 의해 규정되었기 때문에 노예는 분명히 루시 사회를 이루는 특정 계급으로서의 신분을 가지고 있었다. 노예 신분이 다른 계급들과 다른 점은 그들이 국가 권력과 직접적인 관계를 맺지 않고, 그 대신 자신들이 섬기는 주인을 통해서 국가 권력과 연관되었다는 사실이었다.

『루스카야 프라브다』에 나타난 신분 구분의 정치적 근거

『루스카야 프라브다』에 따르면, 루시 사회는 이처럼 공후에게 직접 봉사하는 자유민들, 공동체를 통해 공후에게 공물을 지불하는 자유민들, 그리고 사적인 관계에 있는 인물들을 섬기는 부자유민들로 나뉘었다. 첫 번째 부류의 사람들이 공후와 가진 관계는 '직접적'이고, 두 번째 부류는 '집단적'이며, 세 번째는 '간접적'이라고 볼 수 있다.

다른 근거에 바탕을 두었으며, 좀더 앞선 시기에 존재했던 신분 구분의 흔적

『루스카야 프라브다』에는 그러한 사회적 신분 구분이 확립된 시기가 대충 언제인지 가리켜주는 흐릿한 흔적이 남아 있다. 우리는 신분 구분이 『루스카야 프라브다』가 편찬된 때로부터 그다지 멀리 떨어지지 않은 시기에 이루어졌다는 점을 알고 있다. 『루스카야 프라브다』의 어떤 사본에는 일련의 형벌 조항들이 보존되어 있는데, 거기에는 야로슬라프 현공의 연장자 아들들의 회의에서 내려진 결정 사항이 나와 있다. 이 형벌 조항들은 아마도 11세기 말이나 12세기 초에 작성되었다가, 수정된 형태로 12세기 말에 작성된 『루스카야 프라브다』의 최종판에 삽입되었고, 그 속에서 기원이 다양한 형벌 조항들과 뒤섞이게 되었을 것이다. 이런 사실에서 우리는 야로슬라프 현공의 아들들 집권기인 11세기 후반부에서도 상급 친위대 같은 특권 계급의 구성원이 누구인지 최종적으로 확정되지 않았음을 알 수 있다. 『루스카야 프라브다』는 살인자가 두 배나 무거운 형법상의 벌금을 지불해야 하는 인물로서 기마관리인(тиун конюший),[3] 즉 공후의 말떼를 관리하는 책임자를

3) 기마관리인의 원어에 포함된 '티운'(тиун)이란 키예프 시대, 모스크바국 시대, 그리고 리투아니아 대공국에서 공후 · 대공 등의 고위층, 또는 고위 성직자의 업무를 대행하는 사람들을 일컫는 용어이다. 티운이 담당한 업무는 경제적 · 행정적 · 사법적 기능 등 다양했다. 이 직책을 가진 사람은 애초에는 주인의 예속민 가운데 선발되어 집안일을 담당하던 집사(執事)로서 경제적 · 재정적 업무를 위임받게 되었다. 그러다가 이들은 나중에 행정관이나 재판관이 되기도 했다. 모스크바국 시절에 티운은 집사나 재판관 또는 영지관리인으로 일했을 뿐만 아니라, 지방장관이나 읍장 같은 지방 행정담당자의 조력자이자 대리인 역할을 맡기도 했다. 영지를 보유하고 있던 상위의 교회 기관이나 부유한 수도원도 스스로의 '티운'을 두어 다양한 행정 업무를 담당하도록 했다.

포함시키고 있다. 앞서 말한 회의의 결정 사항을 기술한 형벌 조항 가운데 하나를 보면, 기마 담당 선임책임자를 살해한 대가로 두 배나 되는 벌금을 물도록 하는 규정을 처음 제정한 사람은 야로슬라프 현공의 큰아들인 이쟈슬라프(Изяслав, 1024~78)였다. 그는 자신의 마부가 도로고부쥐(Дорогобуж)의 주민들에게 살해당한 사건을 두고 그와 같은 판결을 내렸던 것이다. '기마 담당 선임책임자', 이 사람은 필경 선임 기마관리인이었을 텐데, 『루스카야 프라브다』의 최종판은 이 사람이 특권을 지닌 상급 친위대원인 것처럼 말하고 있다.

이 회의의 결정 사항을 나타낸 이 형벌 조항은 『루스카야 프라브다』의 최종판에서 기술된 것보다 앞선 시기의 신분 구분이 어떠했는지에 대해 암시를 하고 있다. 이 형벌 조항에는 아직 상급 친위대가 언급되지 않고 있다. 『루스카야 프라브다』 최종판이 이 계급에 대해 언급하고 있는 부분에서 이들 조항은 오그니샤닌(огнищанин)[4]에 대해 말하고 있다. 『루스카야 프라브다』 최종판 중에서는 오직 회의의 결의 사항에서 차용된 하나의 형벌 조항에서만 오그니샤닌이라는 용어를 반복하면서 상급 친위대로 대체하지 않았다. 분명히 최종판이 편찬된 12세기 후반에는 오그니샤닌이라는 단어는 폐기되어버린 용어로서 관습적으로 반복되고 있을 뿐 일상적인 법률 용어의 자리에서는 축출당한 형편이었다. 오그니쉐(огнище)라는 용어가 고대에 무엇을 의미했는지 불분명하기 때문에 오그니샤닌이라는 용어가 무엇을 의미하는지는 설명하기가 쉽지 않다. 그 의미가 설명되어 있는 고대 문헌이 하나

---

4) 『루스카야 프라브다』에 나오는 용어로서 저택 관리인을 말한다. 클류쳅스키의 설명과는 달리 이 용어는 처음에는 화로를 의미하다가 나중에는 저택을 의미했던 '오그니쉐'에서 파생되었다고 생각한다. 따라서 오그니샤닌은 공후의 수행원 가운데 상급자이자 청지기였을 가능성이 높다고 하겠다.

있기는 하다. 11세기에 루시에는 불가리아어로 된 필사본과 함께 그레고리 보고슬로프(Григорий Богослов)의 몇 마디 말을 불가리아인들을 위해 번역해서 베껴놓은 기록이 남아 있다. 이들에 대한 루시판 복사본에는 분명히 루시인들이 내용을 삽입하기도 하고, 개작하기도 했다. 여기 나오는 말들 가운데 하나인 오그니쉐라는 용어는 그리스어인 'ἀνδράποδα'의 번역어인데, 이것은 노예 또는 가내종복(челядин)을 의미했다.

오그니샤닌의 의미

말하자면 오그니샤닌은 노예 소유자였다. 만약 『루스카야 프라브다』가 오그니샤닌에게 그 당시에 상급 친위대가 차지했던 특권적인 지위를 부여하고 있다면, 여기서는 정치적인 조건이 아니라 경제적인 조건에 의해 특권적인 지위가 생겨났던 지난 시기에 대해 『루스카야 프라브다』가 회상하고 있음을 유의할 필요가 있다. 그런 시기는 상급 친위대의 지위가 공후에 대한 봉사가 아니라 노예 소유에 의해 규정된 때, 좀더 정확히 말하면 노예 소유가 지배 계급의 진정한 특징으로 간주되던 때였다. 그러한 시기는 9세기와 10세기였는데, 그때 키예프의 공후는 자신의 친위대원들을 거느리고 자신에게 복종하지 않는 루시의 부족들을 정벌하고, 포로로 잡힌 사람들을 노예로 만들어버렸다. 위에서 인용했듯이 10세기 전반부의 아라비아 저술가인 이븐-다스타의 설명에 따르면, 이 당시에 루시는 슬라브인들을 습격했는데, 배를 타고 다가가서는 그들을 포로로 잡아 팔아넘기곤 했다. 그때는 전리품을 차지했던 상급 친위대원이 주로 오그니샤닌이었다. 그러나 그들이 사회의 정상에 선 이유는 공후에 대한 직무 때문이 아니라 이런 전리품을 차지했기 때문이었다. 즉 법적인 기반에서가 아니라 무력에 의해서였던 것이다. 그 당시에 특권을 지녔다고 생각하던 사람들은 통치자가 아니라 정복자였다. 이렇듯 법적인 내용을 담은 고대의 문헌에서는 신분이 어떻게 구분되었는지에 관한 초기의 근거가 드러나 있는데, 그 근거란 바로 정복 행위였다. 우리는 야로슬라프 현공의 아들들이 모인 회의에서 결의된 형벌 조항을 담은 『루스카야 프라브다』의 최종판을 보고 다음과 같은 사실을 알 수 있다. 즉 초기에 정복자와 피정복자로 구분되던 루시 사회가 11세기에 이르러 통치자 집단과 피치자 집단으로 구성된 연맹체로 변모했다.

정치적인 의미에서 중요한 계급들이 경제적으로 세분된 일

그렇지만 이렇게 생겨난 사회 구성 형태는 머지않아 초기의 단순한 모습을 상실하게 되었다. 『루스카야 프라브다』, 특히 그 이후 시기의 형벌 조항에서는 그 이후에 진행된 신분 구분의 흔적이 남아 있다. 기본적인 신분들 속에 새로운 계급들과 그런 계급들을 분리시켜준 특징들이 나타나게 되었는데, 이런 특징들은 기본적인 신분들을 구분했던 것들과는 달랐다.

보야린[5)]

그리하여 상급 친위대 가운데에서 보야린이 생겼다. 『루스카야 프라브다』에는 이 부류의 사람들이 약간 나오는데, 그들의 법적 · 경제적

5) 보야린은 원래 상급 친위대의 구성원인 크냐쥐 무쥐(княжи мужи)를 달리 부

성격을 판별해내는 데 많이 어려울 정도로 아주 희미한 모습으로 기술되어 있다. 『루스카야 프라브다』에는 보야린의 노예, 보야린의 촌락 관리인 또는 토지 관리인, 그리고 고용된 일꾼에 관한 내용이 있다. 분명히 『루스카야 프라브다』에서 보야린은 상당한 특권을 지닌 노예 소유자와 토지 소유자를 의미하고 있다. 보야린이라는 용어는 후대의 러시아 민법에서도 그와 동일한 의미를 유지했다.

나아가 평민 신분에서는 채무농(債務農, закуп)과 자유농(自由農, смерд)이라는 특별한 두 부류의 사람들이 분리되어나왔다. 채무농과 자유농이 등장한 것은 아마도 보야린 계층의 분리와 어떤 관련이 있을 것이다. 몇몇 자료에 따라 생각해보면, 애초에 보야린의 세습영지를 세습적으로 경작하던 사람들은 가내종복이었는데, 토지 소유자들은 이들의 손을 빌려 토지를 경작하고 있었다. 그런데 보야린의 영지가 확대되면 확대될수록, 보야린은 자유민들 가운데 농민(хлебопащец)들을 자신의 토지로 많이 끌어들였다. 이들 농민들은 지주인 보야린에게서 생활필수품이나 경작지를 대여받은 다음에 보야린의 가축과 농기구를 가지고 작업을 수행했는데, 그 대신 지주를 위해 노동력을 제공했다.

『루스카야 프라브다』에서는 이러한 임차 노동자들을 대부변제농(ролейный закуп) 또는 피고용인(наймиты)이라고 부르고 있다.

른 용어였다. '보야레'(бояре) 또는 '볼랴레'(боляре)라고도 불렸던 이 용어는 루시의 고대 문헌, 가령 올가 여공후가 그리스인들과 체결한 조약에서 등장한다. 고대의 교회슬라브어 문헌에서는 '볼랴레'라는 용어가 더 많이 나오지만, 이 단어가 뜻하는 바가 무엇인지 그다지 명확한 것은 아니다. 어떤 사람들은 이 단어의 어원이 전사(戰士)를 의미하는 '보이'(бой)와 연관되었다고 생각했다. 고대의 교회슬라브어 문헌에서 이 단어는 그리스어로 '통치자' 또는 '고관'으로 번역되었다. 말하자면 이들은 지배자이고 고위층 사람들이었던 것이다.

채무농이 처한 지위는 『루스카야 프라브다』에서 아주 불명확하게 나오는 스메르드 계급의 의미를 밝히는 데 도움을 준다.

채무농과 자유농

『루스카야 프라브다』에서 자유농이라는 용어는 두 가지 의미, 자유로운 신분의 평민에 대한 총칭, 그리고 특히 자유농민이라는 의미로 사용되고 있다. 『루스카야 프라브다』에서는 자유농이 공후와 가까운 관계에 있음을 가리키고 있다. 공후는 자식이 없이 죽은 자유농의 재산을 상속받았던 것이다. 나중인 13세기와 14세기에 노브고로드나 프스코프 지방에서는 국유지를 경작하는 자유농민, 즉 국가 농민을 자유농이라고 불렀다. 아마도 자유농이 그러한 의미를 지니게 된 것은 『루스카야 프라브다』가 편찬되던 시기였을 것이다. 왜냐하면 공후의 토지에 살고 있던 자유농민을 그렇게 불렀기 때문이다. 공후의 권력이 강해지자 아무에게도 속해 있지 않는 토지에서 살고 있던 자유 신분의 농촌거주자들 전부가 자유농의 지위로 전락했다. 왜냐하면 그런 토지 전부가 공후의 소유, 또는 국가의 소유라고 인정되었기 때문이다. 이런 식으로 자유농은 채무농과 구분되었다.

영지관리인

마지막으로 『루스카야 프라브다』는 노예 신분 중에서도 천한 노동에 종사하는 보통의 부자유인들과 구분되는 상층 노예 부류를 구분하고 있다. 그들이 구분되는 이유는 주인이 그들에게 자신의 영지를 관리하는 직무를 부여했기 때문이다. 『루스카야 프라브다』에서 이런 계급을

'영지관리인'(боярский тиун)이라고 불렀다.

이렇게 신분이 세분된 근거로서 경제적인 차이가 법적인 불평등과 맺고 있는 관련성

위에서 열거한 계급들은 기원 면에서 보면 개인들이 공후와 맺은 관계의 특성에 따라 생겨난 신분들과는 별개의 새로운 신분들은 아니었다. 이들 계급들은 그런 신분에 속한 개인들이 처해 있던 다양한 경제적 지위를 나타내고 있었다. 보야린은 상급 친위대원이든지, 토지 재산만을 획득한 친위대원이었다. 자유농은 자유 신분의 평민으로서 자신의 농기구를 가지고 국유지를 경작했다는 점에서 평민에 속한 다른 사람들, 즉 납세 의무를 지닌 자유로운 도시민들과 구별되었다. 채무농은 사유지에서만 경작하되 농기구나 토지를 소유하지 못한 채 토지를 지주에게서 임대했던 자유농이었다. 영지관리인이 일반 노예와 달랐던 점은 그들이 보야린의 특별 재산을 관리했으며, 그에 대한 대가로서 천한 노동에 종사하는 노예가 갖지 못했던 재산상의 몇몇 특혜를 향유했다는 사실이다.

그렇지만 『루스카야 프라브다』에 나타난 이러한 여러 경제적 지위는 이미 법률적인 불평등, 즉 권리의 차등에 의해 구분되었다. 보야린은 아들이 없이 사망할 경우에 자신의 동산과 부동산을 자신의 딸들에게 넘겨줄 수 있는 특권을 부여받았다. 반면에 자유농이 아들이 없이 사망하면 그의 재산, 즉 토지, 집, 동산은 공후에게 귀속되었다. 단지 자유농이 죽었을 때 그의 딸들이 결혼을 하지 않은 경우에 한해서만 그녀들에게 동산의 일부를 넘겼다. 이런 상황 때문에 자유농은 다른 평민, 즉 납세 의무를 지닌 도시 자유민들보다 낮은 지위에 놓이게 되었다. 『루스카야 프라브다』에 따르면, 도시의 납세민들은 봉직자들과 마찬가지로 자신의 재산을 자녀들에게 상속시킬 수 있었고, 자식이 없는 경우에는 원하는 대로 친척들에게 넘겨줄 수 있었다.

채무농은 자유농보다도 더 낮은 지위에 있었다. 자유농은 상속권에서 제약을 받기는 했기만, 인신적으로는 자유민으로 남아 있었다. 채무농은 대부금 때문에 채무자의 신세였고, 그리하여 채권자에게 인신적으로 종속되어 절반 정도는 부자유민이라고 볼 수 있었다. 부자유민으로서의 채무농의 성격은 다음과 같은 경우에 잘 드러났다. 첫째로, 주인은 자신의 채무농이 죄를 저지르면 체벌을 가할 수 있는 권리를 가지고 있었다. 둘째로, 채무농이 증인이 될 수 있는 경우는 중요하지 않은 민사 소송이거나 다른 자유민 신분의 증인이 없을 경우뿐이었다. 셋째로, 채무농은 몇몇 죄를 범하는 경우, 가령 절도죄를 저질렀을 때 직접 책임을 지는 것이 아니라, 그에 대한 벌금을 주인이 대신 지불해야 했다. 그 대신에 주인은 그를 자신의 완전한 노예로 변경시킬 수 있었다. 이처럼 채무농의 자유가 제한되었다는 사실에서, 채무의 변제 의무나 그에 따라 채무농이 주인에게 노동을 제공할 의무가 있었는데도 채무농을 주인의 노예로 생각하지는 않았음이 분명해진다.[6)]

『루스카야 프라브다』에 따르면, 채무농이 주인에게 빚을 갚음으로써 언제든지 주인에 대한 예속 상태(крепости)를 종결시킬 수 있었다. 그리고 법적으로 보더라도 주인이 채무농의 노동에 대해 가진 권리에 일정한 한계가 있었던 것처럼 주인의 재판권에도 일정한 한계가 있었

---

6) "노예로 생각되지는 않았음이 분명해진다"는 구절 다음에 구술 강의에서는 아래의 구절이 있었으나 나중에 삭제되었다.
"여기서 교회 영향력의 흔적을 알아볼 필요가 있다. 그 영향력 덕분에 채권자에 대한 강제 노동과 결부된 채무에 의한 예속 관계는 노예 신분의 근원으로 생각하지 않게 되었는데, 이 점에 대해서는 나중에 설명할 것이다."

다. 그러나 채무농의 자유가 제한되었다는 사실로 보아, 주인이 채무농을 농사일을 담당하는 자신의 노예와 동일시하려고 시도했음을 알 수 있다. 마지막으로 영지관리인은 노예로 남아 있기는 했지만 자유민이 가졌던 몇몇 권한을 누릴 수 있었고, 그 때문에 채무농 신분에 근접했다. 법정에서는 자유민 증인이 없을 경우 '필요에 따라' 영지관리인의 증언을 채택했다. 법에 따르면, 자유민인 평민을 살해했을 때와 마찬가지로 영지관리인을 살해하면 범죄자는 40그리브나[7]의 형사상 벌금을 물어야 했는데, 이는 일반 노예를 살해했을 때의 벌금이 12그리브나인 것과는 대조적이었다. 이렇듯 개인들의 경제적 지위에 따라 부여된 의미는 다양했다.

이런 식으로 과거의 법률적인 신분 구분의 범위 내에서 머물러 있던 새로운 경제적 신분 구분은 이제 법률적인 성격을 가지게 되었다. 그러나 이런 새로운 신분 구분은 이전의 경우와 완전히 일치하지 않고, 그보다 더 세분된 것이었다. 사회는 이제 과거처럼 세 신분이 아니라 여섯 신분으로 나뉘었다. 이를 열거해보면, 보야린, 납세 의무를 지닌 자유민인 도시민, 자유농(자유민인 국가 농민), 채무농(반자유민 신분인 사유지의 농민), 영지관리인(특권을 지닌 노예), 그리고 마지막으로 일반 노예가 있었다. 이러한 새로운 신분 구분의 근거는 과거의 경우와 동일하지 않았다. 이전의 세 계급은 정치적인 특징, 즉 개인들이 공후와 맺고 있던 상이한 관계나 공국의 법이 개인들과 맺고 있던 상이한 관계에 따라 구분되었다. 개인들이 공후와 상이한 관계를 맺고 있었다는 사실은 봉직자, 납세민 그리고 노예가 국가에 대해 지고 있던 의무의 차이에서 표현되었다. 법이 개인들과 상이한 관계를 맺고

---

7) 고대 루시의 화폐 단위인데 15세기부터는 화폐 단위가 '루블'이 된다.

있었다는 사실은 법적으로 공후에 대한 관계에 따라 다양한 계급 구성원들에게 부여한 가격의 차등에서 표현되었는데, 가령 살인 사건에 대한 벌금이 서로 달랐다. 그렇지만 우리가 보았듯이 『루스카야 프라브다』에서는 이러한 평가가 상급 친위대원과 평민 같은 자유민들을 구분하는 어떠한 다른 권리와 결합되지는 않았다. 새롭고, 좀더 상세하게 세분된 계급들은 경제적 특징과 법적 특징이라는 두 가지 다른 특징들, 즉 재산 상태의 차등이나 그와 결부된 민사상의 권리의 차등에 따라 구분되었던 것이다. 이런 식으로 권리의 차등이 생겨난 것은 최고 권력에 대해 사회가 맺고 있던 관계 때문이 아니라 사람들 사이의 경제적인 관계, 달리 말해 사람들 사이의 재산상의 불균등 상태 때문이었다. 이렇게 해서 구성된 사회는 분명히 새롭고 훨씬 복잡한 모습을 띠고 있었는데, 이것은 11세기에 확립된 사회 구조에서 신분이 더욱 세분된 결과였다. 이런 새로운 사회 구성이 이전의 것과 어떤 관계에 있는지는 다음과 같이 기술할 수 있을 것이다. 11세기에 국가에 대한 의무에 따라 세 계급으로 나뉜 루시 사회는 12세기 들어 민사상의 권리에 따라 여섯 계급으로 세분되었다.

루시 사회의 첫 번째 시기에 신분이 성립된 세 단계

이렇듯 첫 번째 시기의 루시 사회에서는 순차적으로 세 단계에 걸쳐서 신분이 형성되었는데, 각 형태는 이전의 것보다 복잡한 모습을 띠게 되었다. 루시 사회는 처음에 정복자와 피정복자로 구분되었다. 그 다음에 사회는 세 부분, 즉 군인 지배 계급과 자유민 신분의 평민, 그리고 예농(крепостная челядь)으로 나뉘었다. 마침내 이 세 계급은 특권적인 지주, 자유 신분의 도시민, 국유지 농민, 사유지에 소속된 농민, 그리고 특권을 가진 노예와 일반 노예로 세분되었다. 최초의 신분 구분은 무력과 정복으로 이루어졌고, 두 번째 구분은 이러한 무력으로 생겨난 입법권에 의해, 그리고 세 번째 구분은 생산 수단의 작용, 즉 인민의 생산 활동에 의해 성립되었다. 생산 활동은 정복 활동에 의해 기반을 얻게 되었으며, 그것의 사회적 결과는 법적 권력에 의해 인정받을 수밖에 없었다. 이런 식으로 하여 첫 번째 시기에 완성된 신분 형성의 출발점은 정복 활동이었는데, 이것은 그 이후에 진행된 신분 형성 과정의 방향을 매순간 결정지었다.

그렇지만 정복 활동에서 유래된 이런 신분 형성 과정보다 약간 나중의 시기에 다른 신분 형성 과정이 시작되었다. 그 근원에는 다른 요소가 게재되었는데, 이것은 정복 활동의 영향을 받아 성립된 사회 조직에다가 심대한 변화를 초래하게 되었다. 변화를 초래한 요소란 10세기 말부터 루시에 기독교가 확산되었다는 것이었다.

제7강

기독교가 루시에 전래된 초기 몇 세기에 루시 사회에서 교회가 처한 형편

11세기와 12세기에 국가가 사회에 도입한 사회 신분의 구분과 더불어, 교회도 자기 방식대로 신분을 구분했다. 루시 영토에서 기독교 교회는 법적 근거를 갖춘, 완전히 조직화된 기구였다. 이러한 근거로는 두 가지가 있었는데, 그중 하나는 교회법이었고 다른 하나는 로마법의 일부를 개정한 비잔틴 제국의 법이었다. 교회법은 교회에게 구속력을 지닌 지침이었고, 비잔틴 제국의 법은 단지 관습화된 전통이나 법안으로서의 권위만 지니고 있었다. 교회법과 제국법을 루시 사회의 실생활에 적용할 때에는 많은 어려움이 생겨났다. 법적인 두 가지 근거는 루시의 법과 모순되었다기보다는 아주 새로운 것이었고, 루시인들이 알지 못했거나 법적인 기준에 부합된다고 생각하지도 않았던 그런 관계를 확립했다. 예를 들어, 루시인들은 인신상으로나 재산상으로 아무런 해도 끼치지 않았던 욕설 행위가 어떻게 사법적인 소송거리가 될 수 있는지 이해할 수 없었다. 그러므로 교회는 개혁 작업을 수행하기보다는 창조적인 작업을 해야 했으며, 법적인 선입견과 싸우기보다는 법적인 몰이해와 싸워야 했다. 이런 사실은 교회의 활동에 커다란 영향을 미치게 되었다. 교회는 루시에서 맞닥뜨린 질서에 반해서 행동하기보다는 오히려 거기에 적응하려고 했다. 교회는 부정적인 결함들에 대해서보다는 긍정적인 결점에 대해 더 큰 인내심을 보여주었다. 교회는 루시인들이 옛것을 고집한다기보다 새로운 것에 대해 무관심하게 행동했기 때문에 더욱 고민했다.

교회 조직의 구성

교회는 교회 조직을 구성하면서도 똑같은 조치를 취했다. 기독교를 수용함에 따라 이미 확립된 질서의 틀에 부합되지 않는 인간관계가 계속해서 발생했다. 사회 조직에서는 법적으로 어떻게 처리해야 할지 알 수 없는 부류의 사람들이 자꾸 생겨났다. 고아, 장애자, 환자, 새롭게 세례를 받은 주인에게서 해방된 사람들 등은 자기들이 어떤 계급에 속하는지 알지 못했고, 기독교적인 사랑의 이름으로 자기들에게 도움을 주도록 간청했다. 버림받은 이 사람들은 루시 사회의 새로운 계급으로 편입되어 '교회 사람들'(церковные люди) 또는 '신이 돌보는 사람들'(богадельные люди)이라는 명칭을 얻었다. 국가는 '신이 돌보는 사람들' 또는 '교회 사람들'을 교회가 독점적으로 보살피도록 기꺼이 위임했다.

교회를 이룬 사회는 구성 면에서 아주 복잡했다. 교회를 이루는 각 부분들은 통상적으로 교회의 규정에 열거되었는데, 성 블라디미르 대공에게서 시작하여 루시의 기독교인 공후들은 교회의 이러한 규정에 따라 국가 내에서 교회의 지위를 규정했고, 교회 당국에 사법 업무와 치안 업무, 그리고 자선 업무를 위임하도록 조치했다. 그리고 이들 공후들은 자신들의 영지에서 나오는 수입으로 이런 업무를 수행하는 데 필수적인 재원을 마련해주었다. 교회 사회의 소속을 규정해준 약정이 지닌 특징에 따르면, 교회에 속한 구성원은 다음과 같이 분류할 수 있었다.

1) '흑색 성직자[1]와 백색 성직자 그리고 백색 성직자의 가족들.' 이런 사람들은 성례식을 거행하고, 설교를 하며, 삶의 모범을 보임으로써 기독교인들을 영적인 구원의 길로 인도하는 책무를 지고 있었다. 이 두 부류의 성직자들은 공후부터 노예에 이르기까지 사회의 다양한 계급에 속한 사람들로 구성되었다.

2) '교회의 물질적인 필요를 담당하는 평신도들.' 고대 교회의 규정에 따르면 이런 일을 담당하는 사람들 중에는 통상적으로 성찬식용 빵을 굽는 사람들과 양초 만드는 사람들(미사를 드릴 때 돕는 이들)이 언급되고 있다. 이런 부류의 사람들로는 교회에 기부된 노예들인 '봉헌자들'(прикладные)도 포함시킬 수 있다. 교회는 통상 그러한 노예에게 인신적인 자유를 되돌려주었고, 그들이 기부된 교회 기구에서 봉사하도록 그들을 임명했다.

3) 교회 당국과 맺은 밀접한 관계에 의해 '성직자들을 가까이에서 돕는 일을 맡은 평신도들'. 이런 사람들로는 산파와 의사가 있었다. 그 당시에 말하는 식대로 표현하면, 이들은 '과부 여편네들'과 '치료사들'이었다. 이런 사람들은 신생아가 세례를 받는다든지, 죽어가는 사람이 교회법에 따라 임종 미사를 드린다든지 하는 온갖 일에서 성직자를 도왔다. 강요로 새로운 신앙을 받아들인 많은 사람들이 교회가 지시한 의무를 행하지 않던 기독교 전래 초기에 교회는 그런 일들을 아

---

1) 독신 성직자를 가리킨다.

주 중요한 업무로 간주했다. 그외에도 의사들은 교회가 맡아서 운영하던 병원에서 일할 의무가 있었다.

4) '병이 들거나 불구가 되어 노동 능력을 상실한 평신도들'과 자선에 기댈 필요가 있는 사람들, 즉 맹인, 절름발이, 그리고 온갖 종류의 장애인들.

5) '경건한 동기를 가지고 자발적으로, 또는 다른 뜻이 있어서 교회에 있게 된 평신도들.' 그렇기 때문에 이런 사람들은 반드시 '법률적인 보호' 또는 '물질적인 보조'를 받을 필요가 있었다. 이런 사람들로는 성지 여행자인 순례자들, 구걸로 먹고살면서 미사 시간에 성당 앞에서 있는 편력자들(странники), 되사기 몸값을 지불하지 않고 주인이 살아 있을 때 자선 형태로 자유를 얻은 노예인 면제자들(прощеники) 또는 방면자들(пущеники), 그다음으로는 공양(供養)을 위해서 주인의 유언에 따라 자유를 획득한 노예들인 '피억압자들'(задушные люди)이 있었다.

6) 마지막으로 '개인적으로 잘못을 저지르거나 불행을 당해 어쩔 수 없이 자신의 신분을 잃어버리고 신분에 따른 권리와 생계 수단을 박탈당한 평신도들.' 그런 사람들로는 글을 몰라서 성직을 수행할 능력이 없는 성직자의 아들들, 채무를 변제할 능력을 상실하고 자본이 없어 교역 행위를 중단할 수밖에 없는 처지에 놓인 상인들, 되사기 몸값을 내고 해방되었으나 아무런 사회적 지위나 생계 수단을 갖지 못한 노예들이 있었다. 마지막으로 조실부모해서 어떤 공국도 차지하지 못하고 계승 서열에서 밀려난 공후의 아들들이 있었는데, 루시 영토에서는 이 계승 서열에 따라서 야로슬라프 현공의 후손들이 공후의 지위를 차지하고 있었다. 이들 네 부류의 사람들, 즉 글을 모르는 성직자 아들들, 파산한 상인들, 되사기 몸값을 지불하고 해방된 노예들, 조실부모한

공후 아들들은 12세기의 고대 루시의 법에서는 이즈고이(изгои)라고 불렸다. 수도원 생활을 하다가 그곳을 나와서 속세로 돌아간 전직 수도사들도 이 부류에 포함될 수 있다. 성 블라디미르 대공의 법령집 목록 가운데 한곳을 보면, 이런 부류의 사람들은 '검정색 바지를 떨어뜨린 사람들'이라는 말로 표현되어 있다.

11세기와 12세기의 공후령 법령집에 따르면, 교회 사회의 구성원은 위에서 설명한 바와 같았다. 나는 교회의 구성이 복잡했다는 사실을 좀 더 적나라하게 드러내기 위해 의도적으로 그 구성원들을 장황하게 열거했다. 교회 구성이 일반 사회의 경우와 차이를 보였던 표면적인 법적 특수성은 재판권에 있었다. 일반인들이 모든 사건에서 공후 법정의 관할 아래 있었던 데 비해, 교회에 소속된 사람들은 별도로 대주교, 주교, 또는 그들의 대리인에 의해 주재되었던 교회 법정에서 재판을 받았다. 시간이 지남에 따라 교회에 소속된 사람들의 구성은 더욱 복잡해지게 되었다. 특히 교회에 딸린 종복들의 범위가 확대되었다.

교회 조직이 부동산을 획득하게 되었을 때, 교회 소유 토지에 거주하던 농민들도 교회 소속원의 성격을 띠게 되어 형사 사건이나 민사 사건에서 전적으로든지 부분적으로든지 지주로서의 교회의 법적 관할 아래 들어가게 되었다. 시간이 흐름에 따라 교회가 위임한 교회 토지 운영이나 자선 기구 운영을 위해, 그리고 복잡한 교회 재판권 문제를 수행하기 위해 평신도로서 교회의 업무를 담당하는 수많은 직책들이 생겨나게 되었다. 이런 직책들은 공후와 국가의 사법 또는 통치의 도구와도 같은 것들로서 보야린, 궁정고관(стольник), 드보랴닌 등 교회 바깥의 경우와 동일한 명칭을 가지고 있었다. 심지어 대주교의 보야린과 종복들은 나중에 공후의 군인들과 함께 국가를 방어하는 일에 가담했고, 대주교구에 소속된 특별 사령관의 지휘를 받아 군사 원정에 참여하기도 했다.

교회 조직의 구성과 국가 조직 구성의 유사점

이런 모든 일로 인해 교회 조직의 구성과 국가 조직의 구성은 아주 유사하게 되었다. 성직자가 있다는 점만 제외한다면, 교회 조직은 국가의 구성원 속에 든 사람들과 정확하게 동일한 방식으로 구성되었다. 교회는 자신의 보야린과 자유 신분의 공복들, 자신의 농민들, 심지어 도시민들까지 가지고 있었다. 왜냐하면 교회는 마을과 촌락뿐만 아니라 도시 전체를 소유하기도 했기 때문이다. 이미 13세기 초에 블라디미르 공국의 주교인 시몬은 키예프의 페체르스키 수도원의 수도사인 폴리카르푸(Поликарпу)에게 보낸 서한에서 자기 주교구의 대성당들과 블라디미르 지역이나 수즈달 지역의 교회들에 대해 말하면서 거기에 얼마나 많은 도시와 마을이 소속되어 있는지에 대해, 그리고 '이 부족한 사람'이 그 모든 지역을 다스리고 있다는 사실에 대해 썼다.

심지어 프세볼로드(Всеволод) 공후의 법령집 속에는 성직자로서 공후들인 사람들이 있었을 가능성이 제시되어 있다. 그런 식으로 교회 조직은 동질적이고 완전한 신분으로서 전체 국가 조직 속에 편입된 것도 아니었고, 국가의 다른 계급들과 함께 국가 속에서 하나의 부류로 남아 있었던 것도 아니었다. 그 대신에 교회 조직은 국가와 비슷하기도 한 별개의 사회로서 국가에서 분리되어 있었던 것이다. 루시 전체의 대주교가 지도하던 성직자들은 지배 계급으로서, 그리고 자신의 통치 기구와 피지배 계급을 가진 권력층으로서 교회 조직의 지도자 지위에 있었다. 그러므로 11세기와 12세기에 교회 조직을 결코 하나의 신분으로 부를 수는 없는 것이다.

교회 조직이 체제 면에서 국가와 차이나는 점

교회 사회가 구성원이라는 측면에서 보면 국가 사회와 비슷하기는 할지라도, 그 체제 면에서는 국가의 경우와 커다란 차이가 있었다. 교회와 국가는 기반이 완전히 달랐다. 국가에서 그 구성원의 지위는 권리나 의무, 또는 경제적인 형편에 의해 결정되었다.

반면에 교회에서 그 구성원의 지위는 개인이 지닌 도덕적 · 종교적 직분, 또는 얼마나 다른 사람들의 도움을 필요로 하느냐의 정도에 의해 결정되었다. 교회에서 많은 권력을 소유한 사람들은 모든 세속적인 행복을 거절한 수도사나 고위 성직자 같은 이들이었다. 교회에서 좀더 특권을 많이 가진 사람들, 즉 의무가 적은 사람들은 좀더 많은 도움을 필요로 하는 사람들인 장애자라든지 오갈 데 없는 이들이었다. 만약 국가 사회가 주인과 관리인 그리고 일꾼들을 가진 루시인들의 커다란 집과 유사하다고 했다면, 교회 사회는 신의 나라의 형태대로 건설되었다고 말할 수 있다. 즉 복음서의 어구에 따르면, 그곳에서는 모든 이들 위에서 높은 자가 되려고 하는 자는 모든 이의 종이 되어야 했던 것이다. 이런 식으로 교회는 신분 구분을 복잡하게 만들었고, 신분 구분에 새로운 자극을 주었으며, 복잡한 과제들을 공동체 사회에 부여했고, 그런 과제들에 따라 사람들이 새로운 질서와 대오(隊伍)를 갖추도록 만들었다.

교회의 신분 구분과 정치적 구분 사이의 관계

우리는 교회가 국가와는 전혀 다른 방향으로 구성원들을 분류했음을 쉽게 알 수 있다. 국가는 정치적인 계층과 경제적인 계층을 하나씩 가로 방향으로 구분지었다. 반면에 교회는 구성원들을 위에서 아래 방향으로 세로로 구분지었는데, 다양한 사회 계급 가운데서 한 부류의 사람들을 떼어낸 다음에, 스스로의 목적을 위해 국가의 법이 규정한 질서와는 전혀 다르게 구성원들을 배치했던 것이다.

교회가 국가 사회의 구성에 미친 영향

교회는 비록 다른 기반 위에서 성립되기는 했지만, 국가와 동일한 구성원들로 이루어진 특별한 사회였다. 그렇기는 했지만, 교회는 국가 자체의 구성에 강력한 영향을 미치기도 했다. 교회는 국가의 가장 밑바닥에 위치한 하층 계급, 따라서 가장 부담을 많이 진 노예에서부터 시작해 국가 조직의 재편에 영향을 미쳤다. 교회는 루시의 노예제에 그처럼 결정적인 분기점을 만들어냈기 때문에, 그 한 가지 사실만으로도 러시아 사회를 형성시킨 중요한 세력 가운데 하나로 생각되기에 충분했다.[2)]

교회가 루시의 노예 제도에서 일으킨 변화들

이러한 분기점이란 세 가지 변화를 의미했다. '첫째로', 교회는 주인의 유언으로 노예들을 해방시키는 관행을 루시 사회에 도입했다. 이런 관행은 비잔틴 사회에서 전수되었는데, 그곳에서는 기독교인들이 노

2) 구술 강의에서는 다음과 같이 언급했다.
"교회는 루시의 노예 제도에 대해 그토록 결정적인 변화들을 초래했으므로 이러한 변화들 중 한 가지만으로도 교회는 우리 사회를 형성한 중요한 세력 가운데 하나로서의 의미를 가지고 있다. 이런 변화로서 우리는 세 가지를 지적할 수 있다."

예제가 도덕적으로 정당하지 못하다고 생각했기 때문이었다. 이런 생각은 오래전부터 비잔틴의 법률 속에 반영되어 있었다.

유언으로 노예를 해방하는 관행

10세기 중반에 비잔틴의 황제인 콘스탄틴 바그랴노로드니(Константин Багрянородный, 905~959)는 직계 후손이 없이 죽은 사람들의 재산 가운데 3분의 1을 신에게 봉헌하라는 법을 제정했다. 이 3분의 1 속에는 죽은 사람에게 속해 있던 노예들 전체가 포함되었는데, 이 경우에 노예들은 법에 따라 자유를 얻게 되었다. 황제는 이런 법을 발안하면서 노예 상속이 추악하며 수치스런 짓이라고 말했다. 법에 따르면, 주인이 죽은 다음에도 노예를 짓누르고 있던 족쇄가 깨지지 않도록 허용하는 행위는 주인이 신에게 가졌던 성결함이나 지혜, 그리고 인간 자신의 양심을 모독하는 일이 되었다. 성직자들은 일찍부터 이런 생각을 가지고 고해성사나 유언장 작성 작업 등에 참여하면서 노예 소유자들이 사망한 이후에 주인들을 위해 평생 기도하는 사람들이 생겨나도록 하기 위해 자기 소유의 가내종복이나 그중 일부분을 해방하는 관행을 점점 더 많이 만들어내게 되었다.[3)]

---

3) 구술 강의에서는 다음과 같이 언급했다.
"성직자들은 일찍이 이러한 생각을 실행하기 위해 루시 사회에서 설교를 한다든지 유언서 작성 작업에 참여하면서 주인이 사망할 때 가내종복이나 그중 일부를 방면시키는 관행을 정착시켰다. 주인은 자신을 위해 영원히 기도 드려줄 사람을 준비하려는 목적이 있었다."

무료로 해방시켜주어야 하는 경우

'두 번째 변화'는 노예를 반드시 무료로 해방해야 하는 경우가 규정되었다는 것이다. 교회는 11세기와 12세기에 다음과 같은 세 가지 사항을 규정하는 데 성공했다. 1) 자신의 주인에게서 사생아를 낳은 여자 노예는 주인이 사망한 다음에 자기 자식과 함께 반드시 해방되었다. 2) 다른 사람에게 소속된 여자 노예를 강간한 자유민은 그런 행위로 인해 그녀를 해방시켜주어야 했다. 3) 주인의 잘못 때문에 불구가 된 노예, 또는 여자 노예는 자유로운 신분을 얻었다. 반드시 무료로 해방된 앞의 두 경우는 그리스-로마법에서 직접 차용한 것이 아니었다. 이 두 경우는 루시의 성직자들이 그리스-로마법이나 교회법을 자기들의 풍습에 맞도록 적용시킨 결과였다.

그리스-로마법에서는 자녀의 법률적인 지위가 부모의 법적 지위에 따라 매우 정확하게 규정되었다. 이런 규정은 로마 사회에서 신분이 다른 사람들 사이의 결혼이 합법적일 수 있느냐 그렇지 않느냐의 문제에 따라 달랐다. 여기서는 다음과 같은 원칙이 적용되었다. 만약 부모의 신분이 다르더라도 결혼이 법적으로 인정된다면 자녀는 아버지의 신분을, 그렇지 않다면 어머니의 신분을 이어받았다. 그런데 법에 따르면, 자유민과 부자유민 사이에서는 평등한 결혼이 성립될 수 없었다. 따라서 자유민 남자와 여자 노예 사이에서 태어난 자식들은 노예가 되었고, 자유민 여자와 노예 사이에 태어난 자녀는 자유민이 되었다. 이런 결정은 다른 민족들이 지나칠 정도로 많이 로마의 시민으로 편입되지 못하도록 해서 로마 시민권과 연관되어 있던 이익을 보호하려는 목적이었다. 비잔틴 제국은 로마 시대의 이러한 규정을 받아들인 다음, 그것을 개정해서 비잔틴의 법전에, 가령 8세기에 만들어진 『에

클로가』(*Эклога*)와 9세기에 만들어진 『프로히론』(*Прохирон*)에 도입했다. 정교회는 이러한 결정들로 보호받았던 이교적인 제도에 대해서는 무관심했으나, 그런 규정들 중에서 교회가 좀더 고귀하게 생각했던 관심사를 보호할 수 있다고 생각한 요소들만을 자기 것으로 만들려고 했고, 또 그런 것들을 기꺼이 받아들였다. 그리하여 교회는 불평등 결혼, 즉 신분이 다른 사람들 사이의 결합으로서 로마법에 따르면 합법적이 될 수 없었던 결혼을 정면으로 배격하지 않으면서도, 가족 관계의 순결을 보존하기 위해 위에서 언급한 법전 속에다 다음과 같은 규정, 즉 기혼인 주인의 첩(妾)이 된 여자 노예를 법으로 몰수한다는 규정을 도입했다. 지방 통치자는 여주인의 연적(戀敵)인 그러한 여자 노예를 그 지방 바깥으로 팔아서 그 대금을 국고에 귀속시킬 의무가 있었다.[4)]

나아가 '무언(無言)의 해방'(tacita libertas)이라는 명칭을 지닌 특별한 노예 해방 방법이 성직자들의 영향을 받아서 그리스-로마법에 폭

4) 구술 강의에서는 이 부분을 다음과 같이 설명했다.
"이러한 규정은 시민으로 과도하게 유입되는 국외자들에게 로마의 중요한 시민권을 제한하려는 목적이 있었다. 비잔틴의 법은 이러한 로마의 규정을 수정해서 받아들인 다음 비잔틴의 구법전들, 즉 8세기의 법전인 『에클로가』와 9세기의 법전인 『프로히론』 속으로 편입시켰다. 교회는 이러한 규정의 보호를 받았던 이교적인 제도에 대해서는 무관심했다. 그렇지만 교회는 또한 이교적인 제도를 통해 자신에게 좀더 긴밀한 관심사들을 보호하기 위해 그것을 자신의 것으로 수용했다. 그리하여 교회는 혼인에 의한 결합의 불평등 관계에 대한 생각을 수용했다. 그렇지만 교회는 가족 사이의 도덕률의 순수성을 수호하기 위해 어떤 결정을 통과시켰는데, 그로 인해 기혼인 남자 주인의 첩이 된 여자는 노예법에 따라 몰수되었다. 지방의 지배자는 주인 아내의 그러한 연적을 관할 지역 바깥으로 팔고, 그 대금을 국고로 귀속시켜야 했다. 이 결정은 내가 앞서 언급한 비잔틴 법전 속으로 편입되었다. 더 나아가 성직자들은 로마법 체계 내에서 노예를 해방시키는 특별한 방법이 생기도록 영향을 미쳤는데, 이것을 '무언의 해방'(σιωπηρα ἐλευθερία)이라는 명칭으로 불렀다."

넓은 영향을 미치게 되었다. 그런 일은 주인이 스스로 몸값을 지불해 준 여성 포로와 부부 관계를 맺었을 때 발생했다. 이러한 여성 포로는 주인이 그녀와 부부 관계를 맺음으로써 몸값을 갚아야 하는 의무를 면제받았고, 따라서 자유를 돌려받았다는 법적 가정(假定), 또는 법적인 전제에 의해 자유를 획득했다. 고대 루시 사회에서는 오랫동안, 그리고 기독교가 수용되기까지 노예와 극히 부당한 관계를 맺는 일이 빈번하게 발생했다. 성직자들은 이러한 관습에 맞서 싸울 수 있는 직접적인 수단이 없었기 때문에 그런 관습을 조심스럽게 간접적으로 용인할 수밖에 없었다. 교회는 루시 지방의 관습을 무시하지 않았고, 결혼과 연관된 신분의 의미에 대해 비잔틴에서 전래된 생각을 버리지도 않았다. 그리하여 교회는 미혼인 주인이 여성 노예와 맺은 관계를 혼인을 통해 강화하도록 강요하지도 않았고, 여자 노예와 미혼 주인 사이의 관계를 강제적으로 끊어버리지도 않았다. 이런 경우든 저런 경우든 교회는 주인이 사망할 때까지 첩 신분인 여성 노예를 그대로 놔두었다.[5]

그렇지만 교회는 그러한 관계에다가 '무언의 해방'이라는 로마 시대의 법적 가정을 적용시킴으로써 주인에게서 사생아를 낳은 여성 노예는 주인이 죽었을 때 자유를 얻어야 한다고 주장했다. 여성 노예는 주인과 관계를 맺음으로써 자유를 획득할 수 있는 권리를 보유했다는 것이다. 이러한 권리는 어머니와 더불어 사생아로 태어난 자녀들에게로 전수되었다. 따라서 루시의 성직자들은 이런 법적 가정을 확대해서 다

5) 구술 강의에서는 다음과 같이 언급했다.
"성직자들은 이러한 관행과 맞서 싸울 수 있는 직접적인 수단이 없었다. 그들은 이런 관행에 대해 측면에서부터 조심스럽게 접근했다. 교회는 불평등 결혼에 대해, 즉 불평등 결혼으로 인해 생겨난 법률적인 상태의 의미에 대해 비잔틴 제국에서 유래된 개념을 이어받아, 노예와 주인의 관계를 강제적으로 단절하지 않고 주인이 사망할 때까지 노예를 주인에게 남겨두었다."

른 사람 소유의 여성 노예를 자유민이 성폭행한 경우에도 그런 가정을 적용했다. 이러한 여성 노예는 성폭행이 어떤 상황에서 행해졌느냐와 아무런 관계없이 자유를 획득했다. 달리 말해 성폭행을 한 사람은 반드시 그녀의 주인에게 몸값을 지불해주어야 했던 것이다. 그리하여 우리의 법 체계 속에서는 『루스카야 프라브다』에 나오는 유명한 조항에서 표현된 바와 같은 규범이 생겨나게 되었다. 그 조항에 따르면, 주인과 여자 노예 사이에서 태어난 사생아는 주인이 죽고 난 후 합법적인 유산 상속자들과 동등한 자격으로 유산 분배 과정에 참여할 수는 없지만, 어머니와 더불어 자유를 획득할 수는 있었다. 그렇긴 하지만 『루스카야 프라브다』에서는 모든 사항을 자세하게 언급하지는 않았다. 그 이상의 일을 이루어낸 사람들은 성직자들이었다. 비잔틴의 법에서는 사생아들이 부친의 재산 가운데 어느 정도를, 그리고 어떤 경우에 상속받는지에 대해 정확하게 규정되어 있었다. 루시의 성직자들은 이러한 비잔틴의 법규정을 적용해서 '간통한 데 대한 협정 가격'을 법으로 규정해놓았는데, 이 '가격'은 반드시 주인의 재산에서 사생아에게로 넘어가야 했다. 이처럼 '간통한 데 대한 협정 가격'을 지불해야 한다는 것은 1130년대에 프세볼로드 므스티슬라비취(Всеволод мстиславич)[6] 시절에 노브고로드의 교회 규정집에서 강제 조항이 되었다. 지금까지 나는 루시의 성직자들이 그리스-로마법과 교회법을 어떻게 루시 사회의 상황에 맞도록 적용시켰는지 보여주기 위해 노예가 반드시 무료로 해방되어야 했던 두 가지 경우의 역사적인 기원을 설명했다.

6) 이 사람은 블라디미르 모노마흐(Владимир Мономах)의 손자로서 1117년부터 1136년까지 노브고로드의 공후로 있었고, 1137년부터는 프스코프의 공후가 되었다. 그는 이 기간에 잠깐 페레야슬라프와 비쉐고로드의 공후가 되기도 했다. 그는 보야린과 수도원에 토지를 분배해주기도 했는데, 이것은 자유농의 예속화를 촉진시켰다.

노예를 해방시켜주기 위한 강제적인 몸값 지불

교회가 루시의 노예제에 도입한 '세 번째 변화'는 노예의 강제적인 되사기 몸값 지불 관행을 수립한 일이었다. 그리스-로마법에 따르면, 어떤 경우에 주인은 배상으로서나 몸값을 받고 자신의 노예를 해방시켜주어야 했다. 그런 경우는 두 가지였는데, 하나는 노예에게 혹독한 대우를 했을 때이고, 다른 하나는 포로의 몸값을 지불받은 경우였다. 전자의 경우에 주인은 노예를 다른 사람에게 팔아야 하는 의무가 있었다. 후자의 경우에는 노예 자신이 주인의 동의 없이 몸값을 지불하고 자유를 얻을 수 있었다.

잘 알려져 있는 바처럼, 그리스-로마법에 따르면 적군에게 포로로 잡힌 자유민은 고국에서 노예로 간주되었다. 그렇게 되면 그가 고국에서 향유하던 모든 권리는 그가 귀환할 때까지 그 효력이 정지되었다. 만약 그의 동족이 몸값을 지불하고 포로로 잡힌 그 사람을 샀다면,[7] 당사자는 구매한 사람에게 임시로 예속되었다. 당사자는 원한다면 자신을 사준 사람에게 일정액을 지불한 다음에 예속 상태를 종식시킬 수 있었다. 만약 그가 금액을 지불할 수 없는 형편이라면 자신을 사준 사람에게 고용된 일꾼으로 남아 있었으며, 사법적인 절차에 따라 매년 노동의 대가를 계산해서 이미 지불된 몸값을 삭감해나가도록 규정되었다. 포로의 되사기 몸값에 관한 그리스-로마의 이런 법은 10세기부

---

7) 구술 강의에서는 다음과 같이 언급했다.
"그리스-로마법은 어떤 경우에는 주인이 자신의 노예를 다른 사람에게 강제적으로 팔도록 규정했다. 그러한 경우란 두 가지였다. 잘 알려진 바와 마찬가지로 로마 시민이 적의 포로로 잡히면 그는 고국에서 자유를 상실한 사람으로 간주되었다. 그리하여 그가 고국에서 향유하던 온갖 권리는 그가 귀환할 때까지 정지되었다(유명한 원상회복법jus postliminni이다)."

터 12세기에 루시의 노예 제도에 적절하게 적용되었다. 이 시기에 많은 루시의 노예들은 바로 루시인들 자신에게서 생겨나고 있었다. 공후들과 그들의 친위대원들은 복종하지 않는 부족들을 정복하거나 그들 사이에 분쟁을 벌임으로써 지방 주민들을 대량으로 노예로 만들었고, 이들을 토착 상인들에게 팔아넘겼다. 교회는 포로로 잡힌 이러한 루시인들에게 그리스-로마법을 적용해서 노예가 된 사람들 스스로 강제적인 되사기 몸값 지불을 통해 자유를 얻도록 광범한 영향을 미쳤다. 노예로 팔린 자유민은 자신을 사준 주인이 지불한 것과 동일한 몸값을 냄으로써 자유를 되찾을 수 있었다.

12세기와 13세기의 문헌에서 이런 법이 어떤 영향을 미쳤는지 찾아보자. 우리는 자유민을 노예로 팔아버렸을 때의 법률적인 의미가 어떻게 변했는지 쉽게 알아볼 수 있다. 이런 매매 행위는 채무 관계를 통해 임시적인 신분 상태를 만들어낼 뿐으로써 당사자인 노예가 채무를 갚으면 중지시킬 수 있는 것이었다. 시간이 흐름에 따라[8] 이러한 변화에

8) 이 부분부터 다음 장 첫 부분까지는 구술 강의에서 상당히 다르게 언급했다. "시간이 흐름에 따라 이러한 변화에서 예속 상태와 무기한 예속 상태에 관한 복잡한 거래가 발전되었다. 이런 예속 상태는 인신이 저당 잡힘으로써 보장되었는데, 분립영지 시대에는 '저당 잡힌 자'라는 특이한 부자유민이 생겨났다. 이와 더불어 조건부적인 예속 상태가 있을 수 있다는 생각이 등장함에 따라 노예 신분 중에서 몇 가지 형태의 노예 형태가 배제되었다. 『루스카야 프라브다』는 노예 신분의 원래의 기원을 지적하면서 세 가지 형태의 인신 예속 상태를 지적하고 있으나, 이것이 노예 신분이라고 생각하지는 않고 있다. 그 세 가지는 다음과 같다. 부모가 자녀를 노동하도록 내맡긴 경우, 또 자유민이 음식을 얻기 위해 개인적인 심부름을 하게 된 경우, 또는 '선금'(先金), 즉 미리 대부금의 형태로 돈을 받고 심부름을 하게 된 경우가 바로 그러했다. 『루스카야 프라브다』 가운데 후기에 편집된 규정에서만 이러한 새로운 형태의 예속 상태가 등장하는데, 『루스카야 프라브다』는 그것을 하나의 일반적인 특징이라고 규정하고 있다. 즉 기한까지 일한 예속 상태의 사람들은 주인에게 아무것도 지불하지 않고 풀려났다. 그러나 그들은 대부금이나 조건에 따라 받은 음식에 대한 대가를 갚은

서 한시적인 예속 상태와 무기한 예속 상태에 관한 복잡한 거래 관계가 발전되었다. 예속 관계는 인신(人身)이 저당 잡힘으로써 성립되었는데, 분립영지 시대에는 절반쯤만 자유로운 '피저당인'(закладной)이라는 특이한 신분이 생겨나기도 했다.

노예 신분에서 조건부로 예속될 수 있다는 생각이 생겨남에 따라 몇 가지 부자유 형태가 사라졌다. 『루스카야 프라브다』는 노예 신분이 생겨난 원래의 기원을 지적하면서, 노예 신분으로 인정되지 않는 세 가지 형태의 개인적 예속 관계를 설명해주고 있다. 첫째로는 부모가 자녀들을 일하도록 넘겨주는 경우이고, 둘째로는 자유민이 오직 음식을 얻기 위해 개인의 심부름 일을 하게 된 경우이고, 셋째로는 음식도 얻어먹고 그에 덧붙여서 대부금의 형태로 먼저 돈을 받은 대가로 심부름 일을 하게 된 경우가 바로 그러했다. 『루스카야 프라브다』는 이런 세 가지 형태의 예속 관계에 한 가지 공통점이 있다고 말하고 있다. 즉 이렇게 해서 종이 된 사람들은 약정된 기한까지 일하고 나면`아무런 몸값도 지불하지 않고 주인에게서 떠날 수 있었다. 그러나 그들이 기한 전에 주인에게서 떠나려고 한다면, 반드시 빌린 돈을 갚거나 계약에 의해 부양해준 값을 주인에게 배상해주어야 했다. 이보다 앞선 시기의 루시의 노예제에서는 이러한 형태의 조건부적인 예속 상태를 인정하지 않았다.

다음에야 나올 수 있었다. 이전의 루시의 토지 제도에서는 그러한 형태의 조건부적인 예속 상태가 인정된 바 없었다.

이제 노예 제도에 대해 교회가 초래한 주요한 변화들에 대해 알아보자. 교회는 노예 제도의 법률적인 특성을 크게 변화시켰다. 이전에 노예 제도는 전체성, 단일성, 그리고 무조건성이라는 특징을 가지고 있었다. 이 제도에다가 『프로히론』에서 볼 수 있던 로마 노예에 관한 규정, 즉 '노예 신분은 분리되지 않는다'(ατμος εοτί δουλεία)라는 규정을 첨가할 수 있었다. 노예 상태에는 어떠한 등급도 용인되지 않았다."

노예제에 이런 변화가 생김으로써 노예의 인신적 · 경제적 형편에 초래된 결과

교회가 루시의 노예제에 초래한 주요한 변화는 바로 이런 것들이었다. 교회는 루시의 노예 신분이 가지고 있던 법적인 성격을 크게 변화시켰다. 그 이전에 노예 신분은 전체성, 단일성, 무조건성이라는 성격이 두드러졌다. 『프로히론』에서 그리스-로마 노예제의 특성에 대해 "노예 신분은 분리되지 않는다"라고 한 말이 루시의 노예 신분에도 전적으로 부합되었다. 노예 상태에서는 어떠한 차이도 허용되지 않았다. 노예에 대해 그가 좀더 많이 노예라든지 좀더 적게 노예라든지 하는 말은 성립할 수 없었다. 그런데 이제 루시의 노예 신분에는 차이와 조건이 생겼다. 완전 노예 신분뿐만 아니라 제한적인 정도로만 예속된 사람들이 등장하게 되었던 것이다. 이런 변화로 인해 위에서 묘사된 바와 같이 중간 단계의 두 신분, 말하자면 채무농과 특권을 지닌 노예인 영지관리인이 생겨날 수 있었다. 채무농은 주인에게 인신적으로 예속되어 있었는데도 노예는 아니었고, 영지관리인은 그 자신이 노예였는데도 자유민들이 보유한 몇몇 권리를 가지고 있었다. 이 모든 사실은 고대 루시의 노예 제도가 해체되는 출발점이 되었다.

이런 해체 현상과 더불어 노예의 인격이 점점 더 법률적인 의미를 많이 지니게 되었다. 과거에는 노예가 자유민을 구타했을 때 그 노예를 살해하더라도 불법이 아니었지만, 야로슬라프 현공의 자제들은 이런 행위를 금지시켰다. 심지어 1229년에 독일인들과 체결한 스몰렌스크 협약에서는 자유민이 노예를 구타했을 때 벌금을 물어야 한다고 규정되기조차 했다. 노예의 인격이 법률적인 의미를 지녔을 뿐만 아니라 그의 경제적인 지위도 강화되었다. 애초에 노예는 사유재산을 전혀 가

질 수 없었다. 그가 획득한 모든 것은 그의 주인에게 귀속되었다. 그렇지만 시간이 지남에 따라 노예의 소유물(『루스카야 프라브다』에서는 오타리차отарица라고 나오는데 로마 시대의 페쿨리움peculium을 말한다)은 비록 제한적이기도 하고 완전하지는 않지만, 그의 사유재산으로 생각하게 되었다. 앞서 언급한 스몰렌스크 협약 가운데 어떤 조항을 보면, 공후의 노예든지 보야린의 노예든지 노예가 자유민에게 빚을 지게 되면 상속으로 채무자의 재산을 넘겨받은 사람이 그 빚을 갚아야 했음을 알 수 있다. 말하자면 적어도 몇몇 특권적인 노예의 재산은 자유민의 재산과 똑같은 절차로 상속되었던 것이다.

소결론[9)]

루시의 신분 구성에 대해 교회가 미친 영향은 이와 같았다. 그 결과는 두 가지였다.

1) 교회는 국가와 다른 자기 나름대로의 신분 구분을 함으로써 신분 구분을 다양하게 만들었다.

2) 교회는 노예 신분의 처지를 변경시킴으로써 국가의 신분적 기반을 허물기 시작했다.

교회는 두 가지 측면에서 노예 신분의 처지를 변경했다. 첫째로, 교회는 노예 신분에서 몇몇 예속 상태를 분리시킴으로써 노예 신분의 범위를 축소시켰다. 둘째로, 교회는 노예 신분에서 자유민 신분으로 넘어갈 수 있는 여지를 만듦으로써 노예 신분을 느슨하게 만들었다.

---

9) 이 소결론 부분은 강의 원고에는 삽입되었으나, 강의실에서는 언급하지 않았다.

제8강

이 시기를 연구하기 위한 기초적인 사료들

이제 러시아 신분사의 두 번째 시기, 즉 분립영지 시기에 대한 연구를 시작해보자. 이 시기의 연대기적인 범위는 13세기 초부터 15세기 중반까지라고 앞에서 말한 바 있다. 분립영지 시기는 연대기적으로 독특할 뿐만 아니라[1)] 지리적으로도 특이한 기간이었다. 분립영지 시대에 성립된 신분 관계는 지금까지 우리가 연구해온 앞 시기의 신분 관계와는 역사적으로 전혀 다른 토양을 배경으로 형성되었다. 분립영지 시기에 원래 키예프 루시에 속해 있던 지역은 애초에는 11세기와 12세기에 성립된 사회 구조를 유지했으나, 나중에는 다른 지역의 영향을 받아 그 사회 구조를 변경시키게 되었다. 다른 지역의 영향은 13세기 말부터 남서 루시 지역이 리투아니아의 통치를 받게 되면서, 그리고 14세기 말에 리투아니아와 폴란드의 왕조가 통합된 시점부터 남부 지

---

1) 구술 강의에서는 이 부분 대신에 다음과 같이 언급했다.
"우리는 분립영지 시대의 사회를 공부했으므로 그것을 11세기와 12세기의 사회에 대한 연구와 비교해보고, 그다음에 두 사회의 본질적인 특성을 끌어내기로 하자. 나는 러시아 신분의 역사에서 분립영지 시기의 경계선을 13세기 초부터 15세기 중반까지로 본 적이 있다."

역으로 미치게 되었다. 지방의 상황에 따라 생겨났으며, 독자적인 발전의 산물이었던 신분 관계는 과거의 드네프르 강 유역의 루시 지역이 아니라 볼가 강 상류의 새로운 루시 지역에서 효력을 유지하고 있었다. 이 지역은 12세기 초에 절반은 핀란드인들이 거주하던 루시 영토의 북동쪽 변방이었으며, 과거의 드네프르 강 유역에서 사람들이 많이 이주해옴에 따라 루시인들의 새로운 중심지가 된 곳이었다. 러시아사 개론을 들은 사람이라면, 핀란드인들이 거주하던 볼가 강 유역이 어떻게, 그리고 언제 루시인들의 차지가 되었는지 기억할 수 있을 것이다.

분립영지 시대의 러시아 신분사를 연구하기 위한 기본 사료로는 분립영지 공후들, 특히 모스크바 공국의 공후들의 유언장(духовная грамота)과 조약문서(договорная грамота)[2]들이 있다. 이런 문서는 상당히 많은 양이 남아 있다. 우리는 1328년경에 작성된 이반 1세[3]의 문서부터 1462년경에 바실리 2세(Василий Тёмный) 대공[4]이

2) 유언장과 조약문서의 어원인 '그라모타'(грамота)는 그리스어인 '그람마'(gramma, 복수는 grammata)에서 유래되었는데, 그것은 원래 그림, 숫자, 기호 등을 의미했다. 러시아어에서 이 단어는 알파벳, 쓰기나 읽기 지식, 문자 등을 뜻했는데, 일반적으로는 공적이거나 사적인 모든 문서를 가리켰다. '그라모타'는 종류가 아주 많았는데, 그중에서도 윤허장(жалованная грамота)은 재산, 권리, 특권 또는 특전 등을 허락하는 문서였다.

3) 이 사람은 트베리 공국과의 싸움에서 죽은 모스크바 공국의 유리의 동생으로서 '이반 칼리타'(Иван Калита: 돈주머니 이반)라는 별칭이 있었다. 그는 징세권을 부여받아 이를 충실히 이행함으로써 킵차크 한국과의 관계를 돈독히 유지해서 대공으로서의 지위를 공고히 하고 다른 한편으로는 다른 분립영지 국가들을 모스크바 공국에 병합시켜 그 세력을 급속히 확대해나갔다. 또한 수도를 블라지미르-수즈달에서 모스크바로 옮긴 그는 수좌대주교인 표트르가 모스크바에서 사망한 후 그의 후계자 테오그노스트를 모스크바에 정착토록 함으로써 모스크바를 러시아 정교의 중심지 또는 정신적 중심지로 만들어 자신의 위상을 더욱 공고히 만들었다.

4) 바실리 2세(1415~62)는 권력 장악을 위한 다툼 중에 시력을 상실했으므로 '맹인 바실리'(Василий Тёмный)라는 별칭이 있었다.

작성한 2건의 유언에 이르기까지 16건의 유언장을 가지고 있다. 이런 유언장들 이외에도 1341년에 칼리타의 아들들이 체결한 조약부터 바실리 촘니가 1456년경에 보로프의 공후인 바실리 야로슬라비치와 체결한 조약에 이르기까지 51건에 이르는 일련의 조약문서가 보존되어 있다. 우리는 이러한 유언장이나 조약문서에 대공인 이반 3세 시대의 각종 문서들을 보탤 수 있다. 왜냐하면 이반 3세 시대의 문서들도 분립영지 시대의 신분 관계를 아주 잘 묘사해주기 때문이다.

이런 사료들은 법령의 수적인 측면에서뿐만 아니라 사료로서의 가치로 보아서도 아주 대단한 것들이다. 사료라는 측면에서 이 시기의 유언장이나 조약문서는 『루스카야 프라브다』와 11세기나 12세기의 교회 법령집에 뒤지지 않는다. 왜냐하면 오직 이런 문서들만이 어느 정도 다른 관점에서 신분 관계를 묘사해주고 있기 때문이다. 『루스카야 프라브다』와 교회 법령집은 그 내용이 소실되지 않고 온전히 남아 있는 법전으로서 우리에게 당대의 일반적인 의무 상태와 영속적인 법적 규범에 대해 잘 알려주고 있기는 하지만, 그 내용이 구체적으로 어떻게 적용되었는지 그리고 그 실제적인 결과가 무엇인지는 보여주지 못하고 있다. 그와 대조적으로 우리는 유언장이나 조약문서에서 유언을 남긴 사람들이 재산을 어떻게 처분했는지, 그리고 임시적인 협약이 어떻게 이루어졌는지 알아볼 수 있다. 임시적인 협약은 공후들의 변덕스런 결정에 의해 경우에 따라서는 우연한 상황이나 계약 당사자들의 순간적인 착오로 체결되기도 했다. 이러한 문서들은 일반적인 규범이 상황에 따라 어떻게 적용되었는지, 그리고 기존의 신분 질서가 실제적으로 어떤 영향을 미쳤는지를 우리에게 보여주고 있다.

그러나 이것들은 규범 자체를 명료하게 나타내주지도 못하며, 또 신분 질서의 근거를 밝혀내지도 못한다. 유언장이나 조약문서는 구체적인 사례에서 일반적인 법칙을 이끌어내는 방식으로, 그리고 그 결과에서 기본 원리를 이끌어내는 방식으로 활용할 필요가 있다. 그러므로 이런 문서들을 가지고 사회를 연구하는 사람들은 훨씬 어렵고도 난해한 과제를 떠맡고 있는 셈이다. 그 대신에 연구자들은 그런 문서들을 가지고 신분 구성에 대해 더 깊이 이해할 수도 있으며, 사회에서 실제로 효력이 있던 신분 관계를 좀더 명확하게 볼 수 있으며 적나라하게 파악할 수 있다. 이런 자료들을 통해 우리는 무미건조한 사회 골격이나 임시적인 사회 체계가 아니라 생생한 사회 조직과 신분 관계에 관한 온전한 모습을 바라볼 수 있다.

분립영지 시기의 새로운 신분 관련 용어들

이런 문서에는 오직 분립영지 시기의 국가 사회의 신분만 나와 있다. 교회 사회의 신분 질서는 이 시기에 별로 변하지 않았다. 우리는 유언장이나 조약문서를 가지고 국가 사회의 구성을 연구하면서 신분에 관한 새로운 용어들과 마주치게 된다. 상층 계급을 가리키는 '크냐쥐 무쥐'라는 용어는 이제 사라졌으며, 그 대신에 보야린이라는 용어로 대체되었다. 보야린은 앞선 시기처럼 특권적인 지주층에 대한 경제적인 의미를 여전히 유지하면서도, 새로운 법률적 의미를 획득했다. 보야린은 이제 봉직 신분 가운데 상층 계급을 뜻하게 되었다. 이와 마찬가지로 과거에 '데트스키'(детскии) 또는 '오트로크'(отрок)라는 명칭을 가지고 있던 '하급 친위대원'은 이제 '보야린 후보'(дети боярские),[5] '자유민 공복(公僕)'(слуги вольные), '궁정공복'

5) '보야린 후보'란 모스크바국 시절의 하층 귀족을 말한다. 이들은 아마도 영락한 보야린 가문의 구성원이었거나 보야린 직위와 지위에 다다르지 못한 보야린 가

(слуги дворовые) 또는 '드보랴닌'(дворянин)이라는 명칭을 얻었다. '보야린 후보'는 단지 자유민 신분의 공복의 구성원이었을 따름이었는데, 출생에 의해서 이들과 구분되었던 것으로 보인다. 이들은 '하급 친위대원'의 일원이었지만, 원래는 '상급 친위대원'에 속했던 보야린 가문 출신이었다. 이들은 자기 부친의 칭호를 받지 못한 동안에 '보야린 후보'(보야린의 자제들)라고 불렸다.

마찬가지로 분립영지 시기의 법령에서는 직무를 갖지 않았던 사람들도 새로운 명칭을 얻었다. 12세기의 키예프 루시에서는 이런 주민들을 그저 평민이라고 불렀고, 도시민과 자유농, 즉 농촌 거주민이라는 두 부류로 나누었다. 이제 도시와 농촌의 납세민들은 다같이 '흑민'(黑民, люди чёрные) 또는 '지방사람들'(люди земские)이라고 불렸다. 법적으로는 도시민과 농촌 사람들이 구분되지 않았다.

조약문서에서 공후들은 서로 흑민들에게서 도시에 있는 집이나 농촌의 토지를 구입하지 말라는 조건을 반복해서 말하고 있다. 심지어 노예도 새로운 명칭을 가지게 되었다. 우리가 알고 있다시피 『루스카야 프라브다』에서는 노예 신분이 여럿으로 구분되지 않았고, 세금을 내지 않는 오직 하나의 노예 신분이 있다고 말했다. 이제 완전한 노예인 사람들을 '잔디 예농'(челядь дерноватая)이라고 불렀다. 완전한 노예에게 새로운 명칭이 붙은 이유는 노예를 구매할 때 어떤 인물이나 물건에 대한 완전한 소유권을 획득했다는 의미로 '잔디'를 상징물로 삼았기 때문이었다. 분립영지 시기에는 노예 신분이 새롭게 강화되어 나타나기도 했다. 이것은 바로 '잔디 문서'라는 명칭을 지닌 문서

문의 차남 이하의 자제들이었을 것이다. 이들은 16세기와 17세기에 수적으로 많았으며 특정 계급을 이루면서 모스크바국의 차르의 군인 중에서 많은 비중을 차지했다.

에 나오는 농노 신분이었다.

언뜻 보기에 분립영지 시대의 신분 구분이 그 이전 시기의 구분과 동일한 점

신분에 관한 새로운 용어가 생겨났지만 우리는 분립영지 시기의 신분 구분이 이전의 모습 그대로 남아 있었음을 염두에 두어야 한다. 사실 우리는 신분에 관한 새로운 용어들 속에서 『루스카야 프라브다』를 통해 우리에게 잘 알려진 세 부류의 사람들을 간파해낼 수 있다. 분립영지 시대의 신분 역시 이전처럼 세 계급으로 나뉘었다. 즉 개인적으로 공후를 위해서 일했던 봉직자, 공동체를 통해 공후에게 세금을 지불했던 납세민, 마지막으로 사적인 인물들을 섬겼던 노예가 있었다. 그렇지만 우리는 이 세 부류 또는 계급이 분립영지의 공후들과 어떤 관계를 맺고 있는지 좀더 자세히 살펴봄으로써 그 속에서 중대한 변화가 일어났음을 알 수 있다. 이러한 변화는 분립영지 공후들의 정치적인 성격과 밀접한 관련이 있다.

최고 권력의 성격 변화

13세기와 14세기에 볼가 강 상류의 분립영지를 다스렸던 공후들은 11세기와 12세기에 루시 영토를 통치했던 공후 가문의 먼 후손이었다. 그러나 정치적인 성격으로 보면, 이들 후손들은 결코 12세기의 자기들 선조들과 유사하지 않았다. 12세기에 루시 영토를 통치한 사람들은 하나의 공후 가문 출신이었다. 그 가문 출신의 개별 인물들이 정치적인 의미를 지닌 것은 스스로의 힘이나 독립된 개인으로서가 아니라,

한 가문 출신의 공후들로 이루어진 연결고리 내에서였다. 따라서 그 당시에 최고 권력은 개인에게가 아니라 집단에게 있었다. 여기서 피지배 사회는 정치적인 복종 관계, 즉 사적인 거래라든지 개인적인 동의 여부와는 전혀 무관한 것으로서 법에 따라 맺어진 필연적인 복속 관계를 통해 공후와 연결되어 있었다.

분립영지 공후들이 최고 권력을 장악하게 되었을 때 최고 권력은 완전히 다른 성격을 띠게 되었다. 이들은 각각 독자적인 권력자들이었고, 이들 사이에는 어떠한 항구적인 정치적 관계도 맺어지지 않았다. 이러한 정치적 독자성에 따라 분립영지 공후의 지배자적인 의미는 감소되었다.[6] 그는 자신의 분립영지 내에서 실제로 정치적인 지배자가 아니라 사적인 주인이었다. 공국은 공후 자신에게는 사회가 아니라 경제 단위였다. 분립영지의 공후는 공국을 통치한 것이 아니라 착취했다. 그는 자신이 모든 분립영지 영토의 소유자라고 생각했으나 오직 토지와 그 부속물을 소유하고 있었음에 불과했다. 자유민은 법적으로 이러한 소유물의 범주에 포함되지 않았다. 자유민은 분립영지 공국으로 들어와서 일하다가 나갔으므로 공국의 입장에서 보면 정치적으로 우연한 존재였다.

---

6) 구술 강의에서는 다음과 같이 언급했다.
"그 당시의 최고 권력은 개인에게가 아니라 집단에게 있었다. 최고 권력은 복속민으로서의 관계, 즉 개인적인 의지와는 관계없는 의무 관계로 피통치민들과 연관되어 있었다. 그런데 분립영지 공후들의 경우에 최고 권력은 전혀 다른 성격을 획득했다. 이들 공후들은 자립적이며 고독한 권력자였으므로 자신들의 공후민들과 어떠한 항구적인 정치 관계로도 연결되어 있지 않았다. 이처럼 정치적으로 고립화됨으로써 공후들의 통치적 성격은 약화되었다."

정치적으로 복속민이라는 생각의 소멸

공후는 공국 안에서 오늘날 우리가 사용하는 의미로 자신의 복속민을 찾아볼 수 없었다. 왜냐하면 그는 자신을 군주(государь)[7]라고 생각하지 않았기 때문이다. 그는 자신의 분립영지에서 일정한 최고 권력을 보유하고 있었으며, 법을 제정했고, 재판을 담당했으며, 전반적으로 통치행위를 수행했다. 그렇지만 자유민들은 공후와의 계약에 의해 공국 내에 머물러 있는 동안에만 공후의 이러한 최고 권력에 복종했을 따름이었다. 공후와의 계약은 언제나 이런저런 방식으로 파기할 수 있었다. 따라서 공후의 정치적인 권리는 분립영지에 거주하는 자유민들과 맺은 민사상의 거래에서 유래되었다. '고수다리'라는 단어는 당시의 용법으로 보면, 자유민이 부자유민과 노예에게 행사할 수 있는 사적인 권력을 의미했다. 분립영지의 공후는 여느 지주들과 마찬가지로 노예를 소유했다. 그런 노예들만이 공후에게 개인적으로 복속된 사람들이었다. 이 모든 사실 때문에 분립영지는 법적인 성격 면에서 볼 때 보통의 사유지에 가까웠다. 그리하여 최고 권력의 성격에서 발생된 중요한 변화는 정치적인 복속민이 소멸되고, 개별적인 민사상의 거래에 기반을 둔 임시적 예속 상태가 그것을 대체했다는 사실이다. 분립영지의 공후는 분립영지의 정치적 통치자라기보다는 자신의 분립영지 영

---

7) 광의로 보면, 여기서 군주로 번역된 '고수다리'(государь)는 영주 또는 주인이었다. 모스크바국 시절에 농민들은 통상적으로 지주나 다른 지체 높은 사람들을 이렇게 불렀다. 특히 이 칭호는 모스크바의 공후에게 사용되었는데, 보통 공식 문서에서 모스크바 공후를 '위대한 고수다리'(великий государь), 그리고 '전(全) 러시아의 고수다리'(государь всея руси)라고 지칭했다. 나중에 이 용어는 황제에 대한 명칭인 '고수다리 황제'(Государь Император)에서도 남게 되었다.

토에 대한 민사적인 소유자였다.

분립영지 공국의 정치적인 질서의 기반인 민사적인 계약과 사적인 복속 관계

이러한 변화 때문에 공후가 분립영지 내에 있는 모든 자유민 계급과 맺은 관계의 성격이 바뀌게 되었다. 이제 분립영지 내의 자유민 거주자들은 강제적인 복속민으로서의 관계가 아니라 공후와의 계약에서 생겨난 임시적인 의무에 의해 공후와 연결되었다. 이러한 의무 관계는 법률적인 성격으로 보면 개별적인 자유민들을 서로 연결시켜주는 것과 동일했다. 공후의 사적인 복속민인 노예는 자유민들이 개별적으로 자신의 노예를 소유할 수 있었던 것과 완전히 동일한 의미에서 공후에게 소속되어 있었다. 그리하여 민사적인 계약과 사적인 복속 관계, 이 두 가지는 분립영지 공국 내에 존재하던 정치적인 질서의 근거였다. 분립영지 공국 내에 거주하던 자유민과 부자유민이 공후와 어떤 관계를 맺고 있는지 대충 개관해보면 두 가지 근거를 충분히 이해할 수 있다. 공후에 대한 관계가 계약으로 규정된 계급부터 이야기를 시작해보자.[8)]

---

8) 이 장은 구술 강의에서 다음과 같이 언급했다.
"공후는 자신의 분립영지 내에서 일정한 정도의 최고 권력을 행사했다. 그는 법을 제정하고 재판하며 전반적인 통치행위를 수행했다. 그렇지만 이 모든 최고 권력은 분립영지의 자유민이 그곳에 거주하는 동안에만 효력을 지니고 있었다. 이들 자유민은 사적으로 공후와 민사적인 계약 관계에 들어가게 되고, 이런 계약이 유효한 동안에는 공후의 권력에 복속되었다. 따라서 공후의 정치적인 권리는 분립영지의 자유민과 맺은 민사적인 거래에서 파생되었다. 당시의 어법상 '고수다리'라는 단어는 부자유민이나 노예에 대한 자유민의 사적인 권력을 의미했다. 온갖 형태의 지주와 마찬가지로, 분립영지의 공후 역시 오직 자신의 개인적인 수하에 든 노예를 소유할 수 있었다. 달리 말해 분립영지의 통치는 그 법적인 특성에 따라 단순한 사적인 토지 보유에 가까웠다. 이리하여 최고 권력

보야린과 자유민 공복이 공후와 맺은 관계

사회의 상층에는 봉직을 맡은 사람들이 있었는데, 이들은 두 부류로 나뉘었다. 그중 하나는 보야린이었고, 다른 하나는 자유민 공복(公僕) 또는 드보랴닌(дворянин)이었다. 유언장과 조약문서에는 이 두 부류의 사람들이 공후와 어떤 관계를 맺고 있는지 아주 명확하게 나와 있다. 우선 정의(定義)를 보면 이 두 부류의 사람들이 공후와 맺고 있었던 관계에는 엄격한 한계가 규정되어 있었다. 보야린과 자유민 신분의 공복들은 분립영지 공국 내에서 두 가지의 의미, 즉 봉직을 맡았다는 의미와 경제적인 의미를 가지고 있었다. 그들은 공후의 통치 도구가 되기도 했고, 군사력을 제공하기도 했다. 다른 한편으로 보면, 그들은 사적인 지주 계급이기도 했다. 유언장이나 조약문서를 보면, 봉직 관계와 재산 및 토지 관계는 엄격하게 구분되어 있다. 봉직자로서의 의무는 순전히 개인적인 성격을 지니고 있었고, 당사자들의 토지 보유에는 아무런 영향을 미치지 않았다. 그와 마찬가지로 보야린과 자유민 신분의 공복들의 토지 보유는 그들의 봉직자로서의 관계와는 아무런 상관이 없었다. 이러한 엄격한 구분은 보야린과 자유민 공복들이 향유

에서 발생된 중요한 변화는 정치적으로 복속 관계가 소멸했다는 것, 그리고 복속 관계 대신에 사적이며 민사적인 권리로 대체되었다는 것이다. 분립영지의 공후들은 자신의 분립영지 영역 내에서 민사적인 지배자였으나, 분립영지 사회 내의 정치적인 통치자는 아니었다.

이러한 변화로 인해 분립영지 사회의 모든 계급에 대해 공후가 가진 관계의 성격이 변경되었다. 이제 공민들이 '고수다리'에게 가진 의무 관계가 아니라, 민사적인 계약 또는 거래에서 파생된 임시적인 의무가 이들 사이의 관계의 근거가 되었다. 계약이나 거래에서 개인적인 복속 관계와 노예의 부자유 상태가 생겨나게 되었다. 그 근거를 알기 위해서는 분립영지 사회의 개별 집단들이 공후와 맺고 있던 관계를 간략하게 요약하는 것으로 충분하다."

하던 권리, 즉 자유의사에 따른 봉사의 권리에 기반을 두고 있었다. 이러한 권리는 자유민 공복이 분립영지 공국의 궁정 가운데 어디에서 봉사할지 스스로 자유롭게 선택할 수 있었던 권한이었다. 이런 권리가 생겨난 것은 이미 그 이전 시기였다. 그 기원은 최고 권력이 공후 가문 전체에 집중되어 있었다는 것이었는데, 이런 현상은 그 시기의 정치 질서의 특성을 이루고 있었다. 권력이 루시 영토를 함께 지배하고 있는 하나의 가문에 속해 있었기 때문에 봉사를 담당하는 사람들은 한 사람의 공후 가계 구성원에서 다른 구성원으로 옮겨가는 데 아무런 장애물도 없었다. 최고 권력이 분립영지 공후들 사이에서 분할되었을 때 공후들이 서로 친척이라는 사실을 회상함으로써 과거의 관습이 유지되었고, 또 그 관습은 봉사를 하는 사람들이 지닌 권리로서 조약문서에 나타나 있다. 우리는 이러한 권리의 예를 1341년에 이반 칼리타의 아들들이 맺은 조약에서 찾아볼 수 있다.[9)]

여기서 동생들은 큰형이자 대공인 세묜(Семён)에게 다음과 같이 말하고 있다. "보야린들과 자유민 공복들은 자유롭다. 그들이 우리에게서 떠나 대공인 당신에게 가든지, 당신에게서 떠나 우리에게 오든지 증오심을 품지 말라." 자유민 공복들은 다른 공후에게 가서 봉사를 하더라도 이전의 공국에서 얻은 영지를 빼앗기지 않았다. 그렇기 때문에 많은 자유민 공복들이 어떤 공국에서 봉사하면서도 다른 공국에서 토지를 가지고 있는 현상이 널리 나타나게 되었다. 이런 현상 때문에 자유민 공복들의 봉사에 대한 관계는 토지 관계와 완전히 구분되었다. 조약문서와 유언장에는 보야린들과 자유민 공복들의 이런저런 관계가 자세히 규정되어 있다.

---

9) 이 부분부터 이 강의 마지막까지의 부분은 강의실에서 언급한 내용이 아니라 별도로 구술한 것이다. 이 부분에 대한 구술 강의 기록이 남아 있지 않다.

1) 자유민 공복은 지주로서 당시의 토지 소유와 연관된 세금을 자신의 세습영지가 있는 분립영지의 공후에게 납부했다. 보유 토지의 장소에 대한 공후와의 이런 관계는 "법정과 공물은 땅과 물길을 따라 뻗어 있다"라는 말로 표현되었다. 이 말은 영지에 세금을 부과할 수 있는 권리와 마찬가지로 봉직자의 토지 문제에 관한 재판권이 그 영지가 있는 분립영지의 공후에게 있다는 뜻이었다.

2) 자유민 공복은 봉직자로서 자신이 섬기고 있던 공후에게 일정액의 의무를 수행했다. 원정 때 보야린과 자유민 공복은 자신의 영지가 있는 분립영지의 공후가 아니라 자기가 섬기던 공후의 깃발 아래에 있었다. 말하자면 그들의 봉사는 순전히 개인적인 성격을 띠었고, 소유 토지가 아니라 봉직자 개인과 관련이 있었다. 그렇기는 하지만 토지에 따라 봉직자에게 부과되는 군사적인 의무가 한 가지 있었는데, 이에 따르면 봉직자는 자기가 섬기던 공후가 아니라 자기 소유의 토지가 있는 분립영지에 결박되어 있었다. 만약 도시가 적군의 공격을 받아 포위되었다면 그 지역에 있는 모든 지주들, 심지어 다른 공후의 분립영지에서 봉직을 맡고 있던 지주들도 도시 방어에 나설 의무를 지고 있었던 것이다. 이런 군사적 의무를 '도시의 포위'(городная осада)라고 불렀다. 이 표현은 1405년에 바실리 1세[10]가 형제들과 맺은 조약에 나온다. "어떤 공후를 섬기는 자들은 어디에 있든지 간에 자기가 섬기는 공후에게 가서 같이 (원정을) 떠나야 한다. 그러나 도시가 포위되었을 때에는 그곳에 사는 사람이라면 누구든지 그곳에 있어야 한다." 뒤의 말은 도시가 포위되는 경우에 그 지역의 모든 지주들은 어떤 공후를 섬기는지 생각하지 말고 도시 방어를 위해 그곳에 머물러 있어야

10) 바실리 1세(1371~1425)는 드미트리 돈스코이(Дмитрий Донской)의 아들로서 모스크바국을 중심으로 한 루시 영토의 통합 작업을 계속했다.

한다는 것을 뜻한다.

분립영지 시기에 보야린이 봉직과 토지에 대해 맺고 있던 관계는 위에 언급한 대로 규정되었다. 이 모든 결정을 내리게 된 공통된 근거가 무엇인지를 알기는 매우 쉽다. 그런 근거는 공복이 공후와 맺은 계약이었지 공통의 법이 아니었다. 봉직 관계에서는 이런 근거가 아주 자명했다. 우리는 연대기에 나오는 이야기에서 그런 근거가 무엇인지 지적해주는 말을 찾아볼 수 있다. 1378년에 리투아니아에서 동란이 발생했기 때문에 트루프체프스키공인 드미트리 올게르도비치(Дмитрий Ольгердович)는 모스크바 대공에게 와서 봉직을 맡았다. 연대기의 표현에 따르면, 그는 "모스크바 대공 옆에 자리를 잡고는 굳건한 약정을 맺었다." 대공은 지체 높은 공복을 정중히 맞아들이고 그와 '굳건한 약정'을 체결했다. 이런 식으로 공후의 궁정에서 공복의 봉직의 상태는 '약정', 즉 사적인 계약으로 확고해졌다.

그러나 우리는 자유민 공복이 공후와 맺었던 토지 관계에서도 그러한 근거를 찾아볼 수 있다. 자유민 공복이 어떤 분립영지 내에 토지를 획득한 것은 공후의 허락을 받아서였다. 그리고 그들은 공후와 맺은 상호 합의에서 확정된 조건들에 따라 토지를 소유했다. 그렇기 때문에 분립영지 시기에 이러한 조건들은 극히 다양했다. 공후들은 봉직자인 지주들에게 자기들의 영지에서 봉직에 따라 많은 권한을 부여하기도 했고, 적은 권한을 부여하기도 했다. 그리고 그들은 봉직자인 지주들에게서 토지와 관련된 이런저런 공물이나 세금을 면제해주기도 했다.

제9강

흑민 또는 비공후령 거주민들이 분립영지 공후들과 맺은 관계

우리는 분립영지 공국의 보야린과 자유민 공복들의 형편을 연구해 봄으로써 그들과 공후 사이의 관계가 공후와 맺은 민사적인 계약을 통해 결정된다는 사실을 알았다. 분립영지 공국에 살고 있던 흑민 또는 납세민들과 공후의 관계도 그와 같은 근거에서 확립되었다. 단지 흑민은 보야린이나 자유민 공복처럼 공후와 직접 계약을 체결하지는 않았다. 이러한 차이점은 공후가 자신의 분립영지 내에 있는 다양한 부류의 토지에 대해 맺고 있던 관계로 설명할 수 있다.

분립영지 공국 내의 모든 토지는 두 부류로 분류되었다. 어떤 부류의 토지는 공후에게 직접 속해 있었으며, 다른 부류는 공후가 개별 지주들, 즉 개인들과 기관들의 소유물로 양도한 토지였다. 이때 공후는 이들 사유지에 대한 상급 소유권, 즉 재판권과 징세권만을 보유하거나, 심지어 부분적으로든지 전체적으로든지 간에 다른 소유권과 함께 재판권과 징세권마저 그들에게 양도하기도 했다. 공후는 첫 번째 부류의 토지 가운데 상당 부분을 일정한 조건에 따라 도시나 농촌의 흑민들이 경작하도록 임대하기도 했는데, 개인별로 따로따로 맡긴 것이 아니라 전체 공동체 단위로 경작하게 했고 연대책임으로 토지 이용에 관한 조건을 이행하도록 했다. 개별 지주도 스스로 정한 계약 조건에 따라 흑민들이 자신의 영지를 경작하도록 분배하기도 했는데, 이런 계약 조건들 속에는 공후가 공국 내에서 일하는 모든 흑민들에게 부과하는 직접세(дань)[1]와 의무(повинность)가 포함되어 있었다. 흑민은 자신이 속한 공동체와 계약을 맺기도 했고, 자신이 거주하던 영지의 소유주와 계약을 맺기도 했다. 그렇지만 두 경우의 계약은 자신이 거주하는 분립영지의 공후와 간접적으로 맺은 계약이기도 했다. 왜냐하면 납세 책임을 진 공동체나 지주가 흑민들에게 토지를 경작하도록 맡길 때 제시하는 계약 조건들은 전부 또는 대부분 공후의 요구에 의해 결정되었기 때문이다. 만약 어떤 흑민이 이런 조건에 동의하지 않는다면 그는 다른 공국으로 이주할 수 있었다. 흑민들은 보야린과 자유민 공복과 마찬가지로 어디로든 이주할 수 있는 권한을 인정받고 있었다. 윤허장에서 공후들은 개별 지주들이 다른 공국에 있는 납세민들을 자신의 토지로 불러들일 수 있도록 허락했는데, 이러한 소환에 따른 이주는 불법적인 도주 행위로 간주되지 않았다. 1496년에 체결된 랴잔 공후의 조약문서를 보면, 농민들은 상층 계급 사람들과 마찬가지로 어떤 공국에서 다른 공국으로 이주할 수 있는 권한이 있었다. 계약 당사자인 공후 형제들은 다음과 같이 말했다. "우리들 가운데 있는 보야린과 보야린의 자녀들, 그리고 공복들과 자유민 농민들은 자유롭다." 사유지에 거주하던 농민들은 분립영지 시기에 그러한 자유로운 이주권을

1) 직접세의 원어인 '단'(дань)은 원래 정복된 슬라브 부족들이 정복자인 바랑고이인들 또는 하자르인들에게, 그다음에는 러시아인들이 몽골인들에게 바친 공물(供物)이었다. 그런데 나중에 이 말은 사람들이 정부에 납부한 직접세를 의미했다. 모스크바국 시절에도 공물을 계속해서 징수했으나, 국가 세입 체계에서 그다지 중요한 역할을 담당하지는 못했다.

가지게 됨으로써 법적으로 중요한 권리를 획득했다. 『루스카야 프라브다』 시절에는 만약 지주의 농민 채무자인 대부변제농이 빚을 갚지 않은 채 도망간다면 지주의 노예가 되었다. 15세기에 그러한 농민들은 때로는 빚을 다 갚을 때까지 원래의 지주에게 되돌아가야 했고, 때로는 2년 동안 이자 없이 빚을 갚을 의무를 지고 있었다. 그렇지만 어떤 경우든지 그들은 인신의 자유를 상실하지는 않았다. 12세기에 『루스카야 프라브다』에서 중형(重刑)의 대상으로 삼던 농민들의 행위가 15세기의 법에서는 보통의 민사법 위반 정도로만 간주되었던 것이다.

봉직자와 흑민 사이의 중간 계급이었던 '궁정에 사는' 공복

흑민 계급과 자유민 공복 사이에는 하나의 중간 계층이 있었다. 이들은 '궁정에 사는'(под дворским) 공복, 또는 궁정공복이라는 계급이었다. 공후의 궁정에는 공후를 위해 군사 봉직을 맡고 있던 자유민 공복들 이외에 궁정의 다양한 생활 관련 직무를 담당하던 공복들이 있었다. 이런 사람들로는 서기, 서기보좌관, 사냥개 담당자, 마부, 정원사, 양봉사(궁정 소속 꿀벌책임자), 그리고 여러 수공업자들과 잡역부들이 있었다. 법률적으로 보면 이들은 두 부류로 나뉘었다. 그중 하나는 공후에게 소속된 부자유 노예였고, 다른 하나는 인신적으로 자유로운 사람들이었다. 후자의 부류에 속한 이들은 공후를 위해 일하는 대가로 일정량의 토지를 받아 이용했다. 생활 업무를 담당하던 노예와는 달리, 이런 자유민 궁정공복들은 '궁정에 사는 공복들'이라는 명칭으로 불렸다. 이런 명칭은 그들의 상관인 궁정의 집사, 또는 '궁정인'(дворский)에서 유래되었다. 이런 공복들은 자신의 직무를 수행하는 동안에만 공후에게서 받은 토지를 경작할 수 있었다.

그러나 그들은 자유민들과 마찬가지로 살던 곳을 떠나 다른 공후에게 가서 봉사할 수 있었다. 그런 경우에 그들은 오직 자기들이 이용하던 토지만 잃을 따름이었다.

그들과 공후의 관계는 1410년에 세르푸호프의 분립영지 공후였던 블라디미르 안드레예비치(Владимир Андреевич)가 작성한 유언장 가운데 한곳에서 아주 정확하게 규정되어 있다. 그 문서에 나오는 유언자는 공후의 토지를 경작하던 궁정공복들, 즉 사냥개 담당자, 마부, 정원사, 비바 사냥꾼에 대해 말하면서 다음과 같이 지적하고 있다. "그들 중에 이 땅에서 살기를 원치 않는 자들은 땅을 내놓고 썩 물러가거라. 그들은 내 아들인 이반 공후에게는 필요 없는 자들인데, 그들과 제대로 된 문서를 체결하지 않겠지만 그들의 땅은 내 아들인 이반에게 넘겨져야 한다." 이 말의 뜻은 다음과 같다. 완전한 노예가 아니라 인신상으로는 자유로운 궁정공복들은 만약 유언자의 자녀들을 섬기려고 하지 않는다면 그들에게서 떠날 수는 있으나, 그동안 자기들이 경작하던 토지는 회수당해 유언자의 상속인에게로 넘어간다. 이렇듯 궁정공복들은 공후에게서 토지 소유권이 아니라 임시적인 이용권만을 넘겨받았다. 아마도 그들은 어떠한 토지를 소유물로 획득할 수 있는 권리도 상실했을 것이다. 우리는 그 유언장의 다른 곳에서도 마찬가지의 결론을 얻을 수 있다. 궁정공복들 가운데는 공후의 창고지기도 있었는데, 그들은 자유민인 경우도 있었고 노예인 경우도 있었다. 자유민 창고지기에 대해서 유언자는 다음과 같이 지적하고 있다.

"나의 창고지기들은 어디서 사온 사람들이 아닌데(즉 자유민들), 나의 창고 열쇠를 힘입어 어떤 마을을 구입했다. 이들 관리인들이 나의 자녀들에게 필요 없게 되었을 때 그들의 마을은 나의 아들들에게 되돌아가고 아들들의 소유로 남아 있을 것이다." 즉 자유민 창고지기는 직책을 맡고 있는 동안 분립영지 내에 마을을 매입했지만, 공후에 대한 봉직을 그만두면서 구입한 마을도 잃었다. 구매를 한다는 것은 어떤 물건에 대한 소유권을 획득하는 행위이다. 그러나 자유민 창고지기가 구매 행위로 마을을 획득할 수 있었지만, 이것은 그 지방의 공후를 위한 봉직에 대해 조건부적인 소유를 의미했을 따름이다.[2)]

이들은 바로 이 점에서 보야린이나 자유민 공복과 구별되었다. 이런 상황으로 인해 궁정공복들은 자유민 공복들과 흑민들 사이에 있었으며, 두 부류의 사람들이 지닌 몇몇 특징을 혼합하고 있었다. 그들은 자유민 공복들과 마찬가지로 공후를 개인적으로 섬겼으나, 이런 봉직은 군사적인 일이 아니라 생활 관련 업무였다. 이런 일은 흑민들이 그랬던 것처럼 공후에게 직접적인 재산상의 이익을 가져다주었다. 공후는 궁정에서의 노동 형태 또는 이용된 토지에 대한 임대료를 받아내는 형태로 흑민에게서와 마찬가지로 궁정공복들에게서 이익을 얻어냈다. 그렇지만 흑민들이 공동체 단위의 할당을 통해 조세를 부담한 반면에, 궁정공복들은 자유민 공복들의 군사적 봉직과 마찬가지로 공후의 개인적인 지명으로 임대료를 내기도 하고 업무를 담당하기도 했다. 마지막으로 궁정공복들은 흑민들과 마찬가지로 공후의 토지를 경작할 수 있었을 뿐, 보야린이나 자유민 공복처럼 공국 내의 토지를 구매해서 소유할 권리를 가질 수는 없었다. 즉 궁정공복들은 한편으로는 자유민 공복들과 유사하면서도, 다른 한편으로는 흑민들과 비슷했던 것이다.

---

2) 구술 강의에서는 다음과 같이 언급했다.
"구매를 한다는 것은 물건에 대한 소유권을 획득했다는 징표이다. 그렇지만 자유민 창고지기는 공후에 대한 오직 봉사 기간에만 사용할 목적으로 마을을 구입할 수 있었다."

계약에서 유래된 공후에 대한 신분적 관계의 특성

이런 식으로 분립영지에 거주하는 모든 자유민 계급이 공후와 맺은 관계는 '민사적인 계약'에서 유래되었다. 기원이 이러했기 때문에 공후와의 관계는 봉직과 이익의 교환이라는 쌍방의 이익에 근거한 거래의 성격을 지니게 되었다. 공후는 자신의 경제생활 가운데 어떤 항목을 자유민에게 지불함으로써 그의 노동을 구입한 셈이다. 이러한 항목의 성격은 공후가 자유민들에게서 구입한 노동의 종류나 그가 구매한 노동에 부여한 가격에 부합되었다. 이런 교환 행위는 분립영지 시대에 작성된 공후의 문서에서 분명하게 드러나 있다. 우리는 이런 문서들을 통해 분립영지 시대의 계급들이 지닌 여러 가지 신분적 특성을 살펴볼 수 있다.

봉직자들이 한결같이 넉넉한 처지에 있는 신분은 아니었다. 12세기에 상급 친위대원과 하급 친위대원을 구분했던 것과 마찬가지로, 그들은 보야린과 자유민 공복이라는 두 부류로 양분되었다. 보야린은 통치에 관한 조언을 함으로써 공후를 섬겼고, 두마(дума)에 참석하기도 했으며, 군사 업무와 민사 업무 그리고 중앙과 지방의 업무에서 고위직을 담당했다. 그들은 공후의 측근으로서 분립영지의 통치나 사법 기관의 책임자이기도 했다. 이런 봉사에 대한 대가로 공후는 이른바 '상급 식읍'(食邑, кормление)[3]을 그들에게 지급했다. 식읍의 원어인

3) 식읍의 원어인 '코르믈레니에'는 14세기부터 16세기까지 러시아 동부의 지방 행정 제도 가운데 하나다. 대공은 지방장관과 읍장에게 지방의 행정이나 사법 업무를 맡겼다. 이들은 대공의 금고에서 봉급을 받지 않았으나, 식읍 체제에 따라 해당 지역에서 스스로 생계 수단을 마련해야 했다. 원래 지방 관리를 위한 식읍은 생산물로 제공되었으므로 주민들은 빵, 고기, 건초, 귀리 등을 제공했다. 그러다가 식읍은 점차 화폐로 대체되었는데, 각 지역의 지불액은 정부의 특

'코르믈레니예'라는 명칭은 중앙과 지방의 고위 통치 직책에서 나온 수입을 의미했다. 가끔씩 공후의 문서에서 '상급 식읍'의 규모가 제시되어 있다. 가령 세묜 대공은 자신의 유언장에서 자기 아내에게 분립영지를 주기를 거부하면서, 자신의 보야린들에게 다음과 같이 말하고 있다. "나의 보야린 중에서 나의 아내를 섬기며 어떤 직책을 맡으려는 자들은 이 직책에서 나오는 수입 가운데 절반을 그녀에게 갖다 바쳐야 할 것이다." 즉 봉직자로서 일하는 사람은 자기 담당 지역에서 직접 수입을 거두어서 공후의 부인과 절반씩 나누어야 했던 것이다. 자유민 공복들은 보통의 군사적 봉사를 공후에게 제공하고 그의 군대를 구성했는데, 공후는 이에 대한 대가로 그들에게 '하급 식읍'(도보드, довод)을 지불했다. '하급 식읍'이라는 명칭은 분립영지의 통치와 연관된 행정이나 사법상의 수입과 더불어 하급 직책을 의미했다. '상급 식읍'은 고위 직책을 맡은 자들의 수입이며, '하급 식읍'은 하위 직책을 맡은 자들의 수입이었다. 1341년에 이반 1세의 아들들 사이에 체결된 조약에 나오는 하나의 조항은 이처럼 직무에 따른 보수의 차이로 설명할 수 있다. 조약 당사자인 공후 형제들은 직위가 높든 낮든, 보야린이든 드보랴닌이든 간에 모든 자유민 공복들에게 봉직의 종류와 장소를 선택할 수 있는 권리가 있다고 확인해주고 있다. "우리 부친 때와 우리 때에 '상급 식읍'을 받든지 '하급 식읍'을 받든지 간에 모든 자유민 공복들은 자유 신분이다."

직책이 높든지 낮든지 간에 봉직자들에게 대가를 지불하는 다른 방

별 규정에 의해 정해졌다. 만약에 어떤 관리가 권력을 남용해서 규정보다 많게 징수했다면, 해당 지역 주민들은 그가 직책을 그만둔 이후에 그에 대한 소송을 제기할 수 있는 권한이 있었다. 특정 지역의 식읍 기간은 보통 1년, 2년, 3년 등 그다지 길지 않았다.

법도 있었는데, 그것은 토지와 관련된 것이었다. 공후들은 자신의 분립영지 내에서 봉직자들이 토지를 구입할 수 있도록 허용해주기도 했고, 심지어 토지와 함께 그에 대한 소유권을 하사하기도 했다. 그리고 하사된 토지든, 구입한 토지든 간에 사법상으로나 세금 납부 면에서 다양한 특혜가 부여되었다. 우리는 분립영지 시기에 이런 봉직상의 토지가 지주의 직무와 관련이 없다는 사실을 알아냈다.

자유민들의 봉직에 대한 대가로서 세 번째 방법인 하사금(下賜金) 지급 관행이 분립영지의 공국들에서 어느 정도로 확산되었는지, 그리고 어느 곳에서 시행되고 있었는지에 관해서는 말하기 쉽지 않다. 하사금은 피치민들에게서 봉직자들 자신에게 직접 지급되지 않고, 공후의 금고에서 봉직자들에게 전달되었다는 점에서 행정적 · 사법적 '상급 식읍'과 달랐다. 그렇지만 분립영지 시기의 어떤 연대기 작가는 고대에 '우록'(урок)이라고 불렀던 이런 하사금이 언젠가 '고대의 공후들' 시절에 루시에서 이용된 보수 지급 방식이라고 회상하고 있다. 그 연대기 작가는 자기가 살고 있던 시대의 상황을 은근히 비판하면서, 고대의 공후들은 많은 영지를 쌓아두고 있지도 않았고 날조된 일로 인한 벌금과 사법적인 세금 부과로 사람들에게 부담을 지우지도 않았다고 말했다. 그들은 오히려 적법한 벌금만을 거두었고, 그런 벌금을 친위대원들에게 나누어주었다는 것이다.

그리하여 친위대원들은 이런 돈으로 먹고살면서 다른 나라를 정복했고, 다음과 같은 말로써 용기를 얻곤 했다. "형제들이여, 우리 공후와 루시 땅을 위해 열심히 싸웁시다!" 생활과 관련된 봉사를 담당했던 궁정공복들은 공후에게서 받은 일정량의 토지 이용권에 대한 보답으로 생활과 관련된 개인적인 노동을 공후에게 제공했다. 도시와 농촌의 흑민들은 도시의 땅, 상공업 부지, 농촌의 경작지를 공후에게서 임대했고,

그 때문에 조세를 납부했다. 어떤 사람들은 공후를 위해 노동을 제공했고, 또 어떤 사람들은 세금을 바쳤다. 분립영지 시대에 모든 자유민 계급과 공후 사이에 맺어진 봉사와 이익의 교환 관계는 이와 같았다.

계약이 사적인 복속 관계에 미친 영향

법률적 의미에서 이런 신분적 차이는 무엇이었는가? 이러한 차이는 정치적인 의미에서의 신분적 권리와 의무였는가? 위에서 설명한 관계에 의해 서로 구분된 계급들은 오늘날의 의미로 신분이라고 부를 수 있는가? 이러한 계급들은 11세기와 12세기의 루시 사회의 계급들이 구분되었을 때와 마찬가지로, 공후와 맺은 관계에 따라 서로 구분되었다. 그러나 이러한 관계는 강제적인 것이 아니라 자발적인 것이었고, 공식적인 법으로가 아니라 공후와의 사적인 계약에서 유래되었다. 계약 조건은 각 계급에 속한 사람들이 공후를 위해 해야 하는 직무의 종류에 따라서, 그리고 그들이 이러한 직무에 대한 대가로 받았던 이익의 성격에 따라서 다양했다. 보야린과 자유민 공복들, 도시 거주민들과 농촌 거주민들, 그리고 궁정공복들은 공후에게 예속된 사람들이 아니라 직무를 담당한 고용자이거나 토지의 임차인, 또는 고용자이자 임차인이기도 했다. 그러므로 그들이 공후에게 제공했던 의무는 공적인 의무 사항이라기보다는 생활과 관련된 사적인 의무였다. 이와 마찬가지로 그들이 향유하고 있던 특권은 정치적이라거나 민사적인 권리라기보다는, 공후가 자신이 받은 봉사에 대한 대가로 지불한 생활상의 이익이었다. 정치적인 의미에서 보면, 권리와 의무는 원래 항구적인 일반법에서 유래되며, 공공의 복리를 목적으로 삼고 있다.

그러나 분립영지 시대의 계급들이 가졌던 각기 다른 특권과 의무는 공후와 체결한 민사적인 계약에서 유래되며, 계약 당사자들의 사적인 이익과 이해를 목적으로 삼고 있었다.

이처럼 분립영지 시대의 계급들은 공후와 아주 다양한 관계를 맺고 있었기 때문에 신분 사이의 이동이 활발했다. 사회적 지위가 공후와의 합의로 규정되었다고 한다면 이런 지위는 상속될 수 없었고, 자주 변할 수밖에 없었다. 분립영지 시대의 사회는 신분이 유동적이며 가변적이라는 특징이 있다. 궁정공복들은 자유민 공복이나 흑민 계급으로 쉽게 이동할 수 있었다. 심지어 흑민들도 궁정공복이 되기도 했고, 자유민 공복으로 이동할 수 있었다. 사실 공후들은 이러한 신분상의 동요 현상을 억제하려고 노력했다. 공후들의 조약문서를 보면 개별 계급들, 특히 보야린과 자유민 공복 같은 상층 계급들 속에 직무를 갖지 않은 사람들이 편입되지 못하게 함으로써 계별 계급들을 고정시키려는 노력을 기울였음을 알 수 있다. 내가 위에서 언급한 바 있는 블라디미르 세르푸호프스키의 유언장에서는 그가 상속자들에게 다음과 같이 조언한 것을 보게 된다. "궁정공복이 아닌 보야린들과 공복들은 자유롭다. 내 아들들은 그런 자들에게 군무를 맡기지 말라." 유언을 한 공후는 상속자들에게 궁정공복들을 군대에 받아들이지 말라고 조언하고 있다.

우리는 돈스코이 대공이 위에 언급된 세르푸호프스키 분립영지 공국의 공후와 체결한 조약문서에서도 그러한 예를 보게 된다. "공복들을 궁정으로 끌어들이고, 흑민들을 백부장으로 끌어들이는 자들에게 우리의 봉직을 맡기지 말고, 그들 뒤를 잘 감시하라." 그렇지만 조약문서에서 이런 조건이 등장한다는 사실 자체는 그런 조건이 기존의 관행과 반대된다는 사실을 보여준다고 할 수 있다. 공후들은 어떤 신분에 속한 사람들이 계속해서 다른 신분으로 이동하는 현상을 중단시키려고 노력했고, 이를 위한 새로운 조치를 도입함으로써 질서와 통치의 편의를 위해 기존의 법을 훼손하려 했던 것이다.

노예와 그들의 경제적 등급

분립영지 공국에 살고 있던 자유민 계급들이 성립된 과정은 이와 같았다. 그렇지만 분립영지 사회에서는 자유민 신분 이외에도 그 아래에 부자유 계급이 있었다. 이런 계급에 속한 사람들은 공후 또는 상층 신분 사람들에게 직접 예속되어 있었다. 개인적인 예속 상태는 일반법이 아니라 개인적인 거래 관계에 기반을 두고 있었는데, 노예는 그렇게 개인적으로 예속된 사람들이었다. 분립영지 시기에 바뀐 것은 그들의 법적 형편이 아니라 경제적인 형편이었다. 분립영지 시기의 기본 원칙은 법적인 특징보다는 경제적인 특징으로써 계급을 분리하는 것이었는데, 이런 원칙에 따라 노예 신분은 경제적인 등급별로 극히 세분되었다. 분립영지 공국에서는, 무엇보다도 분립영지 공후의 궁정에서는 수많은 노예들을 두 부류, 즉 대(大)노예(холопы большие)와 소(小)노예(холопы меньшие)로 나누었다. 대노예는 또다시 두 부류, 즉 '봉직' 노예와 '관리' 노예로 분류되었다. 봉직 노예들은 공후나 자유민 공복들을 따라 원정에 참여하는 자들이었고, 관리 노예들은 공후나 그의 보야린의 영지 경영을 맡고 있던 영지관리인, 창고지기, 서기 등이었다. 실무가(делюе) 또는 일꾼(деловые люди)이라는 통칭을 가지고 있던 소노예는 대노예와는 달리, 천한 일을 하는 하인이었다.

'일꾼'은 또다시 두 부류, 즉 궁정의 허드렛일을 담당하는 궁정 소속 노예와 '농사 담당'(страдные) 노예로 분류되었다. 후자는 농지에 정착해서 궁정 소속 토지를 경작하거나 소작료(оброк)[4]를 내고 임대된 토지를 이용하던 자들이었다. 경제 활동에 종사하는 이런 모든 부자유 노예는 법적으로 보면 '완전 노예'였다. 그런 식으로 노예 신분은 법적으로는 이전과 같은 형편에 있으면서도 경제적으로는 수많은 등급으로 세분되었다.

자유민과 노예 사이의 중간 계급인 '피저당인'[5)]

다른 한편으로 경제적인 계약 관계로 인해 노예와 자유민 사이에 독특한 중간 계급이 생겨나게 되었다. 우리는 루시에 기독교가 전래된 초기에 노예로 팔린 자유민들에게 스스로의 뜻에 따라 자신의 구매 금액을 갚음으로써 예속 상태를 종식시킬 수 있는 권리를 부여하도록 교회가 강력하게 주장했음을 보았다. 분립영지 시기부터 공후들과 보야린들은 자유민들에게 궁정 업무를 맡기면서 일정한 조건으로 돈을 빌려주었고, 돈을 갚을 경우에는 봉사를 그만둘 수 있는 권리를 상실하지 않았다. 분립영지 시기에 그러한 예속민들은 '피저당인'(закладня)이라는 명칭을 얻게 되었다. 그들과 노예의 차이점은 그들이 조건부적인 직무를 맡았으며, 스스로의 뜻에 따라 직무를 그만둘

---

4) 소작료로 번역된 '오브로크'(оброк)는 일반적으로 연공(年貢)을 의미했다. 고대 러시아에서 '오브로크'는 다양한 종류의 확정된 지불금을 의미했는데, 거기에는 정부에 대한 세금, 용역 사용에 대한 지불금, 국유재산이나 사유재산을 사용한 데 대한 지불금 등이 포함되어 있었다. 1550년대에 모스크바국이 지방장관과 읍장의 권한을 폐지하고 지방 공동체에 자치를 허용했을 때, 정부는 이러한 지방 공동체에게 연공을 지불하도록 명령했다. 이것은 이전의 지방장관과 읍장에게 지불되던 식읍을 대신해서 국가에 현금으로 바쳐야 했던 세금이었다. 그러다가 18세기에 인두세가 도입된 이후에 국가 농민들은 정해진 인두세에 더해서 국유지 경작에 대한 대가로서 연공이라 불리는 지불금을 납부했다. 18세기와 19세기에 오브로크는 사유지에서 농민들이 지주에게 바치던 현물 또는 화폐 형태의 지대를 의미했다.

5) 구술 강의에서는 이 부분부터 제10강의가 시작되었다.

수 있는 권리를 가졌다는 것이다. 그들이 공후나 보야린과 맺은 관계는 경제적인 거래에 기반을 두고 있었다. 즉 그들은 자신의 주인에게서 대출금을 받아 그것을 갚을 때까지 일해주기로 계약한 자유민 노동자였다.

이제 분립영지 사회의 신분 구성을 전체적으로 다시 한 번 살펴본다면 다음과 같은 세세한 분류를 볼 수 있다. 즉 1) 보야린, 2) 자유민 공복, 3) 궁정공복, 4) 도시와 농촌의 흑민, 5) 피저당인, 마지막으로 6) 노예가 바로 그것이다. 이러한 신분 구분의 근거, 즉 여섯 가지 신분이 공후와 다양한 관계를 맺게 된 근원은 바로 생활과 관련된 민사적 계약이었다.

우리는 11세기와 12세기의 루시 사회의 구성을 연구하면서 그 안에 정치적인 구분과 경제적인 구분이 있음을 지적했다. 정치적인 구분은 각 개인이 최고 권력과 맺은 관계에 기반을 두고 있었고, 경제적인 구분은 권리의 불평등과 결합된 재산상의 형편의 차이에 기반이 있었다. 분립영지 시기의 사회 역시 공후에 대한 관계에 따라 신분이 구분되었지만, 그 관계는 강제적이지 않았고 자발적이었다. 공후와 맺은 이러한 관계의 본질은 결국 계약에 따라 물질과 봉사가 교환된 데 있었다. 달리 말해 한편으로는 직무를 맡거나 세금을 납부하면서, 다른 한편으로는 공후에게 속한 어떠한 형태의 재산을 이용하는 교환 관계가 있었던 것이다. 계급별 신분 구분은 물질과 봉사의 차이로 결정되었다.

그리하여 분립영지 시기의 사회는 공후에 대한 강제적인 관계나 재산 상태가 아니라 공후와 체결한 민사적인 계약 조건에 따라 신분이 구분되었다. 결국, 분립영지 시기의 신분 구분은 정치적이거나 경제적인 구분이 아니라 생활과 관련된 법적인 구분이었다. 우리는 실생활과 관련된 법적인 구분이라는 용어를 사용함으로써 분립영지 시기의 신분 구분을 정치적인 구분이나 경제적인 구분과 구별할 수 있다. 분립영지 시기의 사회 구성원이 지닌 이러한 특성은 그 시기의 공후들의 성격과 전적으로 일치한다. 그 시기의 공후들은 정치적인 의미의 군주가 아니라 생활과 관련된 법적인 의미에서 주인이었기 때문이다.

분립영지 시기의 신분 구분과 그 이전 시기의 신분 구분의 관계

이와 같은 분립영지 시기의 신분 구분은 그보다 앞선 시기의 신분 구분과 역사적으로 밀접한 관계가 있었다.[6] 원래 루시 사회는 공후와 맺은 강제적인 관계에 따라 봉직자들과 비봉직자들로 구분되었다. 그러나 이러한 정치적인 구분에서 두 계급 사이의 경제적인 차이가 유래

6) 여기서부터 이 장의 거의 마지막까지 구술 강의에서는 다음과 같이 설명했다. "분립영지 시대의 사회적 신분 구분이 지닌 이러한 성격은 앞선 시기의 신분 구분과 어떤 역사적인 관계를 맺고 있는지 이해하는 데 도움을 준다. 이러한 신분 구분은 상속된 형태로서 분명히 뒤의 것이 앞의 것에서 유래되었으므로 서로 긴밀하게 연관되어 있었을 것이다. 초기의 신분 구분에서는 공후에 대한 기존의 관계에 의해 봉직자들과 비봉직자들로 사회가 구분되었다. 이와 병행해서 재산 상태에 따라 사회를 나눈 다른 구분이 있었는데, 권리의 불평등은 이것과 연관되어 있다. 분명히 이런 재산 상태의 차이는 봉직자와 비봉직자로 사회가 정치적으로 구분되는 과정에서 영향을 받아 생겨났을 것이다. 공후와 맺은 관계에 차이가 남으로써 다양한 계급의 사람들은 자산의 획득에서 양적으로 차이가 생겼다. 봉직자들은 주로 지주가 되었고, 비봉직자들은 교역이나 수공업 자산, 또는 토지에 종사했다. 11세기와 12세기에 나타난 재산 상태의 차이는 분립영지 사회의 신분 구분의 근거가 되었다. 분립영지 시대에 사람들은 다양한 계급의 사람들이 임대한 공후의 자산의 종류에 따라, 그리고 그들이 공후의 소유물을 사용하는 데 지불한 심부름 또는 봉사의 성격에 따라 차이가 있었다. 그러나 다양한 계급의 사람들이 사용하게 된 공후 자산의 종류의 차이는 그들의 재산 상태와 사회적 지위의 차이에 부합되었음은 분명하다. 지주들은 공후의 통치 업무 또는 군사 업무를 담당했던 반면에, 교역-수공업 자산에 종사했거나 오직 개인적인 노동으로 살아가던 사람들은 공후에게서 토지, 즉 도시의 수공업 지역이나 농촌의 경작지를 임차했다."

되었고, 이런 차이는 민사적인 권리의 불평등과 결합되었다. 그리고 이러한 재산상의 차이나 법적인 차이에서 다양한 신분들이 생겨나게 되었다. 봉직자들은 특별히 지주가 되었다. 봉직을 맡지 않은 사람들은 상업이나 수공업 부문에 종사하거나 토지를 경작하는 일을 맡았다. 봉직자들과 상인들은 각각 토지 소유와 상공업 분야의 생산 수단을 통해 일반 농민들, 즉 국유지든지 사유지든지 다른 사람들의 토지에서 일하던 농민들이 갖지 못한 권리를 향유했다. 11세기와 12세기에 생겨난 재산 형편의 차이는 분립영지 시기의 신분 구분의 근거에서 확인할 수 있다. 이런 신분 구분의 근거는 민사적인 계약 조건에 의해 규정되었다. 자유민들은 생활과 관련된 봉사와 이익의 종류에 따라 공후와 계약을 체결했는데, 양측은 봉사와 이익을 교환한 셈이었다.

그렇지만 아마도 자유민이 공후와 맺은 계약 조건은 그들의 재산 상태 또는 사회적 지위에 의해 결정되었을 것이다. 지주는 직접적인 통치와 관련된 직무나 군사적인 직무 관계를 공후와 맺었다. 상업과 수공업 분야의 생산 수단이나 경작 도구를 소유한 사람들은 공후에게서 상업이나 수공업 활동을 위한 도시의 부지 또는 농촌의 경작지를 임대했다. 이렇듯 후대가 되면 변경되는 신분 구분 사이에는 역사적인 연결점이 있었다. 후대의 모든 신분 구분은 앞선 시대의 신분 구분에서 유래된 경제적 결과에 기반을 두고 있었다. 우리는 이런 연관 관계 때문에 앞으로 연구하게 될 후대의 현상들의 기원과 본질을 알 수 있으므로 이러한 관계에 주의를 기울여야 한다.

제10강

모스크바국에서의 관등 구분

지금까지 우리는 분립영지 시기의 사회 구성을 살펴보았으므로 이제 러시아 신분사의 세 번째 시기로 들어가려고 한다. 이 시기의 연대를 정하는 일은 상당히 어렵다. 러시아 신분사의 세 번째 시기는 15세기, 16세기, 그리고 17세기에 모스크바국에서 사회 형태가 성립된 기간이었다. 우리는 이런 사회 형태의 발단을 15세기 중반 무렵에 찾아볼 수 있다. 그리고 그 형태는 17세기 후반부에 현저하게 변화되고, 또 다른 새로운 구조로 이행되었다. 그러므로 나는 이 시기의 연대기적인 한계를 15세기 중반부터 17세기 중반까지로 삼으려 한다. 이 시기의 모스크바국에서의 사회적 구성을 연구하는 일은 아주 어렵다. 그 주요 이유는 신분 구분이 이 시기에 극히 세분화되었기 때문이다. 사회는 수많은 서열별 등급으로 분할되었다. 이런 등급은 아주 많았기 때문에 그 목록을 정확하고 완전하게 작성하기가 어렵다. 이러한 사회적 분화 과정이 세 번째 시기에 중단된 것이 아니라 오히려 가속도를 내고 있었기 때문에 연구의 어려움은 더욱 가중된다. 외부의 관찰자들이 보기에, 모스크바국의 사회는 아주 세밀한 등급으로 분할되고 있었다. 소규모 계층이 모자이크처럼 성립되는 과정이 중단되지 않았으며, 계속 진전되고 있었다. 초기에 나타났던 기본적인 계급들과 더불어 이행 단계의 계급들이 등장했고, 이런 이행 계급들은 점차 확고한 모습을 띠다가 기본적인 계급에 합류했으며 자신에게서 새로운 이행 계급을 분리시키고 있었다. 이처럼 16세기와 17세기의 모스크바국에서는 신분이 더욱 세분되었으므로 연구자들은 모스크바국의 사회가 만화경처럼 항상 변화한다는 인상을 받게 된다.

이런 무질서한 신분 분화 과정 속에서 방향을 잃지 않기 위해서는 당시의 신분 구분의 주요 근거를 회상하는 작업이 필수 불가결할 것이다. 앞에서 나는 이미 이러한 근거가 무엇인지 지적한 바 있다. 계급은 개인의 재산 상태에 따라 할당된 의무의 종류에 따라 분화되었다. 그런 식으로 각 계급은 두 가지 특징, 즉 정치적인 특징과 경제적인 특징에 의해 다른 계급과 구분되었다. 정치적인 특징이란 어떤 계급에 부여된 일정한 특별 의무였고, 경제적인 특징이란 이 계급에 속한 개인의 재산 상태였다. 우리는 이 두 가지 특징에 따라 개별적인 소규모 등급을 서로 구분할 수 있고, 이런 소규모 등급들을 모아서 좀더 규모가 큰 계급으로 정리할 수 있으며, 그 분류에다가 어떠한 질서를 부여할 수 있다. 그렇지만 나는 이러한 분류 작업에 두려움을 느끼고 있다는 사실을 굳이 숨기고 싶지 않다. 당대의 사회는 너무나 세분되어 있었기 때문에 나는 이 시기의 계급들의 목록을 여러분이 기억하게 함으로써 여러분에게 부담을 지우지나 않을까 두렵다. 그럼에도 사회 구조와 그 기반을 이해하기 위해서는 계급을 열거할 수밖에 없다. 나는 당분간 모스크바 사회의 계급들을 서열별로 그저 열거만 할 터인데, 여러분은 여기에 주의를 기울이기 바란다.

나는 그 결과, 즉 모스크바국의 사회가 분류된 소규모 등급의 목록을 가지고 이런 세분화의 원인과 과정에 대한 연구를 직접 시작하려고 한다. 이를 위해 우리는 대략 17세기 중엽의 모스크바국의 사회 구성을, 위에서 아래 방향으로 절단해서 그 계층을 열거해보기로 한다. 비록 이러한 신분 목록을 기억하는 일이 부담스럽기는 하겠지만, 그것을 기억하지 않고는 사회의 세분화 현상 과정 자체를 이해하기 어렵다.

모스크바국의 사회적 구분의 근거가 되었던 모든 소규모 서열별 등급들을 당대의 정치적 용어로 '관등'(чины)[1]이라고 불렀다. 모스크바국에서는 자신의 경제적 상황에 상응하는 특별한 의무를 담당하던 계층을 '관등'이라고 불렀다. 모든 관등은 경제적 · 정치적 지위에 따라 다음과 같이 셋으로 분류할 수 있다. 1) 봉직 관등, 2) 납세 관등, 3) 면세 관등.[2]

출신지에 따른 봉직 관등

봉직 관등을 다시 두 부류로 나누었는데, 하나는 '출신지별' 봉직 관등이었고, 다른 하나는 군장(軍裝) 봉직 관등(чины служилые по прибору)이었다. 출신지별 봉직 관등에는 자신의 출신에 의해 세습

---

1) 관등은 모스크바국 시절에 동일한 법적 지위 또는 직업을 가진 일군의 사람들에게 적용되었다. 이것은 대체로 나중에 생긴 용어인 신분(сословие)에 해당되었지만, 보통 하층 계급 사람들에게는 적용되지 않았다. 1722년에 표트르 1세가 발표한 관등표에 따라 군 장교와 관료를 14개 관등으로 각각 구분하게 됨에 따라, 이 용어는 군 장교나 관료에게 적용되었다.

2) 애초의 구술 설명에서는 "모든 관등은 〔……〕 면세 관등"이라는 구절 대신에 다음과 같은 내용이 있었다.
"관등은 기본적이기도 했고, 과도적이기도 했다. 기본적인 관등은 두 개의 커다란 집단으로 나눌 수 있다. 즉 '봉직' 관등과 '젬스키' 관등이 바로 그것이었다. 이들 두 관등 집단은 한편으로는 보야린이나 자유민 공복과, 다른 한편으로는 분립영지 시대에 존재했던 흑민에 상응했다.

적인 의무로서 국가에 대한 봉사를 담당하던 사람들이 속해 있었다.

두마 관등

이 관등도 또한 두 부류, 즉 1) '두마 관등', 2) 사실상의 '봉직' 관등으로 나뉘었다. 16세기에 하위 관등에 속한 봉직자들은 스스로를 고위 관등과 구분하면서 다음과 같이 말하곤 했다. "우리는 섬기는(служилые) 자들이지, 생각하는(думные) 사람들이 아니다." 두마 관등은 셋이었는데 보야린, 궁내관(宮內官, окольничий),[3] 그리고 두마 드보랴닌이 바로 그러했다. 두마 관등은 고위직을 맡으면서 군주의 두마, 즉 군주가 주관하는 회의에 한 자리를 차지하던 지배층 인사들로 구성되었다.[4]

모스크바 관등

'사실상의 봉직' 관등은 또다시 두 부류, 즉 '모스크바' 관등과 '도시' 관등으로 분류되었다. 모스크바 관등, 즉 수도의 관등은 높은 순서부터 보면 궁정고관(стольник),[5] 궁정일꾼(стряпчий),[6] 모스크바

---

3) 이 직책은 중부나 동부 러시아에서 14세기 초부터 알려진 궁정 직위이다. 이 용어는 '가까이'라는 뜻인 '오콜로'(около)에서 파생되었듯이, 일차적으로 공후나 대공이나 차르 가까이에서 직접 자신들의 상전을 직접 수행했던 궁신들을 의미했다. 16세기와 17세기의 모스크바국에서 이 집단은 보야린을 수행하면서 보야린 바로 다음의 고위 직위를 차지했다. 이들은 보야린 두마의 구성원이자 군 지휘관, 사절, 재판관, 행정가로 일했다.

4) 구술 강의에서는 다음과 같은 구절이 삽입되었다.
"나는 두마 관등의 기원에 대해 나중에 설명하고, 여기서는 단지 그 특징만을 간단하게 제시했다."

드보랴닌(дворянин московский), 궁정거주인(жилец)[7] 등이 있었다. 바로 이 명칭을 통해 우리는 최초에 모스크바 관등이 궁정 내의 봉사의 등급에 따라 구분되었음을 알 수 있다. 그렇지만 나중에 모스크바 관등을 가진 사람들은 모스크바 군대의 고위직을 담당했다. 즉 궁정일꾼들과 다른 모스크바 관등에서 19세기의 근위대에 해당되는 '군주의 군대'가 편성되었다. 모스크바 관등 사람들은 또한 연대 내에서 군 지휘관, 또는 사령관, 즉 장교나 부대장으로 임명되었으며, 서열이 좀더 낮은 행정직에서 일하기도 했다.

도시 관등은 셋이었다. '선발된, 또는 선발 드보랴닌'(дворяне выборные 또는 выбор), '궁정 보야린 후보'(дети боярские дворовые), 사실상 '도시 보야린 후보'(дети боярские городовые)가 바

---

5) 궁정고관으로 번역된 '스톨니크'(стольник)는 식탁을 의미하는 '스톨'(стол)에서 나온 용어라는 사실에서 알 수 있듯이 식탁에서, 특히 잔칫날에 주인과 그의 손님들의 시중을 들던 사람이었다. 그렇지만 모스크바국 시절에 궁정에서 시중 보는 일은 그들의 주요 업무가 아니었다. 궁정고관은 오히려 차르를 섬기는 사람들 가운데 고위 등급에 속한 다수의 집단을 구성했는데, 서열에서 보야린 두마 의원 바로 다음이었다.

6) 궁정일꾼으로 번역된 '스트랴프취'(стряпчий)는 '요리하다'(стряпать)라는 단어에서 파생되었으나 다양한 의미를 지니고 있었다. 모스크바국 시절의 법률 문서에는 법정 내에서 궁정일꾼은 소송 당사자의 조력자이거나 조언자 또는 대리인이었다. 모스크바 군주의 궁정에서 궁정일꾼은 음식, 의복, 그리고 다른 실내 활동을 시중 드는 궁신(宮臣)이었다. 이들은 또한 차르가 대중에게 모습을 드러낼 때나 여행 중에 차르를 수행하기도 했다. 그렇지만 대부분의 궁정일꾼들은 가끔씩만 궁정에서의 봉사를 담당했다. 17세기에 이르면, 이들은 약 800명 정도의 집단을 구성했는데, 군사나 민사 부문에서 적극적인 활동을 전개했다. 이들은 모스크바국의 서열에서 궁정고관 다음의 지위를 차지했다.

7) 모스크바국 시절에 궁정거주인은 궁정고관, 궁정일꾼, 모스크바 드보랴닌보다 낮은 지위에 있던 봉직자였다. 그렇지만 이들의 지위는 지방의 드보랴닌이나 지방의 보야린 후보보다는 높았다. 차르의 궁정에는 수십 명의 궁정거주인들이 살면서 차르의 명령을 수행하거나 공적인 심부름을 담당했다. 궁정거주인의 원어인 '쥘레츠'(жилец)라는 말은 그들이 궁정에 '거주'했다는 데서 유래되었다.

로 그 셋이다. 지방 도시의 드보랴닌들 명부에 있는 이러한 관등에 대해 보통 씌어 있기로는, 이들 가운데 일부는 '선발에 의해' 직무를 맡았고, 다른 이들은 궁정의 명부에 따라, 그리고 또 다른 이들은 도시의 업무, 또는 '교외(郊外)의' 직무를 담당했다. 이러한 도시의 관리들에게 부여되었던 의무가 어떤 차이를 가지고 있었는지 이해하기 위해서는 모스크바국 시절의 주력군의 구성을 알 필요가 있다. 이 군대의 병력 가운데 다수는 지방 여기저기에 흩어져 있던 드보랴닌들로 구성되어 있었다. 그렇지만 재산 상황에 따라 이들 드보랴닌들은 여러 계층으로 분류되었는데, 각각의 계층은 다양한 정도의 군사적 의무를 지고 있었다. 예를 들어 지방 도시의 어떤 드보랴닌들은 원정에 참여했다. 그들이 소유한 토지가 있는 지방에서 멀리 떨어진 국경 지방의 원정에도 가담했다. 다른 드보랴닌들은 자기들 소유 토지에 인접한 국경 방어를 위한 근거리 원정에만 참여할 수 있었다. 마지막으로 세 번째 부류는 말과 원정에 필요한 군장을 소유하지 않았기 때문에 원정에 가담할 수가 없었다. 이런 사람들은 보통 자기 지방 도시의 보병 수비대를 구성했다. 이처럼 다양한 종류의 봉직은 모스크바 봉직자들의 용어로는 '군주의 원거리 봉직과 근거리 봉직, 그리고 도시 봉직 또는 교외 봉직'이라고 표현되었다. '선발 드보랴닌들'과 '궁정 보야린 후보들'은 멀리 떨어진 장소의 봉직을 수행했다.[8] 그 이외에도 '선발 드보랴닌들'은 궁정이나 수도의 다양한 의무를 수행하기 위해 정해진 순서에 따라 파견되었다.[9]

---

8) 구술 강의에서는 다음과 같은 내용을 첨가했다.
"궁정 봉사가 있었다. 어떤 이들은 군주의 식탁에서 봉직을 수행했고, 또 어떤 이들은 궁정 내의 다른 봉직을 담당했다."

9) 강의실에서는 이 부분을 다음과 같이 좀더 자세하게 설명했다.
"'선발 드보랴닌'과 '궁정 보야린 후보'는 먼 곳의 봉직을 수행했다. 이외에도

군장 관등

'군장 관등'(чины служилые по прибору)[10] 또한 그 수가 많았다. 이 부류에는 군대에 봉사하는 다양한 하급 관리들이 속해 있었는데, 가령 소총병,[11] 포병, 화승포병(затинщик),[12] 대부분의 포수, 국경 수비 담당 카자크인, 기병, 보병, 그리고 17세기의 로마노프조 시절에 생겨난 부대인 용기병(龍騎兵) 등이 있었다.

이런 군장 관등은 정부에 의해 사냥꾼들과 다양한 계급의 사람들, 특히 국가에 대한 저세가 면제된 사람들에서 징집되었다.[13] 초기에는

'선발 드보랴닌'은 순번에 따라 수도의 궁정에서 경계 업무를 담당하도록 지명되기도 했다. 이는 마치 요즘에 카자크인들이 상트 페테르부르크에서 일상적인 복무를 하는 것과 마찬가지였다. '도시 보야린 후보'는 오직 가까운 지역의 봉직만을 담당하거나, 오직 수비대 봉직 그리고 포위 봉직만을 수행했다. [……] 언급된 모든 봉직 관등에 속한 복무는 출신지에 따라 영원한 의무이기도 하며, 세습적이기도 했다. 봉직자들은 이러한 봉직에 대한 주요 생계 수단으로서 세습영지의 형태든지 봉직영지의 형태든지 개인적으로 토지를 부여받았다. 화폐 형태의 하사금은 16세기 중반부터 봉직에 대한 보조 생계수단으로만 도입되었는데, 이것은 원정을 앞둔 봉직자들에게 지급되었다."

10) '군장 관등'의 어원이 된 '프리보르'(прибор)란 원래 군장(軍裝)이란 뜻인데, 계약에 의해 군에 소집되는 일을 가리키는 말로 사용되었다. 이런 식으로 군 복무하던 사람들을 '군장봉사인'(приборные служилые люди) 또는 '군장에 따른 봉사인'(служилые люди по прибору)이라고 불렀다. 여기에는 소총병(стрелец), 카자크(казак), 포수(пушкарь), 역마차 마부(ямщик) 등이 있었다. 이들은 계약으로 정부업무를 위해 소집되었으며, 드보랴닌과 보야린 후보 등 상층 봉직자와 납세민 대중 사이의 중간적인 지위를 차지했다. 이들은 성채나 국경 도시 주변에 거주하면서 그곳의 수비를 담당했다. 이들의 복무 계약은 아들에게 세습되는 추세였다. 18세기에는 군장봉사인의 후손들 가운데 일부는 귀족과 국가 농민 사이의 소지주(однодворец)가 되었다. 그러다가 19세기 후반에 이들은 법적으로 농민과 통합되었다.

11) стрелец: 16세기 초에 생겨난 상비군 형태의 보병.

12) 성채용 무기인 은폐된 화승포 책임자.

13) 구술 강의에서 이 부분은 다음과 같은 식으로 설명되었다.

이런 관등 사람들은 임시로 오직 특정한 원정 때만 봉직 명부에 등록되었다가 원정이 종결되면 해산되었다. 그러나 17세기에 '군장' 관등은 죽을 때까지, 또는 늙을 때까지, 또는 병이 날 때까지 계속해서 복무해야 하는 군인이 되었다. 이들 군장 관등은 봉직의 서열을 정하지 않고, 자기들끼리는 평등하다고 생각했다는 점 때문에 출신지에 따른 봉직자들과 달랐다. 그들은 관직의 명칭이 아니라 직무의 종류에 의해 구분되었다. 따라서 그들 안에는 서열상의 이동이 없었다. 가령 선발된 드보랴닌이 궁정거주인이 된다든지, 궁정거주인이 모스크바 드보랴닌이라는 관등이 되었을 때 그것은 승진이라고 할 수 있었다. 그러나 카자크가 기병이나 소총병이 된다면 이것은 직무의 종류가 바뀐 것이지, 승진이 아니었다.

"이 모든 봉직 관등은 정부에 의하여 주로 국가에 대한 조세가 면제된 다양한 계급, 즉 '자유민' 또는 '굴랴쉬'라고 불린 사람들 속에서 징집되었다. 처음에 이들 관등은 사냥꾼들 가운데 모집되었다. 17세기에는 세속적 지주이건 종교적 지주이건 납세 대상 저택의 수에 따라 강제적인 징집처럼 그들을 소집했다. 처음에는 이런 관등의 사람들은 특정 원정을 위해 임시적으로 봉직에 등록되었다가 원정이 끝나면 해산되었다. 그러나 17세기에 봉직을 맡게 된 군인들은 사망 때까지 또는 신체적으로 봉직을 담당할 여력을 상실할 때까지 임무를 맡았다. '군장 관등'은 주로 화폐 형태의 하사금으로 부양되었다. 보조 생계 수단으로 토지가 지급되기는 했지만, 그들의 토지 소유는 개인적인 것이 아니라 농민과 마찬가지로 공동체적이었다는 점에서 '출신지에 따른 봉직자들'의 토지 재산과 상이했다. 정부는 '군장 봉직자들'을 하나의 전체적인 사회로 결합해서 국경선 지역에다가 공동체적인 지배권으로서 토지를 분배했다. 나중에 이러한 '군장' 지주들에게서 '오드노드보르취'라는 명칭을 얻은 주요 신분이 생겨났다.
이제 '젬스키' 관등을 열거해보기로 하자. 이들 관등에 속한 사람들을 모스크바어로 '궁정거주인'이라고 불렀다. 그들은 '납세민'과 '비납세민'으로 구분되었다."

납세 관등—납세 성채주변도시민 관등과 납세 농촌거주민 관등

두 번째 부분은 '납세' 관등, 또는 '지방'(земские) 관등이었다. 납세 관등은 또다시 납세 성채주변도시민 관등(포사드 관등, посад)[14]과 납세 농촌거주민 관등(군郡 관등)으로 세분되었다. 첫 번째 부류의 사람들은 납세 의무를 진 도시의 거주민들이었고, 두 번째 부류는 납세 의무를 진 농촌거주민들이었다. 성채주변도시 주민들과 군[15] 주민들 사이에는 경제적으로 현저한 차이가 있었다고 가정해서는 안 된다. 즉 성채주변도시 주민들은 상공업자들이었고, 군 주민들은 농민들이었다고 생각해서는 안 되는 것이다. 성채주변도시 주민들과 군 주민들 사이에 그런 구분이 존재하지 않았다. 아주 많은 수의 성채주변도시 주민들이 농업에 종사했던 것과 마찬가지로, 군 주민들 가운데서도 아주 많은 수공업자들, 직공들, 상인들이 있었다. 이런저런 부류의 사람들은 정치적인 처지, 즉 그들이 어느 공동체에 속해 있느냐에 따라 구

---

14) '포사드'란 모스크바국 시절의 성채주변도시를 가리키는 용어이다. 성채주변도시는 정부 청사나 중심 교회당을 포함하고 있는 성채 주변에 있었는데, 이곳에서 상인, 수공업자, 고용 노동자 등이 거주했다.

15) '군'(郡)으로 번역된 '우예즈드'(уезд)라는 용어는 어떠한 행정적 · 사법적 업무, 즉 공물 순행(полюдье)이나 여행(езда)에 기원이 있다. 고대의 지배자는 통치 지역을 돌아다니면서 통상적으로 1년에 두 번 공물을 거두었다. 따라서 지배자가 공물을 거두기 위해 돌아다니던 지역은 '우예즈드'라는 명칭을 얻게 되었다. 그런데 분립영지(удел)가 성립된 이후에 우예즈드는 분립영지의 구성 단위로서의 의미를 지니게 되었다. 우예즈드는 행정적 · 사법적 단위로서 어떠한 행정적 중심지에 소속되어 있었으므로, 도시만이 아니라 특별한 사법적 · 행정적 책임자가 상주하는 곳이라면 농촌도 우예즈드일 수 있었다. 나중에 러시아 역사에서 행정 단위가 세분되면서, 도시의 행정 구역은 우예즈드라고 부르게 되었고, 농촌의 행정 구역은 중부 루시 지역에서는 볼로스치(волость), 그리고 북부, 스몰렌스크, 노브고로드 루시에서는 포고스타(погоста)라고 부르게 되었다.

분되었다. 성채주변도시 주민들은 도시 공동체에, 군 주민들은 농촌 공동체에 속해 있었다. 농촌 공동체는 공동체에 부과되는 이런저런 특별한 종류의 의무에 의해, 그리고 각 개인들 사이에 세금을 할당하는 방법에 의해 도시 공동체와 구분되었다.[16] 국가에 바치는 세금은 도시 공동체에서는 드보르[17] 단위로 할당되었고, 농촌 공동체에서는 토지의 크기에 따라 할당되었다.

모스크바 시의 성채주변도시 주민들

수도와 지방 도시에 거주하는 성채주변도시 주민들의 구성이 동일하지는 않았다. 그중에서도 모스크바 시의 성채주변도시 주민의 구성은 특히 복잡했다. 모스크바 거주민은 다음과 같이 분류되었다.

1) 특대상인(гости)

2) 대상인(гостиная сотня)

3) 중상인(суконная сотня)

4) 평민 백인대(百人隊, сотня)[18]와 면세구역 거주민.[19] 처음 세 부류는 수도의 상공업자들에게서 분리된 상층 상인들이었다.

---

16) 구술 강의는 다음과 같다.
"농촌 공동체는 국가에 대한 납세 의무에 의해, 구체적으로 말하면, 국가에 바치는 세금의 할당 방식에 의해, 도시 공동체와 구분되었다."

17) 드보르(двор)는 안마당을 함께 쓰는 여러 가구를 의미했다.

18) '백인대'의 원어인 '소트냐'(сотня)란 원래 100명의 군사로 이루어진 군사조직 단위를 가리키거나 행정영토 단위 또는 어떤 공공 조직을 의미했는데, 여기서는 거주민을 의미한다.

19) 면세구역의 원어인 '슬로보다'(слобода)는 일정한 기간이나 항구적으로 세금과 부역 의무를 면제받은 구역을 일컫는 용어이다. 슬로보다란 원래 자유를 의미하는 '스보보다'(свобода)를 뜻했다.

특대상인[20)]

특대상인이란 대규모 도매상인들로서 다른 도시와의 교역, 또는 외국과의 교역에 종사하는 이들이었다.[21)] 이 사람들은 자본의 규모 면에

---

20) 특대상인의 원어인 '고스치'(гость)는 고대 루시에서 다른 나라, 다른 공국, 다른 도시에서 상품을 사고팔기 위해 온 사람들을 일컫는 용어이다. 나중에 이 용어는 자신의 거주지의 경계 너머, 특히 외국으로 상행위를 하러 다니던 지역 상인들을 의미하게 되었다. 16세기 중반 무렵에는 러시아 정부의 지시로 특혜를 받은 외국인 대상인들을 '고스치'라고 부르기 시작했다. 그렇지만 이와 함께 '고스치'라는 용어는 러시아의 특권 대상인 가운데 상류층을 지칭하게 되었다. '고스치'라는 칭호를 받은 상인들은 특별한 법적 지위를 얻게 되었다.

21) 이 부분부터 이 강의 마지막까지의 구설 강의 내용은 석판 인쇄를 위해 다시 작업된 내용과 상당히 달랐다.

"특대상인—이들은 다른 도시나 심지어 외국과 교역에 종사하던 대규모 도매상인들이다. 이들은 자산의 규모 면에서 대상인이나 중상인과 차이가 있었다. 게다가 특대상인과 중상인에 속하기 위해서 소유해야 하는 자산의 규모는 알려져 있지 않았지만, 특대상인이 소유한 자산의 크기에 따라 대략적으로 판단할 수 있다. 17세기 후반부의 관리였던 코토쉬힌은 특대상인이 2만에서 10만 정도의 유동 자산을 소유했다고 말하고 있다. 당대, 즉 알렉세이 차르 때 모스크바 루블은 오늘날로 보면 17루블에 해당하므로, 2만 루블은 오늘날 30여 만 루블 이상, 그리고 10만 루블은 거의 200만 루블에 가깝다. 자산의 규모에서 차등을 보인 앞서 언급한 세 등급의 상인들은 국가에 대한 의무도 달리 지고 있었다. 모든 성채주변도시 주민에게 부과되던 공통된 도시 세금 이외에도 그들은 국고 재정에 대한 위탁 임무를 맡았다. 이러한 위탁 업무의 비중을 이해하기 위해서는 모스크바국의 국고를 몇몇 독점 상인들이 장악했다는 사실을 상기할 필요가 있다. 주류와 소금 판매권이 국가 재정에 속해 있었다. 그 이외에도 국가 재정은 상품을 판매함으로써 세금을 거두었다. '흑담비는 군주의 재정에 속한다'라고 언제나 말했듯이, 국가 재정 담당자들만 모피 교역을 할 수 있었다. 이 모든 것은 국고의 수입원이었다. 그렇지만 국가 재정은 자신들의 관리가 아니라 도시 사회에서 선발된 자들을 통해 사람들을 착취했다. 도시 사회는 '징세관'(верная голова), 즉 책임 있는 지도자들에게 선서한 자들과 그들에게 선서한 조력자들인 '부징세관' 각각을 착취를 위해 선발할 의무를 지고 있었다. 징세관은 스스로 재산상의 책임을 지고는 일정한 국고 규정에서 수입을 거두었다. 만약 그들이 일정한 액수를 거두지 못한다면 자신의 재산에서 부족분을 채웠다. 그렇게 해도 부족하다면 그를 뽑은 도시 공동

서 대상인 및 중상인과 차이를 가지고 있었다. 17세기 후반부에 서기보로 있던 코토쉬힌[22]은 특대상인의 유동 자본이 2만 루블부터 10만 루블까지였다고 말하고 있다. 그 시대, 즉 알렉세이 차르 시대의 모스크바 1루블이 오늘날[23] 17루블과 비슷하므로, 2만 루블은 오늘날의 30만 루블가량, 그리고 10만 루블은 약 200만 루블에 상응한다.

체 사회가 지불해주었다. 특대상인은 가장 무거운 재정 의무를 졌고, 아주 값비싼 국가 재정 상품을 가지고 교역했으며, 교역의 실패에 대한 책임을 졌다. 대상인과 중상인들은 특대상인의 조력자로 선발되기도 했고, 재정 규모가 크지 않은 도시에서 독자적인 수장이 되기도 했다. 국가적 위임을 받은 이런 봉사는 수도의 고위 대상인들에게 부과된 아주 과중한 의무였다. 평민 백인대와 평민 면세구역 거주민들은 수도에 거주하는 다수의 상인-수공업자들이었다. 특대상인이 오늘날의 코메르치 소베트니크에 해당하고, 대상인과 중상인이 소상인에 해당한다는 사실은 알기 쉽다. 백인대와 면세구역이 수공업 분야의 종류로 구분되었기 때문에, 그들은 후대의 작업대와 비슷했다. 수도의 상인-수공업자의 구성을 짧게 열거하면 이와 같다.
이제 지방 도시에 있는 성채주변도시 거주민의 구성, 농촌 거주민의 구성, 그리고 마지막으로 기본 관등 사이에 존재하던 중간적인 계층에 대해 기술해보기로 하자. 내가 앞에서 설명한 내용을 보면 우리는 이미 모스크바국의 사회를 구성했던 세세한 관등을 열거하는 일 자체가 얼마나 지루하며, 기억하기가 얼마나 어려운지 알 수 있을 것이다. 그렇지만 이러한 구성을 연구하는 일은 이 기이한 사회가 건설되었던 기본적인 원칙을 이해하기 위해서 필수적인 작업이다."

22) 코토쉬힌(Григорий Карпович Котошихин, 1630~67)은 17세기에 러시아의 외무성 서기로 있던 인물이었다. 1664년 봄에 행정 업무를 수행하도록 체르카스키 공작(Я. К. Черкасский)의 군대로 파견되었으나, 그해 8월에 망명해서 여러 곳을 거쳐 결국 1666년 3월에 스웨덴에서 갔다가 결국 자신의 주인을 살해했다는 혐의로 처형당했다. 『알렉세이 미하일로비치 치세의 러시아에 관해』라는 책을 저술했는데, 이 책은 17세기 중엽 러시아의 국가 구조에 관한 가치 있는 사료로 평가되고 있다. 이 저술이 스웨덴 정부의 지시에 따라 이루어졌으므로 17세기의 러시아 현실에 대해 약간 주관적인 측면이 있기는 하지만, 거기 기록된 대부분의 내용은 아주 상세하고 정확하다.

23) 이 강의가 행해지던 19세기 후반이다.

대상인[24]과 중상인

대상인과 중상인은 특대상인보다는 적은 자본을 가진 상인들이었다. 특대상인을 오늘날의 대상인 고문관(коммерцие-советники)과 비교할 수 있다면, 대상인과 중상인은 오늘날의 제1, 제2 상인 계급에 해당된다. 자본의 규모에 따라 구분된 이 세 상인 계층이 국가에 부담한 의무는 동일하지 않았다. 이들 상인들은 모든 성채주변도시 주민들에게 부과되는 공통의 도시민 세금을 납부한 이외에도 국가가 주관하는 다양한 독점 사업이나 수익 분야를 맡아 경영했다. 그런 사업으로는 '국가 재산인 흑담비' 판매, 즉 국유 재산인 모피 판매, 국가가 독점권을 가지고 있는 주류(酒類) 판매, 국내 시장에서의 교역세 징수 등이 있었다. 이러한 국가 관련 사업은 특대상인과 대상인, 그리고 중상인이 차례대로 담당했는데, 그들에게는 수고료를 지불하지 않았을 뿐만 아니라 그들이 경제적인 책임을 지기도 했다. 이런 책임 있는 직무는 군사적 직무와는 달리 '정직한' 직무, 또는 '입맞추는' 직무, 즉 '선서를 하는' 직무로 불렸다. 대상인과 중상인보다는 특대상인에게는 좀더 중요하고, 책임이 따르는 업무가 맡겨졌다.

---

24) '대상인'의 원어인 '고스치나야 소트냐'(гостиная сотня)란 16세기로부터 18세기 1/4분기에 '고스치'(гость) 다음의 등급에 속하는 특권 대상인들을 일컫는 용어이다. 16세기 후반부에 형성된 '고스치나야 소트냐'의 구성원들은 대자본을 소유하고 있었으며, 정부에 공을 세운 사람들이었다. '고스치나야 소트냐'가 지닌 특권은 윤허장에서 공식화되었다. '고스치나야 소트냐'의 구성원을 모욕했을 경우에는 명예훼손에 대한 벌로서 20루블, 15루블, 10루블의 벌금이 부과되었다. '고스치나야 소트냐'도 '고스치'와 마찬가지로 성채주변도시의 조세, 숙영(宿營) 등에서 면제받았고, 수수료 및 인지세 등을 지불하지 않아도 되었다. '고스치나야 소트냐'는 오직 중앙 권력에만 복종하면 되었다.

평민 백인대와 평민 면세구역거주민

평민 백인대와 면세구역거주민들은 후대의 소시민 계층(мещанство)에 해당하는 수도의 상공업 종사자 대부분으로 구성되어 있었다. 백인대와 면세구역 주민들은 어떤 직종에 종사하느냐에 따라 서로 구분되었다. 그러므로 그들은 후대의 '공장 내 부서'(цех)와 비교할 수 있다. 면세구역이 백인대와 다른 점은 그들이 궁정의 주문을 받아 일하던 상공업자들로서 각종 물자를 궁정에 납품하거나, 궁정을 위해 일했다는 점이다. 이렇듯 면세구역에는 궁정 정원사, 대장장이, 방직공,[25] 아마포 제조자(кадашие)[26] 등이 있었다. 각각의 평민 백인대나 면세구역은 선출된 감독관 또는 백부장(сотник)에 의해 관리되는 독특한 공동체를 구성했다.

이제 지방 도시의 성채주변도시 주민들의 구성, 농촌 주민들의 구성, 그리고 마지막으로 기본 관등 사이에 있는 중간 계층을 설명하는 일이 남아 있다. 내가 서술한 글을 통해 여러분은 그것을 기억하기가 얼마나 어려운지, 그리고 모스크바국의 사회를 구성하고 있는 세세한 관등들을 열거하는 일이 얼마나 따분한 일인지 이미 알았을 것이다. 그렇지만 이 기묘한 사회가 기반으로 삼고 있는 기본 원리가 무엇인지 이해하기 위해서는 이러한 사회 구성을 연구하는 일이 필수 불가결한 작업이다.

---

25) 궁정의 식탁보를 짜는 사람이다.

26) 궁정에 식탁용 아마포를 공급하던 납품업자들이다.

제11강

앞 강의의 연속

우리는 15세기, 16세기, 그리고 17세기에 모스크바국이 어떠한 사회 구성을 하고 있었는지에 대한 연구 작업을 시작했다. 나는 그 사회를 구성하고 있는 계급들을 열거함으로써 이 연구를 개시했다. 이 사회는 크게 보아 세 부분, 즉 봉직자들, 납세자들, 면세자들로 나뉜다. 각 부분은 또다시 등급 또는 관등으로 세분되었다. 나는 앞장에서 첫 번째 부류에 속한 관등을 열거했으며, 두 번째 관등 목록을 언급하기 시작했다. 두 번째 부류인 납세자들은 성채주변도시 주민들과 군 주민들, 즉 도시 사람들과 농촌 사람들로 세분되었다. 성채주변도시 주민들은 또다시 '수도의' 관등들과 '도시' 또는 지방 관등으로 나뉘었다. 수도의 성채주변도시 관등으로는 특대상인, 대상인, 중상인, 모스크바의 평민 백인대, 궁정에서 쓰이는 물자를 공급하는 면세구역거주민들이 있었다. 앞에서 내가 제시한 목록은 여기까지다. 나는 계속해서 납세 부담을 진 관등을 열거하기로 하겠다.

모스크바의 성채주변도시 관등 다음으로는 지방의 성채주변도시 관등, 또는 '중소도시의 성채주변도시 사람들'이 있었다. 그들은 교역상의 지불 능력 또는 유동 자본의 규모에 따라 오늘날의 상인 계급에 해당하는 등급으로 또다시 나뉘었고, '상급' '중급' '하급'이라는 호칭을 가지고 있었다. 이들 경제 부문의 등급들 각각은 특별한 관등을 구성했는데, 성채주변도시 전체의 세금 가운데 각 등급에 부과되는 부담의 규모, 직무 또는 (관등에 부과되는) 국가 위탁 사업의 난이도에 따라 정치적으로 다른 등급과 구별되었다. 성채주변도시의 '상급' 저택에는 '중급' 저택보다 두 배의 세금을 요구했고, '중급' 저택은 '하급' 저택보다 두 배의 세금을 부담했다. '상급'이나 '중급'은 통상적으로 자기가 거주하는 지방 마을의 보드카 저장소에서 징세관(верная голова)으로서 일하거나, 자기 도시의 세무서에서는 직무를 맡을 수 있었으나 징세관으로서가 아니라 오직 부징세관(целовальник), 즉 징세관에 대한 선서 보조자로 일할 수 있었다. 세금 부담이나 국가 위탁 사업의 이행에 관한 책임은 납세 도시민 관등 가운데 이런 식으로 할당되었다. 이제 납세민들 중 두 번째 등급, 즉 농촌의 납세민들을 열거하는 작업으로 넘어가보자.

농촌의 납세민들

이 부류에 속한 사람들은 두 가지, 즉 그들이 경작하고 있던 토지의 법적인 위치에 따라, 그리고 농업에 종사하는 노동력이나 노동 수단의 규모에 따라 구분되었다. 토지의 법적인 위치에 따르면, 이 사람들은 다음과 같이 분류되었다.

1) 국유지에 거주하는 흑민과 궁정 토지 농민으로서 이들은 자신들의 경작지, 좀더 정확히 말해 자신의 농촌 공동체에 긴박(緊縛)되어 있었으나 인신적으로는 자유로웠다.

2) 사유지에 거주하던 농노로서 이들은 통상적으로 농기구를 빌렸으며 지주에게 인신적으로 예속되어 있었으나 자신의 경작지나 농촌 공동체에 긴박되어 있지는 않았다.

흑민과 궁정 토지 농민 그리고 농노

납세 의무를 지닌 농촌 거주자들은 토지의 규모에 따라 또다시 두 등급으로 나뉘었다. 1) 완전하거나 정상적인 분여지를 경작하는 사실상의 농민들이 있었는데, 토질과 인구 밀집도에 따라 어떤 지역에서는 이런 분여지가 허락되었다. 이런 농민들은 분여지에서 나오는 수입으로 토지세 전액을 납부했다. 2) 빈민은 또다시 두 등급으로 세분되었다. 한 부류의 '빈민'은 농민과 비교해서 소규모의 토지를 경작하고 있었다. 그리고 다른 부류는 경작지를 전혀 갖지 못하고 단지 농가에 소속된 채마밭만을 갈거나, 농촌의 품팔이를 하든지 수공업으로 생계를 유지했다. 이런 형편이기 때문에 농민들에게 부과되는 세금 가운데 그들에게는 적은 액수만 부과되었다. 이제 모스크바국의 사회를 구성했던 세 번째 부류에 속한 등급을 열거해보기로 하자.

면세자들

이 부류의 사람들은 '비납세민들'이었다. 그들이 다른 계급과 구분된 점은 군주의 직무를 맡지도 않았고, 조세 부담을 지지도 않았다는 것이다. 이 사람들은 두 계급으로 세분되었는데, '자유로운 사람들'(люди вольные)과 고대에 '홀로피예'(холопие)라고 불렸던 노예들이 바로 그러하다.

자유로운 사람들[1)]

'자유로운' 또는 '돌아다니는' 사람들은 경제적인 구성으로 보면 극히 복잡한 계급이었다. 그들 가운데 일부의 사람들은 다른 사람들에게 부과된 세금 덕을 보며 살았다. 즉 이들은 자신들의 경제 기반을 가지고 있지 않은 채 납세민들과 동료 관계를 맺고 살아가던 사람들이었다. 그들은 통상적으로 노동을 통해 납세민들을 도와주었으나 스스로 조세 부담을 지지는 않았다. 그들은 주인들과 관계없는 이방인들이었거나, 주인들의 친척들로서 노동 능력을 상실한 부친이거나 아직 독립적인 경작지에 정착하지 못한 자녀들 등이었다. 이들 이방인들과 친척들은 '식객' '이웃' '옆집 사람'이라는 명칭을 가졌다. 다른 '자유로운 사람들'(люди вольные)은 일정한 직업이나 정착지를 가지지 못했고, 항상 이동하며 일을 했으며, 고래의 표현에 따르면 "걸으면서 식사를 했다". 마지막으로 세 번째 부류의 사람들은 전혀 일을 하지 않았고, 걸식하며 구걸하러 돌아다녔다. '자유로운 사람들'은 도시에서도 살고 농촌에서도 살았으나 도시 공동체든 농촌 공동체든 어디에도 편입되지 않았다.

노예

우리는 16세기와 17세기의 노예의 신분적 지위에서 분립영지 시대의 노예 신분에서 보았던 것과는 상반되는 현상을 발견하게 된다. 분립영지 시기에 노예 신분은 법률적인 측면에서 하나의 완전한 계급이었으면서도, 경제적으로는 소규모 등급으로 세분되어 있었다. 그러나 이제 그와는 반대로 분립영지 시기에 성립된 경제적 지위를 유지하던

---

1) 이들은 모스크바국 시절에 납세 의무도 지지 않고 봉사 의무도 지지 않았던 사람들로서, 이들은 도시나 농촌 공동체에 등록되어 있지 않았다.

노예 신분은 다양한 법적 등급으로 극히 많은 수로 세분되었다. 이 계급에 속한 모든 사람들은 봉직자들과 납세자들, 그리고 '자유로운 사람들'과는 달리 인신적으로 부자유스러웠다는 특징을 가지고 있었는데, 이들이 속한 모든 등급들은 인신상의 부자유 상태의 정도와 조건에 따라 서로 구분되었다. 나는 좀더 심한 부자유 형태에서 시작해서 좀더 약한 정도의 부자유 형태에 이르기까지 이러한 등급들을 하나씩 열거하려고 한다.

① 완전 노예

완전 노예(холопство полное) 신분은 『루스카야 프라브다』 시기와 분립영지 시기에 효력이 있었던 바로 그 근원들에서 17세기 이전에 생겨났다. 완전 노예 신분은 무조건적이고 무기한이었으며, 후손에게 세습되었다. 부자유 신분이 노예의 후손에게로 전수되었듯이, 이런 부자유민들에 대한 주인의 권리 역시 상속자에게 넘어갔다. 완전 노예 신분을 확정한 예속 문서는 '완전 증서'라는 명칭을 지니고 있었다.

② 신고 노예

이 신분이 생겨난 근원은 완전 노예 신분을 만들어낸 것들 가운데 하나, 즉 사람들을 노예로 팔았던 행위였다. 그러나 이러한 판매 행위는 조건부적이며 일시적인 예속 상태를 확정지었다. 이런 예속 상태가 조건부적이라는 사실은 '신고 노예'(холопство докладное)에게 모든 종류의 일을 다 맡긴 것이 아니라, 농촌의 창고지기 직책만 맡겼다는 사실에서 표현되었다. 거래를 체결할 때 이 점은 다음과 같은 문구로 표현되었다. 몇 루블에 노예는 "마을의 열쇠를 넘겨받았고, 열쇠 때문에 노예 신분이 되었다". 부자유 신분의 임시적인 성격은 '신고 노예'가 주인이 사망할 때까지만 노예로 있었고, 주인이 죽고 나면 법에 따라 채무를 갚지 않고도 자유를 얻게 되었다는 사실에서 표현되었다. 이러한 노예 신분은 법적인 형식인 '신고'(申告, доклад)에서 그 명칭을 얻었는데, 이런 '신고'로 노예 신분이 확정되었기 때문이다. 어떤 사람이 거래를 통해 문서상으로 예속민이 된다면 그것은 지방장관에게 신고되었고, 지방장관은 해당 노예를 심문한 다음에 도장을 찍음으로써 거래를 인준했다. 그러므로 신고 노예 신분을 확정지은 예속 문서는 '신고 문서'라는 명칭을 얻었다.

③ 채무 노예

채무 노예(холопство кабальное) 신분은 다양한 시기에 다양한 근원에서 생겨났다. 16세기에 그러한 근원은 부채였는데, 이런 부채는 채무자가 자신을 저당 잡힘으로써 담보되었으며, 채무자가 '이자 때문에 섬겨야 하는' 의무와 결합되었다. 즉 채무자는 이자를 지급하는 대신에 채권자의 집에서 일해야 했던 것이다. 17세기에는 어떠한 채무 관계도 게재되지 않았고, 직무에 대한 보상이 분명히 언급되지 않았다고 할지라도, 단지 주인의 집에서 일을 하도록 설득함으로써 채무 노예가 생겨나기도 했다. 신고 노예와 마찬가지로 채무 노예도 임시적이었다. 이런 노예 신분은 주인이 사망할 때까지만 지속되었으며, 그 이후에는 법에 따라 자유로운 신분이 되었다. 채무 노예를 확정지은 문서는 '복무 증서'라는 명칭을 얻었다. 이것은 '차용 증서'와 구별할 필요가 있는데, '차용 증서'는 단지 빚에 의한 영수증일 따름이었기 때문에 인신상의 예속 상태를 만들지도 않았고 노동 의무와 결합되지도 않았다.

④ 생활 노예

이 노예 신분은 강제 노동과 결합된 채무 관계에서 채무 노예가 더 이상 생겨나지 않았던 시점부터 생겨났다. 생활 노예(холопство жилое)는 부자유 상태가 발생된 근원과 조건이 다양하다는 사실 때문에 채무 노예와 구별되었다. 이 신분은 이자 대신에 하는 강제 노동과 결합된 채무 관계, 노동을 마칠 때 임금을 지불하도록 조건을 단 고용 관계, 그리고 마지막으로 주인이 일꾼을 입혀주고 먹여줄 의무를 진 부양 관계에서 발생했다. 생활 노예 신분은 임시적이었을 뿐만 아니라 기한이 정해져 있기도 했다. 합의 내용에 따라, 이 신분은 예속 생활을 하는 일정 기간의 햇수(урочные лета)[2]만큼, 또는 주인이 사망할 때까지, 또는 주인 자녀들이 사망할 때까지 유지되었다. 통상적으로 이것은 노예가 사망할 때까지를 의미했다. 이 노예 신분은 당사자가 주인과 자유로운 상태에서 계약을 체결함으로써 부자유 상태에 빠졌을 뿐만 아니라 당사자의 부모나 나이든 친척들, 또는 당사자의 남편과의 계약으로도 생겨났다는 점에서 채무 노예와 달랐다. 부모가 자녀를, 삼촌이 조카를, 형이 동생을, 남편이 아내를 그렇게 부자유 신분으로 만들기도 했다. 미닌[3]은 "우리는 자기 아내를 저당 잡히자"라고 말했는데, 이것은 무슨 연설조의 문구가 아니라 법률적으로 늘 일어나는 일상적인 거래를 표현한 말일 따름이었다.[4] 이 노예 신분을

2) 도망친 예속민의 추적 기간을 말한다.

3) 미닌(Кузьма Минин, ?~1616)은 니즈니 노브고로드 출신으로서 17세기 초반에 폴란드나 스웨덴 침입군을 물리치는 데 커다란 역할을 한 인물이다.

4) 구술 강의에서는 다음과 같이 설명했다.
"사실상 이것은 노예가 사망할 때까지를 의미했다. 이것은 부자유 상태가 주인과 부자유인의 자유로운 계약에 의해서가 아니라, 당사자의 부모나 친척이나 남편의 계약에서 생겨났다는 점에서 예속 노예와 달랐다. 아내와 자식들을 생

확정지은 문서는 '젊로이' 또는 '세상살이' 문서라는 명칭을 얻었다.

* * *

나는 16세기와 17세기의 모스크바국 사회를 구성하고 있던 관등의 목록을 열거하는 피곤한 일을 마쳤다. 나는 『1649년의 젬스키 소보르 법전』이 편찬된 시기인 17세기 중반 무렵에 모스크바국 사회가 어떻게 구성되었는지 서술했다. 그리고 그 사회를 수직으로 절단했을 때 드러나는 구성 부분을 열거했다. 우리는 당시의 모스크바국의 사회가 세 주요 부분, 즉 봉직자들, 납세자들, 면세자들로 나뉘었음을 보았다. 각 부분은 몇 개의 등급으로 분류되었고, 등급은 또다시 몇 개의 소규모 계층, 또는 관등으로 분화되었다. 이런 관등들은 여러 가지 의미와 상호관련이 있었다. 어떤 부분에서 각 관등은 계단과도 같은 서열 체계를 이루고 있었다. 이 서열 체계의 단계는 각 관등이 담당한 국가에 대한 의무의 경중이나 중요도에 따라 차등을 이루고 있었다. 그러므로 여기서는 인물들이 서열 체계에 따라 움직이고 있었는데, 직무나 자산 상태에 따라 하위 관등에서 고위 관등으로 이동했다. 봉직자들과 도시의 납세민들로 나뉜 관등도 마찬가지였다. 또 어떤 부분에서는 관등이 수직으로 배열되어 있는 서열 체제의 단계라는 의미를 가지고 있지 않았다. 어떤 경우에 등급들은 서로 수평으로 평행선을 이루고 있었다. 등급들은 국가에 대한 직무의 난이도나 중요성에 의해서가 아니라 국가 입장에서 보면 동일한 의미를 지니고 있었던 특별한 종류의 의무에

활 노예 신분으로 내맡기곤 했다. 미닌과 포자르스키가 '우리는 자기 아내를 저당 잡히는구나!'라는 말을 했는데, 이것은 무슨 수사적인 어구가 아니라 직접적이며 정확한 법률적 표현이었다."

의해서 자기들끼리 구분되었다. 군장 봉직자들, 즉 소총병, 카자크, 포병, 화승포병 등으로 이루어진 관등이 이런 경우에 속했다. 그러므로 여기서는 사람들 사이에 서열상의 이동이 없었다. 이 분야에 종사하는 사람들은 직무와 관련해서나 자산을 통해서 포병에서 카자크로, 또는 카자크에서 소총병으로 승진하지 않았다. 왜냐하면 소총병, 카자크, 그리고 포병은 다양하기는 했지만, 정치적인 의미에서는 동등한 가치를 지닌 직무에 종사했기 때문이다. 모스크바국 사회의 세분된 관등을 확실히 기억하도록 하기 위해서 나는 설명된 신분 목록을 다음과 같은 표로 만들었는데, 이 표는 신분 구분 현황을 그림처럼 분명하게 드러내주고 있다.[5)]

모스크바국의 신분 구분표

봉직자

출신지에 따른 봉직자	두마 관등	1) 보야린 2) 궁내관 3) 두마 드보랴닌 〔4) 두마 서기〕
	모스크바의 봉직 관등	1) 궁정고관 2) 궁정일꾼 3) 모스크바 드보랴닌 4) 궁정거주인
	도시의 봉직 관등	1) 선발 드보랴닌 2) 궁정 보야린 후보 3) 도시 보야린 후보
군장 봉직자		1) 소총병 2) 카자크 3) 포병 등등

납세자

도시의 납세자	모스크바 시의 관등	1) 특대상인 2) 대상인 3) 중상인 4) 평민 백인대 또는 모스크바 면세구역 거주민
	도시의 성채주변도시 관등	1) 상급 2) 중급 3) 하급
지방의 납세민	흑민 또는 궁정 토지 농민	1) 사실상의 농민 2) 빈농
	예속 상태의 농민	1) 사실상의 농민 2) 빈농

면세자

자유로운 사람	
노예	1) 완전 노예 2) 신고 노예 3) 채무 노예 4) 생활 노예

5) 구술 강의에서는 다음과 같은 말로 끝났다.
"모스크바 사회의 복잡한 신분 구분을 명확하게 하기 위해 나는 모스크바국의 관등표를 제시하려고 한다."

제12강

모스크바국의 사회 신분 구분의 정치적 근거

이토록 상세한 신분 구분은 어떤 근원에서 나왔으며, 어떻게 시작되어 어떻게 완성되었는가? 그것은 여러 개의 분립영지로 나뉘었던 북동부 지방의 루시가 모스크바 공후의 권력 아래 결집하게 된 고대 루시에서부터 시작된 아주 복잡한 역사 과정에서 유래되었다. 이 과정은 세계사적인 대현상에 속한 것이 아니라 아주 독보적인 모습을 지니고 있다. 이런 과정 속에서는 루시의 민족적인 특성들뿐만 아니라 역사 운동의 공통된 동인들과 공동생활의 원동력이 그 모습을 드러냈다. 만약 여러분이 나와 마찬가지로 그런 종류의 현상에 대해 학문적인 관심이 있다면, 내가 여러분에게 제시하려는 세세한 설명을 인내심을 가지고 따라와야 한다. 무엇보다도 나는 이러한 신분 구분의 공통된 정치적 근거들에 대해 설명할 것이다. 나는 모스크바국의 전체 구조를 구성하고 있는 세부 사항에서 그 근원을 도출해내려고 시도할 것인데, 세부 사항 자체에 대해서는 잠깐씩만 지적하고 넘어갈 것이다.

북동부 지방의 루시가 정치적으로 통합됨에 따라 분립영지 시기에 공후와 여타의 전 계급들 사이에 확립되었던 사회적 관계는 그 성격을 바꾸게 되었다. 우리는 분립영지 시기에 이러한 사회관계의 기반이 개별적인 민사적 계약 또는 인신상의 복속 관계에 있었으며, 양 당사자의 물질적인 봉사와 이익이 교환된 데 있었다는 사실을 알았다. 사회관계의 그러한 성격은 분립영지 시기의 공후의 법적인 지위에 전적으로 부합되었다. 왜냐하면 그는 분립영지의 소유주이고 주인이었지, 분립영지 사회의 군주-통치자[1]는 아니었기 때문이다. 권력이 분립영지 전역에 지역적으로 분산되어 있었고, 또 권력을 나누어 가지고 있던 공후들이 친인척 관계였다는 기억이 남아 있었기 때문에 자유민들은 어떤 공후와 맺었던 계약을 파기하고, 다른 공후와 계약을 체결할 수 있는 가능성이 있었다. 그런 식으로 분립영지 사회의 구성이나 공후와의 관계 설정 그리고 단절은 순전히 우연적인 조건에 달려 있었다. 이런 일은 공후 자신의 뜻으로도 발생할 수 있었고, 공후와 계약을 맺은 자유 신분의 개인들의 뜻에 의해서도 발생할 수 있었다. 공후가 권력을 행사하던 공간 자체는 그보다 앞서 통치했던 사람의 뜻에 의해 결정되었다. 분립영지 공후들 각자는 통상적으로 자신의 부친이나 형제, 또는 먼 친척의 유언에 따라 양도받은 지역만 소유했던 것이다.

최고 권력의 의미 변화

여러 분립영지로 분산되었던 권력이 모스크바국의 군주 한 명에게 집중됨으로써 국가 내에서 모스크바 군주가 차지한 지위는 두 가지 측면에서 변화되었으나, 그 방향은 한 가지였다.

1) 그의 권력이 행사된 공간과 그 내용은 이제 더 이상 개별 인물들

---

1) 구술 강의에서는 '군주-통치자' 대신에 '정치적인 지배자'라고 언급했다.

의 의지와 같은 우연적인 조건에 달려 있지 않게 되었다. 이제 그 공간과 내용은 국가적인 요구와 정치적인 필요성에 의해 결정되었다. 북동부 루시가 모스크바 군주의 권력 아래 통합되었을 때 그는 문득 자신이 대러시아 전체, 즉 대러시아인들이 거주하던 전 영토의 지배자가 되었음을 깨달았다. 그뿐만 아니라 그는 스스로 '전 루시의 군주'라는 칭호를 확정했으며, 이 이름으로 아직 자신의 지배 아래 들어오지 않은 다른 루시 영토에 대한 권리를 소리 높여 제기했다. 그런 식으로 모스크바 공후는 민족 통일의 주체이자 민족적인 이익의 수호자로서의 지위를 차지하게 되었다. 모스크바국의 영토 내에 거주하던 러시아인들은 그와 계약을 맺었기 때문이 아니라, 자신들이 러시아 민족에 속하며 공통된 민족적인 이익 때문에 그에게 복종했다. 영토의 소유자가 이제 사회의 통치자가 된 것이다. 그의 지배를 받는 사회의 구성과 마찬가지로, 그의 권력이 미친 공간이나 권력의 성격은 이제 민사적인 거래 조건이나 거래량에 의해서 결정된 것도 아니고, 그의 선임자가 죽기 직전에 말한 유언으로 결정된 것도 아니었다. 그런 사항들은 이제 민족적인 경계선이나 민족의 복리라는 목적에 의해 결정되었다.

2) 사람들이 모스크바 군주의 복속민이 되어 그와 복속 관계를 맺게 된 것은 그처럼 절대적인 조건 아래서였다. 따라서 이런 복속 관계는 과거의 분립영지 시기처럼 퇴거한다거나 이주함으로써 쉽게 해지될 수 없었다. 야로슬라블, 로스토프, 노브고로드, 트베리, 프스코프, 랴잔, 그리고 체르니코프 방면의 여러 공국들이 모스크바국에 편입된 이후인 16세기에는 러시아 대평원 지역 전체에서 혈통으로나 종교적으로 모스크바 군주와 필적할 만한 독자적인 공후에게 속한 지역이 없게 되었다. 이제 불법적인 탈주를 하지 않는 한에는 모스크바국에서 도망갈 곳이 전혀 없었다. 분립영지 시기의 공후들이 모든 자유민들에게

적법한 권리라고 인정해준 이주 행위는 이제 정치적인 범죄이고 민족적 · 종교적 배신으로 간주되었다. 그리하여 이전에는 자유민들이 조건부로 임시적으로 복종했던 권력은 이제는 무조건적이고 강제적인 성격을 지니게 되었다.

모스크바 군주의 권력과 그보다 앞선 시대에 있었던 두 가지 형태의 최고 권력 사이의 차이

모스크바 군주는 이런 성격을 지니게 됨으로써 러시아 법 체계의 역사에서 그보다 앞선 두 시기에 있었던 형태와는 다른 새로운 형태의 최고 권력을 보유하게 되었다. 11세기와 12세기에는 공후 가문 전체가 루시의 최고 권력을 소유하고 있었고, 가문 전체가 루시의 전 영토를 소유하면서 그곳에 살고 있던 다양한 종족들을 다스리고 있었다. 이 지배 가문은 13세기와 14세기에 혈연 관계가 있었지만 서로 독립적인 수많은 지배자들로 분열되었는데, 이런 지배자들은 자신의 분립영지를 상속받은 소유주였지만 정치적으로 분립영지 사회의 통치자로 간주되지는 않았다. 이런 사회의 개별 구성원들인 자유민들은 그들의 복속민이 아니라, 단지 계약 당사자이거나 자유로운 신분의 고용인, 또는 자유로운 신분으로서 그의 분립영지에서 토지를 임대한 사람일 따름이었다.

모스크바국의 군주는 두 가지 형태의 몇몇 특징들을 자신 안에 혼합했다. 그는 전 러시아 영토를 상속받은 소유주이기도 했고, 그곳에 거주하는 모든 주민들의 정치적 통치자이기도 했다. 그렇지만 모스크바 군주는 영토적인 특징과 정치적인 특징이라는 두 가지 특징에다가 권력의 속성이라는 측면에서 세 번째 특징인 민족적인 특징을 결합시켰다. 11세기와 12세기의 공후 가문의 권력은 그러한 민족적인 의미가 없었다. 그 당시의 권력은 하나의 민족이라는 감정이 아니라 정복이라는 사실에서 유래되었다. 그때는 러시아 민족이라는 의식이 사람들의 머릿속에 겨우 생겨나기 시작한 무렵이었기 때문에 이런 의식은 법 체계 속이나 정치 질서 속에서 아직 구현되지 않았다. 14세기의 분립영지 공후들 역시 그러한 의미를 가지지 못했다.

왜냐하면 그들 각각은 루시 영토의 일부분만을 다스렸을 따름이고, 루시 영토가 세분된 상황에서 민족의 정치적 통일성에 대한 생각 자체가 소멸되어버렸기 때문이다. 반면에 모스크바 군주에게는 이러한 민족의식이 그의 실질적인 정치권력의 근거였을 뿐만 아니라 그의 정치적인 권리를 정당화시켜 주는 것이기도 했다. 그는 러시아 민족의 중심인 대러시아인들의 공통 이익을 지키는 사람이 되었으므로 민족 전체의 정치적인 통일을 이루어내려고 노력했고, 언젠가 루시인들의 수중에 있었던 모든 지역이나 자신의 모든 가문 사람들에게까지 권력을 확장하려는 과제를 스스로에게 부과했다. 이러한 권리는 모스크바 대공이 받아들인 '전 루시의 차르이자 대공'이라는 칭호에서 선언되었다. 그런 식으로 모스크바 군주의 권력은 집단적이지 않고 한 개인에게 속하는 성격을 지니고 있다는 점에서 12세기의 공후들이 가졌던 권력과 구분되었다. 그리고 모스크바 군주의 권력은 영토와 연관되었을 뿐만 아니라 정치적인 성격을 지니고 있다는 점에서 분립영지 시기의 공후들의 경우와도 달랐다. 마지막으로 그의 권력은 민족적이었다는 점에서 두 경우 전부와 구분되었다.

군주와 사회의 관계에서 생긴 변화

최고 권력의 의미가 이렇게 변화함으로써 최고 권력이 전 사회와 맺은 관계나 사회의 개별 계급들과 맺은 관계가 그 성격 면에서 변모되었다. 나는 이러한 변화 때문에 어떤 결과들이 줄줄이 생겨났는지 열거하려고 한다. 이 결과들은 서로 긴밀히 연관되어 있기도 하고 하나의 근원, 즉 최고 권력이 지닌 민족적인 의미에서 유래되기도 했다.

정치적인 복속민이라는 생각의 생성

최고 권력이 이러한 새로운 의미를 갖게 됨에 따라, "자유민으로서 분립영지 공후와 계약을 맺었던 사람들이 이제 정치적으로 모스크바 군주의 복속민으로 변모하게 되었다." 11세기와 12세기의 루시의 법 체계에서는 잠깐 동안, 그것도 아주 미약할 정도로 정치적인 복속민이라는 생각이 반짝 나타난 적이 있으나, 공후 가문이 적대적인 노선으로 갈라서고 루시 영토가 독립된 세력으로 일시에 분할되는 와중에 금방 소멸되고 말았다. 그런데 이런 생각이 되살아난 것이다. 그렇지만 이제 정치적인 복속민이라는 생각이 생겨난 근원은 앞선 시기의 경우와는 달랐다. 과거에 그 근원은 정복이었으므로 피정복민을 복속민으로 간주했다. 그런데 이제 이러한 생각은 하나의 민족이라는 감정과 민족의 자유를 위협하던 대외적인 위험에 대한 인식에서 생겨났다. 이제 러시아인, 즉 하나의 종족이자 모스크바 군주와 같은 신앙을 가진 개인을 복속민이라고 간주하게 되었다.

사적이고 민사적인 복속 관계의 소멸

① 또 다른 변화가 이런 변화와 연관을 가지고 있었다. "분립영지 공

후에게 개인적으로 복속된 노예는 이제 국가의 복속민으로 변모되었다." 모스크바국의 법 체계가 지닌 아주 독특한 성격 가운데 하나가 바로 이것이다. 즉 모스크바국의 군주에게는 12세기의 공후들이나 분립영지 공후가 데리고 있었던, 사적으로 예속된 개별 노예가 전혀 없었다. 그러한 노예들은 15세기와 16세기에 모스크바 군주의 자유 신분의 복속민들과 결합되었다.[2] 그렇지만 여기서 모스크바국의 사회 구성에 대해 오해를 불러일으킬 수 있으며, 실제로 종종 오해를 불러일으키기도 하는 한 가지 현상을 설명해야겠다. 인신적으로 예속 상태에 있던 군주의 노예들은 자유 신분의 복속민과 결합한 다음에 자신들의 법적인 명칭을 자유민들에게 확산시켰다. 자유민들 가운데 특히 분립영지 시기에 '자유로운 공복'이라는 명칭으로써 노예와 구별되었던 봉직자들은 16세기와 17세기에 모스크바 군주에게 스스로를 '군주 폐하의 노예'라고 불렀던 것이다.

② '군주 폐하의 노예'라는 명칭은 정치적으로 새로운 의미를 지니고 있었다. 우리는 오늘날 정치적으로 어느 정도 민감한 몇몇 사람들이 속삭이는 바와 같이, 이 용어에다가 예민할 정도로 지나친 의미를 부여해서는 안 된다. 그리고 모스크바국의 모든 자유민들이 가령 분립영지 시대의 노예와 마찬가지로, 또는 16세기에 사적인 노예 소유주의 노예로 남아 있었던 사람들과 마찬가지로, 모스크바 군주에게 인신적으로 예속된 사람들이 되었다고 생각해서도 안 된다. 11세기와 12세기의 공후들은 그러한 노예를 데리고 있을 수 있었다. 왜냐하면 그들

2) 구술 강의는 다음과 같다.
"이것은 모스크바국의 제도에 있었던 특징적인 현상이다. 즉 12세기의 공후들에게 있었던 것과 마찬가지로 분립영지 공후들에게도 있었던 사적인 노예가 사라졌던 것이다. 모스크바국에서는 15세기와 16세기에 사적인 궁정의 농노적 노예가 모스크바국의 자유 신분인 복속민과 결합되었다."

중 어느 누구도 정치적으로 최고 권력을 보유하지 않았기 때문이다. 최고 권력은 지배 가문 전체에 집중되어 있었을 따름이고, 가문의 개별 구성원들은 이런 최고 권력의 지역적인 대표자[3]였을 따름이다. 따라서 그들은 개별 인물들과 사적으로 예속 관계를 맺을 수 있었다. 법적으로 분립영지 사회의 주권자로 생각되지 않았고 오직 계약의 한쪽 당사자에 불과했던 분립영지 공후들 역시 그러한 노예를 데리고 있을 수 있었다. 그런데 16세기의 모스크바 군주는 그러한 노예를 소유할 수 없었다. 노예는 사적으로 개인적인 이익을 얻기 위한 도구였다. 그러나 모스크바 군주는 이제 자신을 민족적인 주권자로 인식하기 시작했으므로 사적인 이해관계로써가 아니라 전 민족의 복리라는 목적에 의해 자신에게 속한 복속민들과 연결되었다.

지금 살펴보고 있는 이러한 현상은 국가의 법 체계라기보다는 정치적인 용어와 관계된 문제다. 그렇지만 우리는 용어 문제를 무시해서는 안 된다. 정치적인 용어의 역사는 정치 형태의 역사는 아니라고 할지라도 정치 개념의 역사라고는 말할 수 있다. 대러시아인들의 정치적인 통합에서 생겨난 국가의 복속민이라는 사상은 새로운 이념이었다. 그것은 무수한 정치적 연맹들로 분열되어 있던 지난 시기의 루시 사회에는 전혀 알려지지 않았다. 분립영지 시기의 사람들은 오직 법적인 측면에서 민사법에 따라 자신의 주인 아래 긴박된 노예만을 복속민으로 알고 있었다. 그런데 국가의 복속민이라는 생각이 나타났을 때, 사람들에게 이미 익숙한 이 민사법적인 용어가 새로운 정치적 관계에 적용되었다. 그리하여 모스크바국에서 과거의 보야린과 자유민 공복을 군주 폐하의 노예라는 칭호로 불렀을 때, 그것은 그들이 군주의 임시적

3) 강의에서는 "이런 최고 권력의 지역적인 대표자"라는 어구 대신에 "이런 최고 권력의 개별적인 편린(片鱗)의 보지자(保持者)들"이라고 설명했다.

인 자유 고용인에서 항구적인 의미를 지닌 복속민으로 바뀌었다는 것을 의미하는 것이지, 그 이상의 다른 뜻은 전혀 없었다. 사람들의 머릿속에 새로운 관념이 생겨날 때 사람들은 그것을 표현하려고 노력하면서 익히 알고 있는 단어들을 이리저리 생각하다가 문득 떠오르는 단어들 중에 의미상 가장 비슷한 것을 채택하는 법이다. 반복하건대, 모스크바국에서 사적인 이익이 아니라 전 민족의 복리를 위한 예속 상태가 생겨났을 때, 당시의 어법상 과거의 민사법적인 용어들을 가지고 새로운 정치적 관계를 의미하게 되었다. 그렇지만 새로운 정치적 관계를 과거의 민사법적인 용어들과 동일시해서는 안 된다. 신분에 관한 하나의 용어를 역사적으로 살펴봄으로써 내린 이러한 결론은 우리가 15세기와 16세기의 러시아 사회의 구성 이후에 계속 추적하게 될 현상들을 잘못 이해하지 않기 위해서 분명히 기억할 필요가 있다. 말하자면 군주에게 인신적으로 예속된 사람들이 군주의 복속민으로 변화된 현상은 군주의 권력이 민족적인 의미를 획득하게 된 것과 결과적으로 긴밀한 관련을 맺고 있었다.[4)]

신분적 계약에 의한 의무가 국가에 대한 의무로 바뀐 일

사회의 다양한 계급들이 군주와 맺은 관계의 근원이 변화되었다. 이러한 관계는 물질적이고 경제적인 의미에서는 이전과 다름이 없었으나, 이제는 사적인 계약이 아니라 공적인 법에서 유래되었다. 이전에 봉직자들은 주로 무력을 제공하거나 통치와 관련된 조언을 함으로써

---

4) 이 부분을 구술 강의에서는 다음과 같이 언급했다.
"15세기와 16세기의 우리 사회의 구성 이후에 생겨난 현상들을 이해하는 데 오해가 없게 하기 위해서다. 이리하여 인신적으로 군주에게 예속된 사람들이 군주의 예속민으로 전환된 일은 〔……〕 긴밀한 관련을 맺고 있었다."

군주에게 봉사했고, 군주에게서 수익성이 있는 직책으로 인해 '상급 식읍'을 받았다. 그러나 이제 그들은 상급 식읍을 받지 않는다고 할지라도 봉사할 의무를 지고 있었다. 그리고 만약 그들이 상급 식읍을 계속해서 받는다고 할지라도, 그것은 그들이 봉사를 제대로 할 수 있도록 돕는 수단이었을 따름이었다. 이전에는 그들이 '봉직을 수행했기 때문에' 군주가 그들을 먹여 살렸으나, 이제는 그들이 '봉직을 수행할 수 있도록 하기 위해' 먹여 살리게 되었다. 그와 마찬가지로 분립영지 시기에 납세민은 도시의 작업 장소나 농토를 '사용한다면', 그리고 '사용하는 한에서만', 분립영지 공후에게 세금을 납부했다. 그런데 이제 납세민은 그러한 장소 또는 농토를 사용할 의무를 지고 있었다. '왜냐하면' 그들은 그렇지 않고서는 세금을 납부할 수 없었기 '때문이다'.

달리 말해, 군주와 자유민들이 교환했던 조건과 이익의 형태는 변화되지 않았으나 교환의 성격, 즉 조건과 이익 사이의 관계가 바뀌었다. 이전에는 그러한 관계가 법적인 것으로서 양측의 자발적인 합의로 확정되었다. 즉 민사법적인 행위였던 것이다. 그러나 이제는 그 관계가 정치적이고 강제적인 것이 되어 권력의 일방적인 요구로 확정되었다. 이전에는 자유민들이 계약에서 얻는 이익은 그들이 계약에 따라 공후에게 제공한 봉사의 법률적인 결과이거나, 법적인 조건이었다. 그런데 이제 그들이 얻은 이익은 국가에 대한 의무를 제대로 이행하기 위한 경제적인 수단에 불과하게 되었다. 조건과 이익 사이의 법적인 관계, 즉 군주가 사회와 맺은 관계의 근원이 이렇게 변화되었다는 말은 다음과 같이 표현될 수 있다. "자유민 측에서 볼 때는 계약에 따른 의무 사항이 국가에 대한 의무로 바뀌었고, 공후 측에서 볼 때는 계약에 따른 이익이 국가에 대한 이런 의무를 제대로 이행하기 위한 국고 수당으로 바뀌었다."

국가에 대한 의무를 신분별로 할당하기 위한 공통된 근거

러시아 국가법의 역사에서 생겨난 이러한 변화는 러시아 사회의 정치적인 상황을 장기간 결정짓는 근본적인 사실이었다. 이 사실은 모스크바국의 전 구조에 독특한 성격을 부여했다. 다른 나라의 경우를 보면, 신분에 따른 권리와 신분에 따른 의무가 결합되어 있거나, 어떤 신분에게는 권리가 집중되고 다른 신분에게는 의무가 집중된 바탕 위에 국가의 질서가 수립되어 있음을 알 수 있다.[5] 모스크바국의 정치 질서

5) 클류쳅스키가 첨가해서 받아쓰게 했으며, 석판 인쇄로 나온 내용보다 선호했던 이 부분의 내용은 구술 강의와 상당한 차이를 보이고 있다.
"우리는 다른 나라의 경우에서 신분적 권리가 신분적 의무와 결합된 데 국가 질서가 기반을 두고 있다거나, 의무와 연결되지 않은 신분적 권리에 그 기반을 두고 있다거나 하는 예를 알고 있다. 그렇지만 첫 번째 경우에 신분적 의무는 단지 신분적 권리의 정치적 결과일 따름이다. 그들의 그러한 관계는 권리를 거부하고, 따라서 의무에서도 면제될 수 있는 가능성 속에서 표현되었다. 모스크바국은 권리와 결합되지 않은 의무를 신분적으로 할당한 데 그 정치 질서의 근거를 두었다. 사실 의무는 다양한 이익과 결합되었지만, 이러한 이익은 신분적인 권리가 아니라 오직 의무를 수행하기 위한 경제적인 수단일 따름이었다. 그런 식으로 모스크바국에서 이익과 의무의 관계는 완전히 거꾸로였다. 정반대로 이곳에서 이익은 국가에 대한 의무의 정치적 결과였다. 그러한 관계는 공민이 자신에게 부여된 이익을 거절할 수 없었다는 점에서 표현되었다. 왜냐하면 이런 거절 행위는 의무를 수행할 수 없도록 만들기 때문이었다. 봉직자는 군주에게서 이용하기 위한 토지인 봉직영지를 받았다. 이러한 이용은 군사적 의무의 수행과 결합되었다. 봉직자는 이러한 의무를 거절할 수 없었지만, 또한 봉직영지의 보유를 거절할 수도 없었다. 많은 지주들이 자신들의 봉직영지를 버리고 초원 지대로 도망갔다. 그들은 봉직영지로 돌아와서 정착해 자신들의 권리를 사용하도록 강요당했다. 이러한 특이한 국가 질서의 구조는 국가 질서가 생겨난 근원으로 설명할 수 있다. 이런 근원이란 대외적으로 방어하기 위해 인민을 정치적으로 결합시킨 사건이었다. 대러시아인들은 정복이 아니라 외부에서 가해지는 위협 때문에 모스크바 군주의 권력 아래서 연합되었다. 모스크바 군주는 무력 투쟁으로 자신의 영토를 확대시켰다. 그러나 그 투쟁은 지방 사회가 아니라 지방의 지배자들과의 투쟁이었다. 모스크바의 군주들은 공후의 통치자들,

는 모든 계급에게 오직 의무만 할당되어 있을 뿐, 의무가 권리와 결합되어 있지 않았다. 사실 의무는 여러 가지 형태의 이익과 결합되어 있기는 했다. 그러나 이런 이익은 신분적 권리가 아니라 오직 의무의 이행을 위한 경제적인 수당이었을 따름이다. 모스크바국에서의 의무와 이익의 관계는 다른 나라의 정치적인 의무와 권리 사이의 관계와는 정반대였다. 다른 나라에서 의무는 권리의 결과로서 권리에서 유래되었다. 러시아에서는 이와는 반대로 이익은 국가에 대한 의무를 이행한 정치적인 결과였다. 권리와 의무 사이의 관계가 다르다는 점은 다음과 같은 사실에서 표현되었다. 즉 다른 나라에서는 신분적 권리를 거부한 사람에게는 신분적 의무 역시 면제되었지만, 러시아에서는 정반대로 이익을 포기한다고 할지라도 의무가 해제될 수 없었다. 그리고 의무에 상응하는 이익을 얻지 못하는 사람들에게도 의무는 그대로 남아 있는 경우가 흔했다. 이렇듯 모스크바국에서 군사적인 직무는 영지 보유와 결합되었으나, 어떤 봉직자들의 경우에 만약 상당한 정도의 세습영지를 보유하고 있어서 봉직을 수행할 재산을 가지고 있다면, 봉직영지(поместье)를 부여받지 못했다.

이처럼 독특한 구성을 지닌 국가 질서는 그것을 생겨나게 한 주된 관심사로 설명된다. 이러한 관심사란 외부의 위험에서 국민을 보호하

또는 민회의 보야린들을 패배시킨 다음에 측면의 지방 사회에서 아무런 저항을 받지 않았다. 지방 사회는 상당 부분 자발적으로 자신의 통치자들보다는 모스크바 편을 들었다. 이렇듯 대러시아인들의 정치적인 결합은 대외적 방어를 위한 투쟁의 필요성을 그 근원으로 가지고 있었다. 법 제정 작업의 대상은 이러한 투쟁 때문에 생기게 된 무거운 의무를 할당하는 일이었지, 목표에 들지도 못한 신분적 권리를 할당하는 일이 아니었다.

무엇보다도 그처럼 어려운 정치 체제의 근원은 경제적 사회 분화가 정치적 분화와 가진 관계를 변화시켰다. 이것은 모스크바의 정치 질서가 기반을 두게 된 또 다른 공통된 근거였다."

는 일이었다. 이를 위해 이전에 정치적으로 세분된 지역들이 하나의 권력 아래 결집되었던 것이다. 대러시아인들이 모스크바 군주의 권력 아래 결합한 것은 정복 활동의 결과가 아니라, 대러시아 민족의 생존을 위태롭게 했던 대외적인 위협에서 압력을 받았기 때문이었다. 모스크바의 군주들은 자신의 영토를 무력 투쟁으로 확장했으나, 그것은 지방의 지배자들과의 투쟁이었지, 지방 사회와의 투쟁은 아니었다. 모스크바의 군주들은 공국의 지배자들이나 자유 도시의 혈통 귀족을 패배시킨 다음에, 지방 사회에서 별다른 저항을 받지 않았다. 오히려 지방 사회는 대부분 자신들의 지배자보다도 앞서서 자발적으로 모스크바 측에 가세했다. 이렇듯 대러시아인들이 정치적으로 통합하게 된 것은 민족적인 생존을 위한 투쟁의 필요성 때문이었다.

이런 필요성은 신분적 권리에 관한 개념 자체가 확립되는 데 방해 역할을 했다. 국가 질서가 정복으로부터 발전되었던 러시아 역사의 첫 번째 시기에 그러한 개념은 쉽게 확립될 수 있었다. 승리자는 가능한 한 많은 권리를 가지려고 노력한 반면에, 패배자에게는 가능한 한 많은 의무가 부과되었다. 모든 힘을 대외적인 투쟁에 쏟았던 모스크바국에서는 각 계급이 어떤 권리를 향유할 것인지에 대해서가 아니라, 개개의 계급들을 대외적인 투쟁에 어떻게 참여시키느냐에 대해 법적인 노력이 집중되었다. 법률적인 작업의 대상은 이런 투쟁에서 생겨난 민족적인 부담을 할당하는 작업이었지, 신분적 권리를 할당하는 일이 아니었다. 신분적 권리의 할당 작업은 목표가 될 수 없었다.

이상의 설명에서 군주와 사회의 관계에서 생겨난 이 세 가지 변화가 모스크바국의 최고 권력이 획득했던 민족적인 의미에서 유래되었음이 분명히 드러났다. 이러한 변화에서 영향을 받아 경제적인 신분 분화와 정치적인 신분 분화의 관계가 변모되었다. 분립영지 시기에 분립영지의 자유민의 경제적 지위는 자신의 공후와 맺었던 의무가 어떤 종류냐에 따라 결정되었다. 봉직자들은 통상적으로 지주가 되었다. 왜냐하면 봉직자들이 공후와 계약을 체결할 때의 필수적인 조건은 토지 소유권에 대한 권리를 획득하는 것이었기 때문이다.

그리고 당시의 생활 형편에서는 토지를 보유하는 것이 봉직자에게 물질적인 보장을 위해 유일하게 편리한 수단이었기 때문이기도 했다. 그와 마찬가지로 흑민들은 도시의 수공업자가 되든지 농부가 되었다. 왜냐하면 흑민들이 공후와 계약을 체결할 때의 필수적인 조건은 도시의 작업 장소나 농촌의 경작지를 이용하는 것이었기 때문이다. 이제 경제적 신분 분화와 정치적 신분 분화의 관계는 완전히 정반대 반향으로 바뀌게 되었다. 왜냐하면 국가에 대한 의무가 그 자체로 강제적인 성격을 띠게 되었으며, 경제적인 지위는 단지 의무를 이행하기 위한 수단에 불과하게 되었기 때문이다.

이제 각 계급이 국가에게 어떤 종류의 의무를 부담해야 하는지의 문제는 경제적인 형편에 의해 결정되어야 했다. 모스크바국은 분립영지 시기의 질서에서 생겨난 계급들의 경제적인 지위에 부합되도록 국가에 대한 의무를 할당하는 정책을 펴야 했다. 복속민들 사이에 의무를 할당하는 공통된 근거는 경제적 신분 구분과 정치적 신분 구분의 관계에서 생겨난 이러한 변화로 제시되었다. 사회 계급의 구조에서 각 계급의 경제적인 지위가 국가에 대한 봉사의 종류와 불가분하게 연결되었던 것은 이러한 변화 때문이었다. 모스크바국의 신분 구분의 근거가 되었던 원칙, 즉 각 계급의 경제적인 지위에 따라 국가에 대한 의무를 할당한다는 원칙은 이런 사실에서 성립되었다.

소결론

모스크바국은 모든 계급이 국가에서 차지하는 지위를 이런 근거 위에 두는 정책을 폈다. 모스크바국은 이런 근거로 개별 계급들 사이에 국가적 의무를 배당할 때 지침 역할을 담당한 특별한 의무 할당 방식을 만들어냈다.[6]

6) 구술 설명은 이 구절 대신에 다음과 같이 끝났다.
"모스크바 군주가 지닌 권력의 의미가 변화되면서 파생된 모스크바국의 신분 구성의 공통된 근거는 이와 같았다. 우리는 이런 공통된 근거를 두 가지로 추출했다. 1) 분립영지 시기의 계약적 의무 사항이 국가에 대한 의무로 변환된 일, 2) 계급들 각각의 경제적 지위에 따라 그들 사이에 국가에 대한 의무가 할당된 일. 모스크바는 정책적으로 두 번째 원칙을 채택해서 각각의 개별적인 사회 계급의 조직에 적용시켰다. 이런 적용 정책을 통해 모스크바국은 각각의 개별적인 계급에 속한 인물들 사이에 국가에 대한 의무를 할당할 때 주도적인 역할을 담당했던 특별한 할당 방식을 만들어낼 수 있었다. 나는 이러한 특별한 할당 방식에 대해서는 각각의 개별 계급의 조직에 대한 연구로 넘어가서 설명할 것이다."

제13강

계급들 사이에 국가에 대한 의무를 할당하는 실제적인 방식

나는 앞서의 강의 내용을 상기시키려 한다.[1] 나는 모스크바국에서 신분 구분이 이루어진 정치적인 근거를 추출해서 명확하게 표현하려고 노력했다. 그 근거는 대러시아인들이 정치적으로 통합을 이룬 데 영향을 받아 최고 권력의 성격에서 근본적인 변화가 일어남으로써 생겨나게 되었다. 최고 권력은 계약적이며 영토적인 것에서, 강제적이며 민족적인 것으로 변모되었다. 최고 권력이 지닌 민족적인 의미는 최고 권력과 대러시아 민족 사이의 관계에서 일어난 중요한 변화들의 원천이었다. 이런 관계가 공통의 민족적인 이익에 기반을 두고 있었기 때문에 모스크바 공국의 전 주민은 계약 당사자의 지위에서 군주의 복속민의 지위로 변모되었다. 대외적인 안전을 확보하는 것이 군주와 복속민의 관계에서 근거로 작용한 기본적인 관심사였기 때문에 외적에 대한 방어 부담은 특별한 강제적 의무로 할당되었고, 이전에 공후와 주

1) 이 부분부터 다음 단락에 나오는 "모스크바국은 앞 강의의 말미에……"까지는 앞선 강의에 대한 총괄적인 요약인 셈인데, 클류쳅스키는 석판 인쇄본에서는 이 부분을 삭제했다.

민 사이에 체결된 계약적 의무 관계는 강제적 의무로 대체되었다. 이런 식으로 국가에 대한 의무는 신분 구분의 근거이자, 신분이나 계급의 본질적인 특징이 되었다. 신분 구분의 이러한 정치적 근거에서 계급들 사이에 국가적 의무를 할당하는 중심 원칙이 도출되었다. 분립영지 시기에 주민들이 가진 경제적인 지위는 계약에 따라 다양한 부류의 주민들이 담당해야 하는 의무로 결정되었다. 계약에 의한 의무가 국가에 대한 의무로 변모되었을 때, 계급들 사이에 국가적 의무가 할당된 방식은 각 계급이 처한 경제적인 형편의 차이에 부합되도록 조정되었다. 이렇듯 의무가 할당된 공통된 원칙에 의해 계급이 놓인 경제적인 지위에 따라 의무를 결정하는 정책이 채택되었다.

모스크바국은 앞 강의의 말미에서 명확하게 제시된 국가에 대한 의무의 신분별 할당 원칙에 따라 16세기와 17세기에 새로운 사회 구조를 만들어나가고 있었는데, 이런 사회 구조는 대외 투쟁 과정 중에 분립영지 시기의 사회 구조를 대신해서 점차로 확고한 모습을 가지게 되었다. 이 사회 구조는 효율적인 정치 체제로서, 체계적이고 일관되며 실질적으로 유용하다는 점에서 배척할 이유가 전혀 없었다. 우리는 그 체제가 낳은 결과를 보면 그것이 얼마나 유용했는지 알 수 있다. 그것은 15세기 전반부터 18세기 중엽에 이르기까지 2세기가 넘는 동안 러시아가 세 방면, 즉 서쪽과 남쪽과 남동쪽에서 싸움을 계속할 수 있도록 도움을 주었다. 이런 싸움을 하면서 러시아가 겪었던 부담은 동일한 시기에 서유럽 국가들이 경험했던 대외적인 어려움과는 도무지 비교가 안 될 정도로 컸다. 나는 이 체제의 체계성과 일관성이 이 체제에 대한 설명 자체에서 드러나기를 희망한다. 우리는 이 체제를 주의 깊게 살펴볼 필요가 있다. 그렇게 한다면 18세기에 러시아에서 확립된 신분 구조의 기원과 의미를 설명하는 데 어려움이 없을 것이다.

모스크바국은 앞서 언급한 정치적 근거들 위에서 사회를 건설했고, 분립영지 시기에서 전수된 사회 질서를 확고하게 고수하는 정책을 폈다. 우리가 보았듯이, 분립영지 시기의 사회는 공후에 대한 관계나 경제적 지위에 의해 서로 구분되는 두 개의 주요 부분으로 나뉘어 있었다. 봉직자들은 개인적인 차원에서 공후에게서 행정적이며 군사적인 직무를 맡았고, 토지에 대한 사적 소유권은 그들의 손에 집중되어 있었다. 납세민들은 공후의 토지든지 사유지든지 간에 다른 사람들의 토지를 경작했으며, 그 대가로 공동체별로 지대나 노역을 제공했다. 그런데 모스크바국은 사적인 이해관계에 합의함으로써 생겨났던 이러한 질서를 국가적인 이해를 위해 더욱 강화했고, 거기다가 의무적인 성격을 부여함으로써 분립영지 시기의 사회를 재편성하는 정책을 펴기 시작했다. 예를 들어 분립영지 시기에는 통상적으로 봉직자가 사적인 토지 소유자가 되었다고 한다면, 이제는 사적인 토지 소유자가 반드시 봉직자가 되어야 한다는 규정이 생겨나게 되었다. 분립영지 시기에는 봉직을 맡은 사람이 통상적으로 사적인 토지 소유자가 되었던 반면에, 이제는 사적인 토지 소유자라면 반드시 봉직을 맡아야 했다.

그렇지만 모스크바 정부에는 봉직자들과 납세민들의 봉직 업무를 관장하는 책임을 진 특별한 정부 관리가 없었다. 분립영지 시기에는 봉직자들이 행정을 담당했고, 선출된 지방 관리였던 촌장(старост)과 백부장(сотский)에게는 도시이건 농촌이건 지방의 납세민 사회의 중요하지 않은 일들만 위임되었다. 16세기의 모스크바 정부는 분립영지 시기에 단순한 관청 사무를 담당하던 서기와 서기보의 수를 증가시켰다. 그러나 이러는 동안에 모스크바 정부는 분립영지 시기의 통치 질서를 배척하지 않았을 뿐만 아니라 그 질서를 다음과 같은 방향으로 더욱 정교하게 발전시켰다. 즉 분립영지 시기에 거의 눈에 띄지 않았던 지방자치 기구인 하급 지방행정 기구의 활동 영역을 확대시켰던 것이다. 이제 모스크바 정부는 이러한 지방자치 기구에다가 지방의 모든 통치 업무를 이양하려고 시도했다. 이런 식으로 모스크바국의 모든 국정은 두 가지 영역으로 분리되었다. 한편으로는 대외 방어나 군사 조직과 관련된 업무에 노력을 집중했고, 다른 한편으로는 대내적인 안전이나 국가 경제 업무, 즉 군대를 먹여 살릴 수 있도록 경제적인 원천을 조직하는 업무에 노력을 집중했다. 첫 번째인 군사-행정 분야에서는 이와 관련된 기반과 조직을 갖추고 있던 봉직자들이 통치 도구로 남게 되었다. 두 번째 부문인 치안 및 재정 업무는 지방의 자치 사회에 위임되었는데, 지방의 자치 사회는 군사-행정 기구에 의해 보호받으면서 군사력을 유지하기 위한 물질적인 수단을 제공해주었다. 첫 번째 분야에서 국가 기구들은 군주의 직접적인 위임 또는 '군주령'(приказ)에 따라 활동했고, 따라서 여기서 일하는 사람은 '관리'(приказный)라는 명칭을 얻었다. 두 번째 분야에서는 지방자치 단체에서 선출된 책임자들이 활동했는데, 이들은 중앙의 관료 기구의 지도나 통제 아래서만 활동했으므로 이 통치 영역은 '지방 관리'(земской)라고 부를 수 있다.

각 계급들 사이에 국가에 대한 의무가 할당된 실제적인 방식은 이와 같았다. 이런 방식은 기본적인 의무 할당 원칙을 분립영지 시기에 확립된 경제적 지위에 적용시킴으로써 생겨나게 되었다. 그러한 지위로는 두 가지가 있었다. 일부의 자유민들은 토지에 대한 소유권을 가지고 있으면서 자유민 신분의 임차인이나 예속적인 노동자들인 노예에게 경작을 맡겼다. 다른 사람들은 국유지든지 사유지든지 간에 남의 토지를 맡아서 스스로의 노동력으로 직접 경작했다. 그에 따라 우리는 그러한 적용 방식으로 드러난 국가적 의무의 할당 방식을 다음과 같은 세 가지 원칙으로 표현할 수 있다.

1) 토지를 소유하고 있는 사람은 국가에 대한 군사적 직무를 맡아야 한다.

2) 사유지든지 국유지든지 다른 사람의 토지를 직접 이용하는 사람은 국가에 대한 납세 임무를 진다.

3) 봉직이나 조세에 대한 관리는 봉직자와 납세민 스스로 한다. 그 차이점은 전자가 군주의 임명으로, 후자가 공동체의 선출로 전권을 부여받는다는 사실이다. 그러므로 전자의 활동은 권력과 결부되어 있고, 후자의 활동은 오직 책임과만 결부되어 있다.

이 세 가지 원칙을 기억한다면, 우리는 16세기와 17세기의 모스크바국에서 확립된 복잡한 사회 구성을 어려움 없이 해명해낼 수 있다. 반대로 이런 원칙을 무시한다면, 이처럼 어지러운 사회 구성을 보고 아무런 이해도 할 수 없게 되는 것이다.[2]

봉직자들 사이에 관등에 따라 의무를 할당하는 방식

이제 국가에 대한 의무가 개별 계급 내에서 관등에 따라 어떻게 할당되었는지 살펴보기로 하자. 무엇보다도 모스크바 정부는 국가에 대한 의무를 할당하는 위와 같은 방식을 봉직자의 출신지별 구성에다가 적용시킬 때 수많은 이 봉직자 계급을 일련의 기다란 서열별로 분류했다. 우리가 알고 있듯이 이 봉직자 계급에는 두 가지 임무, 즉 군사적 의무와 행정적 의무가 부과되고 있었다. 그렇지만 이 의무들 각각은 또다시 세부적인 역할 또는 특수한 기능들로 나뉘었는데, 이들 세부적

---

2) "반대로 〔……〕 할 수 없게 되는 것이다" 부분은 석판 인쇄본에서는 클류쳅스키가 삭제했다.

인 역할이나 기능에 따라 전 봉직자들을 몇 개의 관등으로 나누었다. 이러한 세부적인 임무는 모스크바 군주 아래 모인 수많은 봉직자들이 담당했다. 이 봉직자 계급은 국가에 대한 의무를 할당받는 것과는 별도로, 그리고 심지어 그보다 앞서 출신과 경제적 형편으로 구분되는 아주 복잡한 구성원으로 이루어져 있었다. 분립영지 시기에는 보야린, 자유민 공복, 궁정공복으로 분류되었던 모스크바 대공의 궁정 구성원들은 15세기 후반부부터 동일한 등급을 가지고 있었던 다른 대공과 분립영지 공후들의 궁정 구성원들을 흡수했다. 그렇지만 다른 공국들의 보야린과 공복들은 모스크바의 보야린이나 공복들과 통합되지 못하고, 자기가 속했던 공국의 정치적 비중에 따라 모스크바의 경우보다 낮은 위치를 차지하게 되었고, 따라서 모스크바의 봉직 서열의 새로운 단계를 만들어내게 되었다. 마지막으로 모스크바에 토착적인 등급이든 새롭게 편입된 등급이든 간에 이 모든 등급들보다 높은 자리를 차지한 사람들은 과거에 지배자의 위치에 있다가 독립적인 군주의 위치에서 모스크바 군주의 신하로 변모된 공후들과 그들의 후손들이었다. 수적으로 많고 가장 낮은 층에는 국가를 방어하기 위해 새롭게 봉사하게 된 사람들이 있었는데 이 계층은 성직자 가족, 도시민, 스텝 지역의 카자크, 심지어 농민이나 노예 등 비봉직 계급에서 충당되었다.

그토록 상이한 계급들이 서로 처한 생활 형편은 그 당시에는 그들의 출신과 연관되어 있었다. 비봉직자 신분에서 군대로 새롭게 편입된 사람들은 토지를 소유하지 않은 이들이었던 반면에, 분립영지 보야린이나 자유민 공복들의 후손들 대부분은 정도의 차이는 있을지언정 토지를 소유하고 있었다. 마지막으로 지배 공후들의 후손들 대부분은 대토지 소유자였을 뿐만 아니라 분립영지 시기에 자신들의 선조들이 가졌던 지배권의 상당 부분을 자신의 세습영지에서 그대로 유지했다. 봉직을 맡은 당사자의 봉직상의 유용성은 출신이나 경제적 지위에 의해 정해졌다. 당시의 인민 경제나 국가 경제의 형편에서 보면, 토지 소유는 당시의 군사적 의무의 성격상 그 의무를 제대로 이행하기 위한 필수적인 조건이었다. 고위 관리 직책을 맡기 위해서는 세련된 태도와 권위가 필요했는데, 이런 것들은 권력을 행사해본 경험, 특히 문벌, 출신지, 그리고 명문집안 출신 등에 의해 획득되었다. 왜냐하면 일반 사람들은 명문가 출신이 권력을 잡고 있는 모습에 익숙해 있었고, 또한 그런 이들에게 쉽게 복종했기 때문이다.

모스크바국은 이러한 자원과 조건에다 봉직 계급의 구성을 일치시키는 정책을 펴나가야 했다. 이러한 구성을 위해 모스크바 당국이 어떻게 행동해야 했는지 알기는 매우 쉽다. 모스크바 당국은 일단 군사 의무를 모든 봉직자들의 종신 의무이자 세습 의무로 만든 다음에, 군사 의무를 봉직자들이 보유하고 있는 토지의 크기에 따라 할당할 필요가 있었고, 이런 목적을 위해서는 우선 비명문가 출신의 무토지 봉직자들에게 사병으로서 복무할 수 있도록 적합한 크기의 국유지를 할당해주어야 했다. 나아가 중간 정도의 가문 출신이며 군역 의무를 담당할 정도 이상의 재산을 가진 사람들에게는 관리 봉직 업무를 맡길 필요가 있었다. 그리고 명문가 출신에다가 대지주인 사람들에게는 군사 업무와 민사 업무에서 지도적인 위치를 부여했다. 이렇게 가문이나 토지 자산 유무, 그리고 봉직이 복잡하게 결합됨으로써 아주 다양한 봉직자들이 여러 단계의 관등으로 배치되었던 것이다.

모스크바 당국이 관등에 따라 이런 사람들에게 군사 의무나 행정 의무를 할당하고 조직한 방식은 여러분이 기억하기 쉽게 다음과 같은 간단한 공식으로 나타낼 수 있다. "관리 직무는 출신지에 따라, 군사 직무는 토지에 따라, 토지 할당은 직무에 따라, 관등은 출신지나 직무에 따라 부여되었다." 출신지에 따라 할당된 관리 직무에서 고위 두마 관등이 점차로 발전했는데, 우리는 관등의 목록을 열거할 때 받아들이는 순서에 따라 모스크바국에서 관등이 분류된 과정에 대한 연구를 고위 두마 관등부터 시작해보기로 하자.

분립영지 시기의 모스크바 보야린 신분의 구성과 성격

이미 분립영지 시기에 모스크바 공국의 궁정에는 수적으로나 정치적인 성격 면에서 북부 루시의 다른 공국의 궁정에서 봉사하던 보야린과는 현저하게 차이가 나는 보야린 신분의 사람들이 모여들었다. 임시적이고 개인적인 약정에 따라 공후에게 봉사한다는 보야린 관련 법이 지배하고 있었기 때문에 보야린 신분은 자주 봉직 장소를 바꾸면서 어떤 곳에서든지, 그리고 어떤 궁정에서든지 하나로 뭉친 사회 계급이 될 수 없었다. 이 계급은 모든 공국에서 자신의 지위나 관심사라는 측면에서 하나로 뭉치고 연대를 이룬 사회 계급이라기보다는, 오히려 어떤 공국의 궁정에서 서로 우연히 만난 독립된 사람들로 이루어진 불안정한 집단이었다.

그렇지만 모스크바에서는 그런 독립적인 봉직자들을 하나의 결속력 있는 사회 계급으로 만들려는 작업을 일찍부터 시작했다. 이미 14세기에 모스크바 공국의 궁정의 봉직자들은 다른 어떤 궁정에서도 찾아볼 수 없는 이익을 부여받았다. 이런 이유 때문에 봉직자들이 모스크바로 물밀듯이 밀려 들어왔고, 이렇게 들어온 모스크바의 보야린은 다른 공후에게로 옮겨가려는 경향을 비교적 덜 보이게 되었다.

이처럼 봉직자들이 몰려온 덕분에, 15세기 중엽에는 거의 전 러시아 영토를 대표하던 보야린 신분의 사람들이 모스크바에 몰려 있게 되었다. 모스크바 보야린 가문의 시조들은 러시아 영토의 거의 모든 구석에서 온 셈이었는데, 심지어 당시에 러시아인들이 극히 적게 거주하며 토지를 경작하던 지역 출신도 있었다. 이렇게 해서 모인 모스크바 보야린 계급의 구성에 대해 알아보려면 주요 가문을 열거해보는 것으로 충분하다. 약 15세기 중엽에 모스크바 군주의 궁정에서는 다음과 같은 명문 가문 사람들이 두드러진 활동을 하고 있었다. 볼린에서 온 볼린 가문, 키예프에서 온 크바쉬닌 가문, 체르니고프에서 온 플레쉐예프 가문과 포미닌 가문, 스몰렌스크에서 온 포미닌스키 가문과 프세볼스키 가문, 트베리에서 온 알페리예프 가문과 베즈닌 가문, 무롬에서 온 오브친 가문, 리투아니아에서 온 파트리케예프-게디미노비취 가문, 오르다에서 온 사부로프 가문과 고두노프 가문, 크림에서 온 호프린-골로빈 가문, 프러시아에서 온 코쉬킨 가문과 자하린 가문 그리고 콜리체프 가문 등이 바로 그러하다. 이들 외에도 커다란 비중을 차지하고 있었지만 출신지가 불분명한 다른 보야린 가문들, 즉 모로조프 가문, 포플레빈 가문, 부투를린 가문, 첼랴드닌 가문 등 다른 많은 유력 가문들이 있었다.

이들 보야린 가문은 출신지가 다양했지만 지위와 관계 면에서 서로 간에 강한 연대감을 가지고 있었다. 모스크바 공국에서 직무를 맡음으로써 얻게 된 이익은 모스크바 공국이 정치적으로 성공함에 따라 증가되었다. 바로 이런 이유 때문에 모스크바의 보야린은 1세기 반 동안 모스크바의 군주들과 뜻을 합해 손을 맞잡고 열심히 일했다. 모스크바 공국이 강화됨에 따라 모스크바 보야린이 얻은 이익과 그들이 펼친 현저한 활동 덕분에 그곳의 보야린은 한 가지 방향, 즉 자기들끼리 확고한 정치적 관습을 키우며 굳건한 정치적 충성심을 함양하는 방향으로 우의 있게 협동하는 습관을 가지게 되었다. 이 모든 이유 때문에 모스크바 보야린은 다른 공국들에 있는 형제들과 비교해볼 때 더 강한 신분적인 결속력과 단결심을 가질 수 있었다. 모스크바의 보야린은 이제 더 이상 직무 때문에 우연히 만난 사람들도 아니고, 자신의 공후에게 무심하게 고용된 사람들도 아니었다. 15세기 초에 루시 영토의 어떤 다른 공국의 궁정에서도 모스크바 공국에서보다 더 강한 규율을 갖추고, 자신의 공후에게 헌신하는 보야린이 없었다. 이런 보야린 신분 내에서 15세기 중반부터 모스크바 분립영지 공국을 대러시아국으로 변모시켰던 정치적인 사건의 영향을 받아 중대한 변화가 일어나게 되었다.

북동 지역의 루시가 정치적으로 통합됨에 따라 세습적인 공후직에서 밀려났거나 자발적으로 물러난 많은 유명 분립영지 공후 사람들이 모스크바로 몰려들었다. 이런 사람들은 직함을 갖지 못한 모스크바의 연륜 있는 보야린보다 높은 지위를 차지하게 되었다. 모스크바 공후는 다른 지역의 공후 출신들을 모스크바 보야린보다 우대해야 했고, 그런 사람들에게 고위 행정직을 부여했다. 루시 땅이 정치적으로 통합되는 과정에서 이런 우대 조치는 불가피했다. 분립영지 공후들 가운데 대부분이 자신의 분립영지와 함께 모스크바의 공후에게 복속되었다. 수많은 공후들, 즉 야로슬라프 공후, 프론스크 공후, 미쿨린 공후, 보로틴 공후, 오도예프 공후, 뱌젬스크 공후, 그리고 다른 수많은 공후들이 그렇게 복속되었다. 모스크바 공후는 그들의 정치적인 복속 상태를 승인한 다음에, 통상적으로 그들을 이전의 분립영지의 지배자 또는 적어도 대리 지배자로 남겨두고는 상당한 정도의 지배권을 부여했다. 이런 사람들은 모스크바에 봉사하던 초기에는 모스크바 공후의 복속민이라기보다는 그와 동맹을 맺은 군주이고 유력한 봉신(封臣)이었다. 그들 가운데 많은 사람들, 예를 들어 오도예프스키 공후, 벨레프스키 공후 등은 오랫동안 분립영지에 자신들의 특별 군대를 유지했고, 모스크바 공국이 주도한 원정에서 모스크바 부대 사령관과는 별도로 자기들 스스로 그런 군대를 지휘했다. 상황이 이러했기 때문에 분립영지의 유력 공후들은 직함을 갖지 못한 모스크바의 옛 보야린과 결합해서 이른 시일 내에 결속력 있는 계급을 이룰 수 없었다. 그들에게는 불과 얼마 전까지만 해도 모스크바 궁정에서 마주치는 바로 그러한 보야린을 수중에 데리고 있었던 기억이 남아 있었다. 그러므로 그들은 모스크바 보야린 위에서 수적으로 많고, 거만한 계층으로 자리 잡았다.

다른 한편으로 이런 봉직 공후들 아래서 일하던 보야린은 자기들이 섬기던 공후들이 모스크바 공후를 섬기게 됨에 따라 옛 주군과의 봉직 관계를 끊고, 직접 모스크바 공후 밑으로 들어가게 되었다. 그렇지만 그들은 모스크바의 옛 보야린과 결합되지도 않았고, 촘촘하게 결합된 모스크바 보야린의 등급 내로 들어가지도 않았다. 그들은 마치 과거에 모스크바 공후 아래 있던 '소공후들의 공복'과 마찬가지로 모스크바 보야린보다 낮은 사회적 위치에 있게 되었다. 이런 새로운 계층에는 소규모의 분립영지를 보유하고 있었거나, 모스크바 측을 섬기기 이전에 이미 분립영지의 독립을 상실한 분립영지 공후들이 가담했다. 그리하여 과거의 모스크바 보야린은 새롭게 편입된 이 두 계급에 의해 아래위로 둘러싸인 판국이 되었다. 그중 하나는 모스크바의 보야린을 일반적인 봉직 대중의 위치로 밀어 내렸고, 다른 하나는 모스크바의 보야린을 위로 밀어올려 이들 봉직 대중의 지위와 단절시켰다.

제14강

두마 관등의 기원

나는 모스크바 보야린의 새로운 구성에서 그 계보로 보아 세 가지 계층이 어떤 것이었는지 설명했다. 모스크바 보야린을 구성했던 새로운 세 계층의 구분은 고위 관등의 서열을 더욱 복잡하게 만들었다. 무엇보다도 이들은 그 당시까지 단일한 모습을 하고 있던 군주 두마, 즉 국무협의회 속에 관등 구분을 도입했다. 분립영지 시기에는 국무 협의회의 모든 구성원들은 보야린이라는 하나의 칭호를 가지고 있었다. 그런데 16세기 초부터는 이런 칭호와 함께 두마에 참여하는 제2관등을 의미하는 '궁내관'(окольничий)이라는 칭호가 생겨났다.

궁내관 관등과 보야린 관등의 분리

분립영지 시기에 궁내관 신분은 궁정직을 맡았으나, 구체적으로 어떤 일을 담당했는지 잘 알려져 있지 않다. 궁내관이라는 명칭이 지닌 뜻은 공후의 수행원 가운데 최측근으로서 언제나 그의 '옆에'(около) 있는 사람이라는 것이었다. 그는 외교 사절을 맞이할 때 궁정의 모든 일을 처리했으며, 공후가 여행을 떠날 때 그보다 앞서 가서 여행에 필요한 모든 일들을 준비했다. 그런데 16세기 초부터는 궁내관이 담당한 특별한 임무가 모스크바 궁정에서 사라지고 있었다. 그와 동시에 군주의 두마는 두 부류의 사람들로 구성되었다. 그중 하나는 그냥 보야린이라고 불렸고, 다른 하나는 '보야린 궁내관'이라고 불렸는데 이들은 그냥 보야린이라고 불린 사람들보다 낮은 위치에 있었다. 보야린 궁내관과 보야린의 관계는 아마도 제정 러시아 시기의 3등 문관과 2등 문관 사이의 관계와 같았을 것이다.[1] 결국 16세기 전반에 궁내관 신분은 보야린에서 완전히 분리되어 두마를 구성하는 제2관등의 의미를 지니게 되었다.

두 관등의 계보적인 의미

그렇지만 두 관등은 단지 봉직 관등만이 아니라, 보야린의 특정 계보를 의미했다. 우리는 이반 3세 대공 치세의 초기부터 표도르 3세[2] 치세 말기까지의 보야린과 궁내관의 명부를 가지고 있다. 즉, 이 명부는 2세기 이상을 포괄하고 있는 것이다. 우리는 이 명부를 살펴보면서, 특히 직함을 가진 명문가 사람들이 보야린이라는 칭호를 가지고 있음을 알 수 있다. 그들 중 몇몇 사람들은 궁내관 칭호를 가지고 두마에 참여했다가 나중에 보야린이 되었으나, 어떤 사람들은 바로 보야린 관등을 부여받았다. 명부상으로 좀더 이름 있는 분립영지 공후들, 즉

---

1) 구술 강의에서는 다음과 같이 언급했다.
"아마도 '보야린 궁내관'과 보야린 사이의 관계는 제정 러시아 시대의 육군중장과 육군대장 사이의 관계와 같았을 것이다."

2) 표도르 알렉세예비취인데 재위 기간은 1676년부터 1682년까지로 짧았다.

로스토프스키, 펜코프, 야로슬라프스키, 보로틴스키, 므스티슬라프스키,[3] 슈이스키 등등의 후손들이 후자의 부류에 속했다. 1505년부터 1593년까지의 보야린 가문을 훑어보면서 우리는 이 시기에 군주 두마를 거쳐간 보야린 가문의 수가 약 200개임을 알게 된다. 그중 130가문은 직함을 가진 유력 가문이었으며, 약 70가문은 직함을 가지지 않은 보야린에 속했다. 즉 이 당시에 두마에 참석한 보야린 가문 가운데 약 65퍼센트가 직함을 가진 유명 가문이었고, 직함을 가지지 않은 가문은 합해서 약 35퍼센트였다. 이렇듯 16세기 전체를 통해 분립영지의 공후 출신이 수적으로 보야린 칭호를 많이 차지했다.

이 89년이라는 기간에 궁내관의 명부를 살펴본다면, 우리는 전혀 다른 종류의 봉직 세계를 접하게 된다. 이 시기에 궁내관이라는 칭호를 지니고 두마를 거쳐간 사람은 140명에 이르는데, 이들 가운데 30명 미만, 즉 23퍼센트 미만이 직함을 가진 유명 보야린 가문, 즉 분립영지 공후 가문의 후손에 속했다. 나머지 궁내관들은 전부 직함을 갖지 못한 보야린 가문 출신이었다. 16세기의 족보에서 이들 가문의 기원에 대해 조사해본다면, 이들 모두가 모스크바의 옛 보야린 가문의 후손임을 알게 된다. 이들 가문의 시조들은 이미 14세기나 그보다 어느 정도 이른 시기에 모스크바에서 봉직을 맡기 시작했다. 종종 수가 많지는 않지만 유서 깊은 모스크바의 옛 보야린 가문들이 그들에게서 파생된 가문과 함께 궁내관의 명부에 등장했다. 가령 포플레빈 가문과 함께 나오는 모로조프 가문, 살티코프 가문, 투취코프 가문, 쉐인 가문, 코쉬킨 가문과 거기서 나온 자하린 가문, 야코블리 가문, 세레메테프 가

3) 클류쳅스키는 구술 강의에서 분립영지 시대에서 유래되는 공후 가문을 열거하면서 '므스티슬라프스키' 가문 다음에 '오도예프스키'를 거명했으나, 나중에 이 가문의 이름을 삭제하도록 지시했다.

문, 사부로프 가문과 거기서 나온 고두노프 가문, 다비도프 가문과 거기서 나온 부투를린 가문, 첼랴드닌 가문, 플레쉐예프 가문 등등이 바로 그러하다.[4] 그런 식으로 16세기의 모스크바의 궁내관 명부에는 이미 14세기에 모스크바에서 둥지를 튼 옛 보야린 집단[5]이 모습을 드러내고 있다. 15세기 중반부터 직함을 가진 새로운 공복들이 쇄도해옴에 따라 이런 보야린은 압박을 받게 되었다. 그러나 이들은 이런 쇄도 현상에도 몰락하지 않았고, 자신의 지위를 유지해 국무협의회에서 제2 관등의 위치를 고수하는 데 성공했다.

두마 드보랴닌 관등의 기원과 의미

16세기 중엽부터 두마 구성원의 명부 속에는 세 번째 관등인 두마 드보랴닌이 등장한다. 이 관등의 기원은 훨씬 더 복잡했다. 앞서 언급한 명부에서 이반 3세나 그의 아들과 손자 통치기에 보야린과 궁내관을 배출한 가문의 수를 계산하면 약 100여 가문에 이른다. 그렇지만 우리에게는 16세기 말에 작성된 모스크바 보야린 가문의 족보가 전해져 내려오고 있다. 이 책에 따르면, 16세기에 모스크바국에서 봉직을

---

4) 최초의 구술 강의록에 따르면 이 부분은 다음과 같다.
"16세기의 족보에서 이들 가문의 기원을 참조해보면, 우리는 이들 모두가 모스크바의 옛 보야린 가문의 후손임을 알게 된다. 이들 가문의 창시자들은 이미 13세기 말부터 모스크바에서 봉직을 수행하기 시작했다. 궁내관의 명단에는 다음과 같은 구모스크바 보야린의 초기 가문 명칭들이 그들의 후손들과 함께 점점 더 자주 등장하고 있다. 즉 모로조프 가문과 거기서 나온 포플레빈 가문, 살티코프 가문과 쉐인 가문, 코쉬킨 가문과 거기서 나온 자하린 가문, 유리예프 가문과 거기서 나온 콜리체프 가문, 사부로프 가문과 거기서 나온 고두노프 가문, 다비도프 가문과 거기서 나온 부투를린 가문, 첼랴드닌 가문 등이 바로 그러하다."

5) 구술 강의에서는 "둥지를 튼 옛 보야린 집단" 대신에 "둥지를 튼 초기 보야린 집단"이라고 언급했다.

맡은 보야린 가문의 총수가 200가문 이상이다. 그렇다고 한다면 16세기 동안 새롭게 구성된 모스크바 보야린 전체 가운데 딱 절반이 두마에서 자신의 대표자를 가지지 못했고, 사실상 보야린 가문에게 보야린 가문으로서의 의미를 유일하게 부여해준 정치적 특권을 상실한 상태였다.

그리하여 보야린 가문에서는 두마 정원에 참여하지 못한 특수한 계층이 생겼다. 이들은 출신이나 '출신지'별로 보면 보야린에 속했으나 두마에도 들지 못했고, 보야린이나 궁내관이라는 칭호를 얻지도 못했으므로 봉직으로 따져볼 때 보야린에서 분리되기 시작했다. 이런 계층은 통상적으로 보야린 후보들, 즉 보야린이 될 사람들이라는 칭호를 지니고 있었다. 이런 사람들은 비록 두마 문밖에 남아 있었으나, 모스크바국의 새로운 행정 구조에서는 눈에 띄는 역할을 담당했다. 모스크바국의 국경을 점점 확대하면 확대할수록, 행정 체제는 더욱더 복잡해졌다. 이전의 경우와는 다른 일련의 새로운 기구들이 등장했다.

이런 기구들은 군사, 재정 그리고 치안 업무를 담당했다. 군사 업무를 담당하던 궁정의 고위 귀족은 이런 일에 익숙하지 않았다. 이런 일을 위해서는 군사 직무로는 얻을 수 없는 실무 경험이나 사무 능력을 갖춘 새로운 담당자가 필요했다. 모스크바의 몰락한 보야린 가문 출신, 그리고 분립영지에서 온 보야린 가문 사람들로 이루어진 이들 계층은 이러한 새로운 행정 업무를 위해 필요했다. 이들은 하위직부터 시작해서 세세한 행정 실무에 정통하고 난 이후에는 이따금 고위 직책으로까지 승진했고, 보야린 두마[6]가 상시로 처리해야 하는 중요한 일

6) 원래의 의미로는 '두마'란 '생각'이나 '사상'을 의미한다. 보야린 두마는 비록 그 권한과 기능이 체계적으로 법전에 규정되지는 않았지만, 루시의 공후들이나 차르들에게 중요한 관습상의 협의 기구였다.

들을 관장하기도 했다. 이리하여 모스크바 정부는 이들 민간인 출신 행정실무가들을 두마 속으로 편입시킬 수밖에 없었다. 그러나 그들은 보야린이나 궁내관이라는 칭호로 곧장 두마 속으로 편입되기에는 가문이 너무 형편없었다. 모스크바의 옛말에 따르면,[7] 그들은 '보야린에는 속해본 적이 없는 그러한 가문 수준'에 속했다. 그런 가문으로는 쥬진 가문, 아다쉐프 가문, 알페리예프 가문, 췌레미신 가문, 수킨 가문 등이 있었다. 이런 사람들을 위해 세 번째 두마 관등이 생겼다. 이반 4세의 부친인 바실리 3세의 통치기에는 의식을 거행할 때 두마에 참석하는 이 사람들, 즉 두마로 가서 자리 잡거나 회의석상에 초대되는 보야린 후보들이 보야린과 궁내관 다음으로 거명되고 있다. 16세기 중반부터는 두마에 참석하는 이들 보야린 후보들은 '두마 드보랴닌'이라는 칭호를 받게 된다.

이리하여 두마의 구성원은 세 관등으로 분리되었다. 이 관등을 차지한 사람들의 명부에서 우리는 모스크바의 보야린을 구성한 세 개의 특별한 계층을 만나게 된다. 그 당시에 두마를 구성한 관등은 고정되어 있지도 않았고, 정치적으로 폐쇄된 신분도 아니었다. 이런저런 가문 출신의 사람들이 같은 시기에 여러 가지의 두마 관등을 지니고 있었다. 두마 드보랴닌은 직무 때문에 궁내관으로 승진하기도 했고, 궁내관은 보야린에 다다르기도 했다. 그렇지만 그 당시에 두 칭호는 아직 직무와 연관된 등급으로 변한 것은 아니었고, 몇몇 사회적 차이를 유지하고 있었다. 이 모든 칭호들 뒤에는 계보에 따른 특별한 사회층이 자리 잡고 있었다. 보야린 신분은 주로 유력 공후 가문 출신으로 구성

---

7) 구술 강의에서는 "모스크바의 옛말에 따르면" 대신에, "모스크바의 옛 관청 표현에 따르면"이라고 언급했다. 그다음에 열거된 가문 명칭들은 오직 석판 인쇄를 위해서 추가했다.

되었는데, 여기에 많지 않은 수의 옛 모스크바의 보야린 가문이 합해졌다. 궁내관 신분은 특히 모스크바의 옛 보야린 가문 사람들로 구성되었는데, 이들은 직함을 지닌 새로운 공복들이 모스크바로 쇄도해오는 와중에도 자신의 지위를 지키는 데 성공한 사람들이었다.[8] 마지막으로 두마 드보랴닌 신분은 몰락한 모스크바의 옛 보야린 가문 출신이나 분립영지에서 온 무수한 보야린 출신으로 구성되어 있던 혼합된 계급 중에서 직무를 통해 성공한 실무가들이 정치적으로 안식할 수 있는 지위였다.

그런 식으로 16세기에 두마를 구성한 관등을 보면 당대에 모스크바 보야린 신분의 계보가 어떻게 이루어졌는지 알 수 있다. 보야린을 구성하고 있는 계층들 가운데 그 계보의 비중에 따라 다양한 고위 관리직이 할당되었다.[9] 두마를 구성한 사람들의 활동은 비단 두마 내의 입법 작업에 국한되지는 않았다. 그들은 다른 고위 직책을 맡기도 했고, 모스크바와 지방의 행정을 담당하기도 했으며, 군대를 지휘하기도 했다. 말하자면 그들은 모든 통치 업무를 담당하고 주도했으나, 그들이

---

8) 구술 강의에서는 다음과 같이 언급했다.
"보야린 신분은 주로 모스크바국에서 봉직을 맡았던 유력 공후 가문 출신으로 구성되었는데, 여기에 많지 않은 수의 모스크바의 옛 보야린 가문이 합쳐졌다. 궁내관 신분은 직함을 갖지 않은 모스크바의 옛 보야린 신분에 주로 속해 있었는데, 이들은 새로운 유력 가문들이 모스크바로 쇄도해오는 와중에서 자기들의 지위를 유지하는 데 성공했다."

9) 이 부분부터는 구술 강의에서 다음과 같이 언급했다.
"이들 보야린 신분을 구성했던 계층들 가운데 다양한 관리직이 배당되었다. 이들 세 관등에 속한 사람들은 모스크바 행정의 지도자들이었으나, 동일한 권위로써 지배했던 것은 아니었다. 전쟁 지휘를 위한 좀더 중요한 직무는 보야린에게 위임되었고, 부차적인 전쟁 업무는 궁내관에게 맡겨졌다. 민사행정, 재정 그리고 정치 행정업무는 주로 두마 드보랴닌에게 위임되었다. 출신에 따른 관리 업무가 배당된 방식은 이러했다."

가진 권위는 동일하지 않았다. 군사 업무나 민사 업무 중에서 최고위 직책은 보야린에게 위임되었고, 그보다 중요성이 덜한 업무는 궁내관에게 맡겨졌다. 두마 드보랴닌에게는 민사 행정, 재정 그리고 치안 행정 분야에서 특히 중요성이 덜한 직책을 맡겼다.

모스크바 관등의 구조

모스크바 관등은 직무의 서열에서 두마 관등 다음 자리를 차지했다. 이 관등의 기원은 두마 관등의 분화와 밀접한 관련이 있었다. 두마의 구성원은 수적으로 많지 않았기 때문에 보야린 가문 가운데 소수만 그곳에 참여할 수 있었다. 게다가 그곳에 참여한 사람들도 오랜 세월 두마 밖에서 직무를 수행한 다음에야 그 안에 자리를 잡았다. 보야린과 궁내관이 된 사람들은 이미 나이가 든 사람들이었다. 보야린 계급에 속한 사람들 중 절대 다수는 두마에 참여할 수 있기를 기다리면서 평생 동안 보야린 후보 직위에 남아 있었다.

16세기의 모스크바 군주의 궁정

이들 두마에 참가 못한 보야르 가문 사람들, 또는 보야린 후보들이 사실상 모스크바 군주의 궁정에서 일한 사람들이었다. 16세기 후반에 궁정에서 일한 보야린 후보는 '모스크바 드보랴닌'이라는 일반적인 호칭을 얻었다. 16세기 중반까지 모스크바 궁정은 제대로 된 체계를 갖추지 못했다. 보야린 후보나 모스크바 드보랴닌은 자기들의 부동산이 있는 여러 지방으로 파견되었다. 그렇지만 1550년에 수도에서 봉사할 의무를 지닌 드보랴닌들은 하나의 계급으로 집결했고, 수도에 굳건하게 고착되었으며, 제대로 된 조직을 부여받고 좀더 분명한 봉직을 임명받게 되었다.

1550년 10월 3일의 법에 따라 수도에서의 직무를 위한 보야린 후보의 모집

모스크바국의 군주는 1550년 10월 3일에 훌륭한 공복으로 일할 수 있는 1,000명의 보야린 후보들을 여러 지방에서 모집하고, 그들에게 수도에서 70베르스타 이내에 있는 모스크바나 그 근교 지방에 있는 봉직영지를 나누어주도록 보야린들과 함께 결정했다. 이들 신임자들은 정부의 다양한 통치 업무를 실행하기 위해 언제나 수도에서 준비된 자세로 있어야 했다. 이들은 봉직영지의 규모에 따라 세 '등급' 또는 부류로 나뉘었다. 모스크바 근교에 세습영지나 아무런 봉직영지도 갖지 못한 일부의 보야린과 궁내관이 이들 보야린 후보에 합류했다. 모스크바 정부는 보야린, 궁내관, 그리고 제1등급의 드보랴닌에게는 목초지를 제외한 200체치(чети, 1체치$=1\frac{1}{2}$데샤티나)의 봉직영지를, 제2등급의 보야린 후보에게는 150체치의 봉직영지를, 그리고 제3등급의 보야린 후보에게는 100체치의 봉직영지를 주었다. 그리하여 총 28명의 보야린과 궁내관, 그리고 1,050명의 보야린 후보가 영지를 할당받았고, 그들에게 13만 8,200체치, 즉 20만 7,000데샤티나의 경작지가 분배되었다.

우리에게는 1,000여 명에 이르는 이 사람들의 명단이 완전한 상태로 전해져 내려오고 있다. 수적으로 아주 적은 첫 번째 등급의 명단에서 우리는 직함을 가지고 있거나, 직함을 가지지는 못했으나 저명한 사람들의 이름을 찾을 수 있다. 여기에는 안드레이 미하일로비취 쿠르프스키 공과 차르의 처남인 니키타 로마노비취 유리예프의 이름이 나와 있다. 반면에 제2등급의 명단에는 다양한 기원을 가진 사람들이 나와 있다. 유명 인사들의 이름과 나란히 아주 미천한 봉직 가문 출신의 인물들이 나와 있다. 마지막으로 제3등급에는 명문가 사람들이 아주 적은 반면에 평범한 드보랴닌들이 주를 이루고 있다.

이런 식으로 수도 주위에 자리 잡은 보야린 후보를 구성한 세 등급의 사람들은 지명도에서는 차이가 나지만, 하나의 특수한 관등을 대표했다. 16세기 말 무렵에는 등급(статья)별 분류가 관등(чин)별 분류로 대체되었는데 그런 관등에는 궁정고관, 궁정일꾼, 모스크바 드보랴닌, 그리고 궁정거주인 등이 있었다. 이런 관등 명칭은 이전에는 궁내관 칭호와 마찬가지로 궁정직을 의미했으나, 이제는 관등이라는 의미만 가지게 되었다. 직무 때문에 수도에 고착된 일련의 드보랴닌들은 이러한 모집 정책을 통해 보충되었다.

모스크바 드보랴닌 신분 구성의 이중적 기원

모스크바 드보랴닌은 그 구성이 이중적이었다. 모스크바 드보랴닌에는 명문가 출신의 사람들과 함께 지방의 하층 드보랴닌들 출신으로서 여러 지역에서 소집된 사람들도 있었다. '모스크바의 관리 명부'에 따라 직무를 얻는 일은 명문가 출신 사람들에게는 봉직 경력의 출발점이었고, 중하층 드보랴닌 출신 사람들에게는 그것의 종착점이었다. 보야린의 젊은 아들은 군사 의무를 이행할 수 있는 나이에 이르면 통상적으로 모스크바 드보랴닌 또는 궁정고관으로서 봉직을 시작하며, 그 다음에 명성을 얻게 되면 궁내관이나 바로 보야린이라는 칭호를 얻어 두마에서 자리를 얻었다. 반면에 지방 출신의 드보랴닌은 '선발'에 의해 일정 기간 직무를 이행한 후에 궁정거주인 관등으로 승진했다. 그런 사람들이 모스크바의 드보랴닌이 되는 경우는 드물었고, 궁정고관이 되는 경우는 더더욱 드물었다.

1627년에 작성된 보야린 명단을 보면, 모스크바에서 관직을 맡은 사람들의 이중적 구성을 쉽게 구분할 수 있다. 이곳에는 모스크바 관리 명부에 나오는 보야린과 궁내관, 그리고 모든 관등 보유자들의 이름이 나와 있다. 236명의 궁정고관, 94명의 궁정일꾼, 826명의 모스크바 드보랴닌이 거명되었고, 시기적으로 약간 뒤인 17세기 중반에 활동했던 약 2,000명의 궁정거주인이 나와 있다. 모스크바 드보랴닌의 이긴 명단을 가만히 보면 우리는 흥미 있는 사실을 발견할 수 있다. 거기 나오는 첫 번째 20~30명은 전부 직함을 가진 유명 가문 출신이거나 직함을 갖지 않았더라도 유명한 가문 사람들이었다.

가령 골리친 공 가문, 호반스키 공 가문, 로스토프스키 공 가문, 프로조로프스키 가문, 그리고 보야린 후보였던 셰레메테프, 살티코프, 부투를린 등이 바로 그러한 가문들이었다. 이 명단의 아래쪽으로 내려가면 내려갈수록 유명 인사의 이름은 드물게 나타난다. 반면에 두마 관등의 명단에는 한 번도 등장하지 않던 가문 사람들이 점점 더 자주 나타난다. 가령 비르킨 가문, 보보리킨 가문, 자그랴즈스키 가문, 나우모프 가문 등이 그러하다. 이런 사람들 이름 옆에는 이들이 이전에 이런저런 도시에서 선발 드보랴닌으로 봉직했다는 기록이 첨부되어 있다.[10] 즉 '모스크바의 관리 명부'는 봉직 계급의 두 부류, 즉 유명 인사 그룹과 무명 인사 그룹이 직무 때문에 서로 마주쳤던 공간이었던 것이다.

---

10) "이런 사람들 이름 옆에는 〔……〕 봉직했다는 기록이 첨부되어 있다"는 구절은 인쇄 원고에서 추가되었고, 구술 강의에서는 언급하지 않았다.

모스크바 드보랴닌들이 공통적인 전투 의무 이외에 맡았던 두 가지 특별 임무, 즉 행정 임무와 군사 임무

모스크바 드보랴닌 신분의 구성이 이처럼 이중적이기 때문에 그들에게는 공통의 전투 의무 이외에도 행정적 임무와 군사적 임무라는 두 가지 봉직 임무가 부여되었다. 궁정고관과 모스크바 드보랴닌은 평화로울 때는 언제나 파견 업무를 담당하고 있었다.[11] 그들이 임명받은 직위는 모스크바의 중하위 관리직, 중소 도시의 지방군사장관(воевода),[12]

11) 이 부분을 강의실에서는 다음과 같이 설명했다.
"궁정고관들과 모스크바 드보랴닌들은 평화시에는 언제나 파견업무를 담당하고 있었다. 그들은 2류 도시의 전쟁 책임자로 임명받았다. 그리고 그들은 사절단의 수행원이 되기도 했고, 국가의 여러 지역의 중요한 형사사건에 따른 결정 사항을 수행하기도 했고, 온갖 특별한 행정 업무를 담당하기도 했다. 이들은 민사 행정의 실질적인 집행인이었다. 이와 더불어 그들은 군 조직에서도 아주 특별한 지위를 맡았다. 그들 전체는 궁정고관, 궁정일꾼, 그리고 모스크바 명부 내의 다른 사람들로 구성된 중요한 부대를 이루기도 했는데, 그 명부 내에는 언제나 6,000명 이상이 있었다. 그렇지만 그들은 대규모 원정에 동원되는 일은 드물었다. 그들은 군대 내에서 장교격에 해당했다. 그들 가운데 일부는 원정 때 지방의 귀족으로 구성된 연대 여러 곳으로 분산되었다. 이런 연대 내에서 그들은 연대장 또는 부대장, 즉 대대장과 중대장으로 복무했다. 이들 가운데 다른 부류는 특히 모스크바 또는 차르 부대를 구성했는데, 이것이 근위대다."

12) 지방군사장관의 원어인 '보예보다'(воевода)는 키예프 시대의 연대기에 자주 등장하는 용어로서 고대 슬라브어로 원래 군 지휘관을 의미했다. 모스크바국 시절에도 이런 의미로 사용되었으나, 이때에는 군 지휘관에 덧보태어 지방장관을 의미하게 되었다. 모스크바국의 군대를 지휘하는 사령관은 전투 사령관(ратные воевода), 또는 부대 사령관(полковые воевода)이라고 불렀다. 동란의 시대에, 그리고 동란의 시대 이후에 모스크바국 정부는 임명된 사령관에게 지방의 행정도 맡겼는데, 이런 사람들을 도시 사령관(городовые воевода)이라고 불렀다. 이들은 지방의 봉직자들을 감독하고, 필요하다면 동원하기도 했다. 이렇게 해서 이들은 점차로 군사권과 민사권을 보유하게 되었고, 사법권도 어느 정도 가지게 되었다.

외국 궁정으로 떠나는 외교 사절 수행원 등이었고, 중요한 형사 사건과 관련된 결정 사항을 국내의 여러 지역에서 실행하기 위해 파견되기도 했다. 말하자면 그들은 온갖 특수한 행정 업무와 외교 업무를 담당했던 것이다. 이들은 민사 통치 분야의 실무 담당자였다. 그와 함께 그들은 군사 조직에서 아주 특이한 위치를 차지하기도 했다. 즉 궁정고관, 궁정일꾼, 모스크바 드보랴닌, 그리고 궁정거주인은 '차르 부대'라고 불리며 통상적으로 군사 원정에서 차르를 수행했던 주요 군대와 주력군의 일원이기도 했다. 이들의 수는 종종 6,000명이 넘었다. 그렇지만 그들 전체가 원정에 참여하는 일은 드물었다. 그들은 또한 지방 봉직자들에 대한 예비 장교의 성격도 지니고 있었다. 그들 가운데 일부는 전시에 지방 드보랴닌들로 구성된 군부대로 파견되었다. 그들은 이런 부대에서 부대장이나 책임자, 즉 대대장 또는 중대장으로 활동했으며 군사령관, 즉 군단장 참모가 되기도 했다.

이렇게 차르 부대를 구성했던 모스크바 드보랴닌들의 일부는 모스크바의 근위대라고 부를 수 있으며, 도시 드보랴닌들로 이루어진 부대를 지휘한 다른 부분은 모스크바 총참모부라는 의미를 지니고 있었다. 그렇지만 우리는 모스크바 관리 명부에 포함되어 있으며 차르 부대에서 활약했던 이들이 보통 사람이었다고 생각해서는 안 된다. 그들은 대부분 상당수의 무장 노예를 대동하고 원정에 나섰던 대지주였다. 우리는 이런 군사 임무가 토지의 크기에 따라 어떻게 할당되었는지 나중에 살펴볼 것이다. 모든 모스크바 드보랴닌들은 수십 명, 또는 수백 명의 노예를 대동하고 원정에 나섰고, 그들을 지휘했다. 이런 식으로 모스크바 관등 보유자들은 도시 부대의 지휘관으로 직무를 수행하는 동시에 자신이 속한 차르 부대에서는 세습영지의 노예로 구성된 부대의 지휘관이라는 의미도 아울러 지니고 있었다.[13] 모스크바 드보랴닌 신분이 지닌 이러한 이중적인 의미를 명확하게 알기 위해서는 1681년에 작성된 목록을 보는 것으로 충분하다.

이 목록에 따르면 궁정고관이나 다른 모스크바 관등 보유자들의 총수가 6,385명에 이르렀는데, 그중에 3,761명이 장교 직책을 가진 각자의 지방 드보랴닌 부대로 흩어져 파견되었다. 또 그중에 2,624명은 2만 1,000여 명의 무장 노예를 대동하고 '차르 부대'인 모스크바 근위대에 편입되었으므로, 모스크바 근위대의 총 병력은 거의 2만 5,000여 명에 이르렀다. 따라서 드보랴닌 한 사람당 대략 10명의 노예를 데리고 온 셈이었다.

모스크바 관등과 두마 관등 사이의 관계

앞서 열거된 모스크바의 관등들은 각자에게 부여된 행정이나 군사 임무의 성격에 따라 구분되었다. 궁정고관은 모스크바 드보랴닌보다

---

13) 이 부분부터 이 강의 끝까지는 다음과 같이 언급했다.
"이런 식으로 모스크바 드보랴닌 신분은 우리가 참모본부와 근위대라고 부르는 부대를 구성했다. 지방의 드보랴닌들로 구성된 연대에서 이들은 대대와 연대의 지휘관이 되었다. 모스크바 차르 부대에서 이들 세습영지 보유자들은 노예의 지휘관이었다. 모스크바 드보랴닌들의 이러한 이중적인 의미를 파악하기 위해서는 1681년에 나온 몇몇 통계수치를 살펴보는 것으로 충분하다. 명부에 따르면, 궁정고관과 모스크바 관등을 가진 사람들의 총수는 6,385명인데, 이중에 3,761명이 지방 드보랴닌들의 연대를 따라 연대장이나 대대장을 맡아 분산 · 배치되었다. 2,624명은 모스크바의 근위대인 차르 부대를 구성했다. 그렇지만 그들은 여기서 2만 1,000여 명 정도 되는 무장 노예들을 지휘했다. 그러므로 모스크바 부대는 2만 4,000여 명으로 구성되었다. 이들 거의 2만 5,000명이나 되는 구성원 속에서 모스크바 관등에 속한 사람들은 장교인 참모를 구성한 적은 수에 불과했다. 모스크바 드보랴닌들이 분리된 계층에 따라 관리 업무가 배당된 방식은 이와 같았다. 지방의 드보랴닌들은 관등의 구분에 의해 전혀 다른 군사 업무를 담당했는데, 그 구성에 대해 이제 알아보기로 하자."

더 중요한 '파견 업무'를 담당하는 등의 방식이었다. 그와 함께 이런 관등들 내에는 두마 관등에서와 마찬가지로 서열상의 이동이 있었다. 궁정거주인은 모스크바 드보랴닌으로, 드보랴닌은 궁정일꾼이나 궁정 고관으로 승진할 수 있었다. 그렇지만 이러한 이동은 두마의 직무에서 발생했던 것과는 어느 정도 달랐다. 두마 관등은 특히 '출신지별로' 또는 가문별로 부여되었다. 모스크바의 관리 명부에 따라 직무를 맡았던 유명 인사들에게는 바로 그러한 출신지가 승진의 근거가 되었다. 그렇지만 수도의 드보랴닌의 절대 다수는 가문에 따라서가 아니라 '직무에 따른' 관직 서열, 즉 공적(功績)에 따라 승진했다. 이런 식으로 모스크바의 관리 명부에 오른 사람들이 계보상 이중적인 구성으로 되어 있었다는 사실은 봉직자들의 직무상의 이동에서도 반영되었다.

제15강

도시 관등의 기원

우리는 두마 관등이나 수도 관등이라는 고위 봉직 관등의 기원을 연구하면서, 이런 관등들이 가문에서 유래되었으며 통치 행위의 의미를 지니고 있었음을 알 수 있었다. 이런 관등들은 16세기 무렵에 모스크바의 명문 봉직 가문 출신들이 차지하고 있었고, 이런저런 관등 보유자들에게 부과된 통치 업무의 중요성에 의해 구분되었다. 지방의 하급 드보랴닌의 관등 구분은 이와는 다른 근거를 가지고 있었다. 여기서의 관등 구분은 전체적인 군사적 직무, 즉 수도와 도시의 모든 봉직자들이 부담해야 했던 공통된 의무의 할당 방식에서 유래되었다. 만약 고위 관등들이 그 관등 보유자가 지니고 있던 통치 행위상의 신임이라든지 권위를 다양하게 보여주는 것이라고 한다면, 도시 관등은 전투에서의 유용성을 다양하게 보여주는 것이었다. 그 당시에 봉직자의 전투에서의 유용성은 전투할 때의 기술이나 개인적인 용맹성에 의해서가 아니라, 자신의 출정 때 수행할 수 있는 가내노예(家內奴隷, дворовые люди)의 수나 자신과 무장 노예들이 지닌 군사 장비의 질에 의해서 결정되었다. 부친에게서 광활한 세습영지를 물려받은 유력 가문 출신의 젊은 궁정고관은 군장을 잘 갖춘 아주 많은 수의 군사들을 전장에 대동함으로써 전투에서의 유용성이라는 측면에서 여타의 구식 보야린들을 압도했다. 그럼에도 궁정고관은 군사나 민사 통치 부문에서 보야린보다 훨씬 낮은 지위에 있었고, 아직 몸소 '두마까지', 즉 두마 관등에 다다르지 못했다. 반대로 도시 관등 직무 속에서 지방의 드보랴닌의 지위는 오직 그가 지닌 전투에서의 재원(財源)으로만 결정되었다.

토지에 따른 직무의 할당

이런 차이가 생기게 된 이유는 다음과 같다. 통치와 연관된 직무는 봉직자들 사이에서 출신, 즉 가문에 따라서 할당되었지만 군사적 봉사와 연관된 부담은 토지, 즉 토지 소유 상태에 따라 결정되었던 것이다.

분립영지시대의 궁정이 봉직을 가진 세습영지 소유자의 지방사회로 변모된 일

애초에, 즉 모스크바국이 성립되던 초기에, 독립을 상실한 공후의 궁정인들은 그 지역에 그대로 남아서 일종의 지주 사회를 형성했다. 지방의 지주들에게서 떨어져나온 사람들은 수도에서 직무를 맡기 위해 자신의 공후를 따라 모스크바로 이주했던 최상층의 명문 보야린들뿐이었다. 그렇지만 모스크바의 궁정으로 들어온 이런 사람들은 일정 기간에는 모스크바의 구봉직자들과 통합되지 않았고, 독특한 가문적 집단 또는 분립영지 출신의 집단을 구성했다. 그리하여 1542년에 폴란드 사절단의 환영식이 열린 궁정에 온 유력 궁정 인물들은 "오볼렌스크의 공후들, 로스토프의 공후들, 야로슬라프의 공후들, 스타로두프스키의 공후들, 트베리의 궁정귀족들, 모스크바인들"이라는 식으로 거명되었다. 마지막 집단 속에는 모스크바의 오래된 두 가문인 모로조프 가와 쉐인 가의 구성원들과 유명한 그리스 가문인 라스카리소프 가문의 자제로서 15세기 말에 모스크바로 왔던 라스키레프라는 인물이 거명되었다. 이런 지방의 집단에 속한 사람들, 즉 오볼렌스크의 공후들, 로스토프의 공후들, 트베리의 귀족들 그리고 모스크바인들은 그 이름에 해당하는 공국 내에 세습영지를 보유하고 있었다. 그리하여 모스크바국의 군인들은 애초에 '토지에 따라', 즉 토지 보유 장소에 따라 봉직자들의 지방 사회로 조직되었다.

토지가 봉직에 따라 배당되고, 봉직을 맡은 지주들로 구성된 새로운 사회가 생긴 일

그렇지만 봉직자들의 분립영지에 근거를 둔 이런 지방 사회와는 별도로, 대외적인 방어라는 새로운 전략적인 조건에 의해 또 다른 부류의 사회가 생겨났다. 모스크바국이 확대됨에 따라 모스크바국 속으로 편입된 지역에는 봉직을 맡은 지주들이 적거나 아예 없는 지역이기는 했으나 대외적인 방어를 위해 필요한 곳도 있었다. 그런 지역을 외국의 침략에서 보호하기 위해 분립영지 시기의 궁정에 거주하던 하층 공복들, 납세민들, 심지어 무기를 잘 다루는 노예들을 이런 곳에 토지 없이 정착시켰다. 정부는 이런 사람들을 보야린의 저택에서 선발해 지방의 드보랴닌으로 만들었다. 17세기 후반에 서기보(подьячий)로 있던 코토쉬힌은 모스크바국에 관한 자신의 글에서 이러한 강제적인 징집에 대해 회상하면서 다음과 같이 말하고 있다. 모스크바국이 주변의 국가들과 전쟁을 벌이던 지난 시절에 군인들은 온갖 관등 출신에서 모집되었는데, 그중 많은 사람들은 '봉직을 수행했거나 포로 생활을 참아낸 것'(즉 포로로 잡혀 고생한 것)에 대한 대가로 노예 신분이나 농민 신분에서 해방되었고, 봉직에 대한 보상으로 크지 않은 봉직영지와 세습영지를 부여받았다는 것이다.

토지의 분여를 통해 위험한 국경 지역에 새로운 군인들을 정착시킨 일

이러한 신병들을 토지에 정착시키기 위한 수단으로서 모스크바국에서는 새로운 종류의 토지 보유 형태가 만들어졌는데, 이것을 '봉직영지'(поместье)라고 불렀다. 나는 이러한 토지 보유 형태의 기원에 대해서, 또는 봉직영지 제도에 포함된 법적인 관계에 대해서는 아무런 설명도 하지 않을 것이다. 여러분 중에 어떤 사람은 이 문제에 대해서 러시아사 개론 강좌에서 들었을 것이고, 또 다른 사람들은 러시아 법제도사 개론 강좌에서 들었을 것이다. 현재 우리는 이런 제도의 실제적인 결과가 무엇인지를 아는 것이 중요하다. 그렇게 되면, 지방의 드보랴닌 계급이 처했던 군사적인 성격의 봉직이나 토지와 연관된 지위가 어떻게 봉직영지 토지 보유에 관한 법적인 도움을 받아 정착되었는지 알 수 있게 될 것이다. 나는 여기서 모스크바국에서 세습적인 토지 자산이었던 '세습영지'(вотчина)와는 달리, 봉직자에게 기한을 정하고 통상적으로는 직무의 조건이나 직무를 수행하기 위한 수단으로서 생존 시에만 보유하게 했던 국유지를 '봉직영지'라고 불렀음을 상기시키려고 한다.

이런 형태의 토지 보유 방식은 이미 분립영지 시기에 생겨났다. 공후들이 봉직에 대한 대가로 오직 봉직의 보유 기간에만 분배해준 토지가 이러한 특징을 지니고 있었다. 그런데 이때의 봉직은 군사적인 것이 아니라 '궁정에 사는'(под дворским) 공복이라는 명칭으로 우리에게 이미 알려져 있는 종복들이 담당한 궁정 내의 일이나 실생활 관련 일이었다. 이런 토지 보유 형태는 15세기나 16세기에 들어와서야 모든 봉직자들에게 확산되었고, 법에 의해 체계적인 제도로 정비되었다.

이러한 봉직영지 체제는 또 다른 원칙, 즉 봉직자들의 군사적 토지 보유 조직의 기반에 놓여 있었으며, 세습영지의 보유 형태에 적용되던 첫 번째 원칙과 밀접한 관련을 맺고 있던 원칙의 표현이었다. 우리는 전투 직무가 어떤 계급 전체의 강제적인 의무가 되었을 때 그 부담이 토지에 따라, 즉 각자가 보유한 세습영지의 규모에 따라 봉직자들 사이에 할당되었음을 본 적이 있다. 그렇지만 토지를 보유한 모든 사람들이 토지의 크기에 맞는 정도로 전투 직무를 담당해야 했다면, 당연히 항구적으로 전투 직무를 맡은 사람들은 모두 봉직상의 부담에 비례한 크기의 토지를 보유해야 했다. "토지에 따라 봉직을 수행한다"는 원칙은 그 반대의 원칙, 즉 "봉직에 따라 토지를 보유한다"는 원칙으로 귀결되었다. 이러한 새로운 원칙에 따라 세습영지를 가지고 있지 않거나 적게 가지고 있던 봉직자들이 봉직영지를 할당받았다. 이런 식으로 토지가 배당됨으로써 과거에 세습영지가 있던 지방 사회에 새로운 지주들이 자리 잡게 되었을 뿐만 아니라, 16세기와 17세기를 통해 계속해서 군(郡) 내에 인접한 국경 지역을 방어하는 의무를 지닌 새로운 지주들의 지방 사회가 하나씩 생겨나게 되었다. 외부에서 좀더 큰 위협을 받고 있었던 서부, 남부, 동부의 국경 지역에는 다소 촘촘한 정도로 일련의 봉직영지 보유자들이 배치되었는데, 이들은 마치 생나무 울타리처럼 세 방향에서 국가의 중심부를 방어하고 있었다.

우리는 현재 보존되어 있는 몇몇 고문헌을 통해 이러한 국경방어 임무를 이해할 수 있다. 노브고로드가 정복되고 몇 년이 지난 1488년에 그곳에서 음모가 발각되었다. 그 결과 8,000명 이상이나 되는 보야린들, 유력 시민들, 그리고 상인들이 노브고로드에서 모스크바 지역으로 이주당했다. 이들 보야린들과 유력 시민들은 대부분 대토지 소유자들이었다. 토지 소유자들 개개인은 모스크바국의 정책에 따라 봉직을 담당하도록 하면 되었지만, 노브고로드에 세습영지를 가지고 있던 토착적인 토지 소유자들은 모스크바 정부 측에서 볼 때 여전히 위험한 인물들이었다. 그러므로 이주당한 8,000명은 블라디미르, 니줴고로드, 무롬스크, 페레야슬라프, 유리예프, 로스토프, 코스트롬 등지의 군으로 분산되어 봉직영지를 할당받았다. 그리하여 공백이 된 지역에는 수백 명에 달하는 모스크바의 봉직자들을 파견했고, 이주자들에게서 압수한 세습영지를 봉직영지로서 이들에게 나누어 분배했다.[1)]

이때 모스크바의 하급 봉직자를 필요한 수만큼 확보하기 위해 투취코프 가문, 세레메테프 가문, 랴폴로프스키 가문, 트라빈 가문 등의 모스크바 보야린들에게 50가구 이상의 원정 담당 노예를 방면해주라는 명령을 내렸다. 뜻하지 않게 자유를 얻게 된 이들 모두는 스웨덴 또는 리보니아 영토와 국경을 맞대고 있던 보트스크 퍄티나[2)]에서 봉직영지를 받았다. 이 퍄티나에서 1500년에 작성된 납세 명부가 우리에게 전해져 내려오고 있다. 우리는 이 납세 명부를 통해 이 퍄티나에 속한 두 군데의 군인 라도스크와 오레호프스크 군에 속한 도시인 오레쉐크의 14개 촌락에서 106명의 모스크바 봉직영지 소유자들을 찾아볼 수 있

1) 구술 강의에서는 다음과 같이 언급했다.
"모스크바 정부가 몰수한 텅 빈 세습영지에는 모스크바의 일부 봉직자들이 이주했다. 그러한 세습영지는 그들에게 봉직영지로서 분배되었다."

2) 퍄티나(пятина)는 대노브고로드국의 행정 구역 명칭인데, 이 명칭은 이 지역을 다섯(пять) 부분으로 나누었다는 데서 유래되었다.

는데, 그중에는 이전에 모스크바의 보야린에게 속했던 노예들도 적지 않았다. 이들 모든 봉직영지 소유자들에게는 약 4만 5,000데샤티나의 토지가 등록되어 있는데, 여기서 4,000명 이상의 농민들과 봉직영지에 소속된 종복들이 일했다. 모스크바 당국은 불과 20년도 안 되는 기간에 스웨덴과 국경을 맞대고 있는 대노브고로드 영토의 구석구석에다가 봉직자들의 둥지를 만들어놓았다.

그보다 앞선 시점에 동쪽과 북동쪽의 군에는 봉직자들이 더욱 촘촘하게 정착한 바 있었다. 1499년에는 러시아 영토를 침입하곤 했던 위구르(вогур)인들에 대해 세묜 쿠르프스키(Семен Курбский) 공의 지휘 아래 우랄 지역 너머로 원정이 단행되었다. 이때 공의 휘하 병력으로 1,304명에 달하는 우스튜즈크 군의 봉직자들과 2,000명 이상에 달하는 뱌트스크, 바즈크, 피네즈크 군의 봉직자들이 파견되었다. 아주 커다란 위협을 받고 있던 남쪽의 국경선은 훨씬 더 주의 깊게 방어되었다. 16세기 초에 두 번 모스크바국을 방문해서 그곳을 깊이 연구했던 헤르베르슈테인 남작[3]은 오카 강과 돈 강 유역의 경우에는 심지어 평화 시에도 타타르인들의 침입을 미리 방어하기 위해 2만 명에 달하는 전투병들이 상시 주둔하고 있었다고 말했다. 확립된 동원 체제에 따르면, 이들 수비 부대원들의 대부분은 남부 국경 군에 살고 있던 봉직자들이었다. 16세기의 납세 명부를 보면, 지방 드보랴닌의 지역적

3) 헤르베르슈테인(Зигмунд Герберштейн, 1486~1566)은 독일인 외교관이자 여행가였다. 그는 1517년에 신성로마제국의 막시밀리안 1세의 외교 사절로서 모스크바국의 바실리 3세를 방문해서 폴란드와 화친하고 투르크에 대항하자고 설득했다. 그는 또 1526년에 두 번째로 모스크바를 방문했다. 그는 1549년에 『모스크바 메모』(*Записки о московитских делах*)라는 저서를 발간했는데, 여기서 고대로부터의 러시아사를 기술하고 러시아의 경제, 관습, 종교 등에 대한 많은 정보를 제공하려고 했다.

분포 상태도 파악할 수 있을 정도다. 중앙 지역의 군, 특히 모스크바 군에서는 도시 드보랴닌의 수가 아주 적었다. 이곳에는 두마 관등, 모스크바 관등, 통상적으로는 큰 규모의 봉직영지를 할당받은 대세습영지 보유자들 등 고위 관등을 가진 지주들의 수가 압도적으로 많았다. 고위 관등을 가진 유력 인물들 사이에 산재해 있는 도시 드보랴닌들의 봉직영지도 상당히 많았다.[4] 모스크바 군에서 동쪽과 남쪽 방향으로 멀리 떨어지면 떨어질수록, 고위 관등을 가진 사람들이 보유한 봉직영지와 세습영지는 드물었다. 반면에 지방의 봉직영지 보유자들의 수가 점점 더 많아지며, 그들의 봉직영지의 면적은 점점 작아졌다. 중앙에서 남쪽, 서쪽, 동쪽의 국경 지대로 갈수록 봉직영지와 세습영지의 크기는 반비례했다.

1577년의 콜로멘스크 군의 봉직자 명단과 그들의 봉직영지를 살펴보기로 하자. 이 명부에는 295명의 봉직영지 보유자들이 있는데, 이들이 가지고 있던 토지의 면적은 삼림 지역, 초원 지역, 토질이 척박한 지역을 빼고도 84만 데샤티나에 달했다. 따라서 봉직영지 보유자 한 사람당 약 285데샤티나의 토지가 할당된 셈이었다. 또한 1597년의 랴주스크 군의 봉직자들의 명부를 비교해보자. 16세기 말경에 랴주스크 군은 남동부 국경 지역에 속했다. 명부에 따르면, 이 지역에 있던 770명의 봉직영지 소유자의 토지 면적은 12만 7,820데샤티나였다. 따라서 이곳의 봉직영지의 평균 면적은 166데샤티나였다. 평균적으로 285데샤티나에 달했던 콜로멘스크 군의 봉직영지와는 차이가 났던 것이다. 16세기 말과 17세기 초에 봉직자들은 랴주스크 또는 그에 인접하

---

4) 구술 강의에서는 다음과 같이 설명했다.
"모스크바 군 내의 도시 드보랴닌들이 소유한 봉직영지는 대영지들 사이에서 분산되어 있었는데, 수적으로 상당히 많았다. 이웃한 군도 상황은 마찬가지였다."

거나 더 남쪽에 위치한 군, 가령 에피판스크, 에프레모프스크, 코즐로프스크, 레베쟌스크, 엘레츠크, 리벤스크, 보로네주스크 등의 군에 있는 '불모의 벌판에 또다시' 정착했다. 이런 지역에는 농민들의 수가 아주 적었고, 지역에 따라서는 아예 한 사람도 없었으므로 봉직자들이 그런 곳에 종복들을 데리고 나타났을 때 그들은 최초의 러시아인 정착민인 셈이었다. 그들은 서로 멀리 떨어진 지주의 장원(莊園)이 아니라 아주 조밀하기도 하고 잘 방어되는 정착 지역에 자리 잡았다. 그래서 그들 모두는 '한 채의 저택' 안에 사는 것처럼, 즉 농가는 없고 자신들만의 주거지에서 생활했다.

토지에 따라 봉직을 할당하고, 봉직에 따라 토지를 할당함으로써 생긴 결과들

지방의 봉직자 사회의 구성의 근거였던 두 가지 원칙이 서로 영향을 미침으로써 봉직자 계급에게는 아주 중요한 일련의 결과들이 초래되었다.

애초에 봉직을 맡고 있던 지방의 세습영지 보유자들 사회가 붕괴된 일

이미 분립영지 시대에 생성되었던 고래의 봉직 세습영지 보유자들의 사회가 해체되었다.[5] 그동안 적은 토지를 가지고 상급 식읍을 받으면서 분립영지의 공후들을 섬겼던 사람들은 자기 부친이 봉직을 가지고 있던 장소에서 멀리 떨어진 곳에서 봉직영지를 받음으로써 여러 군

5) 구술 강의는 다음과 같다.
"일찍이 분립영지 시대에 형성되었으며, 모스크바국이 성립되는 과정에서 봉직 세습영지 보유자들이 지방 사회를 구성했던 고래의 봉직 사회가 해체되었다."

으로 흩어졌다. 분립영지 공후 자신의 후손들에게도 동일한 일이 발생했다. 오볼렌스키 가문은 노브고로드 지역의 봉직영지 보유자가 되었고, 야로슬라프 가문 계열인 둘로프 공후 가문은 랴주스크 군에서 소규모 봉직영지 보유자가 되었으며, 같은 가문 출신의 자세킨 공후 가문은 카쉬르 군의 봉직영지 보유자가 되었다.

수도 드보랴닌 신분의 이중적인 성격과 구성의 기원

16세기 중반에 세습영지 보유자들과 봉직영지 보유자들로 구성된 새로운 군(郡) 봉직자 사회가 성립되자마자, 그 이전인 15세기에도 그랬던 것처럼 수도의 직무를 위해 그들 가운데 상층이 또다시 분리되어 나갔다. 이들 상층이란 내가 지난번에 언급한 1,000여 명의 사람들인데, 이들은 다양한 군의 보야린 후보 중에서 선발되어 모스크바 주위에 봉직영지를 얻은 사람들이었다. 1550년에 공포된 『칙령』(*Указ*)의 표현에 따르면, '상층 공복들'(лучшие слуги), 즉 자산을 많이 가지고 있고 전투 직무에 유용한 자들이 이 경우에 포함되었다.

이들은 메제츠키 공처럼 세습영지 형태로 2,000데샤티나 이상이나 되는 대규모의 경작지를 가지고 있던 세습영지를 보유한 명문가 사람들, 또는 아주 평범한 출신의 봉직자의 후손이었으나 하사받은 봉직영지를 성공적으로 경영한 이들이었다. 이들 가운데에는 심지어 이반 3세 대공 시절에 방면되어 노브고로드 지역에서 봉직영지를 얻었던 보야린의 노예 출신의 후손들도 있었다. 이들 1,000여 명의 사람들은 모스크바 인근에 봉직영지를 얻었으면서도, 자기들이 떠나온 군에 있는 세습영지와 봉직영지를 상실하지 않았다. 그렇지만 그들은 수도 드보랴닌 신분의 성원이 되었으므로, 이전에 자기들이 소속되어 있었던 군의 드보랴닌 사회에서는 떨어져 나오게 되었다. 여기서 이들 드보랴닌 신분의 사람들에게서는 출신 가문적인 성격과 봉직자로서의 성격이 중첩되어 나타난다. 그들 가운데에는 출신이나 가문적 배경을 가진 사람들과 봉직이나 직무적 배경을 가진 사람들이 뒤섞여 있었다. 이들은 우수한 군인('차르 직속 부대')이자, 통치 행위의 실행 도구이기도 했다. 이런 식으로 모스크바 드보랴닌 신분은 그 활동의 한 측면과 그중에서 상층에 의해 보야린과 인접해 있었고, 활동의 다른 측면과 하층에 의해 지방의 드보랴닌 신분과 인접해 있었다.

토지와 관련된 봉직 기준의 확립

보야린 신분이 국가 내에서 차지하고 있는 지위가 출신에 근거를 두고 있었고, 수도 드보랴닌 신분의 지위가 출신이나 관리 직무에 근거를 두고 있었다고 한다면, 도시 드보랴닌 신분의 지위는 오직 군사적인 전투 직무에만 근거하고 있었다. 이 두 가지 원칙 모두가 적용됨으로써 16세기 중반에는 토지와 관련된 직무의 기준이 법을 통해 확립되었다. 1556년에 제정된 법에 관한 연대기 기술에서 우리는 쉽게 풀어쓰기 힘든 법 구절을 보게 되는데, 진본이 오늘날까지 우리에게 전해져 내려오고 있지는 않다. 그 내용은 대략 다음과 같다. "군주께서는 일부 고관들과 군인들이 많은 토지를 소유하고 있으면서도 직무를 적게 맡는다고 판단하셨다. 그들의 직무는 군주께서 하사하신 (봉직영지와) 그들의 세습영지에 걸맞지 않은 수준이었다. 그러므로 군주께서는 그들의 토지를 측량해서 각 사람이 직무를 담당하는 만큼만 토지를 분배함으로써 봉직영지의 양에서 균형을 잡고, 나머지는 압수해서 토지가 없는 사람들에게 나누어주라고 지시하셨다. 그때 직무와 세습영지 그리고 봉직영지가 수치로써 정확하게 확정되었다. 완전 군장을 갖춘 한 사람의 기병에게는 토질이 좋은 100 '체트베르치'(четверти)의 땅을 주었다. 그리고 군주께서는 토지를 가지고 직무를 수행하며 예비용으로 다른 말을 가지고 원정을 떠나는 사람에게는 '상급 식읍'을 하사하시고, 보병들에게는 하사금을 지급하신다. 토지를 가지고 있지만 '그에 부합되는 직무를 맡지 않은' 사람들에게서 돈을 징수해 원정을 떠나는 사람들에게 주도록 하셨다. 군주께서는 국가에 대한 직무가 거짓과 과오 없이 정당하게 행해지도록 하기 위해 이 모든 조치를 확립하셨다."

우리가 중요한 이 법을 잘 이해하기 위해서는, 17세기의 토지 단위인 '체치' 또는 '체트베르치'가 지닌 의미를 기억할 필요가 있다. '체치'란 호밀 '체트베르치'[6]가 파종된 경작지였는데, 2 '체트베르치'가 파종된 토지의 면적은 통상적으로 오늘날의 1데샤티나에 해당되었다. 그리하여 토지 단위였던 1체치는 $\frac{1}{2}$데샤티나와 같았고, 그런 곳이 세 군데라면 $1\frac{1}{2}$데샤티나에 해당되었다. 이런 식으로 한 사람의 기병 무장 군인은 토지에 관한 봉직의 기준으로서 150데샤티나의 토지를 할당받는 것으로 확정되었다. 그러므로 300데샤티나의 토지를 소유한 사람은 무장 노예 한 사람을 대동함으로써 두 사람이 원정에 참여해야 하는 등의 방식을 적용했다. 그렇지만 이러한 기준은 앞서 언급한 바대로 두 가지 원칙에 따라 이중적으로 적용되었다. 만약에 법에 따라 한 사람의 무장 기병이 150데샤티나의 토지를 받고 원정에 참여했다면,[7] 다른 한편으로는 봉직자가 완전 군장을 갖추고 기병으로 원정에 나가게 될 때 적어도 150데샤티나의 봉직영지를 부여받아야 했다.[8] 모스크바 정부는 지방의 드보랴닌 가운데 이러한 봉직 기준을 적용하면서

6) 오늘날의 도량 단위로는 209.21리터에 해당된다.

7) "그러므로 300데샤티나의 토지를 소유한 사람은 〔……〕 원정에 참여했다면"이라는 구절은 클류쳅스키가 석판 인쇄를 위해 보충했다.

전투 부담을 할당했고, 이런 할당 방식에 의해 지방의 드보랴닌을 세 관등으로 나누었다. 세 관등을 아래 등급부터 높은 쪽으로 열거해보면, 도시 보야린 후보, 도시 드보랴닌 후보, 선발 드보랴닌이었다.

---

8) 이 부분부터 이 강의 마지막까지는 육성 강의에서 다음과 같이 설명했다. "만약 150데샤티나의 토지를 소유한 모든 사람이 완전 군장을 갖춘 기병으로 원정에 참여해야 한다면, 다른 한편으로는 완전 군장을 갖춘 기병으로서 원정에 참여한 또는 봉직자들이 150데샤티나에 해당하는 경작지를 봉직영지로 가져야 한다. 모스크바 정부는 이러한 이중적인 기준에 따라 지방의 드보랴닌들에게 군사 업무를 할당했다. 그런데 이런 할당 방식은 지방의 봉직자들을 세 관등으로 나누었고, 그 순서는 차례대로 도시 보야린 후보, 궁정 보야린 후보, 선발 드보랴닌이다. 이제 나는 이런 관등 칭호 자체의 기원에 대해, 그리고 그다음에 관등 자체의 기원에 대해 설명하려고 한다.

제16강

도시 보야린 후보와 이 관직의 기원

이미 17세기에 사람들은 보야린 후보들(дети боярские)[1]이라는 명칭을 잘 이해하지 못했다. 코토쉬힌도 이 용어를 설명할 수 없었다. 그렇지만 이 용어의 기원은 아주 간단하게 설명할 수 있다. 분립영지 시기의 공국에서는 아주 많은 '보야린' 가문들, 즉 보야린이라는 칭호를 가지고 있던 가문 사람들이 생겨났다. 그렇지만 보야린이라는 칭호는 통상적으로 성년이 된 봉직자들에게 하사되었고, 더구나 보야린 가문에 속한 모든 사람들에게 부여되지도 않았다. 아직 보야린이라는 칭호를 받지 못했던 보야린 가문 사람들을 분립영지 시기에 보야린 후보라고 불렀는데, 이들은 자유민 신분의 공복(слуга)이나 드보랴닌보다 높은 위치에 있었다. 분립영지가 사라지게 됨에 따라 오직 분립영지의 보야린 중에 높은 지위를 가진 사람들만 모스크바로 이주했다. 이런 칭호를 지니지 못한 보야린 가문 사람들은 지방에 남아서 흡사 보야린의 후보인 양 보야린 후보라는 명칭을 지니게 되었다. 그렇지만 우리

1) 원어로는 '보야린의 자제들'이라는 뜻이다.

는 16세기의 보야린 족보에 기재된 보야린 가문 사람들 가운데 절반 이상이 100년 동안 가문 사람 중에 단 한 사람도 두마에 진입시키지 못했음[2)]을 확인할 수 있었다. 이런 식으로 분립영지 시기의 구보야린 가문 가운데 절반 이상이 사실상 보야린에 더 이상 소속되지 않게 되었다. 말하자면 보야린이 되려다가 만 이들 가문의 구성원은 한 세기 이상 동안이나 보야린 자제(боярский сын)라는 명칭을 가지고 태어난 다음에 그 칭호를 가지고 죽었다. 이런 식으로 보야린 자제라는 용어는 지방의 봉직자를 가리키는 말이 되었다.

이들 도시 보야린 후보 가운데 일부는 수도의 '궁정'으로 차출되어 궁정 직무를 맡게 되었다. 16세기 중반이나 그 이전부터 이런 보야린 후보는 '드보로비'(дворовый) 또는 '드보랴닌'이라는 명칭을 얻었다. 이리하여 이전에는 보야린 출신이 아닌 자유민 공복을 의미했다가 나중에는 보야린 후보보다 낮은 위치에 있던 드보랴닌이 궁정 칭호로 변모되어, 오직 일부의 도시 보야린 후보만 그 칭호를 가진 사람으로 격상되었다. 이런 덕분에 보야린 후보는 지방의 하급 관등이 되었다. 지방의 드보랴닌 가운데 고위 관등 소지자들은 '궁정 보야린 후보'(боярские дворовые дети)라든지 '선발 드보랴닌'(выборный дворянин)이라는 칭호로 불리게 되었다. 이들 중 몇몇 사람들은 수도 드보랴닌 신분에까지 다다랐고, 모스크바 드보랴닌이라는 관등 속에서 궁정 드보랴닌(дворовый дворянин) 또는 대드보랴닌(дворянин большой)이라는 칭호로 불렸다.

2) '진입시키지 못했음'이라는 말은 원래 '파견하지 않았음'이라고 언급되었다.

16세기와 17세기에 도시 관등을 가진 사람들 사이에 토지장부에 따라 직무가 할당된 일

이제 봉직자들 사이에 봉직이 어떻게 할당되었으며, 또 봉직영지가 어떻게 부여되었는지 살펴보도록 하자. 이 두 가지 일을 위해 '검토'(смотр)나 '평가'(разбор)라는 작업이 규정되었다. 군의 봉직자들에 대한 '검토' 작업은 출정 중인 군 사령관이 행하거나, 특별히 임명된 감찰관인 평가관들(разборщики)이 행했는데, 이들 평가관들은 평화 시에는 군을 돌아다니며 그 지역 내에 있는 모든 드보랴닌을 소집하기도 했다. 봉직자들에 대한 평가나 영지할당 작업(верстанье)은 봉직자들 중에서 '토지배당자문관'(окладчик)이라고 불렸던 선발된 대표자들의 심문을 통해 수행되었다. 토지배당자문관은 필요에 따라 네 명, 다섯 명, 심지어 열 명 이상 선발했다. 그들은 임무를 시작할 때 선서를 했다. 이 사람들은 각 군에서 드보랴닌의 지도자 집단 같았다.

이들 토지배당자문관은 자기들이 거주하던 군의 드보랴닌에 대해서 수도에서 파견된 평가관에게 필요한 모든 정보를 제공해줄 의무를 지고 있었다. 평가관은 그들의 진술에 근거해서 개별 드보랴닌에게 직무의 종류를 지정해주었다. 그리고 그는 봉직영지를 부여받지 못한 드보랴닌에게 봉직영지를 배당해주었고, 군 내의 모든 봉직자들의 장부를 작성했으며, 봉직자들을 관등별로 나누었고, 관등을 다시 등급으로 분류했다. 그리고 그는 각 사람의 직무의 종류와 배당토지(оклад)를 세세하게 규정했다. 이런 장부를 '토지장부'(десятень)라고 불렀다.[3)]

---

3) 이 부분부터 한참 뒤까지는 구술 강의에서 다음과 같이 언급했다.
"전쟁의 유효성에 대한 복잡한 평가는 이와 같았다. 이러한 평가는 우리가 데샤티나에서 언제나 마주치게 되는 공식을 만들어냈다. 그리하여 토지배당자문관

그중 일부는 심지어 16세기부터 오늘날까지 전해져 내려오고 있다. 17세기의 장부는 수백 개나 우리에게 남아 있지만, 그중에서 어떤 것도 출판되지는 않았다. 이들 장부를 잘 연구해보면, 우리는 봉직자들 사이에 봉직이나 토지를 할당한 방식을 규명할 수 있다.[4] 할당 원칙의 두 가지 기초에 따라서 봉직영지 배당토지는 직무의 성질과 전투에서의 유용성에 의해 결정되었고, 그와 반대로 직무의 성격이나 전투에서의 유용성의 정도는 앞서 정해진 토지할당량에 의해서 규정되었다.

전투에서의 유용성은 네 가지 방식으로 결정되었다.

1) 평가관은 토지배당자문관들에게 해당 봉직자가 '어떤' 사람이냐고 질문했다. 만약 그가 젊다든지 '괜찮은 사람'이라는 답변을 듣는다면, 그는 좋은 토지를 배당받았다. 반면에 그가 별로 좋지 않다는 답변, 즉 늙었다거나 약하다는 대답을 듣는다면, 낮은 등급의 판정을 받았다. 그리하여 우리는 토지배당자문관의 말 가운데서 "그는 젊으므로

들은 봉직자에 대해 다음과 같이 말하곤 했다. '본래 훌륭하다면 멀리 있는 봉직도 수행할 수 있다'(먼 곳의 원정에 간다는 말이다). 또 '그의 부친은 출신 때문에 훌륭하므로 궁정의 명부에 따라 봉사했다.' 그러나 그가 멀리 있는 봉직을 수행할 수 있을지의 여부는 그에게 어떤 '골치 아픈 일'이 있는지, 즉 그의 봉직영지나 세습영지가 어떤 경제적 상황에 처해 있는지에 달려 있었다. '본래', 그리고 '출신 때문에', 심지어 '봉직 때문에' 훌륭하다고 인정받은 봉직자는 자신을 고위 등급에 등록하기를 원하는 징집인에게 다음과 같이 반박했다. '나는 봉직지에서 할 일이 하나도 없소. 가난한 농사꾼들과 일반 농부들은 나보다 몸이 홀쭉하고, 나 역시 가난하오.' 그리고 그는 자신을 낮은 관등에 등록해달라고 부탁했다."

마지막에 나오는 "본래, 그리고 출신 때문에, 심지어 봉직 때문에 〔……〕 등록해달라고 부탁했다"는 구절은 클류쳅스키가 원고에서 삭제했다.

4) 구술 강의는 다음과 같다.

"이 목록의 체계가 아주 불규칙적이기 때문에 이 목록을 연구하는 작업은 아주 어렵다. 그렇지만 연구를 통해 도달하는 결론은 흥미롭다. 이런 연구를 통해 봉직자들 사이에서 봉직과 배당토지가 분배될 때 적용된 방법을 추출해낼 수 있는 것이다."

그 정도의 토지 할당량 몫을 한다"는 표현을 찾아볼 수 있다.

2) 평가관은 봉직자의 '머리'가 어떤지 질문했다. 만약 토지배당자문관이 해당 봉직자의 머리가 좋다거나 중간 정도라고 말하면 이것은 다음과 같은 의미였다. 즉 그는 많은 재산을 가지고 있고, 자신의 토지를 잘 경영하며, 훌륭한 군 장구와 말과 전투 노예를 보유하고 있다는 것이다. 달리 말해 원정에 필요한 장비를 잘 갖추고 있고, 원정 임무를 훌륭하게 수행할 수 있는 능력이 있다는 뜻이다.

3) 평가관은 봉직자의 '출신'이 어떠하냐고 질문했다. 만약 그가 출신이 좋다는 대답을 듣는다면, 그의 부친이 가령 '선발 드보랴닌' 등 높은 관등을 가지고 직무를 수행했다는 뜻이었다. 그렇다면 그는 아들에게 전투 기술이나 군 장구를 물려주었을 것이라고 생각되었다.

4) 마지막으로 평가관은 봉직자가 '직무'를 어떻게 수행했는지 질문했다. 이것은 그가 이전에 원정에 참여한 적이 있는지, 전투 경험을 가지고 있는지, 아니면 막 봉직을 맡게 되었는지를 묻는 질문이었다. 평가관은 이러한 평가에 근거해서 어떤 사람들에게는 도시 보야린 후보라는 낮은 관등을 부여해, 인근 국경을 방어하는 '근교' 직무나 '근거리' 직무를 맡도록 임명했다. 그리고 어떤 사람들에게는 도시 보야린 후보라는 관등을 부여하고는, 훌륭한 원정 장비와 많은 비용이 요구되는 장거리 원정 직책인 '장거리' 직무를 맡도록 임명했다. 마지막으로 평가관은 세 번째 부류의 사람들에게 선발 드보랴닌이라는 관등을 부여했는데, 이들은 장거리 원정뿐만 아니라 궁정 내의 다양한 의무를 이행하기 위해 순번에 따라 모스크바로 호출되곤 했다.

출신에 대해, 그리고 직무와 관련해서 '좋다'는 인정을 받은 봉직자는 종종 자신을 높은 등급에 기재하려는 평가관에게 "저는 직무를 수행할 만한 수단을 하나도 가지고 있지 못합니다. 저의 농사꾼들과 농민들은 형편이 나쁘고, 저 또한 빈곤합니다"라고 항의하면서 낮은 등급에 넣어달라고 요청하기도 했다. 우리는 콜로멘스크에서 1577년에 작성된 토지장부에서 다음과 같은 예를 발견할 수 있다. 여기에는 보야린 중에서 두 번째 등급에 속한 어떤 드보랴닌 자제가 맡은 직무에 대한 기술이 나온다. 그는 봉직영지 할당량으로 350체치를 받았는데, 갑옷과 투구와 활과 전통(箭筒)과 군도(軍刀)를 갖춘 채 기병으로 복무해야 했다. 또한 그는 갑옷과 철모와 활과 전통과 군도와 창을 갖춘 세 명의 기병(군인 노예)뿐만 아니라, 무장을 하지 않은 세 마리 말과 두 마리의 거세된 말과 천막(여분의 군수품)을 지닌 보조병을 데리고 가야 했다. 다양한 관등을 가진 봉직자들은 이전의 직무와 전투 시의 유용성에 따라서 봉직영지 할당량을 차등 있게 지급받았다. 그렇기는 하지만 군에 따라서 관등에 수반된 봉직영지 할당 면적의 전반적인 기준이 동일하지는 않았다. 그 기준은 봉직 인구의 밀도에 달려 있었다. 모스크바 군의 할당 면적은 랴주스크보다는 적었다. 왜냐하면 모스크바에는 랴주스크보다 봉직자가 조밀했기 때문이다. 각 군 내에서도 할당 면적은 관등에 따라 차이가 났다. 그렇지만 봉직영지 배당토지에 보태어 통상적으로 원정을 떠나기 직전에는 하사금을 추가로 지급했기 때문에 봉직영지 배당토지와 화폐 형태의 보수의 다양한 조합(組合) 덕분에 각각의 관등은 몇 개의 등급으로 분류되었다.

앞서 언급한 콜로멘스크 군의 토지장부를 예로 들어보자. 콜로멘스크 군에는 '선발' 드보랴닌은 없었고, 오직 궁정 및 도시 보야린 후보만이 직무를 맡고 있었다. 궁정 관등을 가진 사람들이 받았던 봉직영지 배당토지는 400체치에서 200체치 정도였는데, 이것은 600데샤티나에서 300데샤티나에 해당했다. 그리고 그들이 받은 화폐 형태의 보수는 14루블부터 8루블까지였는데, 이것은 19세기 후반의 가치로 환

산해보면 840루블에서 480루블에 해당했다. 궁정 관등을 가진 사람들은 이러한 지급액에 따라 열네 개의 등급으로 나뉘었다. 도시 관등을 가진 사람들은 300체치부터 100체치에 이르는 면적의 토지를 받았고, 화폐 형태의 보수는 14루블부터 6루블까지였으며, 그들의 등급은 20개가 넘었다.[5)]

도시 보야린 후보는 기병으로도, 보병으로도 복무할 수 있었다. 기병인 경우에 그들은 가까운 국경을 방어하기 위한 근거리 원정에만 참여했고, 보병인 경우에는 원정에는 가지 않고 수비대를 구성했다. 도시 보야린 후보는 기병으로 곳곳에서 직무를 맡았다. 이들은 근거리 원정에도 참여했고, 자산 정도에 따라 원거리 원정에 참여하라고 임명받았다. 마지막으로 지방 드보랴닌 신분 중에서 최고 등급에 해당하는 선발 드보랴닌은 그보다 낮은 관등 보유자들이 담당했던 모든 직무를 수행했을 뿐만 아니라 드물게 일어나며 특히 먼 지역으로 가는 어려운 원정, 즉 초원을 가로질러 크림 반도를 향한 원정에도 파견되었다. 이러한 원정에는 모든 군 중에서 선발 드보랴닌의 일원인 엄선된 봉직자들만 차출되었다. 그리하여 1533년에 차르는 크림 반도의 유목민 지역(улус)에다가 모스크바의 여러 도시에서 선발된 보야린 후보와 함께 보야린인 세레메테프를 파견하기로 결정했다. 그리고 스몰렌스크 지역의 도시에서는 최고의 공복들을 선발했고, 행선지에 인접한 북부의 도시들에서는 한 사람씩의 인원만 차출했다.[6)]

---

5) 원래는 다음과 같이 언급했다.
"도시민들에게는 300체치부터 100체치까지의 배당토지를 부여했다. 봉직영지 형태의 배당토지와 하사금의 결합 방식에 따라 도시민들은 20개 이상의 등급으로 구분되었다."

6) "도시 보야린 후보는 기병으로……"부터 이 부분까지는 강의에서는 설명되었으나, 석판 인쇄본에서는 삭제되었다.

이렇듯 봉직영지 배당토지는 관등에 따라 지급되었다. 이것은 관등이 직무에 따라, 즉 군사적인 유용성과 공훈에 따라 부여되었던 것과 마찬가지였다. 그렇지만 봉직영지로 할당된 체트베르치를 봉직자 자신이 언제나 실질적으로 소유했던 것은 아니었다.

봉직영지와 세습영지의 관계

우리는 배당토지를 '봉직영지 다차'(поместная дача)와 구분할 필요가 있다. 배당토지는 관등에 따라 다르게 지급되었지만, '다차'의 지급 양은 해당 봉직자가 세습영지를 가지고 있느냐 아니냐에 달려 있었다. 만약 그가 세습영지를 가지고 있지 않다면, 그는 배당토지를 온전하게 부여받았다. 그런데 그가 세습영지를 가지고 있었다면, 배당토지 가운데 일부만을 '다차'로 받았다. 따라서 세습영지는 봉직영지에 대한 보조수단인 셈이었다.

봉직영지 배당토지와 봉직영지 다차

우리는 봉직영지 다차와 봉직영지 배당토지의 관계에 대해 다음과 같은 사실을 찾아볼 수 있다. 1622년의 엘레츠크 군의 토지장부를 예로 들어보자. 여기에는 봉직영지 배당토지에 덧보태어진 실질적인 '다차'의 지급 규모가 나와 있다. 이 두 가지를 계산해보면, '궁정 보야린 후보'(이곳에는 '선발'은 없었다)가 받은 평균적인 봉직영지 할당 면적은 240체트베르치임을 알 수 있다. 그리고 '도시'는 93체트베르치를 받았으며, 막 직무를 담당해서 새롭게 봉직영지를 배당받은 신참자들은 79체트베르치를 받았다. 그리하여 이곳 군에서는 878명의 봉직자들이 총 12만 3,230체트베르치의 토지를 배당받았다. 그렇지만 많은 봉직자들은 크든 작든 상당량의 세습영지를 보유하고 있었기 때문에, 이들 봉직자들에게 배당된 실질적인 토지 면적은 총 5만 3,570체트베르치였다. 그렇다면 배당토지와 다차의 비율은 2.3 대 1이었다. 이런 사실에서 우리는 배당토지와 '다차'에 대한 관계를 두고 다음과 같은 공식을 생각할 수 있다. 즉 배당토지는 관등에 따라 달랐고, '다차'는 세습영지에 따라 달랐다. 배당토지는 관등과 직접적인 비례 관계에 있었고, '다차'는 세습영지와 반비례 관계에 있었다. 관등이 높으면 높을수록 배당토지가 많았고, 세습영지가 많으면 많을수록 '다차'는 적었다.

도시 관등 구분과 모스크바 및 두마 관등 구분의 차이

그러므로 지방의 드보랴닌 신분의 관등들 가운데에는 직무에 따른 차이와 토지에 따른 차이가 존재했다. 이러한 구분의 근거가 두마나 모스크바 관등의 서열 근거와 다르다는 사실은 쉽게 이해될 수 있다. 도시 관등이 두마 및 모스크바 관등과 어떤 관계를 가지고 있는지는 다음과 같은 공식으로 표현할 수 있다. 두마 관등은 출신에 따라, 모스크바 관등은 출신과 직무에 따라, 도시 관등은 오직 직무에 따라 구분되었던 것이다.

이제 우리는 다음과 같은 문제를 해결해야 한다. 즉 앞서 기술한 바 있는 수도와 지방의 드보랴닌 신분의 구성이 사회 조직에는 어떠한 영향을 미쳤으며, 드보랴닌 신분의 지리적 배치에는 어떤 영향을 미쳤는가? 15, 16, 17세기에 어느 정도의 토지가 봉직영지로 배분되었는지, 이러한 봉직영지 토지가 어떤 지역에서 널리 확산되어 있었으며 어떤 지역에서 적었는지 말할 수 있을 정도로 현재 충분한 사료가 남아 있지 않다. 또한 우리는 봉직영지 토지 보유 형태가 군사 조직과 더불어 최고도의 발전 단계에 이르렀을 때 사회가 갖게 된 전체 구조를 생생하게 그려낼 수도 없다.[7] 우리는 이러한 구조에 대해 연구하면서, 정도의 차이는 있겠지만 아마도 몇몇 지역만을 예외로 하고는 모스크바국 전체가 언제든지 무장을 하고 원정을 떠날 수 있는 봉직자 세습영지 보유자들과 봉직영지 보유자들의 촘촘한 조직으로 덮여 있었을 것이라는 점을 느낄 수 있을 따름이다. 모스크바국의 거의 모든 영토는 서쪽, 남쪽, 동쪽의 세 방향을 향한 전선(戰線)을 가진 광대한 군 숙영지와도 같은 조직을 갖추고 있었다. 그러나 앞서 언급된 봉직자 계급의 군 조직이 러시아 사회의 지리적인 배치에 어떤 영향을 미쳤는지 최근의 자료에 따라 알 수 있는 한 가지 방법이 있다. 나는 이러한 자료에 대해 설명하면서 이런 자료들이 무엇을 말해주는지 여러분에게 보여주려고 한다.

우리는 1782년에 제작된 제4차 인구조사보고서에서 농노에 관한 상세한 목록을 찾아볼 수 있다. 농노들은 주(州, губерния)별로 상이한 조밀도로 분포되어 있었는데, 주 내에 있는 모든 농촌 인구 중에서 다양한 정도로 높은 비율을 차지하고 있었다. 만약 우리가 농노의 비율에 의미를 부여해서 주별로 어떤 순서를 매긴다면, 아마도 언뜻 보기에 왜 그렇게 커다란 차이가 나는지에 대해 아무 말도 할 수 없을 것이다. 예를 들면 4차 인구조사 시에 모스크바 주의 경우에 농노의 비율이 전체 인구 중에 66퍼센트를 차지했고, 뱌트카 주의 경우에는 오직

7) "또한 우리는 봉직영지 토지 보유 형태가 군사 조직과 더불어 최고도의 발전 단계에 이르렀을 때 사회가 갖게 된 전체 구조를 생생하게 그려낼 수도 없다"라는 구절은 석판 인쇄를 위하여 첨가되었고 구술 강의에서는 언급되지 않았다.

2퍼센트뿐이었으며 페름 주에서는 33퍼센트였다는 사실에서 어떤 결론을 끌어낼 수 있겠는가? 농노의 조밀도가 곳에 따라 다양했다는 사실은 잘 알려져 있으며 잘 이해되고 있다. 그렇지만 농노가 어떤 질서를 따라 분포되었으며, 이런 분포에 이르기까지 어떠한 역사적인 조건이 영향을 미쳤는가? 언뜻 보기에 이 문제에 대한 대답은 수치를 보아서는 얻어지지 않는다. 그렇지만 농노의 비율이라는 점에서 모스크바 주에서 시작하여 그로부터 가까운 순서대로 그룹별로 주들을 배치해 보면, 다음과 같은 결과가 나온다.

I그룹: 모스크바 주—66%, 블라디미르 주—67%
II그룹: 스몰렌스크 주, 칼루가 주, 툴라 주, 랴잔 주, 니쉐고로드 주, 코스트롬 주, 야로슬라프 주, 프스코프 주—83%에서 69%까지, 트베리 주—64%
III그룹: 오를로프 주, 사라토프 주, 탐보프 주, 펜자 주, 심비르스크 주, 노브고로드 주—68%에서 45%, 볼로그다 주—34%
IV그룹: 쿠르스크 주, 보로네즈 주, 카잔 주, 페름 주, 우핌 주—47%에서 18%

이 목록에는 남서부나 서부의 주들은 하나도 없다. 이들 지역은 아직 모스크바국에 속해 있지 않았고, 이곳의 사회는 다른 조건들의 영향을 받아 구성되었다. 위에 언급된 주들은 모스크바국의 경계를 분명하게 보여준다. 이 수치는 무엇을 뜻하는가? I그룹에 속한 두 주에서 농노의 비율이 아주 높다는 것은 이곳이 바로 참모본부(Разряд)나 최고 통치자의 항구적인 주거지가 있었던 모스크바국의 중심부라는 뜻이다. 이곳의 농노 비율은 무척 높지만, 이곳보다 더 높은 곳도 있었다. II그룹이 그렇다는 사실은 쉽게 알 수 있다. 이 주들은 중앙의 두 주를 띠 모양으로 감싸고 있는데, 이곳의 농노 비율은 중앙보다 더 높았다. 이곳은 중앙의 참모부를 두르고 있는 '제1전선'으로서 첫 번째 방어사슬이었고, 따라서 농노 비율이 가장 높은 곳이다. 당시에는 이 곳의 방어 능력을 강화하는 데 최선의 노력을 경주했다. 이 방어사슬이 붕괴되었을 때 모스크바국은 방어 능력을 상실하게 되었다. 가령 타타르인들이 이 선을 가로질러 돌파해 들어왔을 때 모스크바는 파멸당했다. III그룹이 II그룹과 지리적으로 어떤 관계를 맺고 있는지 기억하고, 이 지역 역시 첫 번째 띠 모양의 방어선을 사슬처럼 연결해주는

---

8) 이 부분은 강의실에서는 다음과 같이 설명했다.
"제2선의 주들이 사방에서 중앙을 둘러싸고 있지는 않았다는 사실에 주목할 필요가 있다. 이것은 사슬 형태로서 북쪽으로 뻗어 있었다. 이런 일련의 주들 가운데 북쪽 주, 즉 올로네츠카야나 노브고로드 주는 없었다. 오직 프스코프 주만이 2선에 합류했다. 그렇지만 프스코프 주는 16세기 말부터, 즉 스웨덴과의 전쟁이 발발한 때부터 북서부 지역과의 긴장된 전투에서 전진 기지가 되었다. 제2선을 포함한 제3선의 주는 2차적인 군사 사슬이었다. 그 고리 내에 올로네스카야나 볼로고드스카야 주는 없었고, 오직 노브고로드 주만 있었다. 달리 말해 또다시 북부에 면한 사슬 형태가 모아지지 않았던 것이다. 그 이유는 북부 방면으로는 어떤 지역도 방어에 나서지 않았기 때문이다."
클류쳅스키는 나중에 석판 인쇄본을 위해서 이 부분을 다시 작업해 다음과 같은 식으로 구술했다.
"제1그룹과 제2그룹의 주들이 완전히 연결되지는 않았다는 사실에 주목할 필요가 있다. 이 두 집단은 북쪽으로는 열려 있었다. 두 번째 집단에서는 트베리 주와 인접한 노브고로드 주가 없었고, 세 번째 그룹에서는 제2그룹인 코스트롬 주, 야로슬라프 주 등에 접한 볼로고로드 주가 없었다. 오직 프스코프 주만이 비록 모스크바에서 멀리 떨어진 위치에 있었는데도 제1선에 포함되어 모스크바를 둘러싸고 있었다. 그 원인은 프스코프 지역이 16세기 중반부터 북서쪽에서 스웨덴과 긴장된 투쟁을 했던 장소라는 데 있었다. 이 두 고리가 북쪽으로 터져 있게 됨에 따라 그곳에는 방어할 사람이 아무도 없게 되었다."
마침내 클류쳅스키는 좀더 축약된 형태를 선택했고, 그것이 현재의 출판본으로 석판 인쇄로 게재되었다.

고리임을 염두에 두자.[8] II그룹보다 농노 비율이 낮았던 이곳에서의 농노 비율은 우리가 중앙 지역의 주들에서 본 바에 근접했다. 이곳은 '제2방어선'으로서 이곳을 강화하는 데 노력을 비교적 적게 기울였고, 이곳을 지키기 위한 병력의 수도 상대적으로 적었다. 우리는 제1선의 띠 모양 방어선과 모스크바-블라디미르라는 중심을 두르고 있는 제2선의 띠 모양 방어선 중에서 농노 비율이 동일한 띠 모양을 이루고 있는 다른 주들의 경우보다 현저하게 낮았던 각각 하나의 주를 주목해서 살펴볼 필요가 있다. 이런 곳으로는 제1선의 경우에는 트베리 주이고, 제2선의 경우에는 볼로그다 주다. 두 주는 모두 북쪽에 있다. 이런 식으로 중앙을 감싸고 있는 두 개의 사슬 모양의 전선은 이들 주에서 그 밀도가 현저하게 희박해졌는데, 그 이유는 이곳의 방어 필요성이 그만큼 적었기 때문이다. 모스크바의 북쪽 방향에 있는 지역의 농노의 비율은 현저하게 떨어졌다. 모스크바 주에서는 66퍼센트, 트베리 주에서는 64퍼센트, 노브고로드 주에서는 55퍼센트, 올로네츠크 주에서는 6퍼센트였고, 아르항겔스크 주에는 농노가 거의 없었다.

마지막으로 IV그룹은 II그룹을 감싸고 있는 제3의 사슬 모양의 방어선이었는데 이 방어선은 그다지 촘촘하지 않다. 그래서 여러분은 이 주(州)들이 결합되어 연결된 공간으로 되어 있지 않다는 사실을 알 수 있다. 수비 강화를 위해 군사력이 많이 배치되지 않았던 이 방어선은 최전방의 방어선이었고, 독립적이고 단절적인 고리 모양의 지역으로 구성되어 있었다. 이들 지역은 크림의 타타르인들, 노가이족, 바쉬키르족 등 동부와 남동부, 그리고 남부에 산재해 있는 이민족들과 맞서고 있었으며, 서로 떨어져 있고, 비옥하지 않은 국경 지역의 방어를 맡고 있었다. 그렇기 때문에 이 단절적인 사슬 모양의 마지막 그룹에서는 농노의 비율이 18퍼센트로까지 낮아졌던 것이다.

그렇다면 모스크바-블라디미르로 구성된 중앙 지역을 감싸고 있는 이 원형고리는 무엇이었는가? 이것은 세 개의 사슬 모양의 전선으로서 중앙에서 멀어질수록 그 고리의 조밀도가 떨어졌다. 따라서 이 전선들은 국가의 중심부를 방어하기 위해 세 가지 수준에서 군사력을 집중시킨 정도를 의미했다.[9] 벌써 16세기와 17세기에 국가는 성채에 의해서라기보다는, 봉직영지를 받은 드보랴닌 민병대라는 인적 자원으로 방어되었다. 농노 인구의 밀도는 이들 드보랴닌 민병대가 어떤 지역에 더욱 집중되어 있는지를 잘 보여주고 있다. 해당 군의 군사력은 드보랴닌의 수에 의해서가 아니라, 그 군에 거주하고 있는 전투 군인의 수에 의해 결정되었다. 어떤 군의 경우에 드보랴닌의 수는 적었으나 각각의 드보랴닌이 수백 명, 심지어 수천 명을 원정에 대동할 수 있었다. 쿠르프스키[10]는 오도예프스키 공후 등이 자신들의 세습영지와 봉직영지에서 수천 명의 무장 종복들을 동원했다고 말하고 있다. 그러므로 전장(戰場)에 일개 부대를 이끌고 나타날 수 있는 대지주-드보랴닌이 수십 명 거주하고 있는 군은 한 명의 노예 또는 단신으로 원정에 참여하는 수천 명의 하급 드보랴닌이 있는 군보다 군사적인 측면에서 훨씬 강했다. 그렇지만 동원된 군사들의 수는 경작지의 면적으로 결정되었다. 왜냐하면 150데샤티나당 한 사람의 무장 기병이 나왔기 때문이다. 경작지의 면적은 그곳에서 일하는 농민의 수에 달려 있었다.

따라서 농노의 밀도가 높은 곳에서는 군사력도 집중되었다. 바로 이

---

9) 구술 강의는 다음과 같았다.
"그렇다면 이 네 개의 선은 무엇인가? 이 선들은 국경선을 방어하기 위한 군사력의 긴장 정도를 나타내주고 있다."

10) 쿠르프스키(А. М. Курбский, 1528~83)는 한때 이반 4세의 총애를 받았으나, 당시에 모스크바국에 적대적이던 리투아니아로 망명한 인물이다. 망명지에서 이반 4세와 편지를 통해 논쟁을 벌인 일로 유명하다.

런 이유 때문에 농노의 조밀도는 모스크바국의 이런저런 지역의 방어를 위해 동원되는 군사력의 긴장도의 척도로 간주할 수 있다.

가장 나중의 것이지만 충실한 내용을 담은 연대기라고 할 수 있는 1782년의 인구조사 목록을 보면, 16세기와 17세기의 모스크바국의 방어선이 어떻게 구축되어 있었는지, 달리 말해 이들 방어선을 위해 사회가 지리적으로 어떻게 배치되어 있었는지 알 수 있다. 앞서 말한 네 그룹의 주들에 따라 농노가 배치된 모습을 보면, 방어선을 지휘하는 참모본부가 있던 국가의 중앙부를 강력하게 방어하고 있음을 알 수 있다. 그렇지만 중요한 참모본부를 원형고리 모양으로 두르고 있는 제1 방어선은 더욱 강력하게 방어되고 있었다. 이 방어선은 오직 트베리주가 있는 북쪽에서만 농노의 비율(64퍼센트)이 비교적 적었다. 세 번째 방어선은 첫 번째 방어선을 두르고 있던 또 다른 원형고리였으나 농노의 비율은 더 낮았다. 마지막으로 네 번째 방어선은 조밀한 고리가 아니라, 두 번째 사슬 모양의 방어선을 두르고 있던 일련의 단절된 원형고리였다.

18세기의 러시아 제국에서 농노가 모스크바를 중심으로 동심원 형태로 배치된 것은 필경 16세기와 17세기의 모스크바국의 정책에 따라 군사력이 배치된 결과였음이 분명하다. 다시 말해 그것은 봉직영지 체제에 의해 군사력으로 동원될 수 있는 지주들의 거주 분포를 나타내는 것이다. 이러한 정책은 전략적인 고려에 따라, 그리고 모스크바의 참모본부의 요구에 따라 사회를 구성하는 계급들을 배치시킨 것을 의미했다. 그럼으로써 세 방면의 방어선으로 중앙을 감싸는 형태가 나타났으며, 모스크바에서 남쪽, 남서쪽, 남동쪽 방면으로 멀어짐에 따라 방어선은 점차로 덜 밀집되어가다가 마침내 군데군데 단절된 형태가 나타나게 되었다. 그러므로 우리는 최근 자료인 18세기의 인구조사 자료를 통해 모스크바국에서 확립된 군사 조직이 러시아 사회의 신분적 · 지리적 배치에 어떠한 영향을 미쳤는지 보여주는 아주 명확한 흔적을 찾아볼 수 있는 것이다.[11]

11) "그러므로 우리는 최근 자료인 18세기의 인구조사 자료를 통해……"부터 이곳까지는 원고에는 삽입되었으나, 강의에서는 언급하지 않았다.

제17강

도시 드보랴닌과 납세민 사이에 있는 군장 봉직자들의 상태

이제 모스크바에 있는 수많은 납세민들의 구성에 대한 연구를 시작해보자. 그러나 앞에서 서술한 관등표의 순서에 따라 나는 군장 봉직자들(служилые люди по прибору 또는 приборные служилые люди)에 대해 미리 간단하게 언급할 것이다. 이 계급은 출신지에 따른 봉직자들과 납세민들 사이의 연결고리였다. 일차적으로 이 계급은 두 가지 측면에서 출신지에 따른 봉직자들과 달랐다. 첫째로 무장 봉직자들이 맡은 직무는 임시적이고 개인적이어서, 출신지에 따른 봉직자들의 직무처럼 세습되지 않았다. 소총병, 카자크, 포병은 사회의 여러 계급들에서 징집되었다. 즉 그들은 아주 빈곤한 도시 보야린 후보 및 납세 의무를 진 자유민 출신으로서 각 도시의 수비대와 경찰 부대의 구성원이 되었고, 특히 국경 보초 부대로서 국경을 따라 정착했다. 두 번째로 무장 봉직자들은 각 개인의 소유로 할당된 토지인 봉직영지 다차를 부여받음으로써가 아니라, 화폐 형태의 하사금이나 보유 토지에 의해 부양되었다. 그렇지만 이때의 토지는 봉직영지의 토지소유와 농민적 토지소유의 특징을 결합시킨 특별법에 따른 것이었다. 달리 말해 이들에게 부여된 국유지는 국경의 군인 정착민들의 공동체 전체에 할당되었다는 점에서는 농민들의 경우와 같았고, 종신토록 이용하도록 했고 군사적인 보초 직무의 의무를 졌다는 점에서는 봉직영지와 같은 조건이었다. 이처럼 두 가지 종류의 토지소유권이 결합된 방식은 나중에 소지주(однодворец) 계급에게로 이양되었는데, 이 계급은 한편으로는 농민처럼 인두세를 납부했고, 다른 한편으로는 드보랴닌과 마찬가지로 농노를 소유할 수 있는 권리를 가지게 되었다.

그렇지만 시간이 지남에 따라 언급된 이런저런 차이점은 점차적으로 사라졌다. 군장 봉직자들 가운데 상당 부분은 자신의 봉직 의무를 자제들과 손자들에게 넘겨주었는데, 이들은 이미 출신지에 따른 봉직자의 성격을 부여받았다. 내가 앞서 여러 번 언급한 바 있는 17세기 중반의 모스크바의 서기보였던 코토쉬힌은 당대의 소총병[1]에 대해 다음과 같이 말하고 있다. "소총병들은 영원하다. 그들의 자제들과 손자들과 조카들, 즉 소총병 후보들은 영원한 것이다." 하지만 사실 소총병 보병대가 생겨난 16세기 초에 소총병 보병대원은 임시적인 복무만 받아들인 자유민들 가운데 군장에 따라 징집되었다. 다른 한편으로 많은 카자크들과 다른 보초병들은 자신들의 공훈에 대한 대가로 봉직영지법에 따라 토지 형태의 다차에 대한 개인적인 소유권을 부여받았고, 이런 다차에 의해 도시 드보랴닌 가운데 하위 관등에 편입되었다. 이런 식으로 무장 봉직은 도시 드보랴닌과 비봉직 계급들 사이에 계속적으로 사회 계층의 교환이 일어나는 통로의 의미를 지니고 있었다. 한

---

1) 이 부대는 16~17세기에 활약한 궁정의 친위병으로 이반 4세 시대에 창설되었는데, 17세기 후반에 궁정의 불안정한 상황 속에서 중요한 정치적 변수로 작용했다. 이 부대는 1689년에 표트르 1세를 몰아내고 소피아를 권좌를 앉힐 목적으로 반란을 일으켜 혹독한 처벌을 받았고, 이후 정규군으로 재편되었다.

편으로는 도시 드보랴닌 가운데 온갖 하층 사람들은 군장 관등으로 추락했고, 다른 한편으로는 비봉직 계급들의 깊은 곳에서 부상한 우수한 군인들이 이 관등을 통해 드보랴닌 구성원으로 진입했던 것이다.

봉직 계급과 납세 계급의 구성 방법의 유사성

모스크바국은 봉직 관등을 구성할 때 채택한 원리와 아주 유사한 방법을 납세민들을 구성할 때에도 적용했다. 그러므로 납세 관등의 조직을 보면 많은 측면에서 봉직자들의 관등 구분을 연상하게 된다.

납세민들에게는 두 가지 주요한 의무가 부과되었다. 그중 하나는 지방에서의 국고(國庫)에 대한 직무였고, 다른 하나는 국가에 대한 조세 납부였다. 그러나 이 두 가지 의무는 봉직자들의 전투적 직무 및 행정적 직무와 마찬가지로 무수한 부분으로 세분되어 다양한 등급의 납세민들 사이에 할당되었다. 봉직의 서열에서 고위 관등이 '가계(家系)의 출신지에 따라' 봉직자들 사이에 행정적 직무가 할당됨으로써 생겨났던 것과 마찬가지로, 고위 납세 관등도 '경제적인 지위에 따라' 납세민들 사이에 부과된 국고에 대한 직무 부담이 할당됨으로써 생겨났다. 그런 식으로 봉직자들의 가계의 출신지는 납세민들의 경우에는 경제적 지위였던 셈이었다.

국고의 위탁업무와 그 업무의 수행에 대한 책임

지방의 국고 업무란 납세민 사회 스스로가 국고의 위탁 업무를 이행하기 위한 대행자를 임명해야 했다는 사실을 가리킨다. 국가는 국고에 대한 업무를 수행하기 위한 특별 기구를 가지고 있지 않았다. 이러한 국고 위탁 업무는 극히 다양하지만 세 부류로 나눌 수 있다.

1) 단(дань)과 포슐리나(пошлина), 즉 직접세와 간접세의 징수 업무

2) 국고에 대한 부역 이행에 대한 감독: 이런 부역으로는 파발(擺撥) 업무, 도시의 성채의 축조 및 보수 업무, 그리고 어장과 초원 등 국가 자산(資産)에 대한 강제 이용 업무 등이 있었다.

3) 국영 상공업 업무의 수행: 이런 업무로는 예를 들어, 국가가 독점권을 지닌 주류의 판매, 국가에 의한 소금의 채취와 판매, 17세기에 국가에 의한 광산물 채굴, 수렵에 종사하는 사람들에게서 세금 대신에 국고로 들어온 값비싼 모피의 판매, 국가에 의한 곡물 매점 등 끝이 없었다.

여러분이 알고 있는 것처럼, 이 모든 국고 위탁 업무는 지방의 의무이기도 했고, 국가의 산업 활동이기도 했다. 위탁 업무가 지닌 이러한 이중적인 성격 때문에 그것은 '군주의' 업무라고 불리기도 했고, '지방의' 업무라고 불리기도 했다. 중앙과 지방의 핵심 기구는 이 모든 재정 활동에 대한 최고 감독 또는 지휘권만을 가지고 있었다. 이런 핵심 기구로는 16세기에는 성(省, приказ)과 지방장관(наместник), 그리고 17세기에는 지방군사장관이 있었다. 그러나 직접적인 업무 수행이라든지 온갖 귀찮은 업무는 납세민 사회가 자기들 가운데서 세워놓아야 했던 대행자의 몫으로 떨어졌다. 이러한 국고에 대한 지방의 업무와 행정적인 업무 사이에는 하나의 중요한 차이점이 있었다. 행정적인 통치 업무는 피치자에게서 복종을 요구했고, 따라서 그 업무의 성공의 주요 조건은 통치자의 '개인적인 권위'였다. 반대로 국고 업무는 국고

에 최대한의 수익을 안겨주는 데 목적이 있었으므로, 그 성공의 주요 조건은 대행자 측에서 엄격히 '재산상의 책임을 지는 것'이었다.

책임을 묻기 위한 중요한 보장 조치

이런 업무는 무보수로 수행되었기 때문에, 국가는 지방의 대행자들에게 책임을 물을 수 있는 두 가지의 보장 조치를 요구했다. 그중 하나는 도덕적인 것이었고, 다른 하나는 물질적인 것이었다.

신용

도덕적인 보장 조치로는 '신용'(信用, вера)이라는 것이 있었다. 이것은 지방의 대행자가 능숙하고도 양심적으로 국고의 위탁 업무를 수행할 의무를 지고 있다는 선서 행위였다. 그러므로 선서를 통해 간접세 징수나 국가의 상공업 업무를 담당하게 된 대행자들과 그들의 조력자들은 '징세관'(верная голова)[2]이나 '부징세관'(целовальник)[3]이라는 명칭을 얻었다. 징세관은 주요 대행자였고, 부징세관은 그의 밑에 있는 조력자였다.

---

2) 징세관의 원어인 '베르나야 골로바'란 '신용할 수 있는 책임자'라는 뜻이다.
3) 부징세관의 원어인 '첼로발니크'란 '입맞춤하는 사람들'이란 뜻인데, 선서 행위에서 입맞춤이 있었기 때문에 이런 명칭이 붙었다.

신탁

지방의 대행자들에게 책임을 지우는 물질적인 보장책으로는 국가가 부여하는 '신탁'(信託, доверие)이라는 조치가 있었다. 대행자들은 자신들의 사업을 성공적으로 경영함으로써 상업적인 경험을 입증해보였던 경험 많고 재력 있는 상인이거나 수공업자였는데, 이들은 신탁을 통해 국고에 가해진 손실에 대해 국가에 배상해줄 수 있어야 했다. 그러므로 정부는 납세민들이 국가의 위탁 업무를 위해 "정신적인 면에서 강직하며, 생계 면에서 넉넉하고, 국가 재정 업무에서 신뢰할 수 있는 선한 사람들"을 선발하도록 요구했다.

연대책임

만약 납세민 공동체가 믿을 만한 사람을 선발하지 못했다면, 국고가 입은 손해에 대한 재산상의 책임은 그를 선발한 사람들에게 전가되었다. 그러한 경우에 선발한 사람들이 선발된 사람에 대해 '연대책임'(круговая порука)을 질 의무가 있었다. 이리하여 국가의 위탁 업무에 관한 선서에 의한 직무 또는 입맞춤에 의한 직무의 기본적인 원칙이 제정되었다. 이 원칙은 다음과 같은 문장으로 표현할 수 있다. 즉 "선서 행위에 의한 지방의 봉직 업무는 개인 차원의 '신탁', 또는 공동체 차원의 연대책임에 의해 보장된다." 나는 여러분이 이 두 종류의 보장 조치를 구분할 수 있기를 바란다. 국가는 개인 차원의 '신탁'과 공동체 차원의 연대책임을 통해 공동체와 관련된 업무의 성공이나 정확한 이행을 보장받으려고 했다.

연대책임이 아니라 개인적인 '신탁'에 따라 대행자를 선발한 국가의 재정 업무는 납세민의 서열에서 최고의 관등이 생겨난 원천이었다. 국가는 아주 부유하며 신뢰할 만한 대상인들에게 수장 신분으로서 가장 어렵고 고귀하며, 따라서 커다란 책임이 뒤따르는 위탁 업무를 맡겼다. 그런 업무로는 아르항겔스크나 아스트라한에서 열렸던 대정기시에서 상품세를 징수하는 일이라든지, 국가가 보유한 값비싼 모피를 판매하는 일 등이 있었는데, 이런 업무를 담당한 상인들은 특대상인(гость)이라는 관등을 얻었다. 특대상인보다 덜 중요하며 덜 신뢰할 만한 상인들은 그보다 덜 중요한 업무를 담당하거나 '특대상인'의 조력자인 '부책임자'로 임명받았고, 상인 관등으로는 '대상인' 또는 '중상인'라는 관등을 부여받았다. 이미 분립영지 시대 말에 모스크바에서 상층 상인들을 그렇게 분류한 흔적이 드러난다. 우리는 14세기에 벌써 모스크바의 상층 상인에 속한 부류 가운데 하나의 의미로서 '특대상인'과 더불어 '수콘니크'[4]라 불린 사람들을 만나게 된다.

아주 중요하든 덜 중요하든 위탁 업무에서 계약 체결의 조건이 되었던 국가에 의한 '신탁'의 정도는 권한을 위임받은 대행자의 유동 자산과 비례했다. 우리는 이러한 자본의 규모에 관해서는 당대의 '특대상인'에 관해 증언한 코토쉬힌의 말을 통해 판단해볼 수 있다. '특대상인'은 당시의 모스크바 루블 단위로 1년의 유동 자산 규모가 2만에서 5만 루블에 달하는 상인들이었다. 17세기 중반의 루블이 오늘날의 17루블과 비슷하므로 이런 유동 자산은 오늘날의 화폐로는 34만 루블에서 170만 루블로 평가할 수 있다. 그렇지만 '특대상인'이나 고위 '백인대' 상인 관등, 즉 '대상인'이나 '중상인' 관등은 1년의 유동 자산의 규모로 얻을 수 있었던 것이 아니라, 국가에 의한 위탁 업무 자체를 성공

4) '수콘니크'(суконник)라는 말에서 중상인(中商人, суконная сотня)이라는 단어가 파생되었다.

적으로 수행함으로써 얻을 수 있었다. 비록 어떤 대상인의 유동 자산의 규모가 아무리 크다고 할지라도, 그가 하나의 위탁 업무도 수행하지 않는다면 '특대상인'이라는 신분을 부여받지 못했다. 코토쉬힌은 '특대상인'에 대해 다음과 같이 언급하고 있다. "'특대상인'이라는 명칭을 하사받은 사람들이 있다. 이들은 차르를 위한 업무를 맡은 '징세관'들과 '부징세관'들로서 국가가 보유한 흑담비 판매를 담당하고, 세무소와 보드카 저장소(즉 국영 주점)에서 일하고 있다."

납세 업무를 맡은 재정 관련 서열에서 특대상인, 대상인, 그리고 중상인이 차지한 위치는 군사나 통치 서열에서 각각 수도의 봉직 관등들인 궁정고관, 궁정일꾼, 모스크바 드보랴닌, 궁정거주인에 상응했다. 뒤의 부류의 사람들의 봉직영지와 세습영지가 어디에 있든, 그리고 앞의 부류의 사람들의 상업 및 수공업 영업 장소가 어디에 있든, 두 부류의 사람들은 수도에 등록되어 모스크바에 항구적인 거주지를 가질 의무를 지고 있었다. 마치 모스크바 드보랴닌이 도시들을 관할하고, 부대장과 부대책임자라는 칭호를 가지고 연대와 그 소속 부대를 지휘하고, 지방의 드보랴닌들을 지도하는 등 '온갖 업무'를 위해 수도에서 각 지방으로 파견되었듯이, 모스크바의 특대상인, 대상인과 중상인도 국고와 관련된 활동을 수행하기 위해 징세관 또는 부징세관이라는 칭호를 받고 수도에서 각 지방으로 파견되었다. 고위 관등을 가진 모스크바의 대상인들은 대체로 지방의 상인이나 수공업자들을 통치하는 일에서 정부의 직접적인 도구 역할을 했고, 상인이나 수공업자들에 대해서는 전권을 위임받은 지도자의 위치에 서 있었다. 그리하여 모스크바의 특대상인은 지방의 성채주변도시 주민들에게서 조세 할당액을 징수하도록 지방의 여러 도시로 파견되었다. 그들은 때때로 지방 도시의 상인들을 지방의 주점이나 세관 책임자의 직책에 임명하는 일을 위임받기도 했다. 이런 일은 국가가 성채주변도시의 지방 주민 사회보다는 그들을 더 신뢰했다는 징표였다. 이들은 모스크바 군주의 재정 참모였다고 표현할 수 있다.

마지막으로 이들 관등의 구성 자체는 수도의 봉직자들의 명부를 연상시킨다. 특대상인이나 두 상층 백인대 상인들은 결코 그 수가 많았던 적이 없었다. 차르 표도르[5] 시대에 특대상인과 대상인의 수는 350명이었고, '중상인'의 수는 총 250명이었다. 동란의 시대와 그로 인해 상공업 활동이 위축된 까닭에 수도의 대상인의 수는 현격하게 줄어들었다. 1649년에 특대상인은 오직 13명만 남아 있었다. 대상인은 158명이 있었으나, 믿을 만하고 근무에 적합한 사람은 그 수가 너무나 적었기 때문에 그들은 1년이 지난 후에야 국고 업무를 위탁받을 수 있었다. 중상인의 경우에는 116명 중에 오직 42명만 직무를 맡을 수 있는 형편에 있었고, 그들 중에 매년 18명씩 직무를 맡도록 임명받았으며, 일부는 1년 후에 순서에 따라 근무를 담당할 수 있었다. 왜냐하면 직무 기간이 1년 단위였기 때문이다. 그렇기 때문에 고위 납세 관등의 구성원을 부분적으로 보충해야 할 필요가 있었다. 일련의 하급 모스크바 보야린이 지방 각지의 귀족에서 부상한 최상의 봉직자들에 의해 보충되었던 바와 마찬가지로 수도의 백인대에서, 궁정 면세구역과 심지어 교회 면세구역에서, 그리고 지방의 성채주변도시의 상인들에게서 탁월한 상공업 종사자들이 계속적으로 모스크바의 상층 대상인층 속으로 유입되고 있었다. 그리하여 17세기에 사람들은 "특대상인, 대상인, 그리고 중상인은 각지의 도시나 면세구역 출신의 탁월한 사람들로 가득 채워지고 있다"라고 말했다.

5) 이반 4세의 아들로서 재위 기간은 1584년부터 1598년까지였다.

1649년의 어떤 문서에는 17세기 전반기에 최상층 상인 등급의 이러한 충원 현상에 대한 상세한 보고 내용이 담겨 있다. 아마도 여러분은 이러한 보고서를 살펴보는 일이 쓸데없다고 생각하지는 않을 것이다. 나는 그 내용을 다음과 같이 전달하려고 한다. 1621년에 국가의 명령으로 모스크바 평민 백인대와 면세구역 거주민에서 12명이 대상인으로, 50명이 중상인으로 편입되었다. 1625년에는 여러 지방 도시들에서 34명이 대상인으로, 1630년에는 또 다른 지방의 도시에서 대상인으로 34명이 편입되었고, 중상인은 지방 도시에서 19명이 편입되었다. 1635년에는 총주교나 수도원 소속 부농들 중에서 대상인으로 44명이, 중상인으로 11명이 편입되었다. 1642년에는 궁정 소속 면세구역에서 대상인으로 12명이, 중상인으로 9명이 편입되었다. 1644년에는 부유한 모스크바 궁정의 면세구역에 살던 아마포 제조자 중에서 대상인으로 24명이 편입되었다. 1646년에는 각지의 면세구역에서 36명이 중상인으로 편입되었다. 그리고 1647년에는 모스크바 평민 백인대와 면세구역 거주민에서 104명이 대상인으로, 동일한 백인대와 면세구역 거주민에서 81명이 중상인으로 편입되었다.

이러한 수치를 보면, 여러분은 고위 대상인 등급 속으로 계속해서 충원해야 할 필요성이 있었음을 알 수 있다. 이것이 대상인들이 좀더 어렵고 책임이 뒤따르는 국가의 업무를 맡도록 만든 실질적인 방식이었다. 낮은 등급의 대상인들 속으로 막 편입된 사람들은 원하지 않더라도 상업과 관련된 고위 봉직 관등에 임명되었는데, 그들이 경제적으로나 인격적으로 믿을 만했기 때문이었다. 그들은 스스로의 경험을 통해 국가에 이익을 가져다줄 수 있었고, 적어도 그들 때문에 생긴 손실에 대해서 국가에 배상해줄 수 있는 재력을 가지고 있었던 것이다.

지방의 선서 봉직의 기본 원칙과 수도의 고위 대상인의 관등 구분의 근거

이렇듯 개인 차원의 신탁에 따라 선서 행위를 통해 국가의 직무를 맡은 것은 수도의 고위 대상인에서 관등 구분이 이루어진 근거가 되었다. 지방의 납세민들 사이에서 관등 구분의 원천이 된 것은 그들이 국가에 대해 지니고 있던 또 다른 의무, 즉 국가에 대한 조세 부담이었다.

제18강

조세[1] 할당의 기본 원칙과 지방의 흑민들을 대상으로 한 관등 구분의 근거

지방의 납세민들에 대한 관등 구분의 원천이 된 것은 그들이 국가에 대해 지니고 있던 또 다른 의무, 즉 국가에 대한 조세 부담이었다.[2] '조세'(тягло)라는 말은 모스크바국 시대의 비봉직자들이 지고 있던 직접세와 현물세 그리고 부역을 통틀어 일컫는 용어였다. 그런데 바로 조세를 부과하는 근거가 모스크바국 체제 내에서 아주 어렵게 마련되

---

1) '조세'의 원어인 '차글로'(тягло)는 몽골 지배기에 사용되기 시작한 용어로서 원래는 '부담'을 의미한다. 이 용어는 모스크바국 시절에 도시나 농촌 공동체에 등록된 구성원에게 정부가 부과한 경제적 의무, 노동 그리고 봉사 의무를 총괄적으로 의미했다. 또한 이 용어는 납세자들이 노동력이나 토지와 사업과 같은 과세 대상에 근거하여 자신들의 의무를 이행할 수 있는 능력을 의미하기도 했다. 18세기와 19세기의 영지에서 이 용어는 농민의 노동 단위를 의미했는데, 이 단위는 보통 건강한 성년 남녀 농노로 구성되었으며, 이들은 지주에게서 일정량의 토지를 할당받은 대가로 일정한 노동을 제공하거나 어느 정도의 소작료를 바쳐야 했다.

2) "지방의 납세민들에 대한 관등 구분의 원천이 된 것은 그들이 국가에 대해 지니고 있던 또 다른 의무, 즉 국가에 대한 조세 부담이었다"라는 구절은 석판 인쇄를 위해 삽입되었다.

었다. 그 원인은 모스크바국 내에 있는 도시의 성격 때문이었다. 남부 지역에 있던 키예프 루시에서는 도시가 상공업의 중심지였다. 이런 성격이 생긴 것은 활발한 대외 교역 때문이었다. 반면에 모스크바가 통합한 북부 루시 지역에서는 농민이 압도적으로 많았으므로 도시는 특히 방어 진지로서의 의미를 가지고 있었다. 도시의 성벽 아래에 있는 성채주변도시에는 바로 그러한 농민들이 바싹 붙어 거주하면서 농촌과 마을로 일하러 나갔다. 성채주변도시와 농촌 주민들 사이에는 경제적 차이가 분명하지 않았으므로 정치적 차별, 즉 그들의 신분적 구분은 매우 어려웠다.

그렇기는 하지만 모스크바 관세 정책의 영향을 받아 두 주민들 사이에 신분 구분이 점차로 생기게 되고 뚜렷한 모습을 띠게 되었다. 일반인들의 국내 교역에는 국가가 간접세를 부과했다. 이런 목적으로 국내용 검문소와 세관을 설치했다. 정부는 일반인들이 어떤 상품을 교역하든지 세금 없이 이루어지지 않도록 하기 위해, 관세 감시인이 없는 곳에서는 교역을 금지시키고 일정한 교역 장소에다가 그런 검문소와 세관을 집중 설치하려고 노력했다. 이런 식으로 수공업과 상업 활동은 정부에 의해 마련된 교역 장소로 점차로 집중되었는데, 특히 도시가 그러한 교역 장소 역할을 담당했다. 이로 인해 당연히 농촌에 거주하던 농민들과 도시 주민들은 경제적인 측면에서 구분되었다. 이러한 경제적인 차이에 곧 정치적인 차이가 결합되었다. 도시민과 농촌 주민에 대한 직접세 부과 체제의 차이가 바로 그것이었다. 농민들에게 부과된 직접세의 대상은 농사일과 연관된 노동이었다. 반면에 도시민들에게 부과된 직접세의 대상은 유통 중인 상공업 생산 수단이었다. 이러한 차이점은 고대 루시의 경제 용어에서 다음과 같은 문구로 표현되었다. "경작지에 세금을 부과하거나", "재산과 상공업에 따라 세금을 부과한다."

물론 시간이 지날수록 상공업 활동에 대한 과세로 인해 상공업에 종사하는 사람들과 농민들이 크게 구분되었다. 상공업에 종사하는 사람들은 특히 성채주변도시에 집중해서 거주했고, 농민들은 촌락과 마을에 거주했기 때문에 생업의 종류에 따라 세금을 부과한 정책은 도시와 농촌을 구분 지은 정치적인 경계선이 되었다. 직접세를 징수할 때의 연대책임제와 직접세의 사회적 할당 방식 때문에 이러한 구분은 더욱 확고해졌다. 물론 도시민에게 부과된 조세를 꼼꼼하게 징수하는 데 따른 책임은 농산물에 대한 직접세를 징수하는 데 따른 책임에 비해 더 무거웠다. 농산물에 대한 세금 징수가 더 쉬웠던 이유는 생산량을 파악하기 어렵고 변화가 훨씬 많은 상공업에 조세를 할당하는 일보다 농산물에 대한 할당이 더 단순했기 때문이다. 바로 이러한 이유 때문에 농사일을 하는 농민들로서는 상공업에 종사하는 사람들에 대한 연대책임을 지는 것이 유리하지 않았다.[3] 그러므로 성채주변도시에 거주하던 농민들이라 할지라도 성채주변도시 거주민들과는 분리해서 별도의 공동체를 구성하려고 노력했던 것이다.

이런 식으로 '상공업에 따라, 또는 농경지에 따라'라는 국가에 대한 조세 부담 할당의 기본 법칙이 마련되었다. 상공업이나 농업에 대한 과세 방식에서 드러난 이러한 차이는 1564년에 솔로베츠키 수도원장으로 있던 필립(Филипп)이 수도원 소속 농민들에게 부여한 규범 서한에서 아주 명확하게 표현되었다. 필립은 농촌 주민들 모두에게 아무런 차등 없이 부과되는 전쟁 수행을 위한 임시적인 세금과 토지에 부

---

3) 구술 강의는 다음과 같았다.
"후자에 대한 과세는 전자의 경우보다 용이했다. 바로 그런 이유 때문에 군에 거주하던 도시민들은 군의 농민들의 연대책임제에 편입되는 것이 불리했다. 그래서 그들은 처음에는 자신의 도시와 연합해서 하나의 납세 공동체를 구성했다가 17세기에는 자신들의 독자적인 공동체를 구성하려고 노력하게 되었다."

과되는 일상적인 직접세를 구분하고 있다. 도시에서 재산이나 상공업 활동에 따라 임시적인 전쟁세가 부과되었던 것처럼 농촌 주민들에게도 그러한 세금이 할당되었다. 그렇지만 필립 수도원장의 표현에 따르면, 토지세는 재산에 따라서도 아니고, 상공업에 따라서도 아니고, '경지 단위에 따라', 달리 말해 조세의 대상이 되는 토지의 면적에 따라 할당되어야 했다. 그렇지만 도시와 농촌 사이에 그러한 구분이 생기자마자, 정부는 스스로의 이익을 위해 도시의 납세민들이 항구적으로 그 체제 속에 남아 있도록 요구했다. 또한 일정한 과세 구역을 경작하던 납세 농민들은 그곳을 떠날 수도 없었고, 국고에 이익을 덜 주는 다른 지위로 옮겨갈 수도 없었다. 바로 이러한 조세 할당 원칙과 정반대의 성격을 지닌 또 다른 원칙이 생겨났다. 즉 이런저런 등급에 속한 납세민들은 항상 자신의 조세 부담을 지고 있어야 한다는 것이다.[4] 이러한 원칙은 다음과 같은 문구로 표현할 수 있다. 만약 조세가 상공업이나 농업에 따라 부과된다면, 다른 한편으로는 "농업이나 상공업 활동은 조세 부담 장소에 따라 이루어져야 한다."

이처럼 일단 확정된 조세 체제에다가 납세민들을 고착시킨 흔적을 우리는 이미 16세기에 찾아볼 수 있다. 그러한 고착화 경향은 17세기에 납세민들을 조직할 때 주요 근거가 되었다. 차르 이반의 법령집에서 우리는 도시의 납세민들이 수도원 소속 토지로 이주하지 못하도록 하면서, 꼼짝없이 도시 지역에 거주하도록 명령하는 조항을 읽을 수 있다. "도시민 가운데 누군가 수도원 토지에 거주한다면 그를 이전에

---

4) 구술 강의에서는 이 부분에 다음 구절을 삽입했다.
"『1649년의 젬스키 소보르 법전』이 간행된 이후인 17세기 후반에는 자신의 성채주변도시에 속한 납세민들을 다른 곳으로 자의적으로 옮기는 행위를 한 사람에게 사형을 언도하는 법안이 1657년에 제정되었다."

살던 도시 지역으로 끌어내어 도시의 법정에 세워야 한다." 앞서 언급한 원칙에 따라 조세가 할당된 방식은 성채주변도시 거주민들을 '상급' '중급' '하급'이라는 등급으로 분류하고, 또 지방의 납세민들을 '농민'(крестьянин)과 '빈농'(бобыль)[5]으로 나눈 원천이 되었다. '농민'과 '빈농'이라는 명칭이 농민들의 구성에서 다양한 재산상의 신분이었던 것과 마찬가지로, 도시민들과 관련된 여러 가지 등급은 그 자체로 지방의 상인 계급이었다고 할 수 있었다.[6] 이렇게 16세기 중반 무렵에는 모스크바국 내에서 도시와 농촌의 납세민들이 분화되었다. 이러한 구분의 근거는 앞서 언급한 두 가지 원칙, 즉 선서 행위에 의한 봉직 할당과 조세 할당 원칙에서 유래되었다. 선서 행위에 의한 봉직이 개인적인 신탁에 따라 할당되었고 조세가 농업이나 상공업 활동에 의해 할당되었다고 한다면, 관등은 봉직과 조세에 따라 차이를 보였다. 달리 말해서 모스크바의 고위 대상인 관등은 봉직에 따라, 지방과 성채주변도시 그리고 농촌민들의 하위 관등은 조세에 따라 구분되었다. 우리는 이와 유사한 이중적인 관등 구분의 근거를 모스크바와 여러 도시의 봉직자들의 구성에서 본 바 있다.

우리가 이러한 신분 분할을 염두에 둔다면, 모스크바 당국이 애초부

---

5) 빈농의 원어인 '보빌리'(бобыль)는 서유럽의 날품팔이 농부와 비슷한 사람들이었다. 이 용어가 사용된 때는 주로 16세기와 17세기였는데, 이 당시에 빈농 계급은 분명히 수적으로 많았다. 그리고 이때에는 『1649년의 젬스키 소보르 법전』을 포함한 공식 문서에서도 "농민들과 빈농들"이라는 표현이 종종 등장했다. 빈농은 하층 농민 계급으로서 일부는 재산을 전혀 가지지 못했고 다른 일부는 경작지 없이 오직 소규모 가산만 소유하고 있었고, 다른 일부는 소규모의 경작지만을 보유했다. 도시에 거주하던 빈민은 기능공이거나 임시노동자였다. 과세 대상의 재산을 가진 빈민은 납세민 공동체에 포함되었다. 이런 사람들 가운데 대부분은 약간의 소작료만을 지불했다.

6) "앞서 언급한 원칙에 따라 조세가 할당된 방식은……"부터 이곳까지는 석판 인쇄를 위해 첨가했다.

터 구축하려고 했던 사회 구성 계획을 분명하게 알 수 있을 것이다. 우리는 봉직자들과 납세민들의 구성 방식을 기억함으로써 봉직자들과 납세민들이 그렇게 구성된 근거와 그들 사이의 상호 구성 관계에 대해 쉽게 이해할 수 있다. 16세기 중반 무렵에 봉직자들이 구성되었을 때 그들은 어떤 존재였는가? 이들은 방어 투쟁을 지휘하던 모스크바의 참모본부에 소속되어 국가의 전 영역에 산재된 무장 대원들인 셈이었다. 지금 묘사된 납세민들의 구성은 어떤 것이었는가? 그들은 모스크바의 상층 대상인들의 지휘 아래 있던 경리담당자들인 셈이었다. 납세민 구성원들 전체는 일종의 광범위한 세입 원천으로서 기능하고 있었는데, 고위 경리담당지도자들은 이 원천에서 모스크바의 참모본부와 함께 무장 대원들을 부양하기에 필요한 물질적인 재원을 이끌어내고 있었다.

16세기 후반부의 모스크바국의 사회 구성

이러한 두 사회 집단, 즉 봉직자들과 납세민들을 대조함으로써 우리는 차리 이반의 지방 개혁 직후인 16세기 후반부에 정착된 모스크바국의 사회 구성을 머리에 떠올릴 수 있다. 이 사회의 상층 부분에서 우리는 나란히 있지만 동일하지도 않고, 서열도 다른 두 부류의 고위층을 보게 된다. 이 두 고위층은 아주 세세하게 분화되었는데, 이러한 분화된 집단에서 하나의 고위층은 봉직자들 가운데 최고층으로, 다른 하나의 고위층은 납세민들 가운데 최고 등급으로 구성되었다. 아주 세분된 두 고위층은 토지세를 납부하거나 상공업 관련 조세를 납부하던 도시와 농촌의 주민들로 구성된 동질적인 납세민 대중에 기반을 두고 있었다. 납세민들은 아주 적은 정도로만 분화되었고, 도시민들의 등급은

16세기 후반부에 겨우 생겨나기 시작했다. 농촌 주민들의 구성에서 납세민의 하층에 해당하는 빈농은 16세기 말까지 무시할 만한 숫자에 불과했다.

사회 하층에서의 계속적인 신분 분화

그러나 모스크바 사회는 이러한 신분 구분에 머물러 있지는 않았다. 16세기 중엽부터 그곳에서는 그 이상의 신분 분화를 향한 움직임이 드러나게 되었다. 이런 신분 분화의 근원은 민사 관계가 훨씬 복잡해졌다는 점에 있었다. 민사 관계의 복잡성으로 말미암아 그때까지 별로 분화되지 않았던 사회 하층민들 사이에서도 계속적으로 신분 구분이 이루어지게 되었다. 이러한 신분 분화는 국가에 대한 특별한 의무 이행이라는 정치적인 원칙에 의해 자극을 받았다. 우리는 이러한 원칙이 대외적인 방어 활동에 적용됨으로써 봉직 계급을 세분했음을 본 바 있다. 바로 그러한 원칙이 대내적인 질서에 덧붙여짐으로써 민사 관계 분야로 전이되어 하층 납세민 계급이 더욱 세분되는 결과를 낳게 되었다.

분립영지 시대에 계약에 의해 확정된 모든 신분적 의무가 이제는 강제적이며 세습적인 성격을 지닌다는 원칙이 국가법으로 확정되자마자, 그것은 개별적인 민사 관계에서 유래되는 계약 행위에도 강한 영향을 미치게 되었다. 이 원칙은 이러한 점에서 새로운 상황을 초래했다. 즉 민사 관계에서 유래되는 개인적인 계약 행위는 그런 행위가 규정한 기한이 종식될 때까지 그 효력이 중지되지 않았다. 언뜻 보기에 여러분은 이러한 변화를 잘 이해하지 못할 것이다. 오늘날의 법 체계에서는 그러한 원칙이 존재하지 않으며, 심지어 오늘날의 법 체계에서는 엄격하게 금지되어 있기도 하다. 우리는 사적인 계약을 체결하면서 언제나 기한이 종식되기 전에라도 계약을 파기할 수 있는 권한을 가지고 있다고 말하곤 한다. 그런 경우에는 위약금으로 피해를 입은 측에 배상을 해주기만 하면 되는 것이다. 모든 자유민들은 온갖 민사상 약정 행위를 지키지 않을 권리를 항시 가지고 있다. 오직 상대측이 입은 손실을 배상해주기만 하면 되는 것이다. 분립영지 시대의 법 체제에서는 그러한 원칙이 지배적이었다. 모스크바국에서는 국가적 의무를 이행하는 일에서 영향을 받아 민사적인 관계에서도 다음과 같은 원칙이 확립되었다. 일정한 기간이 정해진 민사적 의무 사항은 의무를 진 사람이 설령 위약금을 물더라도, 달리 말해 의무 사항을 자의적으로 중단함으로써 생겨난 피해에 대해 배상해준다고 할지라도 그 효력이 정지되지 않았다. 개인 차원의 민사적 의무가 그러한 성격을 획득하자마자, 그것은 확고부동한(крепостные) 의무가 되었다.

민사법 분야에 국가적인 의무 이행의 원칙이 반영된 일

민사법 체계에서 생겨난 이러한 변화는 노예 신분의 법적 지위에 그대로 반영되었다. 우리가 본 바 있듯이, 16세기까지 러시아의 법 체계에서는 오직 하나의 완전한 노예 신분만이 존재했다. 그러나 그와 더불어 노예 신분에 속하지 않으면서도 개인적인 예속 관계, 즉 채무에 의한 저당 신분(закладничество)이 존재했다.[7] 채무에 의한 저당

7) 이 부분을 구술 강의에서는 다르게 설명했다.
"그렇지만 그와 함께 노예 신분으로 계산되지 않았던 두 가지 형태의 인신적인 예속 상태가 있었는데, 자유민 창고지기 신분과 채무에 의한 저당 신분이 바로 그것이다. 자유민은 농촌의 창고지기의 직무를 기한을 정하지 않고 담당함으로써 통상적으로 주인이 죽을 때까지 지주에게 고용되곤 했다. 이러한 고용 형태는 담당자가 주인에게 인신적으로 예속되게끔 만들었지만, 예속 상태가 노예 신

신분은 빚을 얻은 다음에 이자 대신에 조건에 따라 임시로 일해야 하는 의무를 지는 인신상 예속 상태인데, 종이 된 사람은 빚을 갚으면 언제라도 자신의 일을 중단할 수 있는 권리가 있었다. 저당 신분은 이처럼 조건부로 일할 의무를 지며, 또 일을 중단할 수 있는 권리를 가지고 있다는 점에서 노예 신분과 달랐다. 노예 신분은 주인의 동의가 없다면 노예 자신의 개인적인 판단에 따라서는 어떠한 경우라도 중단될 수 없는 확고부동한 예속 상태에 있었다.[8)]

그런 식으로 채무에 의한 저당 신분은 노예 신분이 처한 상태인 확고부동한 상황에 있지는 않았다.

저당 신분은 14세기까지는 노예의 경우와 같은 확고부동한 예속 상태가 될 징후를 전혀 보이지 않았다. 그러나 15세기 말부터 러시아의 민사법 체계에서는 채무 때문에 개인적으로 조건부적인 직무를 담당하는 종이 만약 자신의 예속 상태를 중단할 권리나 가능성을 일시적으로나 또는 영원히 상실하자마자 곧장 노예가 된다는 생각이 확고해졌다. 그런데 이러한 직무 행위는 아직 개인 차원의 것이었다. 직무로 인

분과 같지는 않았다. 자유민 신분의 창고지기는 일정한 조건을 준수함으로써 자신의 직무를 언제나 정지시킬 수 있었다. 저당 신분도 정확히 그러했다."

8) 구술 강의는 다음과 같았다.
"그런 식으로, 자유민 창고지기 신분과 채무에 의한 저당 신분은 노예 신분의 형태인 농노 상태가 아니었다. 두 신분은 16세기에 이르기까지 노예 같은 농노적 예속의 징후를 전혀 지니지 않았다. 그렇지만 16세기부터 이러한 징후가 등장하고 있다. 완전한 창고지기 신분은 사라지고, 매매 행위에 의한 창고지기 신분으로 대체되었다. 그런 식으로 의무 사항이 자유롭게 정지될 수 있던 창고지기 신분은 인신적으로 종신토록 지속되는 농노제로 변모해서 주인이 죽을 때까지 계속되었다. 우리가 이미 알고 있는 바와 마찬가지로 이러한 새로운 형태의 노예 신분은 '신고 노예'라는 명칭을 얻었다. 다른 한편으로 15세기 말부터 우리의 민사법에는 채무에 의한 인신적인 일시적 복무 상태가 인신적인 농노 형태를 획득했다."

해 종 자신은 주인에게 긴박되지만, 오직 주인에게뿐이다. 종의 자녀는 아버지가 죽은 다음에 주인에게 긴박되지 않았고, 주인이 죽었을 때 종이 주인의 자녀에게 긴박되지도 않았다. 이러한 생각에서 두 가지 결과가 생겨났는데, 여기서 두 가지 새로운 형태의 노예 신분이 탄생했다.

신고 노예 신분과 채무 노예 신분의 기원

1) 『루스카야 프라브다』 시기부터 완전 노예 신분 중에는 촌락의 창고지기 직책을 맡아 섬기는 조건으로 노예가 된 종들이 존재해왔다. 원래 이 노예 신분은 완전하며 세습적인 신분이었지만, 특정한 직책을 맡을 때에만 일을 해야 하는 의무를 지닌다는 조건을 달고 있었다. 이제 조건부적인 직무가 오직 개인적으로 확고부동한 예속 상태를 낳을 수밖에 없다는 공통된 원칙에 따라, 촌락의 창고지기 신분은 특별한 형태의 노예 신분이 되어 '신고 노예'(докладный холоп)라는 명칭을 얻게 되었다. 신고 노예는 완전 노예 신분의 경우와 마찬가지로 '매매 행위'에 그 기원을 두었지만, 신고 노예는 자신이 팔려간 주인이 죽음으로써 예속 상태가 중단되었다는 점에서 완전 노예 신분과 달랐다.[9)]

2) 이러한 생각의 영향을 받아 16세기 초부터 저당 신분은 점차로 노예 신분으로 변화되어, '채무 노예'(кабальный холоп)라는 명칭으로 불리게 되었다. 즉 이 신분은 이자를 갚기 위해 일을 해야 하는 의무와 결합된 채무 노예에서 생겨났다. 사적인 인신적 의무 사항이 중단될 수 없다는 일반 원칙의 압력을 받아 애초에 1년 동안 돈을 빌

9) "그런데 이러한 직무 행위는 아직 개인 차원의 것이었다. 직무로 인해 종 자신은 주인에게 긴박되지만……"부터 이곳까지는 원고에 삽입되었다.

린 채무자는 기한이 끝나기 전에 직무를 중단할 수 있는 권리도 가지지 못한 채, 정해진 기간 내내 이자 대신에 채권자에게 일을 해야 할 의무를 지고 있었다. 그러나 16세기에 모스크바국에서 드러나게 된 경제적인 혼란 때문에 1년 기한으로 확고부동한 채무 노예가 된 사람들 가운데 압도적인 다수는 기한이 지난 다음에도 빚을 갚지 못해 자유인이 될 수 있는 가능성을 상실했다. 그러자 채권자들은 채무자에게 고대 루시의 저당 체계의 기본 원칙을 적용하기 시작했고, 그에 따라 기한이 지나도 빚을 갚지 못한 사람은 매매될 수 있었다. 1년이 지나도 빚을 갚지 못한 피저당인은 스스로를 완전한 노예 신분으로 팔았다고 생각했다. 주인들이 이러한 주장을 함으로써 다양한 형태의 난점과 무질서 상태가 수없이 생겨났다. 어떤 피저당인은 빚을 다 갚지도 않고 주인에게서 도망쳤고, 또 다른 피저당인은 채무를 갚을 희망을 잃고 스스로를 주인의 완전한 노예로 내맡겼다. 마지막으로 세 번째 부류의 피저당인은 1년 기한이 되기 전에 빚을 갚기 위한 돈을 달라고 주인에게 간청해서 자신의 직무를 중단했다.

1597년 4월 25일의 법은 이 모든 무질서 상태를 종식시키기 위해 발표되었다. 이 법에 따르면, 직무를 담당하던 노예 문제 때문에 논쟁이 발생하는 경우에, 가령 채무 노예 신분에 있는 당사자가 빚을 다 갚지 않은 채 주인의 동의 없이 도망친다면, 신고 노예와 마찬가지로 그러한 채무 노예는 돌아가서 주인이 사망할 때까지 섬기라는 명령을 받았다. 그리고 노예 자신이 빚을 갚기 위해 돈을 주려고 제안하는 경우라고 할지라도 채무 노예 관계에 따라 그에게서 돈을 받지 말도록 명령했다. 그와 똑같이 아버지와 함께 채무 노예가 되었거나 노예 신분을 타고 태어난 채무 노예의 자녀들은 신고 노예와 마찬가지로 주인이 사망할 때까지만 자기 아버지의 주인을 섬겨야 했으나, 주인이 죽은 다음에는 그의 아내와 자녀를 섬기지 않아도 되었고, 아버지의 예속 관계에 따른 빚을 지불하지 않아도 되었다. 이렇듯 1597년의 법은 채무 노예 신분의 법적인 윤곽을 최종적으로 확정했다.

여러분들이 보다시피, 채무 노예와 관련된 부채는 노예 신분으로의 매매 행위와 동일했으나, 그때의 노예 신분은 완전한 것이 아니라 오직 조건부적이며 임시적이었다. 노예는 채무를 갚았다고 할지라도 주인의 동의 없이 자신의 부자유 상태를 종식시킬 수 있는 권리를 가지지 못하게 되었고, 반면에 주인으로서는 노예의 동의 없이 빚을 징수할 권리를 상실하게 되었다. 그러나 주인이 사망하면 노예가 지고 있는 채무 의무는 소멸되었다. 이런 상황 덕분에, 자유민 신분의 피저당인이 계약에 따른 채무 의무와 더불어 이자 때문에 지고 있었던 그러한 조건부적인 봉사는 이제 채무 자체 때문에 제공해야 하는 의무적인 봉사로 바뀌게 되었고, 채무는 법에 따라 주인이 사망할 때에야 소멸되었다. 달리 말하자면, 자유민 신분이 제공하던 채무자의 조건부적인 봉사가 매매된 노예 신분이 노예의 뜻에 따라 중단될 수 없는 상황과 결합됨으로써, 저당 신분이 채무 노예로 변질되었던 것이다.

17세기에 채무 노예 신분은 약간의 변화를 경험했다. 채무 노예 신분의 원천은 이자 때문에 제공해야 하는 직무와 결합된 채무 자체가 아니라, 주인이 사망할 때까지 개인적으로 저택에서 행하는 직무에 관한 약정일 따름인 상황이었다.[10] 그리하여 채무는 단지 허구적인 의미만을 지니게 되었다. 노예는 일정액을 받았으며, 그로 인해 성심껏 주

---

10) 구술 강의에서는 원래 다음과 같이 언급했다.
"17세기에는 채무 관계의 소멸과 연관된 예속 노예 신분의 원천은 채무 자체가 아니라 단지 봉사에 대한 약정이었다. 채무는 단지 구실로서의 의미만 가지고 있었다."

인을 위해 일할 의무를 지고 있다고 약정서에 썼다. 그러나 그는 이 돈을 차지하지 못하고, 단지 평생 동안 주인을 위해 일해야 하는 의무를 진다는 점에 대해 약정을 맺었을 따름이다. 여기에 따라 『1649년의 젬스키 소보르 법전』은 직무를 맡은 노예에게 더도 말고 덜도 말고 일률적으로 3루블의 부채를 제시하도록 결정했고, 이로써 채무 노예가 진 빚에다가 조건부적이고 허구적인 의미를 직접 부여했다.

채무 노예 신분이 부채 때문에 일해야 하는 의무를 진 자로서의 성격을 상실하자마자, 부채에 의한 직무 의무를 나타내기 위해 새로운 예속 상태가 만들어졌다. 이런 예속 상태는 '거주 증서'(жилые записи), 또는 '생활 증서'(житейские записи)[11]라는 명칭을 얻었는데, 이로써 '부자유 상태의 거주'(жилая неволя)라는 새로운 형태의 인신 예속 상태가 확고해지게 되었다. 이러한 부자유 상태가 채무 노예 신분과 크게 달랐던 점은 그 조건이 다양했다는 것이다. 직무를 맡은 채무 노예 신분에 있는 자는 주인이 사망할 때까지만 주인에게 긴박되어 있었는데, 그런 신분 상태가 법에 따라 그 이전에 중단되지도 않았고 그 이후까지 연장되지도 않았다.[12] '부자유 상태의 거주'는 채무를 변제하지 않은 상태에서 이자 대신에 일정한 연한 동안, 또는 주인의 사망 때까지 일할 의무를 진 부채 관계에서 발생하기도 했고, 노동에 의해

---

11) 증서의 원어인 '자피시'(запись)란 모든 종류의 문서를 의미했다.

12) "여기에 따라 『1649년의 젬스키 소보르 법전』은 직무를 맡은 노예에게 더도 말고 덜도 말고 일률적으로 3루블의 부채를 제시하도록 결정했고, 이로써 채무 노예가 진 빚에다가 조건부적이고 허구적인 의미를 직접 부여했다"라는 구절과 "이러한 부자유 상태가 채무 노예 신분과 크게 달랐던 점은 조건이 다양했다는 것이다. 직무를 맡은 채무 노예 신분에 있는 자는 주인이 사망할 때까지만 주인에게 긴박되어 있었는데, 그런 신분 상태가 법에 따라 그 이전에 중단되지도 않았고 그 이후까지 연장되지도 않았다"는 구절은 나중에 원고에 삽입되었다.

채무 관계가 소멸될 수 있다는 조건을 단 부채 관계에 의해 발생하기도 했고, 마지막으로 기간이 지남에 따라 보상받는다는 조건으로 기한을 정한 의무적인 노동 조건을 단 고용 관계에 의해 발생하기도 했다.[13] 이처럼 조건이 다양했기 때문에 '부자유 상태의 거주'를 결박시켰던 예속 상태는 17세기에 여러 가지 명칭으로 불리게 되었다. 그중 중요한 것은 다음과 같다.

1) '부채에 의한 머슴살이'(заёмные заживные)가 있었다. 부채를 진 사람은 주인이 사망할 때까지 일하든지, 또는 노동으로 빚을 갚아나가면서 '머슴살이'로 일정 연한을 일할 의무를 지고 있었다.

2) '생필품 대여'(жилые ссудные)가 있었다. '머슴살이'와는 다른 이런 명칭이 붙은 이유는 이 관계에 의한 예속 상태의 근거가 화폐 형태

---

13) 이 부분은 애초의 구술 강의에서는 상당히 다르게 전달되었다.
"다음과 같은 증서들로 인해 거주적 예속이 생겨났다. 즉 이자 때문에 봉사해야 하는 의무규정을 가진 증서, 그리고 일정한 기간 또는 무기한으로 채무를 갚은 다음에 자유롭게 되는 의무 규정을 가진 증서가 있었다. 더 나아가 일정한 연한 동안 채권자를 위해 일을 함으로써 빌린 채무를 갚아나가도록 하는 의무 관계를 규정한 '머슴살이 증서'가 있었다. 빚은 생활을 위한 대부금인데, 가축과 종자에 대한 대부와 결합되었다. 그리고 주인의 토지에서 일하도록 한 증서도 있었다. 그리고 '고용살이'라는 증서도 있었는데, 이것은 일정한 연한 동안 주인을 위해 노동을 하고 기한이 지나면 그에게서 조건부적인 임금을 받도록 의무를 규정했다. '저당 신세'라는 증서는 자유민이 일정한 연한 동안 담보 제공의 의미로 노동을 하거나 자신의 아들, 딸, 동생, 심지어 아내마저 저당 잡히는 상태에 관한 것이다. 마지막으로 '생활 수업 증서'라는 것도 있었는데, 이것은 장인(匠人)에게 교육을 받도록 넘겨진 사람이 일정한 기간에 장인을 위해 일하도록 의무를 규정한 것이다. 이 모든 형태의 거주적 예속 상태는 약정이나 계약에 의해 생겨난 부자유 상태로 들어간 노예 신분의 기본 원칙에서 17세기에 발전되고 있었다. 16세기 초부터 현저해진 이와 같은 노예 신분의 법률적인 분화 과정은 농민들과 지주 사이의 토지 관계에 심대한 영향을 미치게 되었다. 지주의 토지에 거주하던 이전의 자유농민은 노예 신분의 영향을 받아 17세기 2/4분기부터 점차로 지주에 대한 농노적인 예속 상태에 들어가게 되었다."

의 부채가 아니라 의복이나 가축이나 곡물 등 현물 대여였기 때문이다.

3) '고용살이'(наёмные отживные)가 있었다. 이 관계에 있는 일꾼은 미리 부채 형태로 일정액을 받은 것이 아니라 일정한 기간이 지나고 나서 임금을 받았다는 점에서 '머슴살이'와는 달랐다. 이들은 '세월이 흘러가는 대로 몸을 내맡기며 살아갔다.'

4) '저당 신세'(закладные)가 있었다. 이들은 자유민 스스로 예속 상태에 들지 않고, 빚 대신에 일정한 연한 동안 자신의 자녀나 연소자 친척, 또는 아내를 저당 잡힌 경우에 해당했다.

그런 식으로 이전에는 단일한 형태의 완전한 신분이던 고대 루시의 노예 신분은 복잡해지게 되었다. 그래서 15세기 말부터 이 신분은 신고 노예, 채무 노예, 생활 노예로 분화되었다. 심지어 17세기에는 이러한 후기 형태의 노예 신분은 고대의 완전한 부자유 상태의 신분 형태보다 더 널리 퍼지게 되었다. 17세기의 법에 따르면, 완전한 세습 신분으로 노예를 매매하는 행위가 금지되었으므로, 자유민들은 오직 기간을 정하거나 주인이 사망할 때까지 개인적인 예속 상태에 스스로를 내맡길 수 있었다. 우리는 이러한 후기 형태의 노예 신분이 자유민 계급들에게 부과된 국가에 대한 의무 이행과 밀접한 관련이 있다는 점을 쉽게 이해할 수 있다. 이 모든 형태는 고대의 저당 신분에서 발전했다. 저당 신분은 빚을 갚음으로써 피저당인의 의지에 따라 예속 상태를 중단할 수 있었기 때문에 노예 신분은 아니었다. 이런 점에서 피저당인이 처한 개인적인 예속 상태는 분립영지의 자유민이 그의 공후와 맺은 관계와 유사했다. 이 관계는 계약으로 발생했고, 계약 당사자 한쪽의 의사로 중단할 수 있었다. 그렇지만 모스크바국 내에서 자유민들의 계약에 따른 의무 사항이 국가에 대한 강제적인 의무로 변질되자마자, 피저당인의 예속 상태는 확고부동한 성격을 띠게 되었다.

즉 계약에 따라 부자유 상태로 몸을 내맡긴 사람이 자유민처럼 스스로의 의지로 그 상태를 중단할 수 있는 권한을 상실했던 것이다. 이는 봉직자 또는 납세민들이 국가에 대한 봉사나 조세 부담에서 면제될 수 있는 권한을 상실한 것과 같았다. 주로 국가에 대한 중요한 의무를 담당했던 고위 봉직자와 납세 계급이 이제 채무 노예 또는 생활 노예가 된 피저당인들의 봉사를 받았다. 저당 신분에서 생겨난 의무 관계가 기한이 끝나거나 주인이 사망할 때까지 종의 의지에 따라 효력이 중지될 수 없었던 확고부동한 봉사로 변질된 사회 현상은 이들 고위 계급에게는 흡사 이전에 공후와 체결했던 계약에 따른 의무가 국가에 대한 평생 동안의, 심지어 세습적인 의무로 변질된 데 따른 보상과도 같았다.

채무 노예 신분의 토대가 된 원칙들은 '부자유 상태의 거주'와 연관된 각종 다양한 조건을 낳았고, 소유 농민들의 지위에도 영향을 미치게 되었다. 즉 이런 원칙들은 토지 관계와 결합해서 새로운 형태의 확고부동한 신분 상태를 만들어냈는데, 그것이 바로 농노였다. 농노 신분의 기원에 관한 문제는 러시아의 역사에서 가장 중요하면서도, 가장 복잡한 문제 가운데 하나이기도 하다. 러시아의 법의 역사 속에서 농노의 기원에 대한 최상의 설명을 제시하기 위해 나는 이 강의 바로 직전에 행해진 두 강의의 내용을 상기시키려고 한다. 나는 모스크바국의 성채주변도시에 거주하던 수공업자들이 나누어 가졌던 관등의 기원에 대해 설명했다. 이들 수공업자들에게 부과된 두 가지 의무는 봉직자들에게 의무가 할당된 근거와 아주 유사한 원칙에 따라 그 구성원들 사이에 할당되었다. 성채주변도시 주민들 사이에 의무가 할당된 원칙은 다음과 같이 표현할 수 있다. 즉 선서 행위를 통해 이루어지는 국고(國庫) 관리 직무가 개인적인 '신탁'이나 공동체적인 연대책임에 의해, 그리고 조세는 농업이나 상공업에 의해 할당되었다고 한다면, 성채주변도시의 관등은 봉사와 조세에 따라 할당되었던 것이다. 달리 말해 수도의 고위 대상인들이 부여받은 관등은 봉직에 따른 것이고, 지방의 상공업자들이 부여받은 관등은 조세에 따른 것이었다. 우리는 수도나 여러 도시의 봉직자들 사이에 행정 업무와 군사 업무가 거의 유사한 방식으로 할당된 사실에 대해 알아보았다. 앞서 기술한 바와 같이 봉직자들과 성채주변도시 주민들의 온갖 관등 분화 과정은 이미 16세기 말 무렵에 완성되었다. 이 시기가 되면 모스크바국 내의 모든 사회는 다음과 같은 모습을 가지게 되었다. 즉, 아주 세분된 두 상층 계급, 즉 봉직자들과 수도의 고위층 대상인 신분은 아주 동질적이며 단조롭고 별로 분화되지 않은 하층 대중들 위에 서 있게 되었다. 그렇지만 16세기 후반부부터 하층 대중 사이에서도 세세한 신분 분화 과정이 시작되고 있었다. 신분 분화 과정은 최하층인 노예 신분에서 시작되었다.

우리가 알고 있듯이, 이러한 신분 구분이 발생한 원인은 국가의 법 체계에서 성립된 원칙이 민사적인 계약 체계에 반영되었기 때문이다. 국가의 법 체계의 원칙이란 국가에 대한 의무를 사회의 여러 계급들 사이에 강제적으로 할당하는 것이었다. 민사법 체계에 반영된 이러한 원칙 때문에 개인이 조건부적으로 예속 상태에 있던 기존의 계약 내용의 성격이 변모되었다. 여기서 국가의 법 체계와 마찬가지로 새로운 원칙이 확정되었다. 종신이건 한시적이건 개인적이고 조건부적인 예속 상태를 확정지은 의무는 기한이 끝날 때까지, 또는 생을 마칠 때까지 그 효력을 계속 유지하게 되었다. 이처럼 노예의 약정 관계가 중단되지 않았던 원칙은 봉직자들과 납세민들에게 각각 부과된 영원한 봉직 의무와 영원한 조세 납부 의무와 병렬 관계에 있던 규정이었다. 그

뿐만 아니라 이것은 강제적인 봉사나 강제적인 조세 부담이라는 생각이 직접 영향을 미친 결과로 생겨난 규정이었다. 정해진 약정 관계에 의한 인신상의 예속 관계가 주인이 사망할 때까지, 또는 일정한 기간 동안 중단될 수 없다는 생각은 채무 노예 신분이 생겨난 원천이 되었다. 그리하여 채무 노예 신분은 17세기 초 무렵에 최종적인 법적 형태를 부여받았고, 17세기 내내 채무 노예 신분에서 수많은 형태의 '부자유 상태의 거주' 신분이 파생되었다. 앞서 말했듯이, 이전에는 약정 체계 내에서 확립되었던 임시적인 의무 체계는 발생된 손실을 다른 쪽에 배상해준다는 조건만 있다면 한쪽의 의지로 중단할 수 있었다. 그런데 이제 그러한 임시적인 약정 체계는 사라지고, 예속된 사람의 의지에 따라 중단할 수 없는 확고부동한 관계로 변질되었다. 농민을 대상으로 해서 농노제가 발생된 비밀스런 원천은 바로 약정 체계 내에서 발생된 이러한 변화 속에 있었는데, 농노제가 생겨남에 따라 노예 신분에 이어 농민 계급의 법적 구성도 복잡해지게 되었다.

제19강

채무 노예 신분이 농민의 대여계약서에 미친 영향

예로부터 지주에게 소속된 토지에 거주하던 러시아의 농민들은 지주에게서 많은 도움을 받아 생활을 꾸려왔다. 이러한 도움은 다양한 형태로 농민들에게 제공되었다. 땅 주인은 자신의 농민들에게 정원이 딸린 농가, 노동을 제공하는 가축, 종자 등을 대여해주었다. 이러한 대여물 때문에 농민들은 지주에게서 빌린 토지에 대한 일반적인 지대를 납부하는 일 이외에 특별한 추가적 의무를 져야 했다. 이 모든 의무 사항은 농민들이 지주와 체결한 토지관련 계약에서 기술되었는데, 이런 계약서를 '부역계약서'(порядная грамота) 또는 '대여계약서'(ссудная запись)라고 불렀다. 또 대여 때문에 생겨난 이 모든 추가적인 의무 사항을 '농민의 부역지대'(крестьянское изделие) 또는 '보야린을 위한 일'(боярское дело, 부역지대барщина)이라는 명칭으로 불렀다. 그렇지만 이런 의무들은 농민들이 채무 때문에 지게 된 계약 사항이었으므로, 농민들은 이것 때문에 인신상의 자유를 상실하지는 않았다. 따라서 농민들은 '퇴거'(выход)의 권리, 즉 어떤 구역에서 다른 구역으로, 또는 어떤 지주에서 다른 지주에게로 이동할 수 있는 권리를 보유하고 있었다. 지주에게 빚을 얻고 이 빚 때문에 지주에게 예속된 농민은 빚을 청산함으로써 언제라도 자신의 예속 상태를 종식시킬 수 있었다. 만약 농민이 일정 기한을 정해놓고 계약을 체결했다고 할지라도, 그는 기한이 다 되기 전에 지주와의 관계를 파기할 수 있는 권한을 보유하고 있었다. 이 경우에는 단지 계약서에서 조건으로 명시된 위약금을 물어주면 되었는데, 16세기와 17세기에 사람들은 이런 위약금을 '농민 과태료'(крестьянский заряд)[1]라고 부르곤 했다.

대략 16세기 중반까지 농민과 지주 사이의 관계는 이와 같았다. 그렇지만 이 시기부터 모스크바국 내에는 사적인 토지 보유가 급속하게 발달하게 되었다. 이런 토지 보유 형태에는 세습영지도 있었고, 봉직영지도 있었다. 이러한 토지 보유 형태가 확대됨에 따라 농민들의 노동력에 대한 수요도 증대했다. 이전에는 사람이 거주하지 않던 광대한 토지가 지주의 손에 들어가게 되자, 지주들은 이런 토지를 경작하기 위해 온갖 가능한 수단을 동원해서 농민들의 노동력을 획득하려고 노력했다. 그 결과 가난하고 집 없는 많은 사람들이 지주에게서 대여를 받아 농사꾼으로 바뀌었다. 이 모든 상황 때문에 지주와 농민 사이의 채무 관계는 확고해졌다. 16세기 후반부의 부역계약서를 보면, 대여 항목은 농민들의 일반적인 계약 조건이 되었다. 지주에게서 도움을 받지 않고 어떤 구역의 토지에 정착한 농민을 만나기란 통상적으로 어려웠다. 이런 채무 관계 때문에 농민들이 보유하고 있던 이주 권한은 사실상 그 의미를 상실하게 되었고, 더 이상 행사할 수 없게 되었다. 드문 경우로서 어떤 농민들은 주인에게 빚을 갚을 수 있었으나, 자신의

1) '과태료'의 원어에 해당하는 '자랴드'(заряд)는 오늘날에는 '장전'(裝塡), '충전'(充塡) 등의 의미로 사용되지만, 모스크바국 시기에는 '과태료'로 번역될 수 있다.

경작지에서 살면서 더 많은 빚을 얻어 썼다.

이런 까닭으로 16세기 말 무렵에 농민들의 이주 권리는 두 가지 형태로 퇴화되었다. 그중 하나에 따르면, 농민들은 자유를 돌려받기는 했으나 이런 형태는 법으로 금지되었다. 다른 형태에 따르면 농민의 자유가 반환되지도 않았을 뿐만 아니라, 채무 관계로 인해 지주에 대한 예속 상태가 더욱 강화되었다. 즉 농민들은 지주와의 관계를 강제적으로 단절하고 도망을 가거나, 자신을 대신해서 빚을 갚아주고 경작지를 대여해줄 다른 지주를 찾는다면 합법적인 절차에 따라 이주할 수 있었다. 첫 번째 경우에 도망친 농민이 지주에게 발각되면 빚과 벌금을 함께 물어야 했고, 두 번째 경우에는 채무에 의한 하나의 예속 관계가 더 많은 채무를 진 다른 예속 관계로 교체된 셈이었다. 이처럼 이주 권한이 사실상 폐기됨에 따라, 이미 16세기 말 무렵에 지주들 사이에서는 농노란 채무를 갚지 않음으로써 지주에 대한 예속 상태를 종식시킬 가능성이 없는 채무자로 바라보는 시각이 확고해지게 되었다. 고두노프[2)]통치기의 농민들의 상황에 대해 기술한 바 있는 쉴(Шиль)이라는 외국인은 이미 그 이전의 모스크바 군주들 시절에 지주들이 자신들의 농민들을 '농노'(крепостной)로 보는 데 익숙했다고 말하고 있다. 실정법상 아무런 직접적인 근거도 가지지 못한 그러한 시각이 어떻게

2) 보리스 고두노프(Борис Годунов, 1555년경~1605)는 이반 4세가 사망한 후에 제위에 오른 표도르 1세 때 실권을 잡은 인물이다. 1591년에 이반 4세의 아들이고 표도르의 동생인 드미트리가 사망했을 때 이 사건에 개입되었다는 의심을 받았다. 표도르의 사망으로 류리크조가 단절되었을 때 젬스키 소보르가 그를 차르로 추대했지만, 이것이 오히려 드미트리 사망 사건에 대한 의심을 커지게 했다. 이 주제는 문예인들의 상상력을 자극함으로써 무소르그스키의 오페라인 『보리스 고두노프』 등 많은 예술 작품의 창작 동기가 되기도 했다. 그는 농민들의 이주 권리를 제약하는 등 러시아의 신분 질서가 고착되는 데 적지 않은 역할을 했다.

해서 생겨났는지 이해하기는 어렵지 않다. 분명히 이런 시각은 고대 루시의 채무 체계의 원칙을 지주에게 소속된 농민들의 형편에 적용시킴으로써 생겨났다. 우리가 본 바 있듯이, 채무자가 이자를 갚기 위해 봉사를 제공하거나 노동할 의무를 졌을 뿐만 아니라 빌린 금액 자체를 갚음으로써 스스로의 의지에 따라 예속 상태를 종식시킬 수 있는 권한을 상실했을 때, 채무는 확고부동한 예속 관계의 원천이 되었다. 예속 상태를 종식시킬 수 없도록 한 이런 원칙은 1597년 4월에 공포된 법에서 직접적으로 표현되었다. 이 법에 따르면, 채무 노예에게서 자신이 직무를 맡아야 했던 채무의 청산에 관한 탄원서를 받는 행위가 금지되었다. 그 덕분에 지주들은 채무 노예 신분에게 적용된 원칙을 채무를 진 농민들의 상황에 적용하게 되었는데, 이런 현상은 법적으로 용인되기도 전에 발생했다. 채무 노예 신분이 생겨나고 발달하게 되자, 지주들 사이에는 '도움'에 대한 대가로서 행해지는 '농민의 부역지대' 때문에 농민들이 지주에게 인신적으로 확고부동하게 예속되고 있다는 생각이 들게 되었으며, 저택에서 봉사를 제공하던 채무 노예는 이자 때문에 그런 예속된 존재로 여겨졌다.

사실상 '도움' 때문에 농민이 지주에게 해주어야 했던 노동 약정과 이자 때문에 채무 노예가 저택에서 해야 했던 봉사 약정 사이에는 차이가 별로 없었다. 이러한 생각의 영향을 받아 대략 18세기의 2/4분기부터는 새로운 조건이 아무런 법적인 근거도 없이 농민들의 계약에 도입되었는데, 이것은 16세기의 부역계약서에서는 전혀 눈에 띄지 않던 것이었다. 과거에는 심지어 기한을 정해놓고 토지를 임차한 농민이 기한 이전에 자신의 경작지를 떠나지 않겠다는 약정을 때때로 했으나, 이러한 약정은 법적인 계약이라기보다는 차라리 약속에 불과했다. 농민들은 기한 이전에 경작지를 떠날 수 있었는데, 단지 앞서 받은 대여물을 갚아주고, 정해진 위약금을 물어주기만 하면 되었다. 그러나 심지어 위약금을 물어주는 조건이라고 할지라도 농민들이 어떤 경우든지 결코 지주에게서 떠나서는 안 된다는 약정을 해야 하는 부역계약서가 1630년대에 등장했다. 내가 접하기로는 그러한 조건을 단 최초의 약정은 1628년에 체결되었다. 이 계약을 보면, 지주에게서 도움을 받고 또 경작지를 빌린 자유민은 "자신의 주인을 위해 농민으로서 결코 어디로도 가지 않고 성심껏 살아가도록" 강제되었다. 1630년의 어떤 대여계약서에는 티흐빈 수도원의 토지를 빌린 농민들이 다른 곳으로 갈 경우에는 수도원 측에다가 자기들이 받은 '도움'이나 '특혜'에 대해 값을 지불해야 할 의무를 지고 있었는데, 여기에 다음과 같은 내용이 덧붙여졌다. "그리고 앞으로 우리는 티흐빈 수도원의 농민이다." 즉 그들은 다른 곳으로 갈 경우에 받은 도움에 대해 값을 지불하고 변제에 대해 배상해야 했을 뿐만 아니라 임차한 경작지를 되돌려주어야 했다.

달리 말해 농민들 스스로 퇴거 권리를 영원히 철회했으며, 위약금을 도망에 대한 벌금으로 변질시켰다. 그리고 벌금을 문다고 할지라도 농민들은 퇴거 권리를 되찾은 것도 아니고, 계약 자체를 무효로 만든 것도 아니었다. 곧 이러한 약정은 대여에 관한 농민들의 계약서에서 공통된 조건이 되었고, 아주 다양한 형태를 띠게 되었다. 도망친 대가로 위약금을 물어주겠다는 약정에 묶여 있던 농민들은 언제나 다음과 같은 조건을 덧붙였다. "앞으로 저는 이 계약서에 따라 저의 주인님을 떠나지 않고 어디로도 가지 않을 것입니다." 이러한 약정이 훨씬 더 일반적이고 전형적으로 표현된 문구는 다음과 같다. "지금도 농민이고, 앞으로도 농민이다." 어떤 농민이 도망을 친다고 할지라도, 지주에 대한 예속 상태를 결코 끊을 수는 없었다.

농노제의 기원

이렇듯 농민들이 지주와 맺은 계약에는 다음과 같은 조건, 즉 지주에게서 도움을 받고 토지를 빌린 농민들은 채무나 토지와 연관된 의무에 기반을 둔 예속 관계를 중단할 수 있는 권리를 영원히 포기함으로써 그러한 의무를 공고히 하는 조건이 도입되었다. 이러한 조건은 농민이 맺은 토지 관련 계약에다가 인신상의 예속이라는 의미를 부여했다.

1640년대까지는 농민이 지주와 맺은 계약에 사법권(司法權)이 별로 개입하지 않았다. 새로 생긴 조건은 정부의 어떠한 반대도 받지 않고 확장되었던 것이다. 그러나 이러한 문제를 조정하기 위해 조속히 법을 제정해야 한다는 관심이 크게 일어나게 되었다. 만약 농민이 지주에게 진 채무 관계에다가 인신적인 예속 관계라는 기본적인 조건이 부여된다면, 납세민 출신의 채무 농민은 국가에 대한 조세 부담을 지지 않는 채무 노예로 변할 위험성이 있었다. 그리하여 1640년대 초부터 정부는 큰 관심을 가지고 법을 통해 농민과 지주 사이의 관계에 개입하기 시작했다. 16세기 말인 1597년 11월 24일에 공포된 법에 의해, 도망친 농민들을 수색할 수 있는 시효 기간이 확정된 바 있었다. 처음에는 5년으로 지정된 이 시효 기간은 오직 사법적인 편의를 위한 것이었다.

이 당시는 빚을 다 갚지 않고 오래전에 도망친 농민들에 대한 끝없는 민사 소송이 사법 당국에 밀려든 형편이었다. 너무나 오래전에 도망친 농민들에 대한 민사 소송이 제기되면 법원으로서는 사건을 철저히 조사할 수 없었다. 그러므로 1597년의 법으로 그런 소송 건에 대해 5년 동안의 시효 기간이 확정되었다. 만약 농민이 도망간 이후에 소송이 시작되기까지 6년이나 그 이상의 세월이 흘렀다면, 지주는 그에 대해 소송을 제기할 권리를 상실했다. 17세기에는 5년의 기한이 10년으로 연장되었다. 지방의 지주들, 드보랴닌들, 보야린 후보들은 이러한 기한 때문에 난감해했다. 왜냐하면 도망친 농민들은 멀리 있는 대지주의 세습영지에 숨어 있다가 빚을 갚지도 않고 종적을 감추었기 때문이다.

인구조사대장에 따라 계약에 의한 의무가 농노제로 전환된 일

정부는 이 문제에 관한 계속적인 청원을 수용해서 1646년에 결정적인 조치를 채택했다. 이때 도시와 농촌의 납세민들을 대상으로 하는 총체적인 인구조사가 실시되었다. 또한 모든 군으로 파견되는 서기들을 위해 상세한 지시와 훈령이 작성되었다. 여기서 서기들은 모든 납세민들의 이름과 인구조사가 이루어지는 지역에서 그들과 함께 생활하는 면세자들인 아들들과 친척들의 이름을 지주 이름 또는 공동체 명칭 뒤에 기입하도록 명령받았다. 그리고 서기들은 인구조사가 실시된 시점부터 10년 이내의 기간에 도망친 농민들의 경우에만 시효가 유효하다는 근거에서, 원래 도망친 장소에다가 그런 농민들의 이름을 기입하도록 명령받았다. 반면에 10년보다도 오래전에 도망친 농민들의 이름은 인구조사가 실시되던 곳에 기입했다. 정부는 시효 기간의 폐지에 관한 봉직자들의 끊임없는 청원을 만족시키려고 앞으로는 납세민들이 자녀나 친척들과 함께 인구조사 명부에 따라 '추적 기한'이 없이 확고하게 고착될 것이라고 약속했다. 즉 지주들과 농촌 사회는 이 명부에서 자기들 이름 뒤에 기입된 도망 농민들을 무기한 추적해서 되돌아오게 만들 수 있는 권리를 부여받게 되었다.

농노제가 농민들의 구성에 미친 영향

1646년에 나온 이러한 인구조사상의 지시는 대여계약서에 의해 규정된 농노제의 성격을 상당히 변화시켰다.

1) 이전의 계약을 폐기했다기보다는 더욱 강화한 새로운 농노제 강화 방법이 등장했다.

새로운 방법이란 인구조사 명부 속에 담긴 기입 내용이었다. 지주 뒤에 이름이 기입된 농민들은 대여 기록이 없더라도 그에게 확고부동하게 고정되었다.

2) 농노제 아래서 농민은 지주에게 무기한 고착되었는데, 개인적으로 그러할 뿐만 아니라 그의 후손이나 심지어 그의 집에서 살던 친척까지도 그렇게 고착되었다. 즉 서기가 그의 집에서 찾아낸 자녀들과 친척들도 자신의 아버지나 연장자 친척이나 여주인이 농노라는 이유 때문에 동일한 지주의 농노가 되었던 것이다. 그런 식으로 농노의 예속 상태는 처음에는 개인적이고 당대에 그쳤지만, 1646년의 법에 따라 항구적이고 세습적인 것으로 변질되었다. 이제 농노의 처지는 탈출구가 없었고, 중단될 수 없었다. 이렇듯 탈출구가 없었기 때문에 이런 상황은 17세기에 '농민의 영속성'이라고 불리게 되었다. 그렇지만 법에 따르면 지주가 농민을 예속시키는 권한을 가지고 있음을 인정하기는 했지만, 지주들의 그런 권한은 일정한 조건에 의해 제한을 받았다.

납세 농노 신분의 형성

지주는 자신이 데리고 있는 농노가 국가에 세금을 제대로 납부하는

지에 대한 책임을 지고 있었다. 더 나아가 지주는 농노의 자녀와 연소자 친척들에 대한 권리를 가지고 있었는데, 그는 이런 자녀들과 친척들의 경제 형편이 좋아짐으로써 지주에 대한 지대나 국가에 대한 세금을 그들에게서 짜낼 수 있을 때만 이러한 권리를 행사할 수 있었다. 달리 말해 지주는 그러한 때에 그런 자녀들과 친척들에게 경작지를 빌려주고, 생필품을 대여해주었던 것이다. 법에 따르면, 농노에 대한 지주의 권한을 농노의 인격에만 제한하는 이런저런 조건이 있었는데, 이런 조건 때문에 납세민 농민이 일단 농노가 된 다음에도 계속해서 조세를 납부하며, 또 납부할 수 있어야 한다는 요구가 제기되었다.

국가에 대한 봉사가 농노의 새로운 의무인 개인적 예속 상태로 대체된 일

이런 조건들 덕분에 채무 노예에서 발전해온 농노제적인 예속 상태는 노예 신분이 처한 상태와는 다르게 되었다. 다음과 같은 점에서 농노는 노예와 차이가 났다. 첫째로, 농노적 예속 상태에서 지주가 가진 권리는 오직 농노의 노동 부분에 한정되었고, 다른 부분은 토지세의 형태로 철저히 국가에 귀속되었다. 둘째로, 농노에 대한 지주의 모든 권리는 지주가 국가에 대해 지고 있는 상응한 의무에 의해 제약받았다.

나는 농노제의 기원과 농노제가 농민의 처지에 미친 법적인 변화에 대해 다음과 같이 생각하고 있다. 농노제는 로마노프조의 초기에 법과는 무관하게 사적인 거래를 통해, 즉 강제적인 권리를 수단으로 해서 발생했다. 그렇지만 나중에 이러한 예속 상태를 규정하려는 입법 과정에서, 거래에 의해 생겨난 농민에 대한 농노제적 권리가 일정한 정도로는 국가에 대한 요구에 종속되었는데 이는 국가의 이익을 위한 것이었다. 그렇지만 농노제가 확산됨으로써 농촌 주민의 법률적인 구성이 상당히 복잡해졌다는 점을 이해하기는 어렵지 않다.

농노 신분의 세분

이제 토지와 연관된 납세자들 전체에서 지주 소속의 농노들이 분리되었다.

이들은 '납세 농노'로서 전혀 새로운 신분이었다. 이전에는 납세 농민들은 확고부동하게 예속되지 않았고, 오직 조세를 부담하지 않던 노예만 예속 상태에 있다고 생각했다. 농노들은 다음과 같은 점에서 국유지 농민이나 황실령 소속 농민과 구분되었다. 즉 농노들은 자신의 처지에서 벗어날 수 있는 권리를 상실했다는 점에서는 그들과 유사했지만, 흑민이나 황실령 소속 농민들에게 부과된 국가에 대한 봉사 의무를 지지 않았던 것이다. 국가에 대한 봉사는 지주에 대한 노역으로 대체되었는데, 이러한 노역은 국가에 대한 새로운 의무처럼 농노에게 부과되었던 것이다.

피부양 농노의 기원

농노 자체로 보면 두 부류가 있었다. 한편으로는 경작지를 할당받아 조세를 납부하던 경작자이자 가장(家長)인 사람들이 있었고, 다른 한편으로는 이들 아래서 살아가던 사람들, 즉 그들의 자녀와 연소자 친척들이 있었다. 후자의 사람들은 '피부양 농노'(затяглые крепостные)라는 완전히 특별한 계급을 구성했다.

농노제로 인해 하층 납세민들과 농노들이 세분되었는데, 이 과정은

16세기 말부터 시작되었다. 농노제에 대한 최종적인 법률적 작업은 17세기 중반 무렵에 이루어졌다. 그렇지만 이 새로운 현상이 법 체계 속으로 들어올 무렵에는 모스크바국의 모든 관등적 구분에서 중요한 변화가 시작됨으로써 모스크바국은 새로운 모습을 띠고 새로운 조직을 갖게 되었다. 이러한 변화로 러시아 신분사에서 새로운 시기이자 네 번째 시기가 도래하게 되었다.

제20강

러시아 신분사의 시기 구분에 관한 도입부의 강의에서 나는 정치적 의미에 따라 신분들 사이에서 할당된 권리의 차등 때문에 러시아에서 네 번째 신분 구분이 이루어졌다고 말한 바 있다. 따라서 네 번째 시기의 두드러진 특징은 '신분적 권리'다. 이 특징 때문에 이 시기에 러시아 사회가 가지게 된 구조는 이전 시기의 경우와 차이를 보였다. 이전 시기의 구조는 사회 계급들 사이에 그들의 생활 형편에 따라 할당된 국가에 대한 의무의 차이에 그 기반을 두고 있었던 것이다.

신분적 권리의 개념

나는 이 강좌 도입부에서 우리가 신분적 권리를 어떻게 정의 내렸는지 상기시키고 싶다. 나는 신분적 권리란 어떤 사회 계급 전체가 항시 보유하도록 법에 의해 위임된 온갖 특권이라고 말한 바 있다. 물론 어떤 계급의 법률적인 우월성은 해당 계급에게 이익을 주는 경우에만 특권이라고 부를 수 있다. 달리 말해 그 계급에게 이익을 보장해주는 수단을 제공하며, 국가 내에서 유리한 지위를 마련해주거나 이러한 지위를 유지하고 강화하는 데 도움을 주는 경우에만 특권이라고 부를 수 있는 것이다.

15세기와 16세기의 모스크바국에서 이러한 개념이 없었던 현상

국가의 성립 과정에 있던 15세기와 16세기의 모스크바국의 법 체계에서 우리는 그러한 신분적 특권에 대한 확고한 개념을 찾아볼 수 없다. 이 시기의 법에서는 다양한 계급이 향유했던 경제적인 여러 이익들이 표현되었다. 그런데 이러한 이익은 이들 계급을 위한 것이 아니라 국가적 목적을 위한 것이었다. 즉 그것은 사회적 관등에 부과된 국가적 의무를 정확하게 이행하기 위한 수단이었지, 이들 관등의 이해관계를 보장해주기 위한 수단은 아니었던 것이다. 그러한 이익은 개개인들의 자체적인 노력으로 얻어지거나 개인들이 국가로부터 획득했다. 예를 들어 봉직영지가 그런 경우에 해당했다. 국가는 이런저런 경우에 이러한 이익에 상응한 부담을 개인들에게 부과했다. 국가는 자체의 재원으로 토지를 획득했든지 국가에서 받았든지 간에 지주들에게 행정적 · 군사적 의무를 부과했다. 그리고 상공업 자산가들에게는 국가재산 관련 직무와 상공업 조세가, 국유지 또는 사유지를 임차한 농민들에게는 토지세가 부과되었다.

새로운 시대를 연구할 때 제기되는 첫 번째 질문은 신분적 권리를 법률적인 특권으로 보는 생각이 모스크바국에서 언제, 어디로부터, 어떤 방식으로 생겨났느냐의 문제이다.

이제 법률적인 특권은 국가에 대한 의무 이행을 위한 수단으로서라기보다는, 신분적 이해를 보호하고 관철시키기 위한 수단으로 기능하게 될 형편이었다. 이런 생각의 기원에 관한 문제는 아주 복잡하고, 어느 정도의 주의를 요한다. 더구나 이 문제는 무슨 이유에서인지 러시아의 역사학이나 법학 문헌에서는 통상적으로 제대로 조명받지 못한 상태로 남아 있다. 모스크바의 법 체계에서는 이러한 특권을 아주 명확하게 규정짓는 작업이 시작되었으며 이에 따라 17세기 중반, 즉 『1649년의 젬스키 소보르 법전』부터 이전의 관등적 서열을 재편하려는 시도가 시작되었다. 이리하여 러시아 사회의 새로운 구조는 신분적 권리의 차등에 근거해서 점차로 다듬어지고 강화되어, 1785년의 신분 관련 윤허장들에서 비록 완전하거나 최종적인 것은 아니지만 아주 명확하게 표현되었다.

법률적인 관점에서 본 네 번째 시기의 출발점

그러므로 우리는 법률적인 관점에서 러시아 신분사의 네 번째 시기의 출발점을 『1649년의 젬스키 소보르 법전』으로 하고, 우리 연구의 마지막 경계선을 귀족윤허장과 도시윤허장으로 잡았다. 그렇지만 우리가 앞서 분명하게 말했듯이, 신분적 권리에 관한 생각은 『1649년의 젬스키 소보르 법전』이 공포되기 이전에 생겨났는데, 그런 생각을 배태한 조건은 이미 16세기에 현저해졌다.

모스크바국에서 신분적 권리에 관한 생각의 이중적인 기원

모스크바국의 국가 질서에서 신분적 권리는 두 가지 길에서 생겨나고 발전되었다. 모든 신분적 권리는 관등 구분의 결과였지만, 그런 권리를 초래한 동기나 그런 권리에 의해 보호된 이해관계의 동기 면에서는 차이가 있었다. 그런 권리 가운데 일부는 법 자체에 의해 생겨났으며, 사회의 관등 구분을 지지하고 강화하고, 그럼으로써 관등 구분으로 규정된 관등적 의무 범위 내에 사회 계급을 붙잡아두려는 의도를 가지고 있었다. 다른 권리는 관등적 의무와 연관된 물질적인 이익에서 저절로 생겨났고, 각 관등이 의무를 이행함으로써 획득하게 되는 국가적 의미나 중요성의 표현이자 지지 수단으로서의 기능을 담당했다. 언뜻 보기에, 신분적 권리의 기원에서 드러난 이러한 차이점은 불분명해 보이지만, 설명을 계속하면 여러분은 그 차이점이 무엇인지 알게 될 것이다.

계급적인 의무 범위 내에 계급을 붙잡아두기 위한 수단으로서의 신분적 권리

계급들을 국가적 의무의 범위 내에 붙잡아두기 위한 수단으로서의 신분적 권리는 이러한 의무가 실제로 적용될 때 겪게 된 변모 과정을 통해 발전하게 되었다. 우리는 애초에 이러한 의무가 개인의 경제적 지위에 따라 할당되었음을 본 바 있다. 토지를 소유한 자는 군사적 직무를 맡아야 했고, 토지를 경작한 자는 토지세를 납부해야 했다. 국가에 대한 의무는 심지어 이런 지위를 가지고 있거나 이런 직업을 수행하는 개인과는 무관하게 신분이나 직업 그 자체에 부과되었다. 만약 자신의 토지를 가지고 군사적인 직무를 수행하는 지주가 이 토지 가운데 일부를 자신의 노예나 자유민 노동자들과 더불어 직접 경작하면서 납세 농민들에게 임대하지 않는다고 치자. 16세기라면 그는 군사적 직무에 덧붙여 납세 농민들과 마찬가지로 이 토지에 대한 조세를 납부했다. 이런 식으로 지주는 토지 보유 때문에 직무를 맡았고, 경작지 때문에 세금을 납부했다.

나중에 신분 구분이 시작되고 고정되어 확고해짐에 따라 의무 할당 방식에 의해 사람들이 계급으로 구분되었을 때, 국가에 대한 의무가 세습적으로 전수된 덕분에 그 의무는 경제적인 지위와는 무관하게 해당 인물 자체로 넘겨졌다. 그리고 개인들은 경제적 지위에 따라 국가적 의무를 이행할 뿐이었으나, 때때로 지위와는 관계없이 개인이 국가적 의무를 부담하는 경우도 있었다. 봉직자의 아들은 심지어 토지를 가지고 있지 않았는데도 군사적 직무를 담당했다. 반대로 비봉직자가 지주가 되었을 때 지주는 국가에 대한 군사적 직무를 맡을 의무를 지지 않았다. 예를 들면 충성스런 태도 때문에 상으로 세습영지 가운데 일부를 주인에게서 받아 지주가 된 노예가 그런 경우에 속했는데, 이런 일은 16세기에 드물지 않게 일어났다. 만약 봉직자가 토지를 소유하지 않았는데도 직무를 맡아야 했다면, 반대로 봉직자로 있는 지주는 비록 자기 땅의 일부를 스스로 경작한다고 할지라도 토지세를 부담할 의무를 지지 않았다. 바로 이러한 이유 때문에 미하일 표도르비치[1]가 차르로 있을 때, 인구조사 명부에 따라 봉직자 지주가 보유한 저택 부속 토지는 토지세의 과세 대상에 속하지 않게 되었다. 분명히 이러한 변화가 일어난 이유는 국가적 의무가 경제적 지위에서 그런 지위를 가진 실제 인물에게로 전이되었기 때문이었다. 여기서부터 다음과 같은 원칙이 확립되었다. 즉 세금은 군사적 직무에서 분리되었고, 군사적 직무는 세금에서 분리되었던 것이다. 그렇지만 국가에 대한 의무가 물질적인 성격을 벗어나 개인적인 성격을 지니게 되었다고 해도, 만약 물질적인 기반, 즉 경제적 기반이 없다면 그런 의무가 제대로 이행될

---

1) 미하일 표도르비치(михайл Фёдорович, 1596~1645, 재위 1613~45)는 로마노프 왕조의 초대 군주이다. 그는 어린 나이에 젬스키 소보르에 의해 차르로 추대되었으나, 부친인 필라레트가 생존해 있을 때 통치의 실권은 필라레트에게 있었다.

수 없었음은 당연했다. 이런 이유로 이미 16세기에 모스크바국의 법에서는 개인들이 지는 국가적 의무에 상응한 경제적 지위를 마련해주고, 또 이러한 지위 속에서 개인들을 붙잡아두려는 노력이 두드러지게 되었다. 수천 명의 무토지 무사들을 소지주로 만들어준 봉직영지 할당 제도는 바로 이런 노력의 결정적인 표현이었다.

그렇지만 세습영지 보유자들은 이러한 노력의 영향을 몸소 체험했다. 이러한 노력 때문에 우선 봉직 가문의 직무상의 유용성을 지속시키기 위해 세습영지 보유자들이 가지고 있던 권한이 축소되는 결과가 초래되었다. 따라서 해당 가문의 몰락을 예방하기 위해, 그리고 세습영지가 봉직 가문의 소유에서 비봉직자나 봉직에 부적합한 인물에게로 넘어가는 것을 방지하기 위해, 조상에게서 물려받은 세습영지의 소유권을 이전할 수 있는 권리라든지 그런 영지에 대해 유언하는 권리가 제한되었다. 『1550년 법전』(*Судебник*)[2]의 85항과 1557년의 추가 법조항에서는 어떤 지주에 의해 다른 가문으로 넘어간 세습영지를 되사는 절차가 규정되었다. 조상 전래의 세습영지를 팔아버린 후손들, 즉 자녀들과 손자들은 『1550년 법전』과 1557년의 법 조항에 따르면 그것

---

2) 모스크바국 시절에 공포된 법전은 일반적으로 '수데브닉'(судебник)이라고 불렸다. 첫 번째 수데브닉은 1497년에 공포되었는데, 그 본문은 19세기에 발견되어 편집 · 간행되었다. 이때 편집자들은 본문을 68개 조로 분류했는데, 원래 소송절차의 모음집이었다. 1550년에 공포된 두 번째 수데브닉은 100개 조로 구성되어 있었다. 이 두 수데브닉에는 임차 농민들이 11월 26일인 성 게오르기의 날에 지주에게서 떠나갈 수 있는 권리에 관한 규정을 담고 있었다. '수데브닉'이 지닌 큰 사회적 의미는 그것이 농민에 대한 지주의 권한을 한층 강화 시켜주었다는 것이다. 이를 통해 대다수 농민은 법률적으로 예속적인 '농노'로 추락되고 지주의 농노소유권이 강화되었다. 1589년에 만들어진 세 번째 수데브닉은 정부가 확인하고 공포한 법전은 아니었고, 실무적인 목적을 위해 편집된 법의 초안에 불과했다. 이 번역서에서 언급되는 수데브닉은 주로 1550년에 공포된 것이므로 『1550년 법전』이라고 칭하기로 한다.

을 되살 수 없었다. 오직 방계 친척인 형제, 자매, 조카만 되사는 권리를 보유했는데, 그것도 그들이 매매할 때 등기서류에 증인으로 서명을 하지 않아야 했다. 달리 말해 세습영지의 판매에 암묵적인 동의를 표시하지 않아야 했던 것이다. 친척은 소유권이 이전된 세습영지를 되살 수 있는 권리를 40년 동안 보유했다. 게다가 조상 전래의 세습영지를 되산 그 친척은 영지의 소유권을 가문 내에서 이전해줄 권리를 가지지 못했다. 그는 원래의 토지 매매 서류에 증인으로 서명을 하지 않은 자기 가문 구성원에게만 그것을 팔거나 저당 잡힐 수 있었다. 『1550년 법전』의 어떤 사본에는 조상 전래의 세습영지의 소유권을 이전하는 권리를 크게 축소한 조항이 있다. 앞서 말한 『1550년 법전』의 조항에 몇 년에 공포되었는지 불명확한 이반 차르의 법이 추가되었다. 이 법에 따르면, 자녀가 없는 세습영지 보유자는 친척들의 동의가 없다면 조상 전래의 세습영지 가운데 오직 절반만 팔거나, 저당 잡히거나, 수도원에 성의껏 증여할 수 있었다. 그가 친척들의 동의 없이 절반 이상의 소유권을 이전시킨 부분에 대해서 소송이 제기되면 되사기 절차 없이 친척들에게로 소유권이 넘어오고, 구매자는 돈을 잃어버리게 되었다.

1562년과 1572년의 법에 따르면 국가에 유리한 방향으로, 좀더 정확히 말하면 직무를 수행하기에 유리한 방향으로 세습영지가 비봉직자들에게로 넘어가지 않도록 하기 위해 세습영지의 소유권을 이전하고 유언할 수 있는 권리가 훨씬 더 축소되었다. 이 두 법에 따르면 대지주, 공후, 보야린은 소유권을 이전할 수 있는 권리, 즉 조상 전래의 세습영지를 팔거나 교환하거나 저당 잡히거나 지참금으로 넘겨줄 수 있는 권리를 전혀 가지지 못하게 되었다. 그들이 자녀 없이 사망할 때는 유언으로 이런 세습영지를 방계 친척에게 물려주어야 했는데, 여기서 방계 친척이란 형제들이나 조카들, 그리고 조카들의 자녀들에게로 국한되었고 그 이상은 해당되지 않았다. 그뿐만 아니라 그들은 세습영지를 미망인이나 아내나 딸에게 유언으로 넘겨줄 수 없었고, 군주에게 보고하지 않고 성심껏 수도원에 증여할 수도 없었다. 법에 따라 세습영지 보유자가 스스로의 판단대로 세습영지를 처분할 수 있는 권리를 상실했을 때 해당 세습영지는 보유자의 사망과 함께 국고로 귀속되고 봉직영지 다차로 전환되었다. 이런 모든 압박 조치가 생겨난 중요한 동기 가운데 하나는 1572년의 법에서 다음과 같이 설명되었다. "국가에 대한 직무에 결손이 있지 않도록 하고, 토지가 직무의 범위에서 벗어나지 않도록 하기 위함이다."

이 모든 법령은 봉직을 담당한 가문을 일단 맡게 된 직책에 붙잡아 두려는 간접적인 목적을 가지고 있었다. 봉직 가문은 세습영지나 세습자산을 상실함으로써 종종 직책도 덩달아 잃어버렸다. 이러한 정책은 공후 가문과 보야린 가문 등 대지주로서 봉직 수행을 위해 중요했던 고위 봉직 계급에게만 해당되었다. 그렇지만 우리는 17세기에 봉직 신분이든지 납세민 신분이든지 사람들이 신분 체제에서 벗어나기가 어렵도록 만들며, 심지어 그것을 금지하는 목적을 지닌 직접적인 법적 조치를 만날 수 있다. 개개의 봉직 관등을 폐쇄된 신분으로 변화시키기가 불가능했던 점은 이해하기 어렵지 않다. 관등 사이에는 계속적으로 많은 이동이 있었다. 경제 활동에서 어떤 개인이 공을 세운다든지 성공을 거둔다든지 해서 개인이 가진 관등의 위치가 변화될 수 있었는데, 이로써 해당 인물은 어떤 관등에서 다른 관등으로 옮겨갔다. 오직 도시의 근교 봉직만을 맡을 수 있었던 도시의 가난한 '보야린 후보'가 점차로 부를 축적해서 말을 소유하고 무장을 갖출 수 있게 되면, 그는 원정을 떠나는 것과 같은 좀더 중요한 의무를 맡을 수 있게 되었다. 그렇다면 그는 도시의 드보랴닌 등급, 심지어 선발 등급으로도 넘어갈 수 있었다. 그렇지만 관등의 모든 서열은 어떤 인물이 제일 아래 단계부터 가장 높은 단계까지 올라갈 수 있도록 연속적인 계단 모양으로 되어 있었던 것은 아니었다. 모스크바국의 관등 구분에서는 후대의 관등표 같은 것은 존재하지 않았다. 후대의 관등표에 따르면, 최하 관등에서 출발한 관리는 개인적인 품성이나 공직에서의 성공 덕분에 모든 관등 단계를 달리다시피 건너서 마침내 최고위 관등에 올라 국가에 대한 자신의 봉사를 마칠 수 있었다. 그렇지만 16세기와 17세기의 모스크바국의 봉직에서는 그러한 예가 없었다. 모스크바국의 관등의 모든 단계는 몇 개의 부분으로 나뉘었는데, 서열의 이동은 일정한 부분의 단계 내에서만 일정한 출신의 인물들에게 가능했다. 각 '출신지' 사람들에게는 최대한 도달할 수 있는 관등의 상한이 있었다. 도시의 '보야린 후보'로 봉직을 시작한 지방의 드보랴닌은 '선발 드보랴닌'까지 다다를 수 있었고, 예외적인 경우에는 모스크바 관등 명부까지 올라갈 수 있었으나, 모스크바 드보랴닌 이상까지 진출하는 경우는 드물었다.

이와 마찬가지로 '하급'이라는 칭호를 받고 활동을 시작한 성채주변도시의 납세민은 부를 축적해서 성채주변도시의 '상급'이 될 수 있었고, 심지어 수도의 상층 대상인이 되거나 대상인 또는 중상인, 심지어 특대상인으로서 상업에 종사할 수 있었다. 그러나 우리는 그런 사람이 그 이상 성공적으로 승진한 예를 별로 알지 못한다. 몇몇 특대상인은 국가에 대한 직무를 성공적으로 수행한 데 대한 보상으로 서기직을 수여받고, 봉직영지를 받기도 했다. 심지어 17세기에는 특대상인에서 서기를 거쳐 두마에 진입해 두마 드보랴닌이 된 사람이 두세 명 알려져 있다. 그렇지만 보야린까지 다다른 대상인은 단 한 사람도 없었다. 이렇듯 각 사회 계층마다 관등에서의 성공 범위, 즉 다다를 수 있는 관등의 한계가 있었다. 따라서 관등 중에서 각 부분은 관등 자체보다는 덜 이동성을 지닌 신분이었다. 각 부분에 속한 관등은 동일하지는 않지만 동질적인 의무를 가짐으로써 다른 부분과 구분되었다. 그리고 그와 마찬가지로 각 부분에 속한 그러한 관등을 부여받은 인물들은 동일하지는 않지만 동질적인 경제적 지위를 가지고 있었다.

이렇게 세세한 관등이 자연스럽게 집단별로 분류됨으로써 좀더 규모가 큰 계급적 특색이 드러나게 되었는데, 이런 계급들은 법에 의해 신분으로 바뀌었다. 애초에 신분들은 폐쇄적인 것이었으나, 나중에 신분이 지닌 특별한 권리에 의해 서로 구분되었다. 『1550년 법전』의 어떤 조항에는 다음과 같은 내용이 나온다. "직무를 맡지 않은 '봉직 보야린 후보'와 그들의 자녀들은 국가가 그들에게 봉직 의무를 면제해주지 않는 한 결코 아무도 노예로 받아들여서는 안 된다." 그와 마찬가지로 『1550년 법전』에서는 채권자가 이자를 갚기 위해 봉사한다는 조건을 달지 않고 돈을 차용한 채무자를 가내 일을 하도록 자기 집에 끌어들이는 행위를 금지시켰다. 17세기의 모스크바국의 법 체계에서는 봉직 신분이나 납세민 신분에서 벗어나지 못하도록 금지하려는 노력을 집요하고도 널리 시도했다. 그리하여 1642년 3월 9일의 법에 따르면, 드보랴닌들과 보야린 후보들은 무조건 노예 신분이 될 수 없었다. 그와 마찬가지로 『1649년의 젬스키 소보르 법전』이 공포되기도 전에 저당 신분으로 되는 것을 막는 조치, 즉 언제든지 예속 상태를 중단시킬 수 있는 권리를 가진 상태이거나 그렇지 못한 상태이거나 인신상 예속 상태로 들어가는 것을 금지하는 조치가 채택되었다.

『1649년의 젬스키 소보르 법전』은 마침내 납세 의무를 진 성채주변 도시 주민들과 농민들이 봉직 노예로서 교회 당국이나 세속 지주에게 예속되는 것을 금지시켰다. 납세민들은 자녀나 연소자 친척들을 오직 '부자유 상태의 거주'로만 내어줄 수 있었고, 그것도 5년 이내에만 가능했다. 그리하여 농민이 농경지와 함께 스스로를 완전한 노예 신분으로 판매할 수 있는 권리를 부여한 『1550년 법전』의 88조항은 폐지되었다. 17세기에 모스크바국에서 정교도 신앙을 가진 사람은 완전한 노예 신분으로 결코 판매될 수 없었다. 만약 우리가 1646년의 지침서에서 확정된 농민의 영속성을 상기한다면 모스크바국 내에 있는 거의 모든 공동체, 즉 모든 봉직 관등과 납세민 관등은 세 집단으로 나뉠 수 있음을 알 수 있다. 봉직 집단, 성채주변도시 집단, 농민 집단이 바로 그것인데, 각 집단에서 벗어나는 것은 거의 불가능했다.

관등에 따른 이익이 신분적 권리로 변모된 일

그렇지만 관등 집단 전체가 부담해야 하는 특별한 국가적 의무가 무조건적으로 강제적이고 불변하며 심지어 세습적인 성격을 띠게 되었다면, 그러한 의무를 이행할 수 있도록 보장하기 위해 이러한 의무를 책임지는 계급에게만 배타적으로 경제 생활의 이익이 돌아가도록 만들어야 할 필요성이 생기게 되었다. 봉직자는 법에 따라 항구적으로 세습적인 군사적 직무를 담당하고, 성채주변도시 납세민은 항구적이고 세습적으로 도시의 상공업에 따라 조세를 부담한다고 한다면 봉직자 이외에는 어느 누구도 토지를 소유해서는 안 되고, 성채주변도시 납세민 이외에는 어느 누구도 도시에서 생산 활동을 할 수 있는 권리를 가져서는 안 되었다. 이렇듯 경제적 지위나 직업은 국가적 의무를 정확하게 이행하기 위한 경제적 수단에서 개별 계급들이 소유한 독점적인 법률적 특권, 달리 말해 '신분적' 권리로 변모되었다.[3] 이러한 법

3) 이다음에 신분사 강의에는 포함되었지만 원고에서는 빠진 부분이 있었다.
"모스크바국에서의 신분적 권리들의 하나의 기원은 이와 같았다. 우리는 이러

률적 특권은 해당 인물들을 세습적인 의무라는 틀 내에 붙잡아두기 위한 목적을 가지고 있었다. 여기서부터 모스크바국의 질서 내에 새로운 현상, 즉 일정한 경제적 지위나 직업에 대한 권리를 획득하는 현상이 발생했다. 이전에는 경제적 지위를 개별 인물들의 노력이나 민사적 권리에 의해 획득했다. 말하자면 모든 사람은 어떠한 직업도 가질 수 있었고, 당사자의 사적인 이해관계에 따라 자유롭게 노동 활동을 할 수 있었다. 그런데 이제는 사람들이 어떠한 직업을 갖기 이전에 그에 대한 권리를 획득해야만 했다. 그리고 어떠한 직업에 종사하기 이전에 그 직업에 속한 사회 계급에 들어가야 했는데, 그러한 계급의 입장에서 보면 이러한 직업은 신분적 특권으로서 법에 의해서 소유된 것이었다.

법에 따른 세 신분의 구분

앞서 언급한 원칙에서 정반대의 요구가 자연스럽게 제기되었다. 만약 봉직자만 토지를 소유할 수 있고 성채주변도시 주민들만 도시의 상공업과 장사에 종사할 수 있다면, 토지를 보유한 모든 사람은 봉직 계급 속으로 들어와야 하고 도시의 상공업이나 장사에 종사하는 모든 사람들은 성채주변도시 주민 계급에 통합되어야 했다. 그리하여 토지 보유 권리나 도시의 상공업 활동 및 장사에 종사할 수 있는 권리로 인해 지금까지 군사적 의무와 성채주변도시의 납세 의무의 경중에 따라 세분되었던 소소한 관등들이 결합되었다. 앞서 언급한 원칙이 이렇게 양

한 신분적 권리들의 영향을 받아 관등의 상호관계가 어떻게 변화되었는지 살펴본 다음, 그것의 또 다른 기원, 즉 관등의 명예에 대해 고찰할 것이다."

구술 강의는 이 부분에서 종결되었다. 그리고 이다음의 내용은 클류쳅스키가 석판 인쇄를 위하여 편집자의 집에서 직접 받아 적도록 해준 내용이었다.

방향으로 적용됨으로써 이전의 여러 관등들이 몇 개의 대규모 계급 또는 신분으로 결합되었다. 그리고 강제적인 신분 편입 과정에 의해 이러한 대규모 계급이나 신분은 그 구성원이 좀더 많아지고 고정적인 성격을 가지게 되어 다른 계급 또는 신분과 구별되었다.

1648년과 1649년에 개최된 젬스키 소보르[4]에서는 정부의 주도 또는 젬스키 관등 보유자들의 청원에 의해, 과거에 세분된 사회 계급을 통합하고 정리하려는 조치가 채택되었다. 이런 조치는 『1649년의 젬스키 소보르 법전』에서 다음과 같이 정리되었다.

1) 선발에 의해 국가에 대한 봉직을 맡은 젬스키 출신자들과 봉직자들만이 개인적인 토지 보유권을 가지게 되었다. 보야린에게 소속된 노예나 그들과 유사한 법률적 지위를 가지고 있던 수도원의 심부름꾼(служка)은 세습영지를 구입하거나 담보로 수용할 수 없었다. 봉직자 가운데 누군가가 그러한 세습영지를 발견해서 군주에게 탄원했다면, 그런 세습영지는 노예나 심부름꾼에게서 몰수되어 차압된 토지처럼 봉직영지로서 탄원한 사람에게 주었다. 노예나 심부름꾼에게는 국가 소유의 토지에서 봉직영지가 부여되지 않았다.

2) 오직 성채주변도시 주민들만이 도시 내에서 상공업에 종사할 수 있는 권리를 가지게 되었다. 성채주변도시 공동체에 소속되지 않았던 도시의 상인들과 수공업자들은 자기들의 상공업 활동을 그만두든지

---

4) 젬스키 소보르(1648~49)는 노브고로드와의 전투를 앞두고 이반 3세가 1471년에 소집한 귀족회의를 시작으로 이후에는 차르와 중요한 국정사안을 심의했다. 예를 들어 1580년에는 리보니아 전쟁, 1613년에는 미하일 로마노프의 차르 선출, 1632~34년에는 폴란드와의 전쟁을 수행하기 위한 특별세금징수 그리고 『1649년의 젬스키 소보르 법전』을 심의했다. 그러나 젬스키 소보르의 성원들은 차르의 권한을 제한하는 권리를 지닌 것이 아니라 차르에 대한 봉사와 책무를 지는 성격이 강했다.

도시 공동체에 등록해야 했다. 도시 내에 저택이나 생산 시설——가게, 창고, 주점——을 소유하고 있던 노예와 농민들은 그것들을 성채주변도시 주민들에게 팔아야 했다. 앞으로는 성채주변도시 주민들 이외에 그러한 건물을 구입하는 행위를 금지했고, 만약 농민이나 노예가 그런 재산을 획득한 경우에는 재산은 몰수되고 공개적으로 태형에 처해질 것이라는 경고가 공포되었다. 농민들은 자기들의 생산품을 도시로 운반해 시장 앞에서 짐수레에 얹은 채 판매할 수는 있었지만, 상업구역 내에 가게를 구입하거나 임차할 수는 없었다. 다른 한편으로는 조세를 납부하지 않으면서 봉직자들이나 고위 성직자들의 거주지 뒤에 살던 상공업자들의 도시 내 주거 지역이던 면세구역은 자신들의 모든 주민 또는 토지와 함께 성채주변도시 공동체에 가입했다. 심지어 성직자의 자녀들이나 도시의 교회 소속 토지에서 살면서 상공업에 종사하던 다른 자유민들도 도시의 납세 대상에 포함되었다. 일정한 지위를 갖지 않던 자유민들뿐만 아니라 군장비를 가지고 군사적 직무를 담당하면서 그에 대한 대가로서 국가의 급료를 받았던 자유민들도 도시 내에서 상공업 활동을 하면 도시의 조세를 부담해야 했다.

『1649년의 젬스키 소보르 법전』에 따르면, 봉직 관등을 유지하고 계속해서 군사적 직무를 제공하던 무장 봉직자들은 자신의 상공업 활동 때문에 도시의 납세 대상에 편입되어 성채주변도시의 납세민들과 나란히 온갖 세금을 납부해야 했다. 무장 봉직자 가운데 단지 몇몇 등급, 예를 들어 소총병은 예외라고 할 수 있었다. 도시의 상품과 가게를 가진 소총병은 도시 공동체의 할당액에 따라 간접세나 도시세를 납부했으나, 성채주변도시 주민들처럼 조세와 젬스키 직무를 담당해야 하는 의무를 지지는 않았다. 이런 식으로 동일한 인물이 봉직자 신분과 납세민 신분에 동시에 소속될 수 있었다. 이로써 17세기 초에 확립된 원칙, 즉 군사적 직무를 담당하면 조세가 면제되고, 반대로 조세를 담당하면 직무가 면제된다는 원칙이 하위 봉직자들의 경우에는 폐지되었던 것이다.

3) 마지막으로 신분적 권리가 된 농업 노동으로 인해 그 당시까지 다양한 법적 신분으로 나뉘어 있던 농촌 주민들이 통합되기 시작했다. 국유지나 사유지에 거주하던 납세 농민들과 빈농, 농촌 지역의 상공업 활동이나 날품팔이를 하던 무토지 떠돌이들, 주인에게서 텃밭과 농기구를 받은 다음 농민들처럼 그에 대한 대가로 주인을 위해 노동을 제공하거나 소작료를 납부하던 경작 노예들이 농촌 주민의 구성원에 포함되었다. 뒤에 말한 그러한 경작 노예는 '일꾼'(деловые) 또는 '머슴'(задворные)이라고 명명되었다. 『1649년의 젬스키 소보르 법전』에서는 흑민이든 궁정 소속이든 농민과 빈농은 농노와 명확하게 구분되고 있으며, 또한 이 두 부류의 사람들이 노예와도 구분되고 있었다. 『1649년의 젬스키 소보르 법전』에서는 첫 번째 부류인 농민과 빈농은 토지에 긴박되어 있다고, 좀더 정확히 말해, 농촌 공동체에 긴박되어 있다고 인정되고 있다. 두 번째 부류인 농노와 세 번째 부류인 노예는 개인, 즉 지주에게 긴박되어 있는데, 두 부류 사이의 차이점은 농노가 조세를 부담했던 반면에 '일꾼' 노예와 '머슴' 노예는 그렇지 않았다는 사실이다. 그렇지만 세 신분을 구분 지었던 특징 자체에는 이들을 법률적으로 근접하게 만든 조건이 포함되어 있었다.

『1649년의 젬스키 소보르 법전』은 일군의 농부들을 농촌 공동체에, 다른 일군의 농부들을 지주에게 긴박시켜놓은 다음, 궁극적으로 다음과 같은 원칙을 확정했다. 즉 국가 농민들의 농촌 공동체는 국가 농민들이 조세를 정확하게 납부하도록 만드는 책임을 졌고, 지주들은 자기가 소유한 농노들에 대해 그러한 책임을 지게 되었다. 이런 원칙에서 초래된 필연적인 결과는 강제적인 조세 할당이었다. 농촌 공동체와 지주들은 개별 농민들에게 그들의 노동력에 비례해서 크든 작든 경작지를 분배해주고, 분배된 경작지에 비례해서 그들에게 화폐세를 부과할 수 있는 권리를 부여받았다. 이러한 강제적인 할당 방식 때문에 농촌 주민들의 법률적인 구성에서 중요한 변화가 생겨났다. 한편으로는 이런 할당 방식 때문에 농민들과 빈농 사이의 법률적인 차이가 사라졌다. 두 신분 중에서 어느 쪽에 속하느냐는 문제는 납세 농부 자신의 선택에 의해서가 아니라, 조세를 할당하던 공동체 또는 지주의 경제적 고려에 의해서 결정되었다. 다른 한편으로는 이런 할당 방식 때문에 농민들과 경작 노예 사이의 법률적인 차이가 사실상 소멸되었다. 영지에 부과되던 화폐세 총액은 인구조사 명부에 등재된 납세 농민의 가옥 수와 빈농의 가옥 수로 결정되었다. 그렇지만 화폐세 지불액에 대해 책임을 맡은 지주는 스스로 원한다면 자신의 농노들 사이에 화폐세 지불액을 분담시킬 수 있는 권한을 위임받았다. 징수 책임을 맡은 지주는 조세를 부담한 농민들에게서와 마찬가지로, 면세 대상인 경작 노예들에게서 미납금을 징수하곤 했다.

그러므로 납세민들에 대한 전반적인 인구조사가 실시되었던 1646년과 1678년의 인구조사 명부에는, 비록 법에 따르면 '일꾼' 노예와 '머슴' 노예가 직접적으로 납세민으로 인정되지 않고 있었지만 이들 노예의 가옥이 농민이나 빈농의 가옥과 함께 등장했다. 이렇듯 빈농이나 경작 노예가 농민과 함께 하나의 계급으로 통합될 수 있는 준비 과정이 진행되고 있었는데, 이 과정은 표트르 1세 시절에 인두세를 도입함으로써 완성되었다. 국가 농민들을 농촌 공동체에 긴박하고 농노를 지주에게 긴박한 『1649년의 젬스키 소보르 법전』이 자신의 경작지를 가지고 있지는 않았지만 지금까지 자유민으로 생각되던 농민의 자녀와 친척들에게까지 이러한 긴박 상태를 확대시킴으로써, 마침내 농촌 주민들의 법률적인 구성은 더욱 단순해지게 되었다.

17세기 중반부터 신분적 권리에 따라 모스크바국 내의 사회를 구성했던 세 개의 분리된 큰 집단은 이와 같았다.

제21강

신분적 권리의 근원인 '관등의 명예'

17세기 모스크바국의 신분적 권리의 또 다른 근원은 '관등의 명예'(честь чинов)였다. 이것은 고대 루시의 법 체계에서 만들어진 독창적이고도 아주 복잡한 법 제도였다.

모스크바의 법 체계에서 '관등의 명예'가 지닌 최초의 의미

애초에 '관등의 명예'라는 용어 속에는 법에 따라 일정한 관등에게 부여되었던 의미가 내포되어 있었다. 이러한 의미를 통해 사회의 각종 관등이 국가에 제공했던 상대적인 유용성에 대해 국가가 어떤 평가를 내렸는지 표현되었던 것이다. '관등의 명예'에 대한 이러한 평가는 '명예훼손', 즉 행동이나 특히 '무례한 말로써' 관리에게 모욕을 주었을 경우에 받게 되는 징벌을 통해 좀더 명확하게 표현되었다. 명예훼손에 대한 징벌은 모욕을 당한 측이나 모욕을 준 측의 관등에 따라 차이가 있었고, 아주 다양했다. 명예훼손에 대한 징벌로는 벌금형, 투옥형, 체벌형, 그리고 가해자가 피해자에게 찾아가서 '머리를 숙이는' 치욕적인 '방문' 의식 등이 있었다. 코토쉬힌은 보야린에 대한 명예훼손의 경우에 머리를 숙이도록 만든 방문 의식에 대해 다음과 같이 묘사하고 있다. 일단 형벌집행관들은 모욕을 준 자의 두 손을 잡아 모욕을 당한 보야린의 저택으로 끌고 가서 현관 계단 아래에 세워놓고는, 피해자를 집 밖으로 나오도록 불렀다. 그런 다음에 서기가 피해자에게 다음과 같은 내용의 연설을 했다. 즉 군주의 명에 따라 명예훼손을 한 자를 해당 보야린에게 보내어 머리를 숙이도록 하는 판결을 보야린들이 내렸다는 것이다. 그러면 모욕당한 사람은 차르의 은덕에 감사를 표하고, 모욕한 자가 집으로 돌아가도록 허락해주었다. 모욕을 가한 사람은 모욕당한 사람에게 가는 도중이나, 심지어 그의 저택에 가서까지도 "모욕당한 사람에 대해 온갖 욕설을 소리쳐 말하며 명예를 훼손할지라도" 아무런 벌을 받지 않을 권리를 가지고 있었다. 모욕당한 사람은 "그러한 악의에 찬 욕설 고함에 대해" 가중 처벌을 가한다는 말로 모욕을 가한 사람에게 위협을 가할 수 있는 수단을 전혀 가지고 있지 못했다.

우리는 이미 『1550년 법전』에서 다양한 관등 보유자의 명예훼손에 대해 정해진 복잡한 벌금 규정표를 찾아볼 수 있는데, 이것은 『1649년의 젬스키 소보르 법전』에서 한층 더 발전되었다. 예를 들어보면, 『1550년 법전』에서는 고위 보야린에 소속된 사람, 즉 주인과 함께 원정에 참여한 상급 봉직 노예에 대한 명예훼손의 경우에 5루블의 벌금[1)]이 책정되었다. 반면에 자유민 신분의 농민에 대한 명예훼손은 이 금액의 5분의 1 정도에 해당되는 벌금만 부과되었다. 관등의 서열로 보면 노예는 아주 낮은 위치에 있었고, 자유민이 지닌 권리를 향유하지도 못했

1) 19세기 후반부에는 350루블 정도의 가치가 있었다.

으며 국가에 대한 어떠한 직접적인 의무도 지지 않았으나, 국가는 봉직 군인의 무장 수행인으로서 국가에 대한 그의 유용성을 높게 평가했던 것이다. 그리하여 국가는 이러한 유용성 때문에 납세 농민보다도 노예를 더 중시했다. 달리 말해서 '관등의 명예'는 사실상 관등의 서열에서 어떤 위치를 차지하고 있었느냐에 의해서가 아니라, 직접적이든 간접적이든 해당 인물이 국가에 제공해준 유용성에 의해 결정되었다. 이렇듯 명예훼손 사건에서 모욕당한 자의 관등에 따라 상이한 처벌이 규정된 점에서, 해당 관등의 지위가 아니라 관등 보유자가 국가에 대해 제공한 유용성에 대한 평가가 표현되었다고 말할 수 있다.

이에 반해, 명예훼손 사건에서 모욕을 가한 자의 관등에 따라 처벌에 차이가 났다는 점에서는, 이러한 유용성에 대한 평가라기보다는 공적에 의해서건 가문에 의해서건 해당 인물이 획득한 관등의 의미가 표현되었다. 『1649년의 젬스키 소보르 법전』에 따르면, 총주교에게 모욕을 가했을 때 두마 사람들은 그에게 가서 머리를 숙여야 했고, '출신지에 따른' 봉직자들은 바토크(батог)라는 막대기로 맞았으며, 납세민이나 '군장' 봉직자들은 광장에서 채찍형을 당하고 그에 덧보태어 한 달 동안 감옥에 투옥되었다. 사람들은 국가에 대한 직무의 종류에 따라 일정한 지위를 부여받았고, 그러한 지위에 의해 어떠한 범죄와 과실에 대한 징벌의 종류가 결정되었다. 통치를 담당한 고위 관등 보유자들에 대해서는 이러한 지위가 국가적인 의무를 성공적으로 이행하기 위한 수단으로 작용했다. 그런 사람들은 피치자들에게 질서의식과 복종심을 유지시켜주기 위해 권위가 필요했다. 그러므로 법에 따르면, 그들은 동일한 범죄 행위에 대해서도 그보다 낮은 지위에 있는 사람들과 동일한 징벌을 받지는 않았다. 바로 그러한 이유 때문에 과거의 루시 시대에는 두마 사람들과 고위 성직자들은 체형에서 면제되었다. 그런 식으로 '관등의 명예'는 애초에는 개인적인 특권이었는데, 이러한 특권은 관등과 직접 연관되어 있기도 했고, 관등과는 상관없이 국가에 제공하는 직무에 의해 획득되기도 했다. 예를 들어 원정을 떠났던 노예는 평민과 동일한 관등에 속해 있었으나, 평민보다는 다섯 배나 높은 명예를 가진 것으로 평가되었다.

이러한 의미가 계속해서 법적으로 복잡해진 일

시간이 지나갈수록 '관등의 명예'가 지닌 법적인 성격이 복잡해졌다. 왜냐하면 관등에 수반된 의무 사항에서 유래되었으나 의무를 적절하게 이행하게끔 하기 위한 보장책으로 기능하지는 않았던 물질적인 이익이 개인적인 특권과 결합되었기 때문이다. 그리하여 오직 군사적 직무나 행정직, 또는 지방행정직을 담당하는 자만이 토지를 보유할 수 있게 된 규정에 따라 모스크바국에서 아주 중요한 국가재정상의 직무를 담당했던 수도의 상층 대상인, 그리고 지방의 촌장으로 선출되었던 성채주변도시 주민들도 세습영지나 봉직영지 토지 보유 권한을 갖게 되었다. 그러나 이러한 사람들의 토지 보유 권한은 봉직자 토지 보유자들이 담당했던 군사적인 의무와 결합되지는 않았고, 따라서 그들의 순수한 신분적 권한이 되었다. 봉직을 맡은 토지 보유자들이 그들에게 속한 농민들을 농노처럼 부릴 수 있는 권리는 17세기의 법에 의해 바로 그와 동일한 의미를 부여받았다. 비록 세습영지나 봉직영지의 소유가 군사적인 의무와 밀접한 관련을 가지고 있기는 했지만, 이들 토지 보유자들은 세습영지나 봉직영지를 보유했으므로 군사적인 의무를 지고 있었던 것이지, 애초에 그러한 권리를 가지고 있었던 것은 아니었다. 이런 식으로 특대상인이나 지방 촌장의 토지 보유권 그리고 농노

소유권은 그에 상응한 의무와 결합되지 않은 신분적 권리로서의 성격을 부여받았고, 직무의 수단이나 조건이 아니라 직무에 대한 대가가 되었다. 관등보유 집단은 '관등의 명예'의 법률적인 발전에서 생겨난 이러한 새로운 종류의 신분적 권리로 인해 더욱 독자성을 가지게 되었고, 우리가 본 바 있듯이 경제적인 지위 또는 직업이 일정 계급의 독점적인 특권으로 변질됨에 따라 생겨난 권리를 부여받게 되었다.

17세기에 생겨난 새로운 형태의 신분 관련 법률, 즉 헌장

모스크바국의 신분적 권리들의 기원은 이와 같았다. 그런데 이러한 새로운 법률적 현상에 의해 새로운 종류의 법이 생겼다. 17세기에 이르기까지 모스크바국의 법률 체계는 사회 계급들을 안정시키면서, 특히 국가에 대한 계급들의 의무를 규정지었다. 우리는 17세기의 신분적 권리에 대해 언급하고 있는 법률 문헌을 찾아볼 수 있는데, 그것은 1648년 8월 26일에 공포되었으며 특대상인과 대상인을 대상으로 했던 윤허장이었다. 이 법안 속에는 이미 1613년과 그 직후에 거행되었던 미하일 차르의 대관식 때까지의 기간에 수도의 상층 대상인들에게 하사된 헌장이 그대로 반영되어 있었다. 이 헌장으로 특대상인과 대상인은 아주 중요한 특권을 보유하게 되었다. 가령 그들의 저택은 조세나 숙영(宿營) 의무에서 면제되었다. 그리고 그들 자신과 그들의 자녀들이나 집사(執事)들은 교역 활동을 위해 여행하는 경우에 지방의 지배인들의 법적 관할을 받지 않았다. 그들에 대한 소송 건은 오직 모스크바의 국유재산성(國有財産省, Казённый приказ)만이 담당했다. 고위 대상인층의 권리를 규정한 이 헌장은 예카테리나 2세 때 공포된 헌장의 선구적인 형태였다.

새로운 신분적 구분와 이전의 관등 구조의 관계

17세기 중엽에 사회 계급들이 새롭게 정렬되었는데, 이것은 이전의 관등 구분을 직접적으로 폐기하지는 않았고, 초기에는 그러한 구분 위에 덧씌워졌을 따름이었다. 그렇지만 새로운 계급 정렬 방식은 그 자체의 근거 때문에 이전의 관등 구분과 차이를 드러냈다. 우선 관등은 상당한 정도로 당사자의 의지에 달려 있던, 아주 세세하며 가변적인 경제적 · 직무적 지위를 반영해주고 있었다. 새롭고 규모가 큰 사회 집단은 좀더 확고한 계급들이 되었는데, 심지어 법 체계는 이러한 계급들을 좀더 폐쇄적인 형태로 만들려고 했고, 그 계급들에 속하는지의 여부는 개인들의 경제적인 지위와는 관계없이 특히 출신에 의해 결정되었다. 다른 한편으로 관등 구분은 국가에 대한 의무의 차등에 그 근거를 두고 있었고, 새로운 중요 계급들은 그들 사이에서 또다시 권리에 의해 구분되었다. 이 마지막 특징 때문에 새로운 계급들은 진정한 의미에서 신분으로서의 성격을 부여받았다. 왜냐하면 이 강좌 도입 부분에서 지적했듯이, 신분 구분이 생겨난 핵심적이고도 명백한 징후는 의무의 차등이 아니라 권리의 차등이었기 때문이다.

그렇지만 새로운 신분 정렬이 있었을지라도 이전의 관등 구분을 직접 폐기하지는 않았고 옛 관등 질서가 해체되는 데 간접적인 영향만을 미쳤던 것인데, 이런 해체 현상은 일련의 다른 조건들에 의해 이미 예비되어 있었다.

제22강

러시아 사회에서 관등 구조가 해체된 세 과정

대략 17세기 중반부터 시작된 러시아 사회의 관등 구조의 해체 현상은 세 과정을 통해 이루어지게 되었다. 이 세 과정은 과거의 관등 질서 속에 있던 다양한 부분들이 토대를 두고 있던 세 가지 기반과 상응했다. 우리가 본 바 있듯이, 이 서열의 상층은 봉직자들 사이에서 '출신지에 따라' 할당된 통치 관직에 그 기반을 두고 있었고, 중간층은 지방민들 사이에서 개인적인 신용 정도에 따라 국가 재정 업무가 배당된 데 그 기반을 두고 있었으며, 마지막으로 하층은 봉직자들과 지방민들 사이에 그들의 경제적 지위에 따라 군사적인 직무와 조세가 할당된 방식에 그 기반을 두고 있었다. 17세기 중엽부터 이들 각각의 근거가 동요하기 시작했는데, 부분적인 이유는 새로운 신분 구분을 초래한 조건들의 영향을 받았다는 데 있었다.

통치 봉직에서 생겨난 변화들

관등 구조 해체의 첫 번째 과정은 출신지에 따라 봉직자들 사이에서 의무가 할당된 직무의 성격이 점차로 변화됨으로써 나타났다. 이 할당 방식은 모스크바국에서 15세기와 16세기에 고위 봉직 계급이 생겨나게 했던 바로 그 혈통과 밀접한 연관을 맺고 있었다. 전권을 위임받은 개인들에게서 크고 작은 권위가 요구된 상황에서, 정부의 전권(全權)은 출신지나 가문에 따라 할당되었는데, 출신지나 가문은 고대 루시 시대에 개인이 지니고 있던 사회적 중요성의 근거가 되고 있었던 것이다.

모스크바국에서 가문에 따른 고위 봉직계급이 통합된 일과 1682년 1월 12일의 법

이전에는 혈통에 근거해서 고위 봉직을 맡았던 계급들이 서로 명확하게 구분되었으나, 17세기부터는 이들 계급 가운데 혼란이 눈에 띄게 발생했다. 공후와 보야린의 옛 가문들은 대가 끊기거나 빈곤해지거나 세력을 상실했다. 개인적인 공적이나 우연한 성공으로 이름 없는 새로운 사람들이 상층으로 부상하여 통치 행위에서 영향력 있는 지위를 획득하게 되었고, 부를 축적해서 새로운 귀족 가문의 시조가 되기도 했다. 이런 식으로 고위 관등은 점차적으로 과거의 근거를 상실했고, 문벌의 표현 수단이라기보다는 개인적인 공적이나 공직 업무에서의 탁월함을 대변하게 되었다. 이미 17세기의 고위 봉직 사회의 구성에서 생겨난 이러한 변화로 인해 과거에 고위 관등의 근거가 되었던 문벌관료제도[1]가 폐지되었다. 1681년에 골리친(В. В. Голицын) 공의 주재로 새로운 군사 조직의 구성 계획을 두고 선발된 봉직자들로 구성된 위원회가 소집되었을 때 이 위원회는 새로운 군부대의 조직안을 작성한 이후에 부대의 지휘관을 '장소나 간택(揀擇)과 무관하게' 모든 봉직 가문 출신에서 임명할 것을 제안했다. 달리 말해 이전처럼 출신지에 따라서가 아니라 개인적인 자질이나 공적에 따르자는 말이었다. 이 제안을 군주와 두마가 채택함으로써 1682년 1월 12일에 "신(神)이 싫어하며 분란을 일으키는 문벌 관료제도"를 폐지한다는 발표가 나오기에 이르렀다.

이 시점부터 신분에 따른 봉직자의 지위와 봉직 관등의 관계가 완전히 변화되었다. 이전에는 이런 관등을 보유했다는 것은 해당 인물이 어떠한 가문에 따른 봉직 계급에 속해 있음으로써 가능했다. 그런데 이제는 그와는 반대로 어떠한 봉직 관등을 획득했다면, 그의 출신이 무엇이든지 간에 고위 봉직 계급의 구성원 속으로 진입할 수 있게 되었다. 이러한 변화는 무엇보다도 1721년 1월 16일에 표트르 1세가 공포한 간단한 『칙령』(*Указ*) 속에서 표현되었다. 이 『칙령』의 내용은 다음과 같았다. "드보랴닌 출신이 아닌 모든 위관 장교와 바로 그들의 자녀 그리고 후손은 드보랴닌이 될 것이며, 그들이 드보랴닌에 속했다는 증명서가 발급되어야 한다." 그와는 반대로, 표트르 1세는 봉직에 의해 획득된 일정한 관등을 가지지 않은 드보랴닌 출신에게는 어떠한 권리도 부여되어서는 안 된다는 생각을 거듭 확고하게 표명했다. 이로

---

1) '문벌 관료제도'(местничество)란 일종의 문벌에 의한 관료 임명제도라고 할 수 있는데, 이로써 관리에 대한 차르의 임명 체계가 확립되었다. 이 제도는 또한 드보랴닌들이 모스크바 대공의 독주를 막고 국가 권력을 공유하기 위한 성격을 지니고 있었다. 문벌 관료제도는 드보랴닌 계층 내부, 또는 드보랴닌 계층과 차르 사이의 관계에 일정한 틀을 제공해주었다. 그러나 이 제도는 드보랴닌 가문 사이에 끊임없이 갈등을 유발시켰고, 관료 임명이 능력과 효율성에 의해서가 아니라 드보랴닌들 사이의 자리다툼에 의해서 이루어짐으로써 혼란을 야기했다. 그리하여 이 제도는 표도르(1676~82) 때 폐지되었다.

인해 과거의 봉직 관등의 서열 근거가 완전히 붕괴되었고, 봉직자들 사이에서 새로운 관등 질서를 수립해야 할 필요성이 생겨나게 되었다. 이 질서는 1722년 1월 24일에 승인된 '모든 관등의 등급표'에서 확정되었다.

관등표

이 표에서는 모든 직책이 군사직, 문관직, 궁정직이라는 병렬 관계에 있는 세 가지 직책으로 분류되었다. 그리고 이 세 부류는 각각 14개의 등급 또는 계급으로 나뉘었다. 군사 직책의 단계는 육군원수(陸軍元帥)부터 시작해 소위보(少尉補)에서 끝이 났다. 문관직 등급의 정점에는 우선 재상(канцлер)이 있었고, 두 번째로는 1등 문관(действительные тайные советники)이 있었고, 밑에서부터는 지방서기와 13, 14관등(коллежские регистраторы)이 있었다. 이 열네 등급이 19세기 후반에서처럼 단순한 관등이나 봉직상의 차이가 아니었고, 특정 직책과 결합되지도 않았다는 것은 주목할 필요가 있다. 각 등급은 하나의 직책이나 지위가 같은 일군의 직책들 전체와 연결되어 있었다. 그리하여 열네 개의 문관 등급에는 대신부(大臣部, коллегия)[2]에 소속된 서기 이외에도 대신부 소속의 위원들, 귀족 법정 소속의 행정감독관, 그리고 지방의 위원들과 주의 우체국장 등도 포함되었다.

관등표 뒤에 나오는 항목에서는 새로운 관등 구분의 근거가 제시되어 있었다. 그중 한 항목에서는 앞에서부터 셈하여 여덟 번째 관등까

---

2) '콜레기야'(коллегия)라고 불린 대신부는 모스크바국 시절의 '성'(省, приказ)을 대신해서 표트르 1세가 설치한 국정의 중심기구였다. 원래는 9개의 대신부가 있었으나 그 수가 점차로 늘어났다.

지의 모든 봉직자들(소령 및 8등 문관)은 그 후손과 함께 "비록 이들이 천한 가문 출신이었다고 할지라도 자질이나 능력과 무관하게" 고위 귀족 신분에 속한다고 언급되었다. 또 다른 항목에서는 비록 러시아의 명문 귀족의 자제들에게는 좋은 가문 출신에게 허락된 바처럼 궁정에 자유롭게 출입할 수 있는 기회가 부여되었고, "그들이 자질 면에서 어떻게든 다른 이들보다 뛰어난 것"이 바람직하기는 하지만, "그들이 군주와 조국에 아무런 봉사도 하지 않는다면 가문이 좋다는 한 가지 이유만으로는 아무런 등급을 받지도 못하며 등급에 걸맞은 지위(명예와 관등)를 획득하지도 못한다"는 내용이 나와 있다. 이 관등표의 도입 부분은 고위 봉직 계급의 재구성에 대한 내용으로 종결되었는데, 여기에는 다음과 같은 표현이 나온다. "관직에 뒤따르는 관등의 의무는 고위 봉직 계급이 가문적 배경과 맺고 있던 관계를 점차적으로 상실하고, 단순히 직무상의 성격을 지닌 전권(全權)으로 변모되었다."

표트르 1세 시대에 행해진 지방 통치 개혁

표트르 1세 시대에는 지방 봉직을 수행하는 분야에서도 그와 같은 변화가 발생했다. 우리는 상층 대상인의 관등 구분의 기초를 이루었던 '징세 위탁 봉직'이 그중에서 가장 중요한 형태라는 점을 알고 있다. 관세나 주류세, 그리고 다른 종류의 국고 수입 징수 업무의 책임은 이런 일에 적합한 국가 자체의 기관이 없었으므로, 무보수인 상태로 국가가 신뢰할 수 있는 상인들에 의해 부과되었다. 표트르 시대에는 '징세 위탁 봉직 수행'의 의무를 도시민들에게서 면제해주고, 모든 간접세를 전매사업으로 넘기거나 징세 업무를 퇴역 장교와 군인들에게 위임하려는 계획이 제기되었다. 그래서 1722년 4월 13일과 5월 11일에 공포된 『칙령』에 의해 '징세 위탁'에 근거하여 징수되던 모든 국고 수입을 점차로 전매사업으로 이양하고, 이런 징세 업무를 담당할 성채주변도시 주민들을 선발할 수 없는 동안에는 그 업무를 퇴역 장교나 귀족이나 일반 병사들에게 맡기라는 명령이 발표되었다. 그들을 돕기 위해 수하의 부징세관과 같은 역할을 하도록 분리파 교도들[3]이나 '텁석부리들'(бородачи)을 징발하라는 지시가 내려졌다. 구교(舊教)나 수염 기르기에 집요하게 집착한 데 대한 징벌로서 분리파 교도들에게 이런 의무가 부과되었던 것이다.

'징세 위탁' 통치 방식을 폐지하려는 시도는 충분한 준비 없이 시기상조인 상태에서 시행되었기 때문에 더 큰 의미가 있다고 말할 수 있다. 우리가 1723년 12월 9일의 『칙령』에서 확인한 바에 따르면, 약 7,000명의 징세인이 필요한 상황에서 국세 징수 업무를 담당하기 위해 전쟁부(戰爭部)에 등록된 퇴역 군인의 수는 모든 주를 통틀어 475명뿐이었다. 그러므로 퇴역 군인이 부족한 곳에서는 어쩔 수 없이 또다시 대상인들과 성채주변도시 주민들 가운데서 징세인을 선발할 수밖에 없었다. 달리 말해서, 정부가 징세관과 부징세관을 대체할 수 있는 유용한 수단을 발견하기도 전에 '징세 위탁 직무'를 도시민들에게서 면제하려는 요구가 제기되었다고 할 수 있다.

대상인들이 이러한 의무에서 해방됨에 따라서, 의무 할당에 근거를 둔 과거의 대상인 계급의 관등 구분이 소멸되었음은 이해할 만하다. 과거에 '징세 위탁' 통치의 근거로 작용했던 개인적인 신임에 따라 지

---

3) '구교도'라고도 불린 분리파 교도들은 17세기 중엽에 총주교였던 니콘이 정교회 개혁을 시도할 때 생겨난 종교 집단으로서 "'공식교회에서 분리된 사람들'을 의미했다. 이들은 새로운 성호긋기 방식 등 교회의 변화를 거부해서 박해를 받게 되었다.

방 봉직이 수행되던 구조가 붕괴된 시점에서, 공동체의 연대책임에 따른 지방행정 제도가 발달하게 되었고, 이런 발달 과정이 계속됨에 따라 지방행정은 새로운 성격을 획득하게 되었다. 이반 4세가 차르로 있을 때, 도시든지 농촌이든지 간에 지방의 공동체는 선출된 지방의 촌장들과 부책임자들에 의해 통치될 수 있는 권한을 부여받았는데, 촌장들과 부책임자들은 공동체 내에서 재판권을 행사했고, 공동체에서 국가에 납부하는 화폐세를 징수했다. 이러한 촌장들과 부책임자들을 선출했던 공동체는 정부에게 이들의 활동에 대한 책임을 져야 했다. 이들 지방에서 선출된 사람들은 지방장관과 읍장처럼 직무에 적합하지 못함이 입증된 궁정 소속의 지방 행정관을 대체했다. 광범한 군사적 · 민사적 전권을 부여받은 지방군사장관이 모든 군의 수장 자리에 오르게 된 17세기에는 지방의 촌장들과 부책임자들은 이들 통치자들의 수족(手足)의 위치로 떨어지고 그들을 위해 통치에 필요한 온갖 궂은 일을 담당하게 됨으로써 자율권을 전부 상실하고 말았다. 알렉세이 차르 시절에 정부는 지방군사장관에 의해 억압되었던 지방의 자치권을 회복할 것을 검토하기 시작했다. 표트르 1세는 이러한 생각을 이어받아 실현시켰다.

1699년 1월 30일의 『칙령』

1699년 1월 30일에 공포된 두 『칙령』에 의해, 수도나 다른 도시들의 상공업자들 그리고 황실령 면(面)의 국유지 농민들은 '만일 그들이 원한다면' 그들 가운데서 행정 대표(бурмистр)에 의해 통치될 수 있는 권한을 부여받았고, 행정 대표들은 재판을 하고 국가에 바치는 세금을 거두었다. 도시들은 지방군사장관이나 관리들에게서 벗어난 대신에 화폐세의 두 배를 국가에 바쳐야 했다. 이 두 『칙령』으로 생겨난 모스크바국의 관리 관청(Бурмистерская палата)과 다른 도시의 시참사회(ратуши)는 나중에 표트르 대제 치세 말기에 선거에 의한 시자치회(市自治會, магистрат)로 개편되었다. 이러한 기구로 도시의 자치권이 회복되었을 뿐만 아니라 확대되었다. 그 이전에는 차르 소속의 지방 고위 관리의 대행자 역할을 담당하던 도시의 행정 대표는 이제 자기들을 뽑았던 도시 공동체의 신분적인 이해관계의 감시자로서의 의미를 가지게 되었다. 표트르 시대의 법에 따르면, 행정가를 선출한 도시민들은 행정 대표들에 대해 엄격한 연대책임을 져야 할 의무를 가지지 않았다. 이런 식으로 이전에는 지방의 봉직 의무로서의 성격을 가지고 있는 대표자에 의한 지방 통치 업무가 이제 도시의 경우에는 신분적 권리라는 의미를 획득했다.

지방 통치 질서 속으로 귀족 신분이 편입된 일

얼마 있지 않아 지방의 귀족들도 행정 대표 제도에 따라 생겨난 권리를 보유하는 경향이 널리 확산되었다. 17세기에는 지방의 공동체의 구성에서 귀족은 상당히 고립된 위치에 있었다. 귀족은 군들의 연합체로 서로 결합되어 있었으나, 다른 계급들과는 아주 미약한 관계만을 가지고 있었고, 지방의 통치 행위에는 미약한 영향만 미치고 있었다. 그들은 군의 행정 업무에서 몇몇 부차적인 직책을 위해서만 자기들 사이에서 사람들을 선출했다. 모든 계급이 투표에 참가해 지방 공동체의 군의 봉직자들 가운데서 선발한 재판소장(губной староста) 제도는 표트르 1세의 치세가 시작된 지 얼마 안 되어 폐지되었다. 표트르 1세는 이 기구 대신에 귀족이 좀더 폭넓고 직접적으로 지방 행정에 참여할 수 있는 길을 열어놓았고, 이로써 귀족 신분을 지방의 통치 업무 속으로 유기적으로 편입시켜놓았다.

지방군사장관에게 소속된 귀족협의회

1702년 3월 10일의 『칙령』으로 지방군사장관에게 소속된 귀족협의회가 군의 귀족회에서 선출된 사람들로 설치되었다. 선출된 귀족협의회 의원들은 지방군사장관과 함께 온갖 업무를 주재해야 했으므로, "어떤 지방군사장관이든지 간에 귀족 없이는 한 가지 업무도 처리 못한다"는 말이 있을 정도였다. 1708년에 러시아 영토가 주(州, губерния)로 나뉘는 새로운 제도가 도입된 이후에 군의 귀족협의회는 주지사에게 소속된 지방협의회(лантрат)로 대체되었다.

지방협의회

1713년 4월 24일의 『칙령』에 의해 모든 주의 귀족에게 주의 크기에 따라 여덟 명이나 열 명, 또는 열두 명의 지방협의회 의원들을 선출하라는 명령이 내려졌다. 지방협의회 의원들은 "주지사와 함께 모든 업무를 수행하며 서명 임무를 담당해야 했는데", 주지사는 표결 때 두 표를 가졌다는 이점에 의해서만 구분되었을 뿐, "그들 가운데 통치자라기보다는 흡사 사회자와도 같았다". 지방협의회 의원들은 주지사에게 속한 자문회의의 일원이었을 뿐만 아니라, 주의 통치에 직접 참여하기도 했다. 모든 주는 몇 개의 오크루크(округ)로 나뉘었는데, 각 오크루크의 수장 자리는 지방협의회 의원들이 차지하게 되었다. 1719년부터는 지방협의회가 사라지게 되었으나, 귀족은 계속 지방행정에 참여했다. 1718년 11월 26일의 『칙령』에서는 첫 번째 인구조사를 수행하라는 명령과 함께, 새로운 인두세 징수를 통해 군대를 부양할 목적으로 각지의 군에 군대를 숙영시키라는 명령이 내려졌는데, 각 군의 귀족들은 이런 화폐세의 징수 업무를 위해 매년 '지방 위원'(земский комиссар)들을 선출하라는 지시를 받았다.

지방 위원들

이들 지방 위원들은 1719년 1월의 훈령으로 화폐세 징수 업무뿐만 아니라 다양한 경찰 업무를 떠맡게 되었다. 그들은 지방 전매업자들의 국고 수입 내역을 감시해야 했고, 군역이 제대로 이행되는지 살펴보아야 했고, 통신로의 건설과 안전을 살펴보아야 했고, 군 주민들의 도덕성과 행실도 감독해야 했고, 재판 업무에도 도움을 주는 등등의 일을 해야 했다. 지방 위원은 1년의 임기를 마친 다음에 군의 귀족회에 자신의 활동에 대한 보고서를 제출했는데, 귀족회는 임무를 제대로 수행하지 못했거나 권한을 남용했을 경우에 해당 위원을 법정에 넘기고 벌을 받게 할 수도 있었다. 이런 식으로 표트르 시대에 지방의 자치권은 도시 지역에서 회복되었을 뿐만 아니라 농촌의 지주들에게도 확대되었다. 이제 귀족의 자치권과 도시의 자치권에 전권이 부여됨으로써 지방 통치에 대한 중앙 기구의 의무가 크게 변화되었다. 즉 이전에는 토지소유민이든 경작민이든지 간에 도시나 농촌의 거주민들을 전적으로 통제하는 권한을 행사했던 지방의 차르 직속 관리들은 이제는 도시 대표들이 맡게 된 행정 업무를 감독하는 권한만을 보유했고, 귀족 의원 대표들로 구성된 대신부에서 단지 의장 노릇만 담당하게 되었다. 이러한 변화가 생겼기 때문에 "개인적인 신임과 공동체의 연대책임에 따라 부과되었으며 도시에서 시작하여 지방의 귀족회에까지 확대되었던 이전의 지방 봉직의무는 표트르 시대에 이르러서는 신분적 · 정치적 권리의 성격을 부여해준 그러한 조건들과 결합되었던 것이다."

특별한 관등적 의무 사항이 신분 전체에 공통적인 의무 사항으로 변모된 일

우리가 살펴본 바처럼, 고대 루시 사회의 관등 구분은 특별한 국가적 의무가 각 계급에게 부여되었다는 사실에 그 근거를 두고 있었다. 관등 전체에 공통적이라거나 신분 전체에 공통적인 의무란 존재하지 않았다. 표트르 시대부터는 이러한 특별한 의무 사항이 일반화되어 하나의 계급이나 관등 집단에서 다른 계급이나 관등 집단으로 확대되었다. 이런 일반화 현상은 사회 하층에서 시작되었다.

군사적 의무가 납세민들, 성직자 자제들과 노예들에게 확산된 일

이전에는 출신지에 따르거나 무장에 따라 봉직자들에게만 직접 부과되던 군사적 의무는 이제 하층 계급들에게로 확산되었다. 표트르는 북방 전쟁을 준비하면서 납세민들, 성채주변도시 주민들과 농민들에서 신병을 징집했다. 이러한 징집 방식은 그가 통치하던 내내 주기적으로 반복되었다. 그뿐만 아니라 표트르는 이전에는 온갖 국가적 의무에서 면제되었던 부류인 노예나 자유민 떠돌이들(вольные гулящие люди)[4]에 대해서도 군사적 의무를 부과하기로 결정했다. 1700년 2월 1일과 3월 31일의 『칙령』에 따라 복무 가능한 해방된 모든 예속민들은 군대에 등록해야 했다. 그리고 노예들은 주인의 방면(放免)이나 허가 없이도 입대할 수 있었다. 애초에 표트르 1세는 주인의 원정에 수행했던 가내종복에게만 군사적 의무를 부과하려고 생각했다. 그는 1711년에 투르크와 전쟁을 시작한 이후에 3월 1일의 『칙령』으로 예속민을 보유한 각 사람들에게서 가내 예속민 중에서 세 사람씩을 군대로 보내도록 요구했다. 이런 조치와 함께 노예와 마찬가지로 떠돌이들에게도 화폐세 납부 의무를 지웠다. 표트르 1세는 군역을 담당할 수 있는 가내 예속민들을 군대에 편입시킨 다음에, '일꾼'이라든지 '머슴'이라고 불렸던 원정 참여 노예들에게 인구조사가 실시되기 전에 단호하고도 직접적으로 세금을 부담시켰다. 마침내 첫 번째 인구조사가 시행되어 가내노예와 경작노예 사이에 있던 구분이 모호해지게 되었다.

조세 부담이 떠돌이(굴랴쉬)들이나 간접적으로는 지주들에게도 확대된 일

1719년과 그 이후에 공포된 일련의 『칙령』에 의해 인두세 부담은 온갖 등급의 떠돌이들이나 노예들에게 확대되었다. 대부분의 떠돌이들

---

4) 문자 그대로 말하면, 이들은 모스크바국 시기에 떠돌아다니던 사람들로서 어떠한 납세 의무도 지지 않고 이곳저곳으로 자유롭게 다닐 수 있는 이들이었다. 여기에는 편력 수공업자, 고용 노동자 또는 단순한 걸인도 포함되었다. 이들 가운데 일부는 러시아의 남부 및 동부 국경지역에 있는 자유로운 카자크 집단으로 이주해갔다. 표트르 1세는 떠돌이들이 일종의 군역을 담당하고, 납세민 공동체에 소속되거나 개인 지주에게 속하도록 하라는 포고령을 내렸다. 폭넓은 의미로 보면, 이 개념 속에는 법적으로 납세 의무에서 면제된 사람들뿐만 아니라 도망자들도 포함되었고, 나아가 공동체에 대한 법적 관계를 유지하면서 일시적으로 자기들의 거주지에서 떠난 지주 소속 농민들과 성채주변도시 주민들을 뜻하기도 했다.

은 인구조사가 실시될 때 머물고 있던 지역의 토지경작자로 인구조사 명부에 기입되었는데, 이런 식으로 그들은 농노와 마찬가지로 예속 상태에 빠지게 되었다. 이와 함께 농민들의 경우처럼 일정한 인구 가운데 한 사람씩 징집되던 원리에 따라, 떠돌이들과 노예들도 징집 대상이 되었다. 이리하여 두 계급은 사라지고, 예속 상태에 빠진 농민들과 함께 '농노'(крепостные люди)라는 하나의 신분으로 통합되었다. 가내 예속민들과 농민들 사이의 차이는 존속되었으나, 이러한 차이는 경제적인 것이었을 뿐, 이전에 납세민들과 비납세민들에게 있었으며 예속 상태에 있던 농민들과 노예 사이에 존재했던 법률적인 것은 아니었다. 간접적으로 보면, 농노를 소유했던 지주들에게도 과세 의무가 지워졌다. 지주들은 개인적으로는 인두세를 낼 필요가 없었으나, 첫 번째 인구조사에 관한 『칙령』들에 의해 마침내 자신에게 소속된 농노들이 국가에 대한 세금을 지불하는 문제에 대해 더욱 강한 책임을 지게 되었다. 농노들이 세금을 제대로 내지 못하면 정부는 그들의 소유주들에게서 미납금을 징수해갔다. 그리하여 "군사적 의무와 화폐세 부담이라는 특수한 의무가 대부분의 계급에게로 확산됨으로써 점차로 모든 신분들이 부담하는 국가적 의무로 변모되었다." 국가적 의무가 이처럼 일반화됨으로써 이전의 관등 조직의 법률적인 통합 과정, 즉 러시아 사회의 관등 구조의 해체 과정이 완성되었다.

첫 번째 인구조사 이후의 러시아 사회의 신분 구성

언급된 바대로 관등 서열의 기본을 붕괴시킨 이 세 가지 과정에 의해 이전에는 신분 구분으로 가려져 있던 관등 구분이 18세기 2/4분기 무렵에는 신분 구분 속으로 융합되었다. 국가에 대한 의무가 보편화되어 더 이상 사회가 세분되지 않게 됨에 따라, 의무와 아무런 관련을 맺고 있지 않은 신분적 권리들이 발전되었다. 이러한 변화는 낡은 근거에 기반을 둔 국가 질서가 새로운 질서로 이행되는 계기로 작용했다. 모스크바국은 전체의 이익이라는 이름으로 사회의 모든 힘과 자원을 국가 자신의 통제 아래 두었고, 개별 인물들과 계급의 사적인 이익에는 아무런 여지를 남겨놓지 않았다. 이처럼 개인들의 이익이 국가적 이익 속으로 흡수된 사실은 특별한 국가적 의무가 관등에 따라 할당된 방식 속에서 표현되었다. 표트르는 개별 관등에게 지워진 몇몇 특별한 의무를 그 집단 전체나 심지어 사회 전체로까지 확대시킴으로써 이러한 관등 할당 방식을 완성했다.

그렇지만 그가 사망함으로써 반대의 움직임이 일어나기 시작했다. 몇몇 신분은 이전에 자신들이 지고 있던 의무에서 해방되었다. 그러면서도 이들은 이전에 가졌던 권리를 계속 보유했을 뿐만 아니라 새로운 권리를 획득하기도 했다. 사적이기도 했고 정치적이기도 했던 이러한 권리에 의해 이들 신분의 활동 공간은 더욱 확장되었는데, 국가는 몇몇 신분에게 활동의 자유를 부여함으로써 이러한 공간을 허락해준 셈이었다. 귀족이 이렇게 움직이기 시작했고, 도시의 상공업자들도 그보다 약한 정도로 이런 움직임을 보여주었다. 이러한 움직임을 초래했던 조건들과 그 과정, 그리고 그것이 러시아 사회에 가져온 결과는 러시아사에 관한 전체 강좌를 통해 부분적으로 설명되었다. 18세기 내내 귀족과 도시민들이 획득했던 권리는 이들 신분에게 허락된 1785년의 귀족윤허장과 도시윤허장에서 법적으로 표현되었다. 이 두 윤허장에 의해 이들 신분은 성직자들과 함께 특권 신분으로서의 의미를 획득했다. 19세기에 제정된 법을 통해서는 이러한 권리가 이전에는 제외되었던 다른 신분들에게로 확대되었고, 또 현재도 확대됨으로써 모든 신분의 처지가 법 앞에서 균등해지고 있다.

지금까지 행한 강의 요약과 주요 결론

이제 지금까지 공부한 모든 현상들을 되돌아보도록 하자. 우리는 18세기의 2/4분기에 이르기까지 러시아 사회에서 어떠한 근거에 따라 어떻게 신분이 구분되었으며, 또 어떻게 재편되었는지 살펴보았다. 이러한 신분 재편 작업은 아주 종종, 그리고 다양한 방식으로 진행되었다. 우리는 그 역사적인 연속성을 좀더 잘 기억하기 위해서 다시 한 번 신분 재편의 전반적인 특징을 설명해보기로 한다.

애초에 고대 러시아의 법 체계에 관한 문헌이 나오기 이전의 시기에 루시 사회는 정복자들과 피정복자들로 분리되었는데, 정복자들은 모든 권리를 독점하려고 노력하면서 피정복자들에게는 오직 의무만을 부과했다. 그렇지만 법 체계를 다룬 고대의 문헌에서는 이런 신분 구분 방식이 아주 미약하게 드러나 있다. 이런 문헌에 따르면, 우리는 10세기부터 12세기까지의 루시 사회가 물리적인 힘에 의해서가 아니라 개인들이 최고 권력과 맺은 관계에 의해서, 즉 법에 따라 신분 구분이 이루어진 모습을 발견할 수 있다. 즉 정복자들은 상급 친위대를 구성해서 공후의 권력을 집행하는 통치 세력으로 변모했으며, 피정복자들은 평민이 되어 피치자로서 공후에게 공물을 납부하는 사람들로 변모되었다. 그렇지만 이런저런 계급들은 공후와 맺은 관계 말고도 또 다른 특징에 의해 자기들끼리 구분되었는데, 그것은 법이 각 개인들에게 차등을 두고 맺은 관계였다. 법에 따르면, 공후 권력을 집행하는 이들, 그리고 더 나아가 상류층의 생명은 다른 계급에 속한 사람들의 생명보다 국가에 의해 더 잘 보호되었다. 그렇지만 이미 12세기에는 권리에 따라 보야린, 자유농, 채무농 등의 좀더 세세한 신분 구분이 이루어지게 되었다. 이러한 신분 구분은 그 기원 면에서 보면 경제적인 것이었다. 계급들은 경제적 지위에 따라 구분되었던 것이다. 그렇지만 법에 의해 이러한 경제적인 불평등 상태에서 초래된 법률적인 결과가 인정되었고 불평등 상태가 권리의 차등과 결합되었기 때문에 경제적 지위는 신분적 의미를 획득했다. 이러한 새로운 신분 구분 방식이 그보다 앞선 방식, 즉 개인들이 공후와 맺은 관계에 따라 통치자와 피치자로 분류된 방식과 어떠한 역사적 관련을 맺고 있는지에 대해 이해하기는 어렵지 않다. 통상적으로 상급 친위대원이 지주인 보야린이 되었고, 공후의 토지에 살고 있던 평민은 자유농이 되었으며, 개인의 토지나 저택에 거주하던 사람들은 채무농이 되었던 것이다. 이런 식으로 새로운 신분 구분은 이전의 신분 구분에서 유래된 경제적 결과에 그 근거를 두고 있었다.

분립영지 시대의 루시 사회는 공후에게 제공된 계약적인 봉사 또는 직무의 종류에 따라, 그리고 이러한 봉사에 대한 대가로서 계급들이 향유한 이익의 종류에 따라 차등을 보인 여러 계급으로 분화되었다. 그리고 이러한 신분 분화는 앞선 시기에 있었던 분화의 결과에 기반을 두고 있었다. 봉직을 수행할 수 있는 적합성, 즉 봉직을 맡을 수 있느냐의 능력 면에서 차등이 발생한 이유는 공후와 맺은 다른 약정 때문이 아니라, 앞선 시기에 형성되었던 다양한 경제적 · 법적 지위 때문이었다. 그리하여 오직 특권을 지닌 지주들만이 행정적인 직무나 군사적인 직무를 담당할 수 있었고, 경작자인 자유농은 오직 토지세 등만을 부담할 수 있었다.

모스크바국 시대의 사회는 국가에 대한 의무의 종류에 따라 여러 관등으로 세분되었다. 국가에 대한 의무는 분립영지 시기에 계급의 차등을 가져왔던 바로 그 직무인 셈이었다. 다만 이제는 국가적 의무가 계약적인 것에서 강제적인 것으로 변모되었을 따름이었다. 국가적 의무는 분립영지 시기에 공후와 맺은 계약적인 관계에서 영향을 받아 형성된 경제적 지위에 따라 할당되었다. 그러므로 관등에 따른 사회의 신분 구분은 이전 시기의 계약적인 구분에서 파생된 경제적 결과에 근거를 두고 있었다.

17세기 후반 이후부터는 세분된 관등이 결합되어 권리에 의해 차등을 보인 대규모의 신분 집단이 되었다. 이러한 권리는 두 가지 길로 형성되었다. 한 부류의 권리는 국가적인 의무를 제대로 이행하기 위한 수단에서 생겨난 경제적인 이익이 해당 의무를 담당하고 있던 관등의 독점적인 소유물로 변모됨으로써 발생했다. 또 다른 부류의 권리는 관등에 따른 명예의 표현, 즉 개별 관등이 직무에 의해서 제공했던 국가에 대한 유용성의 정도의 표현이었다. 달리 말하면 이런저런 신분적 권리는 관등에 따른 의무에서 파생된 결과였는데, 의무의 적절한 이행을 위한 보장 수단이든지 일정한 관등에 따른 의무에 부여되었던 국가적 의미의 표현이었다.

이렇듯 우리는 신분 구분의 역사적 연속성을 살펴보면서 신분 구분이 이루어진 내적인 인과 관계를 밝혀낼 수 있다. 이러한 관계는 다음과 같은 공식으로 표현할 수 있다. 즉 "앞선 시기의 신분 구분에서 파생된 결과는 그 이후 시기의 신분 구분의 근거가 되었다." 최초에 있었던 바대로 통치자와 피치자의 정치적인 신분 구분은 경제적인 불평등을 낳았고, 경제적 지위에 따라 사람들을 구분하는 결과를 초래했다. 경제적 지위에 따라 사람들 사이에 발생한 차등은 분립영지 시기에 개인들이 공후와 맺게 된 계약 관계에서 차이가 발생한 원인이 되었다. 이러한 계약 관계로 생겨난 지위의 차이는 나아가 모스크바국 시절에 개인들이 담당해야 했던 국가적 의무들의 할당 방식을 결정했다. 이런 의무들의 국가적 중요성에 대한 평가가 상이했기 때문에 권리 면에서 차이가 발달하게 되었는데, 이러한 차이는 앞선 시기에 유사한 관등들의 통합 과정을 통해 사회가 여러 신분으로 분화된 근거로 작용했다. 후대에 일어난 모든 신분 구분은 앞선 시기의 신분 구분의 결과와 사슬처럼 연결되어 있었다. 러시아의 신분의 역사에서 내릴 수 있는 '본질적인' 결론은 바로 이와 같다.

찾아보기

1. 인명

2. 지명

ㅂ

ㅅ

ㅇ

ㅊ

ㅋ

ㅌ

3. 사항

ㄷ

ㅅ

ㅇ

ㅈ

ㅊ

ㅋ

ㅌ

옮긴이의 말

옮긴이들은 한국학술진흥재단에서 추진해오고 있는 학술명저 번역총서 작업에 참여한 이후, 번역을 진행해 나가면서 많은 경험을 하게 되었다. 우선, 옮긴이들은 클류쳅스키의 역사학이 우리나라에 별로 소개되지 않은 상태에서 그의 명저를 번역하는 일이 만만치 않은 작업임을 절감할 수 있었다. 또한 우리에게 그다지 자세히 소개되지 못한 러시아사 분야의 수많은 용어들을 접하고서 어떻게 옮겨야 할지 망연자실한 상태에 놓인 적이 한두 번이 아니었다. 그렇기 때문에 이 번역서를 통해 우리나라에 처음 제안될 러시아사 관련 용어들이 적지 않다는 점을 생각하면서, 큰 책임감을 느끼기도 했다. 그렇지만 이러한 어려움은 한 측면일 뿐, 다른 한편으로 이 번역작업은 옮긴이들에게 말로 형언할 수 없는 즐거움을 선사해주기도 했다.

이 책이 원래 클류쳅스키의 강의를 엮은 것인 만큼, 옮긴이들은 그의 강의를 직접 듣는 학생이기도 했다. 그럴 때면, 학생들은 마치 물 흐르듯 하는 클류쳅스키의 명강의를 통해 역사 관련 주제를 설명해내는 방식이 얼마나 자유롭고 유연할 수 있는지 감탄을 금할 수 없었다. 또한 언뜻 보면 복잡하고 지루할 수도 있는 주제들이 그의 입을 통해 얼마나 흥미롭게 전개되는지 목도하면서 경이로운 느낌을 가지기까지

했다. 옮긴이들의 이런 작업은 한길사의 정확하고도 수준 높은 편집 및 교정 작업을 통해 드디어 결실을 맺게 되었다. 이 자리를 빌려, 능력이 부족한 우리 옮긴이들에게 이 명저를 번역할 수 있는 기회를 주신 한국학술진흥재단 관계자 여러분께 진심으로 감사의 뜻을 전하고자 한다.

또한 옮긴이들의 게으름 때문에 번역총서 선정 후 오랜 시간이 경과되어 이 책이 나오게 된 점에 대해 한국학술진흥재단 및 독자 여러분들에게 머리 숙여 사과드리며, 이 책에서 혹여나 있을 수 있는 미비점들에 대한 책임은 전적으로 옮긴이들에게 있음을 밝혀두고자 한다.

2007년 2월

조호연, 오두영

지은이 바실리 오시포비치 클류쳅스키

바실리 오시포비치 클류쳅스키(Vasilii Osipovich Kliuchevskii, 1841~1911)는 1865년 모스크바 대학 역사철학부를 졸업하고, 1872년 「사료(史料)로서의 고대 루시의 성자전(聖者傳)」으로 석사학위를, 1882년에는 역시 같은 대학에서 「고대 루시의 보야린 두마」라는 제목으로 박사학위를 받았다. 그는 석사과정에 재학 중이던 1867년에 알렉산드로프 군사학교에서 처음 강의를 시작한 뒤, 1879년 스승인 솔로비요프의 뒤를 이어 모스크바 대학교 러시아사학과 교수가 되었다. 그는 면밀한 사료 분석 능력뿐만 아니라 탁월한 어휘 구사 능력을 통해 역사적 사건들을 마치 생생하게 눈으로 보는 것처럼 묘사함으로써 수강생들에게 깊은 인상을 심어주었다. 그는 사전에 준비된 강의안을 보지 않고도 강의할 수 있을 정도로 탁월한 기억력을 가지고 있었다. 학문적인 능력을 인정받아 1889년에는 상트 페테르부르크 학술원의 준회원, 1900년에는 러시아 역사 · 문학학술원 정회원, 1908년부터는 미문학(美文學) 부분 명예 학술회원이 되었다. 수도원의 경제 활동, 러시아의 보야린과 농민의 역사 등 사회사를 세밀하게 연구했을 뿐만 아니라, 러시아 전체 역사의 큰 흐름을 정리했다. 그의 저서와 논문, 편짓글 등은 소련 말기에 『러시아사 강좌』(전9권)로 출간되었으며, 요즘도 러시아에서 가장 빈번하게 영인본이 나오고 있다. 클류쳅스키의 방대한 연구 가운데 특히 『러시아 신분사』는 그의 연구 경향을 잘 보여주는 명저로, 러시아 역사의 초기부터 18세기까지의 신분 성립과정과 특징을 자세히 설명하고 있다. 클류쳅스키는 이 책을 통해 러시아의 신분적 불평등이 부당하다고 주장했고, 신분이 존재하지 않던 시기가 있었듯이 신분적인 차별이 소멸될 때가 도래할 것이라는 점을 우회적으로 주장했다. 그는 이런 탁월한 연구 활동을 인정받아 솔로비요프, 플라토노프와 함께 이른바 '러시아 역사학의 황금 시기'를 개척한 중심인물로 손꼽히고 있다.

옮긴이 조호연

조호연(趙虎衍)은 경북 상주에서 태어나 서울대학교 서양사학과를 졸업했으며, 러시아국립사범대학교에서 「1890년부터 1904년 7월까지 러시아에서의 자유주의 운동의 형성」으로 역사학 박사학위를 받았다. 서울대학교, 한국외국어대학교, 중앙대학교, 한세대학교, 한동대학교에서 강사를 지냈으며, 지금은 경남대학교 인문학부 교수로 있다. 역서로는 『유럽 근현대 지성사』(프랭클린 보머) 『역사관의 유형들』(데이빗 베빙턴) 등이 있으며, 주요 논문으로는 「1905년부터 1917년까지의 러시아 자유주의 연구」「20세기 러시아사에서의 국민 통합과 민족주의」「페테르부르그 역사학파의 성립과 발전」「스탈린 시대의 역사학」「『관념론의 문제들』의 출간과 그 의의」 등이 있다.

옮긴이 오두영

오두영(吳斗英)은 숭실대학교 영어영문학과를 졸업하고, 같은 학교 대학원에서 서양사를 전공하여 석사학위를 취득한 뒤 러시아로 건너가 모스크바 소재 러시아국립과학원 러시아역사연구원에서 「스뻬란스키의 개혁: 이상과 실제」로 역사학 박사학위를 받았다. 한국외국어대학교, 한양대학교, 서강대학교, 숭실대학교 등에서 러시아 역사와 문화, 러시아 지역학 등을 강의했고, 지금은 강남대학교 교양학부 연구교수로 있다.
저서로는 『한국 아나키즘 100년』이 있으며, 주요 논문으로는 「러시아 봉건제에 대한 재해석」「이반 4세의 개혁: 연속성과 단절」「알렉산드르 1세 치세 초기 씨나트 개혁에 대한 재해석」「뻬스쩰의 개혁사상」「역사가로서의 뿌쉬킨」 등이 있다.

한국학술진흥재단 학술명저번역총서

서양편 ● 39 ●

'한국학술진흥재단 학술명저번역총서'는
우리 시대 기초학문의 부흥을 위해
한국학술진흥재단과 한길사가 공동으로 펼치는
서양고전 번역간행사업입니다.

러시아 신분사

지은이 · 바실리 오시포비치 클류쳅스키
옮긴이 · 조호연 | 오두영
펴낸이 · 김언호
펴낸곳 · (주)도서출판 한길사
등록 · 1976년 12월 24일 제74호
주소 · 413-756 경기도 파주시 교하읍 문발리 520-11
www.hangilsa.co.kr
E-mail: hangilsa@hangilsa.co.kr
전화 · 031-955-2000
팩스 · 031-955-2005

상무이사 · 박관순 | 영업이사 · 곽명호
편집 · 배경진 서상미 백은숙 | 전산 · 한향림 노승우 | 저작권 · 문준심
마케팅 및 제작 · 이경호 | 관리 · 이중환 문주상 장비연 김선희

출력 · 지에스테크 | 인쇄 · 현문인쇄 | 제본 · 성문제책

제1판 제1쇄 2007년 3월 30일

값 22,000원
ISBN 978-89-356-5904-3 94920
ISBN 978-89-356-5291-4 (세트)